心理学への扉

心の専門家へのファーストステップ

羽生義正 監修
中丸澄子・松本一弥・小早川久美子・有馬比呂志 編著

北大路書房

まえがき

　心理学は今やすっかりポピュラーな学問になった感があり，入門書もちまたにあふれていると言っても言い過ぎではない。しかし，それらの多くは，対象とする読者層を幅広くとっているため，取りつき易さを中心に編集されていて読者にやや迎合的な感があり，これから本格的に心理学を学ぼうとする人々に是非とも必要な，基本的事項が抜け落ちているものも少なくないと感じてきた。

　私たちが今回本書を企画するにあたって，特にこの点に着目し，将来も何らかの形で心と行動の科学である心理学とつき合うことになるような人々，あるいは人間を直接相手とする職業につくことを考えている人々を対象とする，本格的な入門書となることを目指した。そのためには，ただ読みやすいだけでなく，基本をしっかり押さえた心理学のテキストでなければならないと考えた。このような方針にしたがって，たとえば第1～3章では将来心理学をする人々のために必須の，心理学の基本的考え方を，またとくに第3章では心理学（の研究）をする仕方の基本を述べている。

　今さら言うまでもないことであるが，心と身体は密接に関連して切り離すことができない。したがって，心理学を本気で学び行なうには，生理学の素養，なかでも脳と神経の知識がどうしても必要である。そのために，第4章ではそれらについてかなり詳しく解説している。さらに心理学にたずさわる人々は，多かれ少なかれ人間の心身の健康を念頭におくことになるが，そういう人々のために，第10章と第11章で特に大きな紙面を割り当てている。

　現代は「心の時代」，と言われて久しい。心の健康に問題をかかえるにいたった人々を支援する，心理臨床の分野への関心もさらに高まり，この領域での専門家を志す学生が，心理学の扉を叩く人々の中で大きな位置を占めるようになっている。したがって，入門書といえども，この領域には触れないわけにいかない。そのためには第12章と第13章をあてている。

　本書を大学初学年の授業でテキストとして使用する場合は，通年授業を想定しているが，授業担当者や受講者の関心にしたがって重点的にいくつかの章または節を選ぶならば，半年の授業にも，もちろん対応できるであろう。

　本書の企画にあたっては，わたしたちの大学から作成のための補助金を戴いた。この場を借りて心よりお礼を述べたい。また，出版社の薄木氏はじめ編集部の諸氏には，無理なお願いも快く聞き入れて頂き，執筆者一同深く感謝している。

2006年3月30日
監修者　識

目　次

まえがき　*i*

第1部　心理学の立ち位置

第1章　現代心理学の枠組み … 2

1節　心理学の骨組み ―対象，方法，領域― 　*2*
1　心理学の対象と方法　*2*
2　研究の一般的な進め方 ―仮説の提出，法則の発見，説明理論の構成― 　*3*
3　心理学で重要な考え方　*6* ／ 4　心理学の領域　*6*

2節　現代心理学の枠組み　*8*
1　生物学的な枠組み　*8* ／ 2　行動主義的な枠組み　*12*
3　認知理論的な枠組み　*13* ／ 4　精神分析的な枠組み　*15*

第2章　心理学の発展の足どり … 17

1節　20世紀半ばまでの足どり　*17*
1　実証を重んじる（経験）科学的心理学への胎動　*17*
2　意識内容を対象とする要素（構成）主義　*19*
3　環境への適応を問題にする機能主義　*20*
4　意識の主観性を排する行動主義　*21*
5　要素主義を批判するゲシタルト学派　*23*

2節　20世紀半ば以降の足どり　*24*
1　主観（理性）の回復を唱える認知心理学　*24*
2　人間性心理学の興り　*25*

第3章　心への接近法 … 26

1節　研究とは　*26*
1　科学であること　*26* ／ 2　反証すること　*26*
3　研究と勉強　*27* ／ 4　よい研究とは　*27*

2節　仮説を立てる　*28*
1　研究仮説　*28* ／ 2　帰無仮説　*29* ／ 3　反証主義の反証　*29*

3節　データと因果関係　*30*
1　データの意味　*30* ／ 2　数量化と尺度　*30* ／ 3　相関関係と因果関係　*31*

4節　研究法　*32*
1　実験的研究法　*32* ／ 2　観察的研究法　*33* ／ 3　目隠し検査　*33*
4　妥当性と信頼性　*34* ／ 5　研究デザイン　*35* ／ 6　発達的研究デザイン　*35*

5節　研究における倫理　*36*
1　誰のための研究か　*36* ／ 2　してはならない不正　*36*
3　ディセプション　*37* ／ 4　デブリーフィング　*38*

6節　結果を分析する　**39**
　　　　　1　記述統計　*39*　／　2　推測統計　*39*
　　　　　3　多変量解析　*40*　／　4　統計がわかるということ　*41*
　　7節　研究成果を公表する　**41**
　　　　　1　レポート・論文を書く　*42*　／　2　レポート・論文をチェックする　*42*

第2部　心の不思議を解く

第4章　心の生理学　……………………………………………46

　　1節　脳と神経系の概要　**46**
　　　　　1　中枢神経系　*46*　／　2　末梢神経系　*51*　／　3　神経細胞の基本的機能　*52*
　　2節　内分泌系と免疫系の概要　**54**
　　　　　1　内分泌系　*54*　／　2　免疫系　*55*

第5章　感覚・知覚 ―心のフロントエンド―　……………………58

　　1節　感覚・知覚の意味と役割　**58**
　　2節　いろいろな感覚モダリティ　**59**
　　　　　1　視覚　*60*　／　2　聴覚　*63*　／　3　味覚　*65*
　　　　　4　嗅覚　*66*　／　5　皮膚感覚　*66*　／　6　その他の感覚　*67*
　　3節　形を見る　**67**
　　　　　1　分凝と知覚の体制化　*67*　／　2　図と地の知覚　*67*
　　　　　3　知覚的群化　*69*　／　4　錯覚・錯視　*70*
　　4節　空間を見る　**70**
　　　　　1　空間知覚の問題　*70*　／　2　いろいろな奥行き手がかり　*73*
　　　　　3　生態学的アプローチ　*74*
　　5節　動きや変化を見る　**76**
　　　　　1　いろいろな運動知覚　*76*　／　2　高次の運動現象　*77*

第6章　感情と動機づけ　………………………………………7

　　1節　感情とは　**79**
　　2節　感情研究の流れ　**81**
　　　　　1　進化論的アプローチ　*81*　／　2　生理的アプローチ　*83*
　　　　　3　認知的アプローチ　*84*
　　3節　他者に対する好意　**86**
　　　　　1　近接性　*86*　／　2　類似性　*87*　／　3　相補性　*88*　／　4　身体的魅力
　　　　　5　好意の返報性　*89*　／　6　生理的覚醒　*90*　／　7　恋愛感情　*91*
　　4節　欲求・動機　**92**
　　　　　1　欲求の種類　*92*　／　2　欲求が阻止されたとき　*95*
　　5節　動機づけ　**96**
　　　　　1　動機づけとは何か　*96*　／　2　動機づけとパフォーマンスの関係
　　　　　3　動機づけの理論　*98*

第7章 学習と記憶 ……… 103

1節 学習の定義と基礎過程 **103**
1. 学習の定義　*103* ／ 2　信号の学習 —パブロフの実験，古典的条件づけ—　*104*
3. 危険信号の学習 —嫌悪条件づけ—　*104*
4. 動作・行為の学習 —ソーンダイクの実験，道具的条件づけ—　*105*
5. 報酬の働き —効果の法則—　*105*
6. 本能と学習 —学習への生物学的制約—　*106*

2節 学習の基礎に関する話題 **107**
1. 信号の学習と生活 —意味条件づけ—　*107*
2. 行動の学習と生活 —行動形成—　*107*
3. 行動を制御するのは何か　*108*
4. 学習と認知 —複雑・高次な学習への橋渡し—　*108*
5. 学習の転移と洞察学習 —学習の構え，非特殊的転移—　*109*

3節 記憶の働き **109**
1. 記憶の過程　*109* ／ 2　記憶システム —保持の3つの相—　*109*

4節 記憶の改善 —覚えやすく，忘れにくくするために—　**115**
1. 無意味綴りの記憶　*115* ／ 2　リハーサル　*116*
3. 記憶の文脈依存性　*118* ／ 4　体制化　*119*

第8章 心の発達 ……… 121

1節 発達とは **121**
1. 成長と発達　*121* ／ 2　遺伝と環境　*122*
3. 発達における環境の重要性　*123* ／ 4　発達と学習　*124*

2節 知情意の発達（乳幼児期〜青年期）**125**
1. 知的発達　*125* ／ 2　社会性と自己の発達　*127*

第9章 社会的行動 ……… 130

1節 人とのかかわりの中につくられる「自分」**130**
1. 自己概念・自尊感情 —自分のこと，どう思っていますか？—　*130*
2. 自尊感情の維持・高揚 —自分の価値を高めるためのけなげな努力—　*132*

2節 よりよい人間関係のための知識と技術 **135**
1. 対人認知 —この人どんな人だろう？—　*136*
2. 自己呈示と自己開示 —私はこんな人間です！—　*138*
3. 対人行動 —けんかをしたり，助けたり—　*140*
4. 対人コミュニケーション —この思いを伝えたい—　*144*
5. 態度変容と説得的コミュニケーション —あなたはこうするべきです！—　*146*
6. 社会的スキル —いい関係を築きたい—　*150*

3節 集団の中の個人 **153**
1. 集団と社会的規範 —集団か？　群衆か？—　*153*
2. 同調 —本当は違うと思うんだけど…—　*154*
3. 内集団バイアスと社会的アイデンティティ —がんばれ，ニッポン！—　*156*
4. リーダーシップ —リーダーの器って？—　*158*
5. 社会的ジレンマ —自分1人ぐらい…—　*162*

第3部 より豊かに生きるために

第10章 健康の心理学 …………………………………… 166

1節 生体時計と健康 **166**
1 生体時計とは *166* ／ 2 概日リズムと内的脱同調 *166*
3 生体時計の局在 *168* ／ 4 同調因子 *169*
5 加齢と概日リズム *170* ／ 6 概日リズム障害 *171*

2節 睡眠と健康 **173**
1 睡眠の役割とその機能 *173* ／ 2 睡眠の種類 *174*
3 睡眠のメカニズム *176* ／ 4 睡眠の発達と老化 *177*
5 睡眠障害 *179* ／ 6 睡眠衛生 *182*

3節 ストレスと健康 **183**
1 ストレス研究の始まり *183* ／ 2 セリエのストレス学説 *184*
3 心理的要素とストレス *185* ／ 4 ラザルスの代理ストレス研究 *187*
5 心理的ストレスモデル *187* ／ 6 ストレス反応のプロセスと心身症 *191*
7 ストレス緩和策とストレス・マネジメント *193*

第11章 運動・スポーツの心理学 …………………………………… 197

1節 運動・スポーツの効用 **197**
1 現代社会における身体運動の必要性 *197*
2 心と身体の関連性 *198*
3 運動・スポーツの心理的効果 *199*

2節 合理的な練習方法によるスキルの獲得 **202**
1 スキル学習の理論 *202* ／ 2 練習計画立案時の留意点 *204*
3 フィードバックの利用 *207* ／ 4 有用な指導方法 *209*

3節 ミスプレイの心理 **212**
1 どうしてミスを犯すのか —ゲーム場面の特性との関連から— *212*
2 覚醒水準とパフォーマンス *212*
3 ミスプレイを説明する2つの理論 *214*
4 ミスプレイを減らすために *215*

4節 実力発揮のための心理サポート **215**
1 メンタルトレーニングとは *215*
2 メンタルトレーニング技法 *216*
3 メンタルトレーニング指導の流れ *219*
4 メンタルトレーニング指導実施上の留意点 *220*

第12章 人の「心」や人生とかかわる …………………………………… 222

1節 「人の心や人生とかかわる」ということ **222**
1 生きることの悩み *222* ／ 2 心理臨床行為と臨床心理学 *222*
3 心理臨床の専門家と活躍の場 *223* ／ 4 心理臨床家の仕事 *224*

2節 心のダイナミズム **227**
1 フロイトの力動的理論 *228* ／ 2 ユングの分析心理学 *230*
3 心の悩み、心の傷つき、心の病 *230*

3節　心を探る　***236***
　　　1　心理アセスメント（臨床心理査定）とは　*236*
　　　2　心理検査の種類と理論　*237*
　　　3　さまざまな心理検査　*239*
　　　4　心理検査の倫理と実施上の留意点　*242*

第13章　心的支援の実践に向けて……………………***246***
1節　専門的な心理的支援とは何か，そのために必要な基礎を学ぶ　***248***
　　　1　相手との信頼関係をはぐくむ　*248*
　　　2　専門家としての倫理感覚をはぐくむ　*253*
2節　心理的支援方法の実際 —臨床心理面接技法—　***255***
　　　1　カウンセリング　*255*／2　イメージを用いる臨床心理面接　*259*
　　　3　精神分析的心理療法　*261*

引用文献……………………………………………………***267***
索　　引……………………………………………………***276***

◆Column①　盲点 —脳が世界を描く—　***62***
◆Column②　3次元世界の知覚と錯視　***72***
◆Column③　陰影の知覚にみる脳の社会指向性　***75***
◆Column④　心を育てる魔法のスイッチ？　***78***
◆Column⑤　エンパワーメント　***227***
◆Column⑥　自我と防衛　***229***

第1部

心理学の立ち位置

第1章
現代心理学の枠組み

1節 ◆ 心理学の骨組み ―対象，方法，領域―

1 ―― 心理学の対象と方法

1つの学問領域は，そこでの固有な対象と方法から成り立っている。心理学の場合も例外ではない。すなわちそれは，心と行動の科学，すなわち心と行動を対象とし，科学的方法で研究する学問だといえよう。

(1) 心理学の対象

通常，それは人間の心と行動とされている。しかし，人間の心と行動を対象とする学問は心理学以外にもいくつかある。哲学，倫理学，社会学，政治学，精神医学などである。ところが，これらの学問は，さまざまな点で心理学とは異なっている。哲学や倫理学は，人間のあるべき姿，つまり理念や規範を追求するのに対して，心理学は人間のあるがままの姿，つまり現実の姿を記述する。社会学は，人間集団あるいは社会制度のあるべき姿（理想）を追求するのに対して，心理学は個人あるいは集団の主として現実を研究する。政治学は，人間の主として政治的行動の側面を研究する点で，人間のあらゆる側面を対象とする心理学とは異なる。精神医学は人間の心と行動の主として病的状態を研究治療する領域である点で，健康な人間の生きざまを主として研究する心理学とは異なる。

このように心理学は固有の対象をもっているのであるが，それに加えて，以下に述べるように，方法上も固有なものをもっている。

(2) 心理学の方法

詳しくは第3章で述べることになるので，ここでは概略だけを述べよう。科学としての心理学は，哲学や倫理学が主として思弁的・論証的な方法をとるのとは違って，主として観察，実験，調査などの客観的，実証的な方法を採用する。他の科学研究と同様に，心理学でもまず現象の観察から始まる。しかも，まずは現象を虚心坦懐にあるがままに観察するのである。そのような方法を自然的観察という。研究者はそこから得られる観察データを仮に説明するため，仮説を生成する。次にくるのは，通常，その仮説を検証するための実験的観察や調査である。実験的観察では厳しい条件統制が加えられる。すなわち，研究者が関心をもつため操作される変数以外の条件はできるだけ統制される。こうすることによって，実験の結果に基づき，変数（独立変数と従属変数）の間の因果関係を確認するこ

とができる。この方法は，次に述べる調査法と同様に，十分大きな対象者標本について調べ，データを統計的に処理するので，一般的な結論を導き出すことができ，したがって，法則定立的アプローチとよばれる。

調査は，何らかの理由で実験的方法をとるのが困難な研究目的を達成したい場合に行なわれる方法である。また調査は，のちに行なわれる実験的観察のための予備的研究としての意味もある。条件の統制や研究者による変数操作が行なわれないので変数間の因果関係は確認できないが，相関関係の発見は可能である。

実験や調査とならんで心理学では，個人における詳細で深い情報を得るために事例研究という方法が有効な場合がある。そこでは，しばしば面接法がとられる。ここで得られた結果からは一般的な結論を導き出すことはできないが，個性記述的アプローチとして重要な位置を占める。

内容分析という方法は，人々に直接会って情報を得るかわりに，人々が制作した映画，本，作文，旅行記録の内容の分析を通して，そこにみられる社会・文化的特徴，特定の傾向，考え方のかたよりなどを読み解くことを目的としている。質的分析と量的分析があり，特に後者は，最近，重要視されるようになっている。

2 ── 研究の一般的な進め方 ─仮説の提出，法則の発見，説明理論の構成─

心理学を含め，科学研究には一般的な進め方がある。主として用いられるのは，さきにふれたように，仮説－演繹－検証という方略である。

(1) 仮説の生成と役割

仮説（研究初期における素朴な理論）は，偶発的か意図的かを問わず行なわれた日常の観察結果，先行研究の結果，あるいは他の仮説や理論から，それぞれ推論することによって生成される命題である。さて仮説が提出されると，多くの場合，そこから演繹的推論によって経験上の帰結が導き出される。これが仮説からの現象の予測である。そして予測が適切であるかどうかを実験・調査によって検証する。その結果に応じて，さきの仮説は確認または修正される。このくり返しによって仮説はしだいに洗練されていく。このように，仮説の提出は，1つの研究の目的と動機を与えるとともに，現象の素朴な説明としての役割をも果たすのである。

ところで仮説生成（アブダクション）は，かつてアメリカの哲学者パース（Peirce, C. S. 1839-1914）によって，帰納的推論および演繹的推論につぐ第3の推論過程として重視されたのであるが，実のところその詳細なメカニズムは今日なお明らかになってはおらず，思考の心理学にとっても重要な課題である。

(2) 経験法則の発見

上記のように仮説検証によって特定条件のもとで特定現象が規則性をもって観察される

ことが確認されると，ここに経験法則が発見されたことになる。それは公式化されることもあるが，文章記述の段階にとどまる場合もある。もっとも心理学では，法則の名に値するものは多いとはいえず，特別な名称のついた法則はさらに数少ない。法則は現象の規則性を記述したものであって，事実の域をでるものではない。したがってそれは理論構成の出発点ではあるが，それ自体ではまだ理論とはいえない。いろいろな法則に科学的で統一的な説明を与えるのが理論である。

(3) 理論とその構成・評価
1) 理論とは何か

現象の一般的説明は科学の最も重要な目的の1つである。そして今述べたように，経験法則に説明（「なぜ」という問いに対する答え）を与える概念体系がすなわち理論である。このように，理論の第1の役割は諸現象の統一的説明であるといってよい。丹治（1998）は，19世紀の哲学者ミル（Mill, J. S.）や20世紀の科学哲学者ヘンペル（Hempel, 1965; 長坂, 1973）を引用して，次のように述べている。「科学の目的は，自然のなかに存在するすべての規則性が演繹的に導き出されるような，できるだけ少数の一般命題（因果法則）を見い出すことである。（略）ヘンペルにとってもやはり，説明の基本的な形は演繹的推論である」。

ここで，理論と経験法則との違いと関連を考えてみよう。まず理論は，個々の法則よりも統一的説明が可能で普遍性が高い。それはまた，事実としての法則と違って，当面観察不可能な存在をも予言できる。さらに理論は，新たな仮説を生み，そのことによって観察を動機づけ，それをうながす。これらは理論の長所であるが，一方，特定の理論はしばしば特定の仕方で観察に影響を与えるものである。これを観察の理論負荷性という。すなわち，ある理論を信じている人は，そのような構えで（いわば色眼鏡をかけて）現象をみる傾向があるから，客観的観察がおぼつかないことがある。つまりその人の目には，おうおうにして，現象における理論に合致した特定の側面しかみえないのである。この点，研究に携わるものは十分に注意しなくてはならない。

説明・理論の種類（タイプ）にはどんなものがあるだろうか。最も一般的な説明は因果論的タイプのものであろう。たとえば，ニュートン（Newton, I.）は物体の「落下の法則」を万有引力の理論で説明した。心理学では，かつてソーンダイク（Thorndike, E. L. 1874-1949）が，動物の試行錯誤学習における「効果の法則」を，反応結果から得られる満足の度合に応じて刺激－反応結合の強度が変化するという理論で説明した例がある。

次に一般的なのは還元論的説明である。これは，複雑高次の心理現象を単純低次な概念によって，すなわち生理学的な概念やさらには生化学的な機構によって説明するような場合である。たとえば生理心理学者ヘッブ（Hebb, D. O. 1904-1985）は，学習や記憶を，神経レベルの過程で，すなわち神経細胞間のシナプス機構の変化とそれによる神経細胞集成体の形成によって，説明しようとした。

さらに発生論説明もしばしば行なわれる。それは，ある現象を説明するのに，その現象の発生源までさかのぼって，その由来を明らかにするものである。たとえばピアジェ（Piaget, J. 1896-1980）の認知発達理論はこのタイプに属する。もともと生物学者であった彼は，認知の発達も，人間を含む生物の環境への適応の過程と考えた。しかも彼は，個体発生のレベルでの適応だけでなく，系統発生的レベルのそれ（すなわち進化）をも視野に入れている。こうして彼の認知発達理論は，発生的認識論の枠組の中に組み入れられるのである。

2）理論構成と表現
　法則発見から理論構成への道にはある種の飛躍が存在しているようである。すなわち，理論構成には多かれ少なかれ研究者の創造性，独創性が必要とされる。しかし，科学的創造の過程については，仮説の生成と同様，まだあまりよくわかっていない。
　それはともかくとして，理論の洗練過程では，その理論の内的一貫性（理論内無矛盾性），他の理論との独立性と整合性（理論間無矛盾性）に十分注意を払わなければならないことは確かである（Kukla, 2001; 羽生，2005参照）。
　構成された理論は科学者の間で吟味されなければならないが，そのためには理論を適切に表現することが求められる。理論はどのように表現されるのだろうか。それはしばしば，メタファー（隠喩），アナロジー（類比，類推），モデルなどによって表現される。これらは，科学者間での情報の伝達や討論において重要な役割を果たしていると考えられる。たとえば，ヘンペルはモデルの目的について，次のように述べている。「説明のモデルは，現場の科学者が現実に説明的叙述を定式化する仕方で記述しようということを意図するものではない。むしろ，説明を求める「なぜ」という疑問にたいして経験科学が答える種々な論理的構造と規準とを，適当に正確な表現を用いて示すことを，その目的としているものである。したがって，モデルの構成にはある程度の抽象と論理的図式化が含まれることになる。……モデルは選択的であって……，すべてを明らかにすることを意図するものではなく，ある特殊な使用だけに関係するものである」（Hempel, 1965; 長坂，1973, p.91一部改変）。もっとも，モデルその他による表現は，じつは，情報の伝達や討論においてだけでなく，理論を構成するさいの科学者自身の思考の道具としても，本質的な役割を果たしていると考えられる。
　心理学では直接には観察可能でない過程を扱うことが多い。したがってそれだけ，特にモデルその他，視覚化に訴える手段が有効である場合が多い。実際に心理学で使われるモデルの種類としては，従来から，物理的（実物による）モデル（たとえば大脳機能の模型など），図式的モデル（記憶の多重貯蔵庫モデルなどにみられるブロック・ダイアグラム），数理モデル（ハルの興奮ポテンシャルの公式，エスティーズの刺激標本抽出モデル，レスコーラ＝ワグナーの複合条件づけモデル）などがあるが，最近ではさらに，心理機能をコンピュータの情報処理機能に類比する情報処理モデル（問題解決過程のコンピュータ・シ

ミュレーション，人工知能）がある。

3）理論の評価

理論は研究の進展とともに改善され洗練されていく。どんな理論が好ましいのであろうか。

理論の評価規準としては，通常，次のようなものがあげられる。まずは当然のことながら真実性，ついで普遍性（適用範囲）と予測性である。そして望むらくはその上に簡潔性，実用性が備わるならばいっそう好ましいであろう。これらの規準において高く評価される理論ほど優れているとされる（Kukla, 2001; 羽生, 2005）。

理論は，適用範囲の大きさによって，大規模理論から小規模理論までさまざまにあり得る。心理学では，対象が複雑多様なため，統一的な大規模理論を構成するのはきわめて困難で，小規模理論が林立しているのが現状である。

3 ── 心理学で重要な考え方

たびたび述べるように，目に見えない過程を研究する心理学には，独自の考え方がある。その1つは，心理学者はしばしば「構成概念」（「仮説的構成体」ともいう）を使うことである。いくつか例をあげると，知能，生活空間，習慣強度，動因，不安，認知地図，期待，作業（実働）記憶，自我，心的エネルギーなどがそれである。構成概念を使う際には，それらが操作的に定義されることが重要とされる。このような操作主義は，かつて科学哲学者のブリッジマン（Bridgeman, 1928; 今田・石橋, 1941）が物理学の概念について主張した立場であるが，心理学でも，物理学など先進科学に習って概念の客観性を重視する人々によって受け入れられてきた。たとえばウッドワース（Woodworth, R. S. 1869-1962）が導入し，ハル（Hull, C. L. 1884-1952）たちが重視した「動因」は，「絶食時間」や「不安尺度得点」によって操作的に定義できるとされた。一方，この要請を必ずしも満たさない構成概念もしばしば用いられている。たとえば，力動心理学者のユングやフロイトにおける「心的エネルギー」（精神過程の基礎となるエネルギーをいう）の場合は，いくつか実験化の試みもなされたが，それを操作的に定義することは，必ずしも容易ではない。とはいっても，この概念の適用範囲が広いことは確かである。

4 ── 心理学の領域

前述したように，心理学は，人間生活のあらゆる領域の問題を扱うので，広い範囲にわたる。また領域の分類法にもいろいろある。ここでは伝統的な分類法に従い，諸領域を基礎的・実験的領域と応用的領域に大別して取り上げ，おのおのの内容を簡単に紹介しよう。

(1) 基礎的・実験的領域

①感覚・知覚心理学：視覚，錯視，奥行知覚，聴覚・音響，心理（精神）物理学などを

研究する領域。実験心理学の中核を担っている。
② 学習・認知・記憶心理学：動物・人間の学習，記憶，知識・技能習得，問題解決，思考，動機づけ，などに関する研究をする領域。実験心理学の手法を多用する。
③ 発達心理学：乳児・幼児・児童・青年の心理学，生涯発達心理学（知恵，熟達，エキスパートなどをキーワードとする）をカバーする。
④ 人格心理学：気質・性格・パーソナリティ（人格）の個人差を，類型論，特性論，深層心理の視点から研究する領域。
⑤ 生理（学的）心理学：生理学的方法（脳波などの生理学的指標，刺激法・切除法などによる実験など）を用いて心理現象と生理現象の関連を研究する。心理（精神）生理学，神経心理学（脳損傷による高次の心理機能の障害を調べ，機能の局在性を解明する）を含む。
⑥ 社会心理学：対人認知・コミュニケーションの研究，集団心理学，グループ・ダイナミックス（集団力学），文化心理学，環境心理学からなる。
⑦ 理論心理学：実験心理学などの経験的・実証的アプローチとは対照的に，演繹的推論など哲学的・論理学的アプローチによって，心理現象の予測・説明のための理論構成を行なう心理学の新しい領域。
⑧ 心理学史・メタ心理学：心理学成立・発展の史的研究，現状への批判，心理学の理念（あるべき姿）の追求などを行なう領域。

(2) **応用的領域**
① 教育・学校心理学：発達・学習，教科学習の心理，パーソナリティ，適応，教育評価，学級心理，学校カウンセリングを含む領域。
② 臨床・カウンセリング心理学：心理検査，心理診断法，カウンセリング，心理療法など。
③ 健康・スポーツ心理学：健康心理学（健康行動の理解と改善），スポーツ心理学，メンタルトレーニングなど。
④ 産業・組織心理学：人事心理学，人間工学，マーケティング，経営心理学など。
⑤ 障害児（者）心理学：知的障害，身体障害，情緒障害などの心理学的研究。
⑥ 犯罪（矯正）心理学：犯罪者の心理学，矯正心理学（更生のための心理技法）。裁判心理学にもまたがる領域。
⑦ 裁判（法の・法廷の）心理学：証言の信ぴょう性，証人の信用性，判決に及ぼす心理・社会的要因を研究する。この領域は応用心理学としては最も古いものの1つである。

2節 ◆ 現代心理学の枠組み

1——生物学的な枠組み

　広義の生物学は生理学を含むのであるが，生理学の影響については，第2章1節に譲ることにして，本節では生物学プロパーの考え方と心理学の関連を述べる。しかしその前に，生物，特に比較的高等な動物が，無生物あるいは下等な動物と比較して，一般にどんな特徴をもっているかについて考えてみよう。それらの特徴は心理学と特に関係が深いからである。

(1) 生物の一般的特徴
　①生命維持機構：個体・種（子孫）の両面における保存が必須である。すなわち，再生性・自己増殖性がある。ここから，摂食，摂水，愛着，性欲，快・不快の原理，利己心など，さまざまな基本的欲求が生じてくる。またそれとの関連で種間の捕食・被食関係や種内の争いがみられるのである。
　②適応性：生物は，同化と調節を通して環境に適応していく能力をもっている。そこには適者生存の原理が支配している。多くの行動は環境への適応を目的にしている。
　③種の多様性：地質学的年数にわたって自然環境への適応と進化がくり返された結果，多様な種が形成されている。それぞれの種は生態を異にするので，種に固有な環境世界が存在するといってよいわけで，同じ環境であっても，それがもつ意味は種ごとに異なるのである（Uexküll & Kriszat, 1970）。
　④成長・発達・不可逆性：生物は，安定した環境の中では，遺伝要因に従って幼体から成体までの永続的で一方向性の変化・推移の過程の中にある。経験などの環境要因は，そのような遺伝要因の上に作用する。
　⑤システム性：生物は全体的統一性の保たれた組織体である。フィードバック・システム（一般に，自分の出力を感知することによって自分の出力を制御するしかけ）の発達により，自動制御機構をもつ。
　⑥自己組織性：生物は開放系なので，ある限度内では，陥った混沌から自ら脱出して秩序を回復する能力がある（Brigogine & Stengers, 1984）。

　現代心理学では，動物・人間をこのような一般的特徴をもつ生物としてとらえ，その心と行動を研究している。

(2) 進化の自然選択説とその影響
　昔の人々は，動植物の種の起原は神による創造の結果だと考えていた。しかし17・18世紀にもなると，知識人を中心とした人々の間では進化（時間経過に伴う緩徐な展開）という考え方が常識となっていた。それは，現存する各種動物は，初めは下等な生き物であったものがしだいに進化して，ついにはわれわれ現代人が生じたのだという見方である。

とはいっても，進化のしくみについてはまだ明らかになってはいなかった。18世紀の後半，フランスの博物学者ラマルク（Lamarck, C. 1744-1829）は1つの進化論を唱えてはいたが，そのしくみとしては「用不用説」に立っていた。また，彼は，ある世代で獲得された形質は次の世代に継承されるという，「獲得形質の遺伝」を信じていた。

19世紀も後半に入ってから，ダーウィン（Darwin, C. 1809-1882）は，すでに同時代の識者の間では常識となっていた進化の現象を裏づける確固たる資料に基づいて，自然選択による進化の理論を著書「種の起原」の形で発表した。当初ダーウィンは，進化の証拠となる膨大な資料を収集しながらも，長年の間，自分の進化論の発表を差し控えていた。それは，創造説に立つ教会からの懲戒を恐れていたことと，進化のしくみを説明するための自然主義的な理論の着想をまだ得ていなかったためであった。しかし彼は，マルサス（Malthus, T. R.）の「人口論」から得たヒントにより，自然選択による進化論を着想した。その後，彼とは独立に同様な説明を思いついた若い博物学者ウォレス（Wallace, A. R.）との共同研究という形で，この理論を発表することになるのである。時に1859年のことであった。

ダーウィンらの着想の骨子はこうである。①個体の形質は遺伝する（世代間の情報伝達），②各個体は多数の子孫を生む（多産性），③個体間には自然環境への適応性において変異がある（変異の存在），④多数の子孫のうち自然環境への適応的形質をもつ個体のみが残存する（自然による個体の選択），⑤ある自然環境では最終的に，その環境への適応的形質をもつ生物群（種）のみが繁栄する（種の形成）。

進化論の出現によって，知性面での人間観は2つの方向で影響を受けた。1つは動物を人間に近づけて見る方向で，動物の擬人化が行なわれた。クレバー・ハンスの逸話はその代表的なものである。もう1つは，逆に人間を動物に近づけて見る方向で，人間が動物視された。この見方の一例としては，ソーンダイクが主張したように，人間における試行錯誤学習説がある。それは，人間においても，問題解決が洞察によってではなく，試行錯誤によって行なわれるものだという議論である。ところで前者の見方（動物の擬人観）は，心理学の科学化という当時の時代思潮の中で厳しく戒められた。その例は，動物行動の擬人化を戒めた「モーガンの公準」にみることができる。すなわち，ある心理機能を低次の概念で説明できる場合は，いたずらに高次の概念でそれを説明してはならないというものである。そしてソーンダイクの主張は，モーガン（Morgan, C. L.）の公準を忠実に守る立場として行なわれた。最近では，認知心理学の興隆とともに，この公準がそれほど厳密に守られない傾向が出てきている。すなわち，動物と人間のいずれにおいても，状況に応じて洞察か試行錯誤のいずれかが起こり得ると考えられている。状況の見通しが困難な場面では試行錯誤が，またそれが容易な場面では洞察が，それぞれ起こると考えられるのである。

生物進化において重要な適応の概念が心理学に及ぼした影響については，すぐこの後ふれるとともに，第2章でも論ずることになる。

(3) 現代の進化論的心理学

　進化論はこれまでも心理学に大きな影響を及ぼしてきたが，それはあくまでも間接的なものであった。というのは，人間心理においては，動物のように単に遺伝的要因や本能によって規定されるような単純なものではなく，むしろ環境要因や学習によって規定される複雑な側面が大きいとする環境主義の立場が圧倒的に強かったからである。しかし最近，逆に生得説，すなわち遺伝要因規定説が再び興隆してきた。そのような時代背景に加え最近の生物科学の急速な発展にうながされて，心理学を進化の観点から考え直そうとする立場が起こってきた。現代版進化論的心理学の出現である。

　進化論的心理学を紹介したある入門書（Workman & Reader, 2004）には，「進化論的心理学は，ダーウィンの自然選択の原理を人間心理に応用する比較的新しい学問である。その中心的な主張は，大脳（したがって，心）は，現代人の祖先である狩猟採集民が今から1万年以上前の更新世後期，すなわち「進化論的適応の環境」として知られる時代，に遭遇した諸問題を解決すべく進化した，という点にある」（p.1）と述べられている。すなわち進化論的心理学は，人間心理が自然選択による進化の産物であるという仮定に基礎を置き，それを機能と適応性の観点から説明しようとする，新しい心理学である。当然のことながらそれは，従来の心理学にはおさまらない，生物学，認知科学，さらには脳科学などにまで及ぶ学際的研究領域となるであろう。

(4) 心理統計法と生物学

　意外に思う人が多いかもしれないが，心理学と生物学は統計法を通しても縁が深い。天才の誉れ高いゴールトン（Galton, F. 1822-1911）は，ダーウィンが自然選択理論において重視した個体間の変異に絶大な関心を示した。心身の変異すなわち個人差は適応能力の個人差に導く，と考えられたからである。こうして彼は，心性遺伝やそれによる個人差の問題を幅広く研究した。たとえば彼は，天才の研究や優生学（現代では白眼視されるが）を非常な熱心さで行なっている。これには，彼自身，ダーウィンとは従兄弟の関係にあり，優秀な家系の出であったこととつながりがあろう。

　ゴールトンは，個人差の研究のために必要ないろいろな統計的方法の開発をも行ない，今日われわれが使っている心理統計法の基礎を築いた人物でもある。彼の発見になる統計基礎理論に，たとえば回帰現象がある。回帰とは，「人がもつ特性はその子孫たちに受け継がれるが，彼らのもつ特性は平均的にはその人に比べてより弱いものになる」（Everitt, 1998）という現象であるが，ゴールトンは，1875年，スイートピーの栽培実験によってこの事実を見いだした（岡本, 1987）。たとえば，両親が長身（短身）ならばその子どもたちも長身（短身）の傾向にあるが，平均すれば両親よりは背が低く（高く）なるのである。もっとも，遺伝の思想自体は，進化思想と同様に，はるか以前から存在していた。しかし，メンデル（Mendel, G. J.）が遺伝基本原理（メンデルの法則）を発表したのは1865年であるが，当時はかえりみられず，1900年になってようやく再発見されたといういきさつがあ

るので，ゴールトンの栽培実験が相当に早かったことは確かである。ゴールトンの弟子であった応用数学・数理統計学者ピアソン（Pearson, K.）は，その後，師匠の考えを発展させ，相関係数など，心理学などで用いられる多くの統計的方法を考案した。

ゴールトンはまた，行動観察や質問紙による心理測定法を発明したり，語連想テストの開発，心像（心的イメージ）研究や双生児研究などの創始も行なっており，後の心理学の発展に大きく寄与しているが，これらは，心的機能の個人差に対するゴールトンの飽くなき探究心の発露がもたらした成果といえよう（岡本，1987）。

(5) 精神発達の理論

さきにも述べたが，生物の最大の特色の1つは発達するということであろう。発達には系統的発達（進化）と個体的発達とがあるが，それらの考え方はいずれも早くから心理学に重要な影響を与えてきた。

アメリカの心理学者で，学界の基礎づくりに貢献したボールドウィン（Baldwin, J. M. 1861-1934）も，進化論から大きな影響を受けた1人で，特にその精神発達理論は現代心理学にも生きている。彼は精神発達の4段階説を唱えた。すなわち，①反射の段階，②感覚・運動の段階，③観念運動の段階，④象徴的＝思考的変形の段階である。また，発達の一般的機制は，環境に対する自己の調節および環境の自己への同化の働きからなっているとした。

20世紀最大の心理学者の1人といわれるピアジェは，認知発達の4段階説として，①感覚・運動的段階，②前操作段階，③具体的操作段階，④形式的操作段階をあげているが，この説はボールドウィンの段階づけと類似している。ただし，ピアジェでは，ボールドウィンの「反射の段階」が「感覚・運動段階」に含められる一方，「観念運動の段階」は，「前操作」と「具体的操作」の2段階に分けられ，より詳細になっている。ピアジェはまた，認知発達の契機を「同化」と「調節」によって説明しており，ボールドウィンの考え方から強く影響されていることは明らかである。

前述のように，もともと生物学者であったピアジェは，個体の認知発達研究にとどまらず，系統発生的レベルにまで認知発達の理論を拡大し，特に晩年には，動物進化や人類史をも包括した「発生的認識論」という学問を発展させたが，その内容はともかくとして名称そのものは，やはり，ボールドウィンから受け継いだものだといわれている（Hearnshaw, 1987）。

(6) 有機体的全体論（ホーリズム），システム理論，自己組織システム

生物におけるもう1つの特徴は，各個体ならびにその集団がともにそれぞれ全体的統合をなすという点にある。生物は確かに個々の細胞から成り立っているのであるが，各細胞は組織を形づくり，各組織は器官を形成し，各器官は中枢神経系により制御され，まとまりのある個体となる。つまり，1人の個人は各細胞や各器官の単なる寄せ集めではなく，

全体的統一体である。そして各個体はまた集団組織の一成員として組織の中で固有の位置を占める。したがって生物科学では，要素主義の傾向の強い物理科学とは対照的に，要素や部分に還元できない全体性を重視する考え方が優勢なのである。後述するゲシタルト心理学やその影響を受けた生物学者ベルタランフィ（Bertalanffy, L. v.）の有機体論やシステム理論は，このような，生物に特有な全体観的性質を扱う学問として発達した。

なお，生物は自己組織化の能力をもつシステムとみなされる。そういう意味で，人や動物といった生活体，人格システム，社会システムなどはすべて自己組織システムである（大澤, 1998）。このような観点からのアプローチも，現代心理学の1つの新しい側面であるといえよう。

(7) 比較心理学・比較行動学（動物行動学）

進化論の普及に伴って，人間行動の理解のために動物研究が盛んになり，心理学への影響も少なくなかった。比較行動学（動物行動学）は，動物行動，それも特にそれぞれの種に固有な本能行動を調べようとする研究で，生得論の伝統の強い主としてヨーロッパの研究者たちによって発展した。初期の研究者には，動植物の屈性（走性）を調べたロエブ（Loeb, J. 1859-1924），動物種に固有な環境に関心をもったユクスキュル（Uexküll, J. v. 1864-1944）がいた。その後，動物行動学を大きく発展させたロレンツ（Lorenz. K.: 水鳥の刻印づけを研究），ティンバーゲン（Tinbergen, N.: 淡水魚の攻撃行動を研究），フリッシュ（Frisch, K. v.: ミツバチの情報伝達を研究）たちが活躍した。比較的最近では，本能研究は人間にまで及んでいる。

比較行動学研究者によると，ある行動が本能（遺伝に規定された行動）とされる条件は，その行動の，①ステレオタイプ性（つねに定型的であること），②種特異性（その種に固有であること），③学習からの独立性（練習の有無に関係なく，一定の成熟により出現すること）である。

一方，英米の研究者たちは，経験論の伝統によって，本能よりも学習行動に関心があった。

対象となった動物は，通常は実験の便宜上，ラットやハトであり，研究目標となった行動はレバー押しやキーつつきであるが，高次の学習課題を課す場合は，ケーラー（Köhler, W.）やハーロウ（Harlow, H. F.）の研究のように，霊長類も対象とされる。

2 ── 行動主義的な枠組み

(1) 行動主義の特質

この枠組みの特質についてまとめると次のようになろう。まず心理学の対象については，意識を極力排除し，もっぱら観察可能な反応・行動を観察すべきであると主張する。方法については，動物・人間における実証的研究，反応データの数量化，そして数量化されたデータへの統計的解析法の多用を特徴とする。

さらに，行動主義がよって立つ認識論的立場は経験主義であり，それは古代ギリシャのアリストテレス（Aristotles），近世英国のロック（Locke, J.），バークリー（Berkeley, G.），ヒューム（Hume, D.）の流れを汲んでいる。したがって帰納的推論の重視，要素主義，連合主義，機械論の傾向が強い。

(2) 現代に生きる行動主義 ―客観性・科学性の重視―
　行動主義は，心理学が物理学など先進科学なみの科学になろうとする動機から生まれた。すなわち20世紀になって間もないころの1912年，それまでの主観的な対象と方法への批判として，ワトソン（Watson, J. B. 1878-1958）によって提唱された。現代では極端な行動主義は下火になったものの，その客観主義の精神は連綿と続いている。
　ワトソンの行動主義をあくまでも忠実に貫いたのはスキナー（Skinner, B. F. 1904-1990）であった。彼は，心理学の使命は，環境刺激の変化に応じて行動がどう変化するか，両者の関数関係を記述することにあるとして，「実験的行動分析学」を主宰した。またその応用として，「応用行動分析学」を開拓した。後者は前者を教育や臨床の場面に応用することを目指している。教育場面への応用例としては，行動形成（シェイピング）の応用としてのプログラム学習があり，臨床場面への応用例は，行動療法の一環としての行動変容（行動修正）技法にみられる。
　しかし，ワトソンの行動主義の立場では，刺激－反応主義，環境主義，末梢器官主義の傾向があまりにも強すぎた。少し考えれば明らかなように，同じ環境刺激を受けても，現われる反応は人によって，またその人のそのときの状態によって，異なるのがふつうである。力動的心理学の主唱者ウッドワースは，刺激と反応の間に個人の条件を考えねばならないとして，「刺激－生活体－反応（S-O-R）」という図式を提案した。生活体の位置には，そのときの個人の状態に対応する動因，不安，緊張，期待など，いろいろな構成概念を媒介変数として考えることができる。それらは，操作的定義が与えられるならば，刺激や反応と同様に，客観的実在として扱うことが可能であろう。このような行動主義は新行動主義とよばれ，代表的な研究者はハルやトールマン（Tolman, E. C. 1886-1959）であった。
　同じころ，知覚の領域でも同様な動きがみられた。ブルーナー（Bruner, J. S. 1915- ）らの「ニュールック心理学」（社会的知覚，力動的知覚）である。彼らは知覚に影響する人格的・社会的要因（価値，欲望，情動）などの主体的条件を強調し，知覚研究の新しい分野を開拓した。

3── 認知理論的な枠組み
　認知心理学の発展を支えた動因は3つある。情報処理アプローチの発展，コンピュータ科学の発展，そして言語学，特にチョムスキー（Chomsky, N. 1928- ）のそれ，の影響である（Anderson, 1980, 1982）。
　この枠組みの特質についてまとめよう。

(1) 対象の特徴

現代認知心理学が好む対象は，行動主義者によって非科学的だと批判されてきた意識・無意識・思考など心内的過程，遺伝的・生得的なもの，主観的なもの，知的なもの，洞察的なもの…，要するに心理主義者の好む神秘的なものである。しかし，それらは行動主義以前にも心理学の研究対象とされていたので，現代認知心理学の特徴は，対象よりむしろ方法の新しさにあるといってよい。

(2) 方法の特徴

現代認知心理学の発展は，1950年代のチョムスキーによるスキナー批判がきっかけとなったが，じつは，折しもいちじるしい進展をみせていた情報科学によって準備されていたのである。

1) 情報処理アプローチ（情報処理メタファーの摂取・多用）

人間の知的（認知）機能と機械による情報処理の間のアナロジーに基づいて，認知機能を記述するために情報処理メタファーが用いられるようになった。たとえば，記憶の領域において，以前は記銘，保持，想起と称されてものが，それぞれ符号化，貯蔵，検索というように，情報処理用語でよばれるようになり，また以前は一次記憶，二次記憶とよばれていたものが，それぞれ短期貯蔵庫，長期貯蔵庫とよばれるようになり，さらに，意識は短期記憶または作業（実働）記憶に対応させる，などなどである。

2) 人工知能：知能のコンピュータ・シミュレーション・モデル

コンピュータの発達とともに，大脳のコンピュータ・アナロジーが行なわれるようになり，人工知能の研究が盛んになっている。そこでは大脳の論理回路とコンピュータのそれとは対応関係にあると仮定されているので，知能の心理学的研究と人工知能の研究は相互に支援し合える関係にある。すなわち，実際の人間の思考過程がある程度わかってくると，それをプログラム化してコンピュータで実行させてはプログラムの問題点をチェックし修正する，という手続をくり返していけば，思考における脳の働きを次第に正確にプログラム上で再現できることになる。

(3) 認識論的立場

認知心理学は，認識論的には，プラトン (Platon)，デカルト (Descartes, R.)，カント (Kant, I.) の流れ，すなわち理性論，生得論，主知主義，演繹的推論を重視する流れを汲んでいる。

行動主義への反動のきっかけの1つは，アメリカの言語学者チョムスキーのスキナー批判の発言であった。

チョムスキーの言語理論は，人間の言語能力は生得的なものだという仮説の上に立って

いて，スキナーの行動主義的言語理論に対する批判から始まって，広く行動主義全体に対する批判に及んだ。それををきっかけとして，心理学では，言語ばかりでなく他の多くの心的能力にも生得的なものを認めようとする傾向が，非常な勢いで復活してきたのである。ではここで，認知理論的枠組みにおける研究例をあげてみよう。

(4) 代表的な研究例
1) ブルーナーらの「思考の研究」

ブルーナーら（Bruner, J.S. et al., 1956）は，概念学習の問題解決において，解決者は，やみくもに解決を試みるのではなく，組織的な作戦パターンであるストラテジー（方略）を考え，結果のフィードバックに照らしながら自分の立てた仮の解（仮説）を逐次修正していき，最終的に真の解に到達することを観察・報告した。

2) ブロードベントの注意研究

ブロードベント（Broadbent, D.）は英国の応用心理学者であったが，工学心理学者と自称して，騒音の能率に及ぼす影響，談話の知覚，注意と覚醒など，知覚における注意の問題に関する実験的研究を行なうなかで，心理現象への情報処理アプローチを開発した。

3) ミラーらの研究

ミラー（Miller, G.A.）は，言語認識，コミュニケーション理論の研究で知られ，チョムスキーとの共同研究もある。短期記憶の容量の限度について書いた論文（題名「不思議な数7±2」: Miller, 1956）は有名である（第7章3節(3)参照）。また，他の研究者との共著書（Miller et al., 1960）の中で提案した"TOTE"単位（行動の単位は「テスト－操作－テスト－出力」であるとする仮説）は，新行動主義のS-O-R単位にかわる情報処理モデルである。

4) フェスティンガーの研究

フェスティンガー（Festinger, L.）は「認知的不協和理論」を提唱した。これは認知的不協和が行動を動機づけるという理論である。たとえば，タバコを吸う人はタバコの害についての情報を不快に感じるが，この不協和による不快感を減少させるために，人はいろいろな行動をする。タバコをやめる代わりに，害の情報の信ぴょう性を疑う，害を主観的に過小評価する，逆にメリットを主観的に過大評価する，などである。この理論の社会現象への応用性はかなり広いのである。

4 ── 精神分析的な枠組み

通常われわれは意識された世界に住んでいるので，無意識を感じることはほとんどない。しかし，反省的にはそれを経験することができる。たとえば，階段をおりていて，あと1

段あるつもり（無意識のうちに）であったのに，そこはもうフロアだったというとき，前につんのめるといった経験をすることは，誰にもあるであろう。あるいは，テニスなどで，至近距離から打たれたボールをとっさの拍子に（無意識で）弾き返すことができた，という経験もめずらしくないであろう。

　フロイト以前にも，無意識の存在に言及した人として，生理学者ヘルムホルツ（Helmholtz, H.）や哲学者ハルトマン（Hartmann, E. v.）など何人かいたが，無意識に積極的な働きを認めた点では，フロイトが初めてであった。フロイトは意識，前意識および無意識という，3つの意識水準の存在を仮定した。前意識は通常の記憶に相当し，何らかの努力によってその内容が意識へと浮上すると，それらは想起された状態になる。他方，無意識は，本能的（特に性的）衝動（イドの働き），良心（しつけによるスーパーエゴの働き），抑圧された記憶などからなり，暗黙のうちにわれわれの行動を制御していると考えられる。それらは，通常は意識にのぼってこないが，連想様式や夢内容の形で時として表面に現われる。たとえば，抑圧された欲求が夢の中で満たされて，緊張が緩和されるという経験をした人もあろう。このように，われわれが直接感知している意識は，全意識水準からみると，かつて感覚生理学者フェヒナー（Fechner, G. T.）がいみじくも表現したように，氷山の一角にすぎないのである。

　精神分析学は，神経症の治療法であるとともに，力動的パーソナリティ理論の基礎となるものである。精神分析学派には，「向性」（外向性・内向性）で有名なユング（Jung, C. G.）や個人心理学を創始したアドラー（Adler, A.），また自我の「同一性」で知られるエリクソン（Erikson, E. H.）などがいる。

第2章
心理学の発展の足どり

1節 ◆ 20世紀半ばまでの足どり

1 ── 実証を重んじる（経験）科学的心理学への胎動
（1）心理学の独立
　科学としての心理学は，他の科学と同様に，かつて哲学から分かれてきた。そのきっかけは，19世紀の西洋で，物理学や生理学など自然科学の発展とともに，哲学思想にも変化が現われ，経験主義・実証主義・心理主義の気運が増大してきたことによる。そのような時代背景の中で，特に近代的大学制度の先進国ドイツでは自由な研究教育が奨励され，またそれが可能でもあったため，まずこの国で（経験）科学的心理学が芽ばえることとなった。すなわち，生理学者のミュラー（Müller, J. 1801-1858）やその教え子ヘルムホルツ（Helmholtz, H. 1821-1894）が生理学的心理学の研究を始めたのである。また物理学者で哲学者でもあったフェヒナー（Fechner, G. T. 1801-1887）は，19世紀中葉，精神的世界と物理的世界とを人間の感覚を通して関係づける実験を行なっていた。そして1860年には「精神物理学」を公刊したのであるが，これは刺激-感覚の関数関係を明らかにしたもので，実験を重んじる科学的心理学の事実上の起点となった。

　しばしばいわれているように，心理学は哲学と生理学とが結ばれることによって生まれた。

　その1つの成果として，1850年代後半にはスコットランドのベイン（Bain, A. 1818-1903）が史上初の心理学書2巻を著わしたが，これは，ミュラーや同じくドイツのロッツェ（Lotze, R. H.）の著書から得た当時最先端の生理学的知見に基づきながら，イギリス経験論哲学の流れをくむ連合心理学の原理によって，人間心理の総合的な説明を試みたものであった。

（2）神経・大脳生理学の発展と生理心理学
　生理心理学は神経・大脳生理学の発展と生理学的測定機器の開発なくしては考えられない。以下に，近・現代におけるそれらの展開を概観しよう（主としてHearnshaw, 1987による）。

　①18世紀末という比較的早い時期に，イタリアの生理学者ガルヴァニ（Galvani, L.）が動物電気を発見している（1780）。それ以後，電気生理学が発展することとなった。

②ついで19世紀前半にはミュラーが「人間生理学ハンドブック」（1833-1840）を著わした。その中には，連合，記憶，想像，思考，感情など，心的事象についての１章も含まれていた。
③イギリスの医師マーシャル・ホール（Marshall Hall 1790-1857）が反射概念，「反射弧」の用語を導入した（1833）。
④レイコック（Laycock, T.）が反射活動の法則を大脳にも適用した（1845）。この着想が後にロシアの神経科医セチョーノフ（Sechenov, I. M. 1829-1903）によって採用された。
⑤19世紀半ばにウェーバー（Weber, M. 1795-1878）が弁別閾の測定を行ない，ウェーバーの法則を提出した。それをもとにフェヒナーは，刺激強度と感覚量の関係を数学的に表現した。同じころ，ヘルムホルツが神経伝導速度の測定に成功している（1850）。
⑥セチョーノフが「大脳の反射」（1863）を著わす。
⑦ドイツの解剖学者ガル（Gall, F. J. 1758-1828）の骨相学は科学的根拠はなかったものの，脳機能の局在説の先駆けとなった。
⑧フランスの解剖学者ブローカ（Broca, P. P.）が運動言語中枢を発見し（1861），ドイツの神経学者ウェルニッケ（Wernicke, C.）が言語理解中枢を発見した（1871）。
⑨スペインの神経学者カハール（Cajal, S. R. Y. 1852-1934）がニューロン（神経元，神経細胞）説を発表している（1889）。神経細胞は，相互に接触しているのではなく接近しているのみであるとされた。ただし「ニューロン」の名称は２年後の1891年にワルダイエル（Waldeyer, H. W.）が命名したもの。
⑩イギリスの生理学者シェリントン（Sherrington, C. S. 1859-1952）が軸索と樹状突起との間隙をシナプスと命名した（1897）。彼は反射学，大脳皮質の機能局在の研究をした。
⑪ロシアの大脳生理学者パブロフ（Pavlov, I. P. 1849-1936）による条件反射学の研究（1902-1836）。彼の研究は，約40年前に行なわれた同国のセチョーノフの研究から大きな影響を受けた。
⑫ベルガー（Berger, H.）が脳波を再発見した（1924）。じつはそれより約50年前にケイトン（Caton, R.）が発見していた（1875）。ベルガーの再発見後，アドリアンがそれを確認している（1934）。
⑬マグーン（Magoun, H. W.）らが，大脳皮質の覚醒水準を調節する脳幹毛様体賦活系の働きを明らかにした（1949）。
⑭カナダの大脳生理学者ペンフィールド（Penfield, W. G. 1891-1976）が，電気刺激法を用いて脳の機能局在を詳細に研究し，脳の機能地図を作成した（1975）。
⑮スペリー（Sperry, R. W. 1913-1994）が，分離脳患者（てんかん治療のため，脳梁—左右半球の連絡繊維—を切断された患者）の研究を行ない，それまで劣位半球とされた右半球も視空間認知・音楽理解の機能については左半球よりも優位であることを明ら

かにした（1968）。一方，ペンフィールドによって確認（1959）されているように，言語機能を担う部位は，多くの場合，左半球（「優位半球」とされた）にある。このように，大脳各半球には機能的非対称性が存在すると考えられている（津本，1986）。
⑯生理学的・医学的測定機器の開発によって，最近は心理学で生理的指標が使用される場合がふえている。生理学的心理学の研究では，通常，次のような機器と指標が使われている。(a)心拍・血圧・血流計，(b)心電計，(c)筋電計，(d)眼電計，(e)脳波計，(f)脳磁計，(g)皮膚電気活動計，(h)コンピュータ断層撮影装置（CT），(i)磁気共鳴像装置（MRI），(j)光トポグラフィ装置（脳血流動態を測定する），(k)ガスクロマトグラフ（精神神経免疫学的指標を得る）。

2 ── 意識内容を対象とする要素（構成）主義

　時代はしだいに，哲学よりも自然科学，特に生理学や科学的心理学などに学生が引きつけられるようになっていった。このような時代背景の中で医学や生理学を学んでいたヴント（Wundt, W.）は，1879年，ライプツィッヒ大学に世界で初めての心理学実験室を創設した。古い心理学では，意識経験を哲学的な内観によって研究していたのに対して，ヴントはそれを実験的方法によって研究した。ヴントのもとには，この新しい心理学を学ぶために国の内外からぞくぞくと学生が集まり，大いに研究成果をあげていった。こうして心理学は，1つの独立した学問として制度化されたのである。
　ところでヴントの心理学は要素心理学といわれる。精神現象をその構成要素（純粋感覚や単純感情）に分析したり，要素の結合または総合によってもとの精神現象を説明する方法をとったからである（ちなみに，連合（連想）心理学では，感覚と観念を要素と考え，それらが連合によって結びつけられると考えた）。ヴントのもとで学んだイギリス人のティッチェナー（Titchener, E. B.）は，その後アメリカにわたりヴントの心理学の普及につとめたが，自分の心理学を特に構成心理学とよび，心的要素としては，感覚，心像，感情をあげた。彼の構成心理学は，そのころアメリカで起こりつつあった機能心理学と対照させる意味で命名したものといわれている。
　同じく連合心理学の枠組みの中で，記憶に関する実験心理学的研究に初めて糸口を開いたのが，エビングハウス（Ebbinghaus, H.）である。彼は，前述のフェヒナーの著書からヒントを得て，記憶という高等精神過程の研究に数量化の手法を適用し，科学的心理学の発展に大きく貢献した。
　これらの要素主義は，しかしながら，後述する，非要素主義あるいは全体性の立場に立つ機能心理学やゲシタルト心理学からは，やがて批判されることになる。
　なお，少し時代がさがるが，心理学者ミュラー（Müller, G. E.）がフェヒナーの精神物理学的測定法を精密化するとともに，思考というさらに高等な精神過程について初めて実験的研究を行なっていることも，注目に値する。

3——環境への適応を問題にする機能主義
(1) 進化論の影響
　人間と動物の連続性を説くダーウィンらの進化論は，世間の大きな反響を呼んだばかりでなく，生物科学や社会科学を中心として社会のあらゆる活動領域にも大きな影響を与えることになった。心理学も例外ではなく，まず，適応という考え方の普及である。ただし心理学では，それは系統発生的な意味ではなく個体発生的な意味での適応であり，また，動物としての人間の自然環境への適応というよりも，社会的存在としての人間の主として社会的環境や文化的環境への適応を意味する。さらに心理学で問題とされるのは，人間の形態的特徴による適応性というよりは，人間がもつ機能的・行動的特徴による適応性である。言い換えれば，人間の多くの機能（たとえば記憶力や知能）は，社会生活においてそれぞれ適応上の意味をもっていると考えられる。

　ところで，自然選択による生物進化の重要な契機の1つは環境への適応であった。適応性の高い個体または個体集団が，低いものよりも生き延びる可能性が高く（最適者生存の法則），子孫をもうける可能性も高いのである。またその適応性は場合によって世代内で変化し得る。特に適応的行動は，経験や学習，言い換えれば文化の獲得・形成によって比較的容易に向上し得る。宮崎県幸島のサルにおける，イモ洗い文化の例をあげるまでもないであろう。しかもいったん獲得された文化は，多くの場合，世代内ではもちろんのこと，世代間でも伝播する。するとその集団はそれだけ適応性を向上させ，結果的により繁栄することになる。となると，この集団が共有する遺伝的形質が幾世代にもわたって継承される可能性がそれだけ高くなる。このように考えると，学習された行動が，進化による変化の方向や速度に影響を及ぼすこともありそうである。すなわち，個体発生的変化と系統発生的変化の間に相互作用があることが考えられるのである。このような仮説は，19世紀末に何人かの学者によって提出されたが，そのうちの1人ボールドウィンにちなんで，今日，「ボールドウィン効果」とよばれている（Weber & Depew, 2003）。

(2) 機能主義心理学
　機能（主義）心理学は，心理学の研究対象を，従来のように人間の意識内容にではなくて，人間を含む生活体の環境への適応機能に置く立場である。この立場の起こりは，19世紀末のイギリスの生物学者たち，すなわちダーウィン，ロマニーズ（Romanies, G. J.），モーガンらの思想に求められる。この学派の先駆者としては，アメリカのジェームズ（James, W. 1842-1910）やボールドウィンらが，またその後の主唱者としてはデューイ（Dewey, J.），ウッドワースなどがあげられる。彼らの関心はおもに，注意，学習，記憶，動機づけなどにあった。機能主義的な考え方は，今ではそれをとりたてて主張する人はいないほど，現代心理学全体に浸透しているといってよい。

　連合心理学者ベインの意志的行動の習得過程についての考え方（いわゆるスペンサー＝ベインの原理）に強い影響を受け，また機能心理学者ジェームズの指導のもとで動物実験

を行なったソーンダイクは，連合心理学と機能心理学とを結びつけようと努力した。そのことは，たとえば，彼が試行錯誤学習を刺激－反応結合の形成過程とみなし，その結合強度が「効果の法則」（第7章1節参照）に従うという概念化をしたところに，いみじくも表われている。

4 ── 意識の主観性を排する行動主義

　科学は一般に事象の客観的観察から得られたデータを扱う。心理学においてもそうあるべきである。しかし心的事象に関する限り，観察・記述の客観性を保証することは容易でない。すなわち，心的事象の場合，観察者によって観察結果（記述，判断，評価）が異なることが多い。特に，意識についての自分自身による内観とその報告の場合は，この傾向がいちじるしく，信頼性をもって研究することが困難である。科学としての心理学はそのような事象を研究対象とすべきではない，という考えはあり得る。そこで，測定可能な行動に研究対象を限定すべきだ，との主張が出てくる。

(1) ワトソンの行動主義

　行動主義は，20世紀になって間もないころの1912年，それまでの主観的な方法への批判と，動物における条件反射の研究（パヴロフやベフテリェフ: Bechterev, V. M. 1857-1927 による）や問題解決の実験（ソーンダイクによる）の成功を背景に，ある講演会でワトソン（Watson, J. B. 1878-1958）によって提唱された。1913年の論文は，この講演原稿がもとになっていた。もっとも，それ以前にも，機能主義心理学者キャテル（Cattell, J. M.）らから，同じ趣旨の示唆はあったのだが。ワトソンは，著書「行動主義」（Watson, 1930）の中で次のように述べている。「（ティッチェナーとジェームズの）両者は，心理学の主題は意識だ，と主張した。行動主義は，これとは逆に，人間の心理学の主題は人間の行動だ，と主張する。行動主義は，意識というものは，明瞭な概念でも有益な概念でもない，と主張する。常に実験家として訓練されている行動主義者は，さらに，意識というものがあるという信仰は，迷信と魔術のあの大昔に生まれたものだ，と主張する」（Watson, 1930; 安田, 1980, p.15一部改変）。

　1913年に発表されたワトソンの論文「行動主義者の見る心理学」は，このことを強く主張したもので，事実上，行動主義宣言となった。行動を対象とするならば，動物や言語未習得の子どもに関しても，研究が可能となる。また，生理的諸器官の機能も，それらに心理学的意味がある限りにおいて，心理学の対象となり得る。

　心理学が科学になるためには客観的な用語や概念を使う必要があり，体験者本人にしかわからない意識というような主観的概念を排除しようという気運が当時，強かった。したがって行動主義では，刺激と反応という観察できる事象を中心に扱おうとした。たとえば，思考の「運動説」というのがある。人は，何か考えているとき無意識に指先や舌の先が動いているのに気づくことがある。これらの筋肉運動を電気的に記録することによって，心

内的な現象である思考を外的・末梢的な運動でとらえられるかもしれない。要するに，ワトソンの行動主義の立場では，刺激－反応主義，環境主義，末梢主義の傾向が非常に強かったのである。

しかし，少し考えれば明らかなように，同じ環境刺激を受けても，現われる反応は人によって異なるのがふつうである。初期の行動主義では，方法の客観性を強調するあまり，この点が無視されていた。

(2) 新行動主義

その後，この流れをくむ研究が，動物学習の領域を中心に盛んになった。しかし，ワトソンの行動主義は，刺激と反応が直結したものとみなすことから，あまりにも末梢主義的で機械論的すぎるとの批判を受けることになった。すなわち，刺激と反応の間に介在する生活体の状態を考えるべきだという意見である。

力動的心理学者ウッドワースは，前述したように，刺激と反応の間に個人の条件を考えて，「S-O-R」の図式を提案したのであった。Oの位置には，その人のそのときの状態に対応する動因，不安，期待，認知地図などの構成概念を考えた。それらは，操作的定義が与えられれば，刺激や反応と同様に，客観的実在として扱うことが可能とされた。そのような修正を加えた行動主義は，その後，新行動主義とよばれたが，これに属する代表的な研究者としては，ハルやトールマンなどをあげることができる。媒介概念として，ハルは動因（欠乏などによる一種の緊張状態から生じる一般的エネルギー）を，トールマンは認知（手段－目標関係などの）を，それぞれ仮定した。なお，トールマンは特徴ある存在で，客観性を重視するという意味では行動主義者であったが，「期待」や「認知地図」などの認知的概念を媒介変数として使用するという意味では認知理論（連合理論ではなく）の立場に立っていたので，特に認知論的行動主義者とよばれている。彼の思想は，その後，認知心理学の中で1つの大きな流れとなった。

それに対して，これら両者とほぼ同時代に活躍したガスリー（Guthrie, E. R. 1886-1959）やスキナーは，刺激と反応の間の媒介変数など概念的なものには関心を示さず，あくまでもワトソンの立場を忠実に継承した。特に後者は，刺激－反応の関係をもっぱら記述することに徹し，記述的行動主義者とよばれた。

広義の行動主義の影響は，もちろん心理学内部の他の領域にも及んでいるが，一時は，アメリカを中心に，行動科学の名のもとに学際的広がりもみられた。

(3) スキナーの徹底的（記述的）行動主義・実験的行動分析・応用行動分析

上述のようにスキナーは徹底した行動主義に立っていた。前章で述べたように，彼は，心理学の役目は刺激の変化に対して行動がどう変化するか，両者の因果関係を記述することにあると主張して，「実験的行動分析学」を創始した。そしてその応用として，「応用行動分析学」を開拓した。後者は教育や臨床の場面への応用を目指しているが，教育場面へ

の応用例としては，プログラム学習があり，臨床場面への応用例としては，行動療法の一環として行動変容（行動修正）技法がある。

5 ── 要素主義を批判するゲシタルト学派
(1) ブレンターノの心理学

ドイツの哲学者で心理学者であったブレンターノ（Brentano, F. 1838-1917）は，心理学は心（意識）の内容よりもその作用（機能）を扱うべきだとする作用心理学（act psychology）を提唱した。彼はすぐれた講義や著作を通して，後の心理学・哲学研究に大きな影響を及ぼした1人とされている。特に，やがてゲシタルト（形態）学派を成立させることになった心理学者たちの中に，かつて彼の薫陶を受けた人々がいた。したがって，彼の思想を理解することは，後の心理学を理解するためにきわめて重要である。彼の経歴の詳細については小倉（1986）の紹介に譲りたいが，ここではゲシタルト心理学成立にかかわる点に絞って述べよう。

ブレンターノの心理学思想は，初期の著書「経験的立場からの心理学」（1874）にすでに表われている。心理学に関してブレンターノがいう経験的方法は特別な意味をもっている。まず心理学でいう経験とは，人が自分自身の心的現象（認知，感情，意志など）を内部知覚によって経験することを意味する。それは，通常の，物的現象（光，音，味など）を外部知覚によって経験することとは峻別されるのである。したがって彼のいう経験的方法とは，自分の心的現象を内部知覚によって経験したことを，あるがままに（分析を加えずに）記述することである。ここで，心的現象には次のような特徴がある。①それらはすべて表象作用による，②心的現象は物的現象と異なり延長（空間的広がり）をもたない，③必ず対象が存在するという志向性がある，④内部知覚によってのみ知覚される（細谷，1970）。

さて，ブレンターノがヴュルツブルグ大学の講師を勤めていた時期に彼の講義に心酔した学生の1人が，シュトゥンプ（Stumpf, C. 1848-1936）であった。シュトゥンプはブレンターノの影響を受けて，後に現象学運動を起こした。その主張は，心理学の基本データは，心的現象そのもの，すなわち，分析を施されない，あるがままの経験であるべきだ，ということである。この立場は，ヴント学派の要素主義的傾向に対する批判勢力となり，その後発展したゲシタルト心理学の先駆けとなった。なお，哲学における現象学の主唱者の1人フッサール（Husserl, E. 1859-1938）も，ブレンターノのかつての弟子であることをつけ加えておこう。

(2) ゲシタルト心理学

ゲシタルト心理学の先駆者の1人であるエーレンフェルス（Ehrenfels, C. v. 1859-1932）も，ブレンターノの影響を受けた心理学者である。彼は，メロディーの移調（変調）可能性から，「ゲシタルト（形態）質」という概念を導き出したことで知られる。プラハ大学

で彼の講義に出席していたのが，後にゲシタルト心理学の創始者の1人になるウェルトハイマー（Wertheimer, M. 1880-1943）である。ウェルトハイマーは，運動視の1つである仮現運動（アニメーションの原理）を，ゲシタルト現象の有力な証拠として指摘したことで有名である。

一方，ベルリン大学教授時代のシュトウンプに指導を受けた経歴をもつゲシタルト心理学者が，まず，動物における洞察の実験（「類人猿の智恵試験」1917）で知られるケーラー（Köhler, W. 1887-1967），ついで，「ゲシタルト心理学原理」（1935）の著書として有名なコフカ（Koffka, K. 1886-1941），それに，後にアメリカでも広い領域で活躍することになる，「場」の理論—たとえば「社会科学における場の理論」（1951）—で有名なレヴィーン（Lewin, K.）である。

ゲシタルト心理学の特徴の1つは，要素主義と対照をなす，その全体観である。すなわち，心的現象は，要素の単なる寄せ集めによって決まるものではなく，それ以上のものである—すなわち全体によって規定される—という見方である。この観点は，心理現象を扱う場合にはつねに無視できない考え方で，現代心理学のあらゆる領域で重視されている。

2節 ◆ 20世紀半ば以降の足どり

1——主観（理性）の回復を唱える認知心理学
（1）行動主義への不満

1950年代の終わりに始まる認知心理学の再興は，それまで行動主義という足枷によって，奔放な発想による研究を抑圧されていた心理（精神）主義者たちがいよいよ不満をつのらせ，一触即発の状態になったあげくの反動でもあった。

もっとも，連合主義・要素主義・行動主義への批判はもっと早くから存在していた。ゲシタルト心理学は，要素よりは全体性，経験論よりは生得論を主張する立場から行動主義を批判していた。たとえばゲシタルト心理学の重鎮ケーラーは，問題解決における試行錯誤説を批判する立場から，彼の「類人猿の知能試験」の研究にみられるように，洞察説を強力に唱えていた。

また，神経（生理）心理学からは，ラシュリー（Lashley, K. S. 1890-1958）が，大脳は，各機能を局所的に—領域ごとに—画然と分担しているのではなく，むしろ全体として機能するという，大脳機能の量作用説を主張していた。この立場から彼は，たとえば問題解決過程では，まず目標が立てられ，それによって階層的に各実行器官が統制され解決にいたるというように，いわゆるトップダウン的働きが優位を占めることを，早くも強調していた（Gardner, 1985）。

（2）認知心理学再興のきっかけ

反動の直接のきっかけは前述したように，チョムスキーによるスキナーの言語行動論

(Skinner, 1957) への批判発言 (Chomsky, 1959) であった。それは，ほぼ以下のような趣旨のものであった (Bower & Hilgard, 1981, Pp.206-208)。

①刺激－反応関係がいくらわかっても，何ら行動の説明にはならない。
②スキナーが使っている刺激，反応，強化，反応強度などの概念は，実際にはいずれもその客観性，妥当性が疑わしい。
③「スキナー箱内のラット」という拘束された事象領域から得られた概念を，人間の精神生活や社会生活にまで外挿しようとする試みは，無謀である。
④言語における規則性の多くは，人の内部にある何らかの複雑な統語分析装置によって文法的「深層構造」が引き出されて初めて，明らかになるものだが，発話など表層的側面しか分析しようとしない行動主義的言語分析のアプローチでは，けっしてうまくいくはずがない。

認知論の再興は，まず何といっても，行動主義の対極をなしたために行動主義者が批判していたもの，すなわち意識，心内的なもの，生得的なもの，主観的なもの，知的なもの，洞察的なもの，要するに心理主義者の好む神秘的なものの地位回復の過程であった。もう1つの動因は，折しも発展していた情報科学によって準備されていた情報処理メタファーの摂取であるが，この点は前章で述べた通りである（第1章2節参照）。

2 ── 人間性心理学の興り

現代心理学の新しい流れに，1960年代に起こってきた人間主義（または人間性）心理学がある。この学派の人たちは，自らを，行動主義と精神分析学派につぐアメリカにおける「第3勢力」と自称しているいる。代表者は，基礎心理学から転向したマズロウ (Maslow, A. H. 1908-1970) と臨床心理学から転向したロジャーズ (Rogers, C. R. 1902-1987) の2人である。前者は「欲求階層説」で，後者は「クライエント（来談者）中心療法（非指示的カウンセリング）」でそれぞれ有名である。マズロウによると，人間は，基本的欲求を満たされてもそこで満足せず，いっそう高次の欲求を発生させ，最高次の欲求である自己実現へ向かって努力する存在である。また，自己実現の欲求を達成した人は，精神的に健康な状態が保てる。自己実現欲求とは，「自分がなり得るものにならねばならない」という欲求をいう。また精神的に健康な状態とは，「考えや行動が自然で自由である。ユーモアがある。非常に創造的である。人生を客観的な見地から見ることができる」などの特徴を示す状態をいう（杉若, 1981:「新心理学事典」──欲求階層説──の項より）。

ロジャーズの初期の「非指示的カウンセリング」は，従来の指示的方法への批判から生まれ，クライエントとの許容的・非審判的なかかわりを重視したものであった。それが「クライエント中心療法」を経て，現在は「パーソン・センタード・アプローチ（人間中心のアプローチ）」とよばれている。人間と人間関係の成長を促進することを目指している（中西ら, 1998）。

第3章 心への接近法

1節 ◆ 研究とは

1 ── 科学であること

　心理学が多くの測定法を開発し、またその方法を自然科学に求めたのは科学であるためであった。では、自然科学を含めた科学においては、何をもって科学と考えているのだろうか。その答えの1つが「実証」である。つまり、抽象的で実質的な証明ができない考え方や接近法は、科学（的）ではないとして実証することによって、科学と非科学的な考え方や方法とが峻別されたのである。

　しかしながら、ある事象を実証するということにはかなりの困難が生じる。すなわち、すべての研究対象を抽出し調べる必要があるからである。たとえば、「カブトムシの色は、茶色である」ということを証明するには、世界中のカブトムシを採集し、観察しなければならない。採集しなくとも、すべてのカブトムシの体色を確認する必要がある。これは膨大で途方もない時間と労力を必要とする。

　そこで、科学的研究においては、後述する推計学や統計学的手法、実験や調査におけるサンプリング（標本抽出）法などにより、世界中に生息するカブトムシというような、すべての研究対象を取り扱わなくてもよい方法を開発してきたと考えられる。しかしながら、問題は残るのである。たとえば、日本のある地域に生息するカブトムシだけであれば、観察が可能である。そこで、観察をした結果、「すべて茶色であった」とする。そこで、「カブトムシという昆虫の色は茶色である」と結論する。はたして、この結論は定説となりうるだろうか。観察した地域に問題はなかったか、観察時期はどうか、もし別の地域ならどうか、季節が変われば色の変化が生じないか、などなどの疑問が生じてくるだろう。それらをつぶさに調べることはさらなる困難を増すことになる。そこで、反証主義という考えが提言されることになる。

2 ── 反証すること

　科学において完全に実証することは不可能であるとして、オーストリアの哲学者カール・ポパー（Popper, K.）は反証主義を唱えた。「すべてのカラスは黒である」という命題の正しさを証明するために1万羽のカラスを調べても、調べていないカラスが違う色である可能性は残されたままである。一方、1羽の白いカラスを見つければ、命題が正しくないことがたちどころに証明される。すなわち正しいことを確認し続ける実証は困難である

が，正しくないことの証明である反証は可能であるとして，ポパーは「科学的研究では反証できるように計画するべき」としたのである。一般に科学的研究においては，反証されなければ仮説を維持し，反証が見つかれば仮説を棄却するか，あるいは修正するよう計画しなければならないとされるのである（2節参照）。

3 ── 研究と勉強

　研究と勉強は"study"の英訳としては正しい。しかし，研究のあり方を考えると，まったくの同義ではない。市川（2001）によれば，勉強は「知識を覚えること」であり，研究とは「知識を創造すること」である。たとえば，参考書に書かれてあることを書き写しただけのレポートは勉強ではあるが，研究とはいえない。インターネット検索で調べた文書をそのままコピーし，レポートや研究論文とすることは，「剽窃」といわれ，厳に慎まなければならない行為である。自らの力で新しい知識をつくり出す創造的な行為がないものは研究とはよべないのである。もちろん，まったく勉強をしないで研究しようとすると，独善的でひとりよがりな研究になってしまうだろう。今までの研究をよく勉強し，それを踏まえて新しい考え（知識）をつくり出すことが重要である。図3-1のように研究と勉強を融合することが本来の研究といえるだろう。

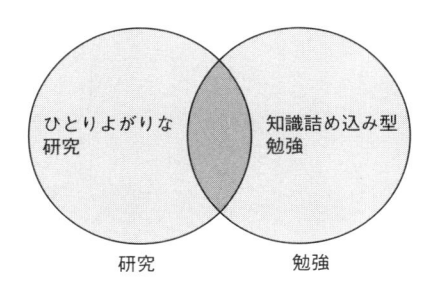

図3-1　研究と勉強の関係（市川，2001より一部改変）

4 ── よい研究とは

　よい研究とは，どのような研究をいうのか。研究の領域や研究者のもつパラダイム（信念や計画）によって，同じ要件を満たしているとはいえないかもしれないが，およそ①実証性，②新奇性，③実用性，の3つが満たされていることが，よい研究といえるのではないだろうか。

　①の実証性は，先に述べたように，科学的研究にとって重要な概念である。実際に「○○が〜であること」が実質的に証明されることである。実験等における「再現可能性」も，この中に含めて考えてよいだろう。すなわち，研究が行なわれた後，（その研究に携わっていない）第三者がその研究結果を再現できることが必要であるということである。再現ができることで，研究で提唱された理論や仮説が検証できるのである。これは測定などにおける「信頼性」も同様である。測定のたびに違った結果が出るのは，測定方法の問題（信頼性の低い測定）である。同じ方法で実験すれば，何度行なっても同じ結果が出ることが重要なのである。そのため研究では再現できるような記述が求められるのである（4節4参照）。

次に②の新奇性であるが，簡単にいえば，研究が今までにない新しいものであるということである。オリジナリティ（独自性）が高い研究と言い換えてもよいだろう。では，この新奇性が高い研究とはどのような研究を指すのだろうか。従来の研究にないことをやれば新しいことだからよいかというと，必ずしもそうではない。今までの研究にないというのは，たとえば，仮説や理論の中に独創的で，今までの常識とされていたものを覆すような考え方や方法が存在しているという点で「今までにない」のである。「男子は女子よりも筋力がある」ということを，今までに一度も実験に参加したことのない学校の生徒を実験参加者にしたからといって新しい研究とはいえない。実験参加者を従来の研究になかった年代の人とし，確かめたのであれば，理論の追試・追明にはなるのだろうけれど，実験参加者の所属している学校を替えただけでは，オリジナリティのある研究とよぶにはほど遠い。さらに，男子が女子より強い筋力を有していることを証明できたとしても誰も驚かないし，何より研究という社会的な営みの意義もほとんどないのではないだろうか。研究は見いだされた事象や理論により，社会に貢献することができるかどうかが重要な要因なのである。次の③の実用性と関連する。ただ，同じ計画で実験を行なう追試的研究も，新しい研究をスタートする際や，基本的な研究法を学ぶ際には意義あることではある。

　③の実用性は，研究が人間生活に役立つかということである。応用可能性や生態学的妥当性ということばで説明される場合もある。どちらも日常生活に反映できていて，またいかに貢献できるかということを指標とする。日常と隔絶された実験室内だけの現象や，人間とは関連性の少ない動物を研究して出された結果を，そのまま人間に当てはめることができるかということである。基礎研究がいけないというのではない。研究の目的が人間の幸福に向けて進められていて，かつ，それらが近い遠いは別として，将来，われわれの生活に寄与できるものであるならば，基礎的な実験や観察は重要な意味をもつのである。その研究のもつ人間の日常生活や社会に連続性があるかどうかが問われるのである。

　たくさんの方向から研究を眺める複眼的思考や，倫理にそった自己批判的でより洗練された考え方をとることで，よりよい研究が生まれるものと思われる。

2節 ◆ 仮説を立てる

1――研究仮説

　どのような研究にも仮説がある。仮説を設定しない研究は，パイロット・スタディ（研究を始める前に見通しを立てるために行なう探索的研究）や臨床的事例研究の一部を除き存在しないといってよい。さらにいえば，仮説設定しないとされる研究においてさえ，何らかの方針や結果の期待をもって研究に取り組んでいるはずである。たとえ報告書や研究論文などで明確に言及していなくとも，何かしらの仮説をもって研究していると考えられる。ある結果を導き出す原因が何であるのか。この原因にあたる事象を考え出す因果関係の想定は，仮説を立てることにほかならない。「タレントAに人気があるのは歌唱力があ

るから」いや「ルックスがいいから」などと「人気がある」という結果を歌唱力や容貌という原因から説明しようとする。ここでは「歌唱力→人気」「容貌→人気」という2つの仮説を立てている。どのような仮説を立て検証するかがその後に行なわれる検証過程以上に研究にとって重要なのである。このような仮説のことを研究仮説という。もちろん，研究者はこの研究仮説の正しさを確認し証明することを目的に実験・調査をするのである。

2 ── 帰無仮説

帰無仮説とは文字通り，「無に帰する」仮説である。すなわち，棄却されることを前提として立てられる仮説である。証明したい研究仮説（あるいは実験仮説）を統計的に支持するために，いったん逆説的に置き換え偶然以外の効果を否定する形にする。たとえば「タレントAに人気があるのは歌唱力があるからである」という研究仮説であれば，「タレントAに人気があるのは歌唱力があるからではない（偶然である）」という帰無仮説を立てるのである。特に統計学においてこの仮説を棄却できる可能性を計算する際に用いられるため，実際には仮説として意識しないこともある帰無仮説を棄却するかどうかの一連の手続きを統計的検定とよぶ。統計的検定においては，偶然で起こる確率が5％あるいは1％未満であれば，偶然とはいいがたいので帰無仮説を棄却するのである。

3 ── 反証主義の反証

前節で述べた反証主義は論理学的には正しいが，現実には正しくない場合がある。高野(2004) は，2つの理由をあげて説明する。1つは，ポパーの弟子である哲学者イムレ・ラカトシュ（Lakatos, I.）の指摘である。ラカトシュは，観測の問題を指摘した。ある仮説から導き出された「宇宙の場所Aには，天体Bが見えるはずだ」という予測があるとする。それをもとにして望遠鏡で観測した結果，天体Bが見つからなかったとする。この場合，反証されたのであるから，この予測は棄却されてよいのだろうか。ラカトシュは「望遠鏡の性能が不十分だったかもしれない」「天体Bに星雲がかかっていて見えなかった」などの理由を指摘した。観測が不備であれば，仮説は正しくても棄却されることが起こり得るのである。2つ目の理由は，反証主義の根本的な欠陥である。宇宙ではある事象を結果として引き起こす原因が1つに限定されない。物体を動かすのは引力だけでなく，電磁力もある。「万有引力の法則」に従えば，木の葉も地球の中心に向かい，下に落ちると予測される。しかしながら，風にあおられて横に吹き上げられる木の葉を見ることは日常でも多くある。そこで，反証が見つかったとして，「万有引力の法則」を放棄するべきであろうか。このように考えると，実証は不確実で問題があるが，かといって，反証が必ずしも確実な方法であるともいいきれないのである。しかしながら，絶対的確実性はないかもしれないが，科学的に実証する方法によって真理に接近し科学は進歩してきたのも事実である。

3節 ◆ データと因果関係

　研究では,「データ」ということばをよく耳にする。この「データ」とは何を指すことばなのだろうか。また,データはどのように扱われ分析されることが多いのか。さらに,データを解釈する際の相関関係があることと因果関係との違いは何か。本節では,これらについて考えてみる。

1── データの意味

　データというと,コンピュータなどで計算されるような数値で表わされるものと思ってはいないだろうか。もちろん心理学の場合,多くデータを数量化するという手続きをとる。この場合の数値化されたものはもちろんデータであるが,「逆は真ならず」である。すなわち,数値であればすべてデータとよべるかというと,けっしてそうではない。もとより,数値化されたデータ（量的データ）のもととなる実験などで収集したままの生データ（raw data）は,必ずしも数量でないこともある。量的データでないものは,質的データといわれ,話しことばや,書かれた文字などがそれに相当する。また,数値を当てはめた量的データではあっても,足し算ができないような数値のデータもある（次項参照）。ここで大切なことは,データが数値であるかどうかということではなく,何をデータとするのかということである。言い換えれば,データといえるかどうかは,その量的・質的な性質によって決まるものではなく,測定されたり,収集されたものが目的を有するかどうかによるのである。目的がない場合は,たとえ質量や時間を測定してもそれらはデータとはいえない。逆に,内省報告（実験後の感想）やアンケートに書かれた文章なども,研究の目的がそこにあれば,立派なデータとなるのである。

2── 数量化と尺度

　量的データを集め数値を当てはめる際の水準がある。この水準は数値がもつ情報のレベルの違いでもあり,次のような4つに分類されている。

①名義 (nominal) 水準
②順序 (ordinal) 水準
③間隔 (interval) 水準
④比率 (ratio) 水準

　①の名義水準のデータは,カテゴリーごとの数であり,「数える」ことで得られるものである。たとえば,賛成か反対かで「賛成する人」というカテゴリーに何人いるか数えて得られる人数である。
　②の順序水準は,名義水準に比べて順序という情報が加わる。徒競走の順位はこれに当たる。また,絵画や音楽などにおける芸術性を評価をした順位は順序水準のデータで,順

位という数値に意味はあるがその数の間の等価性ない。つまり1位と2位の差は3位と4位の差と等しいかどうかはわからないという情報を含んだデータである。

③の間隔水準は，順序に加えて間隔の等価性を保証する。簡単にいえば，等間隔の尺度で測られるデータである。気温や体温はこの間隔尺度にあたる。心理学の研究では，たとえば授業満足度を測るときに，「不満足」「やや不満足」「どちらでもない」「やや満足」「満足」と5段階で評定することがある。このような場合のデータは本来的には，順序水準のデータである。しかしながら，これを間隔尺度ということとして統計計算において扱う場合が少なくない。等間隔であることを前提にする間隔尺度として扱うのであるから，調査などにおける評定尺度は，特に十分な配慮を必要とするのである。

④の比率水準のデータでは，原点0を特定できるので，間隔水準以上に情報量が多いデータであり，ほとんどの計算が可能である。間隔水準のデータは，温度など，絶対的な0は存在しない。しかし，比率水準では質量や速度など0が存在する。物がないとき，運動をせず静止しているときはそれぞれ0と表わすことができる。

われわれが推測統計などで計算をする数値は，基本的には間隔水準か比率水準のデータを用いることが多い。

3 —— 相関関係と因果関係

「何かがあった後に何かが起こった」とき，前にあった事柄が後に起こった事柄の原因であると考えてしまうこと（前後論法）や，「何かをしたときと同時期に何かが起こった」（共変）とき，この2つの出来事の間に相関関係や因果関係があると考える傾向がある。しかしながら，これらは，ヒューマンエラーともいえる人間特有の誤った認識であることも少なくない。

研究においては，後述する実験や観察において因果関係や相関関係を考えるのだが，この2つの関係を誤解してしまう場合がある。そこで，2つの変数（研究において変化する，あるいは変化させるもの）間の関係を整理してみる。

2つの変数X，Yが相関関係にあるとき，すなわちXの増減とYの増減が一定方向でともに変化するときに因果関係はあるのだろうか。じつは表3-1に示したように，そうでない場合も多く考えられるのである。

たとえ，XとYとの間に相関関係があると確認されても，「(1) Xが原因で，Yが結果」であるだけではない。母親の養育態度が厳しい（X）と子どもが攻撃的（Y）になるとしても，逆に「(2) Yが原因で，Xが結果」のときもある。攻撃的な子どもだから母親の養育態度が厳しくなったともいえるのである。さらに，「(3) どちらも原因であり結果である相互的な因果関係」の場合もあるだろう。発達心理学では「母子相互作用」といわれるもので，母親の態度と子どもの行動が相互に作用しあうと考えるのである。次に大切な考え方に，「(4) 第3の変数Zが原因で，変数X，変数Yともに結果」である場合がある。これは研究開始にあたり仮説を考えるときにも留意が必要である。気がついていない第3の

要因が存在していて、見かけ上の相関関係をつくり出している場合があるからである。つまり、相関関係があったとしても、2つの変数には直接因果関係がなく、未知の要因によって共変しているということである。最後に、「(5) 2つの関係は偶然に成立した関係であり因果関係がない」こともある。

表3-1 変数Xと変数Yとの相関関係

(1) 変数Xが原因、変数Yが結果
(2) 変数Yが原因、変数Xが結果
(3) どちらも原因であり結果である相互的な因果関係
(4) 第3の変数Zが原因で、変数X、変数Yともに結果
(5) 偶然に成立した関係で因果関係はない

4節 ◆ 研究法

　心理学の研究法といえば、コンピュータで制御された実験やアンケート調査などが思い出されるだろうか。これ以外にも観察や事例研究、面接など多くの研究方法が使用されている。本節では、研究法を概観するため、実験と観察とに大別して説明する。さらに、研究を洗練させるために考えておかなければいけない事柄について概説する。

1──実験的研究法

　実験は、因果関係を明らかにするための研究法である。仮説をあげ、それを検証する方法をとることが多い。
　実験では、仮説を操作的に定義しておかなくてはいけない。簡単にいえば、どのようにするとどのようになるというように具体的に操作可能なもので表現することが必要だということである。表3-2に示すように、研究の中で操作し変化させる変数のことを独立変数という。変数とは研究において変化するものを指す。また、測定される変数を従属変数という。これは、研究の結果として測りとられるものである。教科書違いによる教育効果を調べるという研究ならば、教科書の種類が操作されるので、これが独立変数にあたる。そして教育効果という概念をテスト成績として測定可能な形にしたものを従属変数というのである。剰余変数は、独立変数以外に従属変数に影響を与えるものである。上の例でいえば、教師の授業法、子どもたちの学習態度や学習意欲などなどが含まれる。それゆえ、実験では剰余変数を統制して、独立変数（教科書）だけの違いといえるように実験参加者をランダムに割り当てたり、多数の子どもたちを対象としたりするのである。

表3-2　実験的研究における変数

独立変数	操作するもの（原因になるもの）
従属変数	測定するもの（結果になるもの）
剰余変数	独立変数以外で従属変数に影響を与えるもの

2 ── 観察的研究法

　実験によらない研究法は基本的に観察的研究法といえる。これは実験のように因果関係を実証するのではなく，おもに相関関係を明らかにする研究法である。観察的研究には自然観察法，実験的観察法，調査法がある。アンケートなどの質問紙法や面接法（構造化面接，半構造化面接，非構造化面接）などは調査法の1つとして考えられる。ここでは，この方法を詳しく説明するのではなく，観察におけるおもな方法と態度について説明する。観察で大切なことは，観察者の視点である。観察者がどこにいるかといってもよいだろう。対象を統制せずに日常のままの行動を見るような自然観察では，観察者はその存在をできるだけ対象者に気づかせないような工夫が必要である。ビデオテープ撮影によったりするのもそのためである。さらに，観察者がその対象者の集団等に入り込むことでより妥当性のある結果を得られると推定されたときは参加型観察になったりするのである。また，長時間観察し続けることがむずかしいときのために，時間見本法（time sampling method：ある特定の時間をあらかじめ決めておき，その時間だけ観察する方法），場面見本法（situation sampling method：ある場面だけをあらかじめ決めておき観察する方法）などの手法を採用することも多い。ただし，よりよいデータを採るためにはサンプリングにおいてよりよいサンプル・サイズ（対象者の人数）とサンプリングの仕方を工夫する。たとえば，時間見本法でも，30分間一時に見るのではなく，5分間を6回に分けて観察したほうが妥当性のあるデータが期待できる。

　調査でも大切なことは，実験参加者がより自然で抵抗なく回答できるような配慮を心がけることである。そのために，質問項目の選択や質問順序，質問文の多義性などに気をつけなければならない。「聞きたいことを聞く」ということは大切ではあるが，研究は実験参加者の協力があってこそ成立することをけっして忘れてはいけない。

　実験で用いる変数の名称をそのまま使用できる場合もあるが，観察的研究法はあらかじめ因果関係を想定しないことが多い相関研究であることから，表3-3に変数をまとめた。それぞれ，表3-2に対応するが，大きな違いは独立変数に相当する予測変数（説明変数ともいう）は，研究者が操作するのではなく，観察・調査などにより測定される変数であることである。なお，基準変数は目的変数とよばれることもある。

表3-3　観察的研究における変数

予測変数	測定するもの（予測するもの）
基準変数	測定するもの（予測されるもの）
共変変数	第3の変数

3 ── 目隠し検査

　ある薬の効果を調べる実験において，実験参加者にその薬が実際に与えられるグループ（実験群）なのか，あるいは薬と称して本当はビタミン剤（偽薬）を与えられるグループ（統制群）なのかをわからないようにする方法を単純目隠し法（single blind procedure）という。この方法で偽薬効果（プラシーボ効果）という薬と信じることで何らかの治癒効

果がみられるというような，実際の薬効とは別の要因を排除することができる。もし，グループの治療成績に差がみられ，本当の薬が与えられたグループがよい結果であれば，その薬の効果があったとみなすことができる。さらに，厳密なやり方に二重目隠し法（double blind procedure）がある。この方法は，実験参加者だけでなく，実験者も薬の成分がわからないようにする。すなわち，実験参加者が本当の薬か偽薬かどちらを服用しているかわからないように計画する。具体的にはこの実験を計画する研究者のみが知っていて，実際に薬を実験参加者に渡す実験者には薬に関して何も情報を与えないように工夫する方法である。この方法では，実験者バイアスが抑えられる。実験者バイアスは，意識的・無意識的を問わず実験者が実験の結果を期待して，実験参加者に手心を加えたり従属変数の測定を甘くしたりするような実験者にかかわるバイアスのことで，これをできるだけ取り除くことでよりよい実験結果が期待される。また，実験の妥当性や信頼性を保つことにつながるのである。

4 ── 妥当性と信頼性

妥当性とは，測りたいことが測れているかということで，信頼性とは，一貫した結果が得られ，それが一般化できるかということである。

妥当性としては，次の3つが考えられている。

①内的妥当性：独立変数の操作によって得られた結果かどうか。
②外的妥当性：研究結果を研究対象以外の集団に応用できるかどうか。
③テスト妥当性：想定されているものを正しく測定できているかどうか。

テスト妥当性はさらに，表面的妥当性（観察者の目から見てどうか），併存的妥当性（同じ変数を測る他の独立したテストとの一致度），予測的妥当性（テスト結果が将来の行動を予測するか），内容的妥当性（テストは領域を網羅しているか），構成概念妥当性（テストの基礎となる概念を正しく測っているか）の5つに細分される場合もある。

信頼性には，次の3つの信頼性がある。

①「再検査信頼性」：検査をくり返し行なっても，同じ結果が得られるかどうかで測る信頼性である。
②「折半信頼性」：同じ検査の偶数番項目と奇数番項目を折半して，それぞれの検査結果が同等であることで測られる信頼性。
③「等価信頼性」：同じ特性を調べる検査AとBがあるとき，その両方で検査をして，近い結果が得られると，この信頼性が高いことになる。

研究のため調査用紙やテスト課題を作成するなどの場合，これらの妥当性や信頼性に十分留意することを忘れないことが重要である。

5 ──研究デザイン

　研究法と研究デザインは同様の意味をもつように思われがちであるが，違うものである。実験的方法であれ非実験的方法であれ，研究デザインは同じであったり違ったりする。

　研究デザインには，実験参加者間デザイン，実験参加者内デザインがある。実験参加者間は条件ごとに独立に実験を受ける場合で，たとえば「AとBの教科書のどちらで学習するとテスト成績があがるか」ということを実証するために実験をする場合では，Aの教科書で学習する人とBで学習する人を別々に振り分けるデザインである。この場合どちらの教科書が有効かを，A教科書を使用した群とB教科書を使用した群の2群の成績差を調べることで判断する。しかしA教科書とB教科書を使用した人が別の人であるため，個人差が出てくる可能性がある。どちらか一方にその教科が得意な人が多くいるかもしれないというようなときがそうである。そこで，この個人差をなくすため，多数の人（統計学的には「かなり大きな標本」という）が必要になる。一方，実験参加者内デザインは，同じ実験参加者がどちらの教科書も使用する。そして，それぞれの教科書で学んだ後に受けたテスト成績の差で教科書の有効性を確かめる。しかし，この例のようなときには順序効果という問題が残る。そこで，ABとBAのそれぞれの順番で行なう実験参加者を2つの群に分け，カウンターバランスをとる。カウンターバランスはこのように順序効果などを相殺するためによく用いられている方法である。

6 ──発達的研究デザイン

　発達的研究では，横断的研究か縦断的研究かを考えなければならない。発達的研究では，子どもが発達していく過程を取り扱うものが多い。そこで，短期間にその変化過程を見いだすために，いくつかの年齢段階の子どもの特徴や性質を同時期に調べる横断的研究法が用いられる。運動能力の発達を調べる研究をする場合で考えてみよう。たとえば，3歳から12歳までの子どもたちを対象とすると，3，4，5，6，7，8，9，10，11，12歳という10段階の各年齢に属する子どもを同時期に，一度だけ彼らの運動能力テストを行なうことで研究ができる。経済的にも時間的にもコストを抑えながら結果を出すことができるため，このような横断的方法が多く採用されているのである。しかしながら，横断的研究法の問題点は，変化する社会環境などの要因が発達に影響を及ぼすことにより世代による差が生まれる（コホート効果）ことを考慮していないところである。子どもたちをとりまく環境の変化が急であると，たとえば，今の12歳の子どもが3歳だった9年前の環境は，現在のそれとまったく同じであるだろうか。歩くという行為だけとってみても，各家庭での車の使用頻度や生活スタイル，また地域社会における遊び場の変化，幼稚園や学校への通学手段などさまざまな環境の変化が影響している可能性を否定できない。とすれば，現在の3歳が12歳になる9年後の運動能力の発達予想は，現在の12歳のデータで作成した発達曲線どおりになるとすることに問題が残るのである。そこで，これにかわる方法として縦断的研究法があるのである。この縦断的方法は，3歳の子どもを12歳になる

9年間を通じて追究するように，違う個人の年齢別のデータではなく1人の人間が実際に発達した軌跡を多く集める方法なので，発達の実態により近づくことができる方法である。ただし，この方法は，横断法の長所であった時間的・経済的節約がむずかしい。多くの時間や経費が必要であるし，また調査における協力者を長期にわたって確保するという高いハードルも越えなければ実施できない研究法である。時間的・経済的問題やコホート効果問題を解決する次善策として，コホート研究法がある。この方法では，上の例で考えると，3歳，6歳，9歳という3段階の年齢の子どもたちを対象に，3年間追跡調査を行なう。すると，それぞれ，6歳，9歳，12歳という年齢に到達していることになり，その3つのデータをつなぎ合わせることで，3歳から12歳という（調査の3倍にあたる）9年間の発達の結果を得ることができるのである。すなわち，横断法と縦断法のそれぞれの長所を融合した方法である。どの研究法を採用するかは，研究の目的や研究期間，費用などを考慮に入れ決めていくことが重要である。

5節 ◆ 研究における倫理

1 ── 誰のための研究か

　研究は誰のためになされるのだろうか。研究によりレポートや卒業論文を書くのであれば学生のためだろうか。あるいは大学や研究機関に所属する人は，研究によって収入が確保されるから自身（とその家族）のためであろうか。このような理由はただちに否定できない部分もあるかもしれない。しかし，本来の研究目的を「自分のため」とすることは誤りであろう。ここで研究とはよべないものを無理にレポートや論文にする場合は，もとより研究ではないのだから，それが誰のためかという答えを出したとしても仕方がない。真に研究とみなされるものが誰のためかという問いへの答えは，「社会のため」である。すなわち，研究は研究者という人間が自らのためになすという側面をもってはいるが，本来の目的は社会への貢献である。研究は高い社会性を有した行為なのである。それゆえ，社会を構成する人（や動物）に望まれ期待される研究であるための高い倫理性が求められるのである。

2 ── してはならない不正

　研究者がしてはならない不正には，①捏造，②剽窃，③トリミング，そして④クッキング，の4つが考えられる。
　捏造とは，存在しないデータをつくり出すことである。具体的には，実験していないのに実験したことにしてデータだけをつくることである。心理学以外でも研究者が論文を捏造したと疑われた場合では，研究者としての資質が厳しく問われ処分がなされることがある。残念なことに科学者の捏造が国内外で起こっていることは，残念で非常に悲しいことである。どのような分野であれ，捏造は研究をする者が絶対に行なってはいけない不正行

為である。研究がまちがった指針を示すことになるだけでなく，同じ領域で研究をしている多くの研究者に多大な負の影響を与えることになる。すなわち，他の研究者がその研究をとりやめたり，方向転換を迫られたりすることで，結果としてその研究発展を遅らせ混乱をさせてしまうことになる。捏造は人的だけでなく学問的，経済的にも多くの損失を生む行為であることを肝に銘じていたいものである。

剽窃とは，他者のデータを自己のデータとして用いることであるが，他者の論文等に書かれた文章をそのまま写すことも含まれる。学生の書くレポートなどでは，引用文献をあげないで書かれてあることもあり，特に注意が必要である。

トリミングとは，研究の整合性を保つためデータの一部を改ざんすることである。データを取ったけれど自らの仮説やモデルと一致しないと思われるデータを換えてしまう行為である。ある練習を行なえば，成績があがるという仮説を証明するための実験で，実験参加者数名の成績が下がったとき，他の実験参加者と同じように高くなった（偽りの）成績データを挿入するというような場合である。

クッキングとは，都合のよいデータだけ集めることである。調理の際に，作りたい料理に合った食材を買い求めたり，冷蔵庫から取り出したりして材料を揃えるのと似ている。逆にいえば，必要のないものは使わないということである。この例でいえば食材がデータということになる。使えるデータだけを集めて，研究者の期待する結果を得ようとすることで，ともすれば意識することなく陥りがちな行為である。4節で述べた実験者バイアスの1つともいえるが，データを収集する際，あるいは分析を行なう際には，恣意的なデータの取捨選択がないかどうかに留意して研究を進めることが重要である。

3 ── ディセプション

実験や調査でディセプション（deception：騙し）が行なわれることがある。なぜ，ディセプションが必要になるのだろう。

通常は実験や調査の前に，何をどのようにするのかという「手続き」を参加者に説明する。実験では多くの場合，実験参加者に手順を理解してもらうために事前に実験の内容や手続きを教示（口頭で伝えること）する。実験参加者にこれから何をするのかをわかってもらわなければ，実験が成立しなくなる。加えて，仮に正しい理解がなされないままで，実験が行なわれるとすれば，妥当性や信頼性に問題のある結果となることはいうまでもない。結果は出るには出たけれど，それらが何を意味しているかがわからなくなってしまう。しかしながら，いつも事前に実験や調査の内容や手続きを十分に説明するわけではない。研究の本来の目的を隠して，あえてそれとは違う説明をする場合も心理学では少なくない。なぜなら，真の目的を伝えてしまうことで，人がもつ本来の行動や認知のパターンがみられなくなるからである（4節の3，4と関連）。たとえば，ラタネとダーリー（Latané & Dareley, 1970）の実験11では，参加者の人数と参加者のてんかん様の発作という緊急事態を報告するまでの時間が測定されたのであるが，この際の参加者の存在は，実際の1人の

実験参加者以外は，架空の人物であらかじめテープレコーダーに録音された人の声によって操作されたものであった。すなわち，討論していた部屋には1人の実験参加者がいただけであり，本当に他の人がいたわけではなかった。それに加えて発作を起こした（と見せかけるため苦しそうな声を出した）参加者はその場にも，もちろんマイクの向こう側にも本当にいたわけではなかったのである。彼らの実験6では，実験中に白い煙が部屋に入ってくるという緊急事態において人の行動を調べているが，この実験でも当然ながら実際の火事などを起こしたわけではなかった。ミルグラム（Milgram, 1974）の実験は，実験参加者が権威者に従うかどうかをみるために，問題をまちがえた学習者に電気ショックを与えさせるという手続きであったが，学習者はサクラで，演技で叫び声をあげていたが，実験参加者には当然これらのことは知らされていなかったのである。ラタネらの実験では，人が多く集まると責任分散をして援助行動が遅れること，またミルグラム実験では，権威のある人物に対しては，服従し極端な行動も起こすということが明らかにされた。けれども，これらの知見を得るために，実験の当初から仮想の人の存在のことや，演技であって実際には電気が流れていないことを伝え，安心させた上で実験を行なったとして，はたして妥当性のある結論が出せたであろうか。このように研究には，「騙し」を必要とする場合が少なからず存在した。

　一方，これらの古典的研究にはもう1つの問題が内包されているのである。それはまさしく倫理の問題である。騙しをしないと真実性や妥当性が失われるからといって，人間もしくは動物に，実験のために苦痛や不安や恐怖を与えてもよいのだろうか。研究は社会的な行為であるが，研究を行なうことそれ自体が，社会的に許されていない要因が含まれた場合，それを容認できるのだろうかということである。社会的にみて，恐怖感を与えたり，強いストレスをかけることを積極的に認めることは通常許しがたいことであろう。実験によりそれらの否定的要因が容易に推定される場合は，そこから得られる社会への貢献や利益に比してどうかが真剣に検討されねばならない。利益が少ない場合はもちろん，非可逆的なストレスや不安を与えることが予想されたならば，その実験は開始すべきではないであろう。

4 ── デブリーフィング

　研究者には研究目的を研究に参加した者に開示する説明責任がある。特に，実験参加者に対して，実験終了後に真の実験目的と手続き，ディセプションがあった場合は，それが必要であった理由などを説明し，実験において生じた不安などの精神的疲労を解消することをデブリーフィング（debriefing）という。実験前と同じ身体・精神状態で実験参加者を送り出せることが理想である。そのための最大限の試みが必要である。前項で述べたような騙しが含まれた実験においては，実質的にインフォームド・コンセントができていないわけであるからなおさら必要なのである。

　7節の「研究を公表する」こともこの機能をもつと考えられるが，より早く直接的な対

応としては，デブリーフィングを行なうことが肝要である。

6節 ◆ 結果を分析する

　データの分析はデータの水準や研究の目的あるいはデザインによって，そのやり方が違ってくる。本節では，実験や観察で得られたデータ分析するにはどのような方法があるかについて基本的なものを紹介する。

1 ── 記述統計
　心理学では一般に「分析する」といえば複雑な計算式を用いる推測統計を行なうことと思っている人が少なくないのではないだろうか。もちろん，これはこれでまちがいのない認識であるといってもよい。しかし，そのもとになる考え方は，小学校や中学などで数値を集計したり，グラフを作成したりしたような記述統計といわれるものから得られる場合が少なくない。推測統計をするとき，何を調べようとしているのか，どこに着目するかは，意外とこの記述統計に多くの情報が含まれている。
　記述統計の代表的なものには，平均（代表値：集団を代表する値）と標準偏差（散布度：データの散らばり具合）がある。前者がデータのほぼ真ん中を示すとすれば，後者はデータの広がりを示すものである。
　平均は，個々の得点をすべて足し（総和）サンプルの大きさ（刺激数：n）で割ることで求められる。
　標準偏差（SD）は以下のような手順で求める。
　「個々の得点（x）から平均値（M）を引く」ことで「偏差」（平均値からの離れ具合）が得られる。平均より低い得点の場合は符号がマイナス（−）になるため，それを打ち消すために「偏差を2乗する」。この値の総和（すべて足し算して）を求める。次にその数値を，サンプルの大きさ（n）で割ると「分散」が求められる。分散のままであると，2乗したため元の単位も2乗され大きくなるので，この平方根を求める。

$$\text{分散} = \frac{\Sigma(x-M)^2}{n}$$

$$\text{標準偏差（SD）} = \sqrt{\text{分散}}$$

2 ── 推測統計
　検定方法を決めるためには，次の4つについて確認しておく必要がある。
　①数値データのレベル
　②変数間の対応
　③分布

④変数の数

まず①の数値データのレベルは，名義尺度や順序尺度によって得られた質的データなのか，あるいは間隔または比率尺度から得られた量的データなのかを確認することが必要である。もし名義レベルであれば，「カイ2乗検定」という具合に検定法が決まってくる。

②の変数間の対応は，独立した変数（たとえば，2条件の参加者が違う人）か，対応のある変数（2条件の参加者が同じ人）かを確認すると，差があるかどうかをみるときは，前者は「対応のないt検定」であるが，後者は「対応のあるt検定」という方法になってくる。ただし，次の③の想定される分布によっては，この2つは使えなくなる。

③の分布とは，サンプルデータを採集する母体となる集団である母集団の散らばりであるが，これが正規分布という富士山の輪郭のようにきれいな曲線を描く場合と，そうならない場合が想定できる。たとえば2つの条件の違いによる何らかの平均得点の差を検定する場合，一方の条件の得点のほとんどが満点のような場合は正規分布とはいえず，通常の統計法を使えなくなる。ここでいう通常とは，本来の意味からすれば少し語弊がある。正確を期していえば，検定力のある統計といったほうがいいだろう。この検定力とは，差をみたい場合であれば，この差を検出する力のことである。正規分布が想定されるようなデータの場合の検定法を総称してパラメトリック検定という。パラメトリック検定よりも検定力は弱いが，母集団の分布やデータの散らばり具合を気にしないで行なうことができるノン・パラメトリック検定も重要な検定法である。たとえば，上記の対応のないt検定に相当するのがマンホイットニーのU検定といわれる検定法がある。

そして④の変数の数により，検定法が違ってくる。特に多くの変数について扱う場合は，慎重な検定法の選択が必要である。次に多変量解析について概説してみよう。

3 ── 多変量解析

多くの変数をまとめて，全体的に，同時に分析する方法が多変量解析である。何をしたいのかによって，その分析法が異なる。ここでは，次のように大きく2つに分けて，それぞれどのような分析法を用いるかということを示す。

(1) 複数の変数から1つの変数を予測・説明・判別する場合

多くの変数から1つの変数を予測するような場合は，表3-4に示した方法がある。ここで注意することは，先に述べたように，データが質的か量的かによって区別がなされているということである。測定したデータをどちらであるかをしっかりと見極めてから，分析をすることが重要である。

(2) 変数間の関係をみる場合

変数が多数あり，それぞれの関係がどのようになっているのかをみたいときには，表3-5に示すような2つの方法がある。一般に量的データを取る場合が多いので，多変量のデ

表3-4 データの違いによる多変量解析法

予測（独立）変数	基準（従属）変数	解析法
量的データ	量的データ	重回帰分析
質的データ	量的データ	数量化Ⅰ類
量的データ	質的データ	判別分析
質的データ	質的データ	数量化Ⅱ類

表3-5 変数間の関係をみるとき用いる多変量解析法

変数	解析法
量的データ	因子分析
質的データ	数量化Ⅲ類

ータをまとめたい時に因子分析がよく用いられている。

4 ── 統計がわかるということ

　コンピュータで「統計ソフト」を使い，検出された結果を「（統計的に有意な）差がある」「相関がある」と読めることで統計がわかっているとはいえない。統計的方法を使う際，どのような前提条件が必要か，どのようなときに使ってはいけないかなどの条件を知り，自分の研究データを分析することが可能かという思慮が必要である。また，統計学のモデルと心理学モデルが合致しないまま統計計算ソフトを使用し，データをインプットしてしまい，出されたデータを過信してしまう恐れもある。統計処理をするためにデータを集めるのではない。研究目的のために集めたデータをいかに解釈するか，あるいはそのデータの意味を明らかにする考察を支援するために統計があるのである。

7節 ◆ 研究成果を公表する

　何らかの形で，研究をアウトプット（出力・公表）することが，研究の必要条件である。先にも述べたように，研究が社会的な営みであり公共性をもったものであることにほかならないからである。客観的で科学的な研究方法を採用することはもちろん重要ではあるが，それを発表しなければせっかくの研究は公共性を帯びないまま埋もれることになる。独りよがりな研究法でなくとも，まったく公開しなければ，社会を構成する人たちのものにはならない。そのため，論文を投稿したり，学会をはじめとして何らかの機会に発表することが研究の大切な要素なのである。では，どのように書いていけばよいのだろうか。本節で簡単に説明する。

1——レポート・論文を書く

　レポートであれ論文であれ,「問題(あるいは目的)」「方法」「結果」「考察」の4つから成り立っている。それぞれについて概説してみる。まず「問題」もしくは「目的」では,すでに発表されている論文などから先行研究を十分に検討した上で,未解決の問題を指摘し,さらにその研究をする動機などを含めて,研究で何を検討し明らかにしたいのかという目的を明確に述べることが必要である。

　「方法」は,実際に行なわれた研究の手続きや材料を過不足がないように書く必要がある。他の研究者が望めば,同じ実験や調査が可能であるように再現可能性を保てるような記述を心がけることが大切である。

　「結果」では,図表を使用して出された結果をまとめ,わかりやすく書くことが必要である。統計的有意な結果だけでなく,有意にならなかった結果を書くことも忘れてはならない。特に,仮説と違った結果などもそのまま表わすことが求められる。言わずもがなであるが,目的や方法に沿った結果が過不足がないように書かれていなければならない。すなわち,調査した項目があれば,その結果が書かれていなくてはいけないし,実験で測定していない内容が書かれることもよくないということである。

　「考察」では,仮説が検証されたのかどうかを,結果をふまえて明らかにする。また,先行研究で得られた結果との相違点や,自らの研究の結果を理論的視点と方法論的な視点で説明することが必要である。また,この研究結果を一般的な日常世界へ広げて理解するとどのようなことがいえるかについて書くことが望ましい。さらに,研究上の問題点もあわせて記述し,今後の課題を明らかにすることも大切な考察である。

2——レポート・論文をチェックする

　フィンドレイ(Findlay, 1993)によると,レポートを書く前には次の8つのポイントがある。

①時間を有効に使えるように,前もって計画をたてること。
②指導者に与えられたものだけでなく,それ以外の参考文献を探すこと。
③仮説を明確にすること。結果はその仮説を支持したのかどうかを明らかにすること。
④研究の全体像を書くこと。
⑤どんなところでも(どこからでも)いいから,できるだけ早く文章を描くこと。一般には「方法」から書くとよい。
⑥批判的に最初の草稿を読んでもらい,書き直しも覚悟すること。
⑦誤植などの校正をすること。
⑧提出期限を守ること。もし,行き詰まったなら,提出日より前に期限について相談する。

　論文に関しては,レポート以上に厳しさが求められる。各学会の基準があり,論文の投

稿にあたっては，その規定に従って書かれることが必要になる。例として，以下に日本認知心理学会の投稿倫理規定を示す。もちろん，各学会ごとに規定は異なるが，その主要な部分は共通している。学生の皆さんもぜひ，規定を読み論文作成の参考にしてもらいたい。

【認知心理学会　投稿倫理規定】

1．剽窃についての注意

　他の著作物から引用をする場合は，必ず出典を明記してください。出典を明記しない引用は剽窃（plagiarism）と見なされる可能性があります。とくに英語で論文を執筆する場合は注意が必要です。他人の英語論文から記述を抜き出して，そのまま，あるいは僅かに変えただけで自分の論文に使用すると，剽窃として糾弾・告発される恐れがあります。実験手続きの説明などに使われる慣用的な言いまわし（例：as quickly and as accurately as possible）は，そのまま借用することが一般に認められていますが，そうした決まり文句以外の記述を無断で使用することは避けなければなりません。

　出典を明記する場合でも，引用がかなり長い場合は，著作権者から書面で許可を得る必要があります。どの程度の長さから許可を必要とするかは，著作権者が判断する事項であるとされています。一例として，アメリカ心理学会は，その出版物から引用をする場合，500語を目安として，それより長い引用には，書面による許可の取得を義務づけています。

2．捏造についての注意

　データを捏造することは厳に慎まなければなりません。捏造されたデータは，その分野の研究を混乱させる恐れがあります。また，捏造が露見した場合は，自分が研究者生命を断たれる事態にもなりかねません。

　データの部分的な改竄も捏造と見なされます。解釈を容易にするための恣意的なデータ削除も同様です。データの一部を削除したり，代表的なデータのみを示したりする場合には，削除または選択の客観的な基準を明記してください。

3．権利関係についての注意

　研究データに権利を持っているのは，そのデータを直接集めた人だけではありません。研究に学術的な貢献をした人や組織は，すべて何らかの権利を保有しています。研究を発表する際には，そうした他の関係者の権利にも充分な配慮をしてください。

　研究に学術的な寄与をした個人には，その研究を発表する際，連名著者となる権利があります。「学術的な寄与」というのは，研究計画の立案，分析方法の決定，データの解釈，論文の執筆などに参加することを指します。データ入力や分析の実施といった単純作業は，通常，「学術的な寄与」とは見なされません。一方，連名著者は論文の内容に責任を持たなければなりません。従って，連名著者になるかどうかについては，本人の意志を確認する連名著者は，研究への寄与が大きい順に姓名を列挙しなければなりません。寄与が同等の場合は，その旨，脚註に記すことができま

す。
　研究への寄与が単純作業のみである場合，または，寄与がそれほど大きくない場合は，謝辞・脚註などで謝意を表するだけにとどめます。しかし，この場合も，本人の意志を確認しておくことが必要です。
　連名著者となるかどうか，連名著者の順序をどうするか，謝辞・脚註に姓名を記すかどうかについては，論文の執筆を始める前までに，遅くとも原稿を投稿する前までには，関係者全員の合意を得ておく必要があります。研究アイデアの帰属，研究の遂行における役割分担，発表の場などについては，研究を始める前に合意を形成しておくと，後々の葛藤を避けることに役立ちます。
　組織や団体から資金の提供を受けて研究をおこなった場合は，脚註にその旨を明記してください。
　著者の所属は，その研究をおこなったときに所属していた機関とすることが原則です。研究の場を提供した機関は，その研究に一定の権利を持っているからです。論文を執筆するとき，研究をおこなったときとは所属が変わっている場合には，現在の所属は脚註の方に記すことになります。複数の機関に正式に所属して研究をおこなった場合は，所属は複数になります。
　所属機関以外の場所で研究を実施した場合は，謝辞・脚註等，何らかの形でその旨を明記する必要があります。実際に研究の場を提供した機関の貢献が大きい場合は，どのような形が適切かについて，その機関の意向を確認しておくことが必要です。

4．二重投稿についての注意

　実質的に同一内容の原稿を同時に2つ以上の雑誌に投稿することはできません。また，既に出版物に掲載されている論文と実質的に同一内容の原稿を投稿することもできません。こうした二重投稿が明らかになった場合は，投稿原稿は即時に却下されます。
　ここで言う「雑誌」「出版物」には，学会の発表論文集などのように要約された内容のみを掲載している出版物，あるいは，大学の紀要などのように頒布範囲が限られている出版物は含まれません。しかし，書籍やその中の章は含まれます。
　二重投稿にあたるかどうかは編集委員会が判断します。従って，投稿した原稿と類似した内容の原稿を他の雑誌に投稿している場合，あるいは，既に出版している場合は，投稿する際に，それらに関する情報を編集委員会に提供しなければなりません。

第 2 部

心の不思議を解く

第4章
心の生理学

1節 ◆ 脳と神経系の概要

　心理学の研究対象である心的活動や行動の基礎にあるのが，神経系である。神経系は，中枢神経系と末梢神経系とに大別される。中枢神経系は神経機能の中心となる部位で脳と脊髄からなっている。末梢神経系は，体性神経と自律神経の2つに分けられる。末梢神経系は中枢神経系と連結し，各種受容器で受け取った刺激を中枢神経系に伝達する知覚神経（または求心神経ともいう）と，中枢神経系で発生する興奮を筋や腺などの効果器に伝える運動神経（遠心性神経系）とがある。一方，中枢神経系は，末梢神経系や中枢神経系の各領域との間に神経回路を形成し，神経情報を処理・統合することにより，感覚・記憶・学習・認知・思考・意識・情動・運動など高次神経機能を生み出している。

1——中枢神経系

　脳は，外形的に，大脳半球，脳幹および小脳の3つからなる。脳幹は，間脳，中脳，橋，延髄の順に直列に配列され，脊髄へと続いている（図4-1）。大脳皮質は6層構造をもつ等皮質とそれがない不等皮質からなる。等皮質は発生的に新しく新皮質ともいう。不等皮質は発生的に古く，さらに古皮質（嗅球，梨状葉）と原皮質（歯状回，海馬，扁桃核，脳梁灰白質など）に分類され，2つをあわせて大脳辺縁系という。また，脳の中で，神経細胞が密集している場所を灰白質，神経線維の集まっているところを白質，周囲と明確に境している灰白質の塊を核という。以下，主要な神経系の構造と機能について述べる。

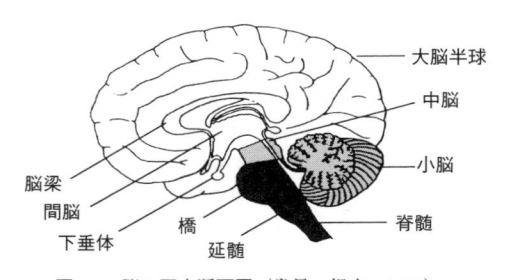

図4-1　脳の正中断面図（貴邑・根来，1990）

(1) 脊髄

　脊髄は，椎骨（頸椎，胸椎，腰椎，仙椎および尾椎）が縦に連結した脊柱の中にある脊柱管の上部3分の2（およそ第2腰椎）の中に存在する，太さ約1-1.3cm，長さ41〜45cmの柔らかい白色の索状体である。脊髄の両外側から31対の脊髄神経が出入りしている。

脊髄を横断面でみると，中心に中心管があり，そのまわりをH状の灰白質がとりかこみ，さらにその表層を白質が覆っている（図4-2）。灰白質は神経細胞が密集しているところで，前角と後角があり，前者には運動神経細胞が，後者には知覚神経細胞が，また前角と後角との中間部には自律神経細胞が分布している。前角の運動神経細胞から出た神経線維は自律神経細胞とともに束ねられて脊髄神経の前根をつくる。また後角に入る知覚線維は脊髄神経の後根を形成する。前根と後根とは合わさって1本の脊髄神経となり，椎間孔から脊柱管を経て，身体各部に分布する。脊髄には運動性反射（伸展反射，屈曲反射，逃避反射など）の中枢が存在するとともに，交感神経および副交感神経の中枢（排便・排尿・射精・分娩反射など）も存在している。

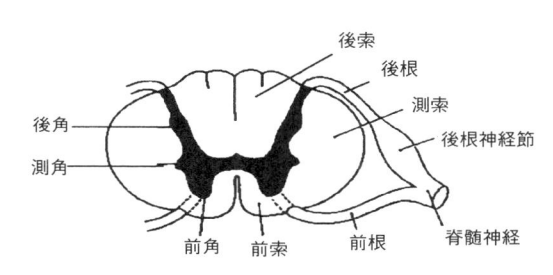

図4-2　脊髄の横断面（貴邑・根来，1990より一部改変）

(2) 小脳

小脳は，延髄と橋の背側にあり，こぶし大の大きさで，横走する多数のしわをもっている。中央のくびれた部位を虫部，両側の丸い部分を小脳半球という。延髄から下方の部分は管状構造を残したまま脊髄となる。

小脳は大脳皮質から実行すべき行動と脊髄から実行中の行動・運動情報を受け取り，求める行動の終点や軌道のズレをすばやく処理し，その上で，脳幹の中継核を介して大脳や脳幹および脊髄などへ出力することにより，そのズレを修正する運動制御系となる。この機能は，経験や技術・技能の習得によって変化するために，小脳は運動学習の中枢といわれている。最近，小脳では身体各部の筋運動，平行機能，姿勢反射の統合だけでなく，前頭葉との直接的な神経回路によって，ある種の刺激連合学習にも関与しているともいわれている。

(3) 脳幹

延髄は，脊髄から橋への移行部であり，その基本構造は脊髄に類似している。延髄の背側部には感覚性と運動性の脳神経核が多数存在し，その腹側部には下オリーブ核と垂体のふくらみがある。下オリーブ核を介して脳幹と小脳との間のフィードバックが形成されている。血管・心臓運動，呼吸・咳・くしゃみ・咀嚼・嚥下・嘔吐・唾液分泌・発汗中枢などの自律神経系機能などが存在しているために，生命維持の中枢ともいわれている。

橋の腹部には，橋核ニューロンが散在し，運動野を含む大脳皮質からの情報を小脳に伝える中継核となり，また下降して運動性脳神経核や脊髄にも神経情報を伝達する経路がある。橋の一部の青斑核には，ノルアドレナリン作動性ニューロン（ノルアドレナリンによ

って情報伝達を行なっているニューロン）が集まって，ここから，広範囲な中枢神経系に遠心性投射を行なっている。

　中脳は，橋のすぐ上部に位置している。中脳の背面には4つの小さな高まり（四丘体）があり，そのうち，上丘は視覚に関係した反射運動（瞳孔反射，眼球の共役運動など），下丘は聴覚に関する反射（鼓膜の緊張度調節など）にかかわっている。底部には1対の高まりの大脳脚があり，ここを大脳皮質から橋・延髄を経て下向する運動性の神経線維群が通っている。その背側には小脳と密接な線維連絡を有する赤核，大脳核と線維連絡する黒質があり，これらはいずれも骨格筋の無意識の協調運動，姿勢反射にかかわっている。中脳を中心として橋・延髄に広がる脳幹網様体があり，覚醒や意識水準を保つ重要な機能を有している。

(4) 間脳

　間脳は，視床・視床上部・視床下部から構成されている。視床はその大部分を占める背側視床と小さな腹側視床からなるが，単に視床といえば背側視床を指すことが多い。視床上部は松果体と手綱核からなる。視床下部の前方部の先端にホルモン分泌中枢である下垂体とさらにその前方には視神経交叉がある。

　視床は間脳の5分の4を占める大きな卵円形の灰白質のかたまりで，上行する知覚神経繊維群が大脳皮質へ向かう手前で，必ずここでニューロンをかえる。したがって，すべての感覚の伝導路は，例外なく視床で中継されて大脳皮質にいくので，視床は感覚の交通の要衝である。痛みや温度覚は大脳に到達する前にすでに視床で，漠然と快・不快，苦痛感として意識されるらしく，視床は情緒的意識の座とも考えられる。視床の後方には内側膝状体と外側膝状体という2つの高まりがあり，内部の神経核はそれぞれ聴覚および視覚の伝導を中継している。

　視床下部は，自律神経機能や内分泌機能の制御を通して生命の維持と調節にかかわる中枢である。具体的には，血圧，血流，体温，体液，消化，吸収，排泄，性機能，代謝，摂食・飲水，生体リズムの制御など，その機能は多岐にわたっている。また視床下部は，海馬や扁桃体などの大脳辺縁系と密接に線維連絡をもち，その機能は情動（怒り，恐れ，快・不快，攻撃，逃走）や本能（性，飲食，群居本能），身体的な反応となって表現される。視床下部の外側部には空腹中枢が，内側部には満腹中枢が存在している。視交叉上核は生体リズムの発振体として，また光刺激による生体リズムの同調機構として重要な神経核である。松果体もメラトニンの産出と分泌を行ない，その活動は著明な日内リズムを示す。

(5) 辺縁系

　辺縁系は，視床下部と密接に連携し，さらに視床下部や脳幹によって調節されている自律機能や個体維持・種族保存の本能に基づく機能や情動行動を調節している。また情動表出や逃避行動・攻撃行動も辺縁系の統合機能による。

辺縁系の一部である海馬は，連合野からさまざまな感覚や思考内容の情報を受け取り，それを長期記憶に貯蔵する際に重要な役割を果たしている。海馬が損傷されると体験に関する記憶（エピソード記憶）を新たに貯蔵することができなくなる。

大脳基底核（basal ganglia）は，大脳の深部の神経細胞の集団で尾状核，被殻，淡蒼球，扁桃核などからなっている。パーキンソン病やハンチントン舞踏病などの大脳基底核の障害では，律動的なふるえ（振戦）やうねるような四肢の不随意運動などの異常運動が起こる。

扁桃核は自律神経系の活動を間接的に処理する機能を有しているとともに，情動性の学習や記憶にも関与していることが知られている。

(6) 大脳新皮質

ヒトの大脳皮質は新皮質，古皮質，原皮質に分けられるが，新皮質は最も遅れて発達した部分で，大脳皮質といえば一般に新皮質をいう。新皮質の表面には，多数の溝（脳溝）と，その間に隆起部があり，いわゆるしわ（脳回）を形成している。こうしたしわによって大脳新皮質の表面積はいちじるしく広がり，左右あわせて約2,200cm²となる。また灰白質は厚さが2.5mmあり，その中に約140〜150億個の神経細胞が含まれている。3つの脳溝（外側溝，中心溝，頭頂後頭溝）を基準に，前頭葉，頭頂葉，後頭葉，側頭葉に区分することができる。また，ブロードマンは，細胞層の違いによって，大脳皮質を52の領野に分けた（図4-3）。

大脳皮質の各部位はそれぞれ異なる機能を受けもっている。このような皮質の各部に対応して違った機能の中枢があることを機能局在という。

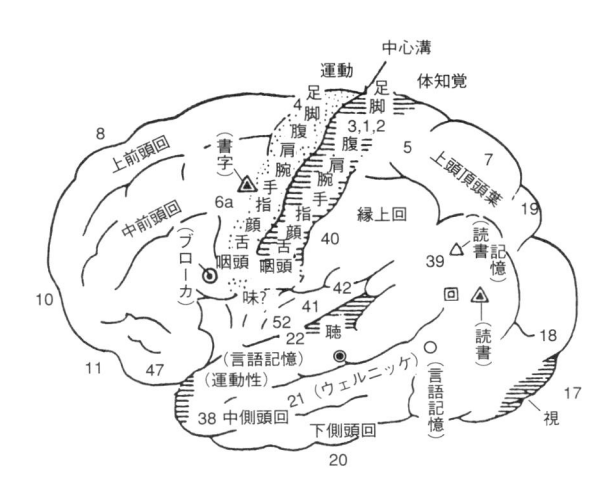

図4-3 大脳皮質の機能局在（山本ら，1987）

①運動野（4野）：運動野はブロードマンの4，6，8野で，随意運動の中枢である。運動野の各点と身体各部との間には対応があり，その下部および上部はそれぞれ身体の反対側の上部と下部の運動を司っている。また，図4-4にみるように，複雑で微妙な運動を司る部位は，運動野の広い部分を占めていることがわかる。6と8野は前運動野といわれ，このうち8野は前頭眼野で，眼球の随意運動に関係する。6野は複雑な運動を統合する部位で，この部位を損傷すると行動不能症，書字不能症が起こる。

②体知覚野（体性感覚野）：体知覚野は，ブロードマンの3，1，2野にあり，反対側の体表と深部感覚および一部の内臓感覚に携わり，運動野と同じく，体知覚の各点と身体部位との間には対応がある。

③視覚野：視覚野は，後頭葉の17野（第一次視覚中枢）である。間脳の同側の外側膝状体から線維がこの部位に終わる。左右の眼球から出た視神経は視交叉に集まり，再び分かれて左右の外側膝状体で終わる。この交叉の際に視野の左半分は網膜の右半分に対応し，そこから神経線維は右の外側膝状体を経て同側の視覚野に線維を送っている。18野と19野は，それぞれ第二次および第三次視覚野という。後頭葉の損傷で明暗・色・形に関する視覚機能が失われる。

④聴覚野：聴覚野は，側頭の上部のブロードマンの41，42野にある。内耳の蝸牛からの神経線維がニューロンをいくつかかえたのち内側膝状体に達し，最後に聴覚野に投射する。聴覚野の各部位は振動数の違った音と対応している。

⑤言語野：言語野は，4野に続く44野であり，ブローカ（Broca）中枢とよばれている。この部位の傷害で，発声器官が健全で，また他人のことばも理解できるのに，自分で話すことができなくなる運動性失語症が生じる。言語中枢は右利き左利きにかかわらず，多くの人では左半球にある。また言語中枢は22野にもあり，ウェルニッケ（Wernicke）中枢とよばれている。この言語野はことばを聞いて理解する中枢である。

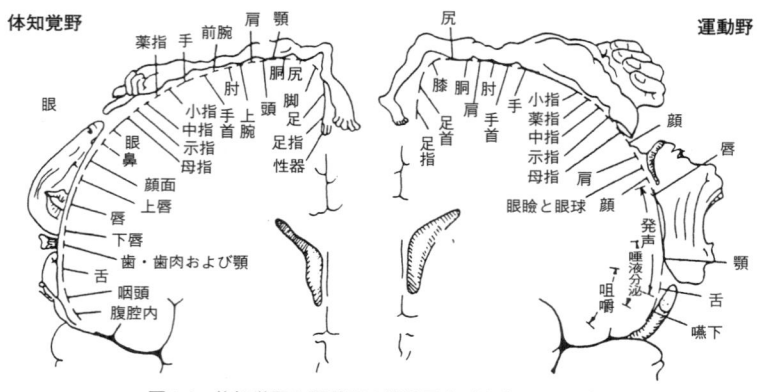

図4-4　体知覚野と運動野の機能局在（山本ら，1987）

この部位に傷害を受けると感覚性失語症になり，聴覚，視覚に異常があるわけでないのに聞いたり書いたりしたことばが理解できなくなり，またことばは流ちょうであるが支離滅裂で話の内容も他人に理解できなくなる。

⑥連合野：大脳皮質には各種の中枢があるが，これらの部分は皮質の一部を占めているにすぎず，なお広い部分が残っている。特に前頭葉には機能の明らかでない部分が多い。人の知覚作用や行動というのは単に大脳皮質の知覚野にインパルスが到達することや，運動野からインパルスを送り出すだけでない。大脳皮質は，感覚器から受容された情報を知覚野に導き，一方では記憶により脳に記銘し，他方では過去において蓄積された知識・経験などを照合して理解し，思考・推理などを経た上で意思の決定を行なう。この決定に基づいてはじめて運動野にある神経細胞は，遠心性インパルスを出して随意筋の収縮を起こし，行動となるのである。したがって，あるものを知覚し，その結果，行動を起こすという比較的簡単な例を考える場合でも，知覚野と運動野の間に介在する複雑高等な機構を考えなければならない。これらの機能を営む領野は，運動野にも感覚野にも属さない部分で，連合野という。前頭連合野，頭頂側頭後頭連合野などがある。

2 ── 末梢神経系

末梢神経系は，機能的にも形態的にも2つの系統に大別される。1つは，外界からの刺激を受けてその刺激を中枢に伝える体性神経系（動物神経系，脳脊髄神経系）と，他の1つは，生体内部からの刺激に反応してその調節にあたる自律神経系（内蔵神経系，植物神経系）である。

体性神経系は，脳から出る12対の脳神経と脊髄から出る31対の脊髄神経からなる。脳神経には，①嗅覚を伝達する嗅神経，②視覚を伝達する視神経，③眼球の運動と眼瞼の挙上および瞳孔の収縮などに関与する動眼神経，④眼球を外下方に動かす滑車神経，⑤顔面の知覚および咀嚼筋を支配する三叉神経，⑥眼球を外側に動かす外転神経，⑦顔面の筋運動と味覚または唾液・涙の分泌を支配する顔面神経，⑧聴覚と平衡感覚に携わる内耳神経，⑨味覚および咽頭筋の運動を司る舌咽神経，⑩咽頭の運動や気管・心臓・消化官などに副交感性および知覚性の線維を与える迷走神経，⑪胸鎖乳突筋と僧帽筋を支配する副神経，⑫舌の運動を司る舌下神経

表4-1 自律神経系の作用（山本ら，1987）

	交感神経	副交感神経
瞳　孔	散　大	縮　小
涙　腺	（分泌抑制）	分泌促進
唾液腺	分泌促進	分泌促進
	濃く粘い	薄いが大量
心臓　心拍数	増　加	減　少
拍出量	増　大	減　少
血　管	収　縮	拡　張
冠状動脈	拡　張	収　縮
胃　運動	抑　制	亢　進
分泌	減　少	増　加
小腸・大腸	運動抑制	運動亢進
膵　臓	（分泌減少）	分泌増加
胆　嚢	弛　緩	収　縮
副腎髄質	分泌亢進	—
膀　胱	排尿抑制	排尿促進
汗　腺	分泌促進	—
立毛筋	収　縮	—

（　）内は作用が明確でないもの。—は交感神経支配のみ。

がある。

　自律神経系は，消化・吸収・循環・呼吸・生殖など生命機能の調節と維持にかかわるが，その多くは意識の関与なしで行なわれている。自律神経系には交感神経と副交感神経があり，多くの臓器では両者の分布を同時に受けている。両神経の作用は拮抗的である。たとえば，交感神経は心臓の拍動を促進させるが，副交感神経は心拍を抑制させる（表4-1）。

3── 神経細胞の基本的機能

　脳の働きを支える最も重要な基本単位は神経細胞（neuron）である。神経細胞は，もちろん，細胞の一種であるから他の細胞と共通の機能を備えているが，他に信号伝達と信号処理のための特殊な構造をもっている。神経細胞を理解することは，脳の働き，ひいては人間の意識の本質を理解することにつながっている。

(1) ニューロンの形態と情報伝達

　神経細胞は，細胞体とそこから出る短い数本の樹状突起，長い1本の軸索と，その末端にあるボタン状のふくらみである終末ボタンからなる（図4-5）。軸索には，電気的に絶縁体である髄鞘が一定間隔で配置された有髄線維と，この鞘に覆われていない無髄線維がある。髄鞘の切れ目の部分をランビエ絞輪という。

　ニューロンの興奮伝導は，樹状突起から軸索を通って，神経細胞と隣接した他の神経細胞のつなぎ目であるシナプスへと伝えられる。軸索のうち脳や脊髄の神経細胞から出るものは神経線維とよばれ，1mに及ぶこともある。成長するにつれ，軸索も樹状突起も枝ぶりが複雑となる。1個の神経細胞に千から1万個のシナプスが存在するので，脳全体でみればシナプスは天文学的な数となる。したがって，脳自体は神経細胞のシナプスを介した複雑な神経細胞の回路網であるし，脳からの指令は末梢の効果器（たとえば筋，腺）へとシナプスを介して複数の神経細胞が形成する回路網によって伝えられ，また末梢の受容器（たとえば視覚受容器，聴覚受容器など）で受け取られた情報は，やはり神経回路網を介して脳へと伝達される。この刺激の伝達は，神経細胞の膜の電位変化，すなわち電気信号として伝えられ，シナプス領域でシナプス前部からの化学的伝達物質の放出として変換され，それがまた次の細胞の膜の電位変化となって，伝わっていくわけである。

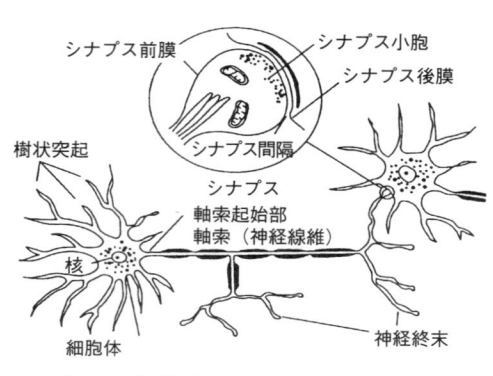

図4-5　神経細胞とシナプス（山本，2000）

(2) 神経細胞の電気信号発生のしくみ

　神経線維の電気信号が発生するしくみは，ニューロンをとりまく膜の内側と外側に存在するイオンのアンバランスな分布にある。細胞の内側にはK^+が多く，外側にはNa^+とCl^+が多く分布している。細胞が静止状態にあるとき，膜の内側は外側に対しマイナス約70mVの電位を保っている。これを静止電位とよんでいる。このアンバランスなイオン分布を維持するためにニューロンは，エネルギーを使ってNa^+を細胞外にくみ出し，K^+を細胞内に組み入れるポンプ機構をもっている。

(3) ニューロンの信号　—インパルス—

　信号が神経線維（軸索）を通って伝えられるときには，まず，細胞体の膜の内側の電位が，一瞬プラスに逆転する。この逆転のきっかけは，他のニューロンから信号を受け取った結果引き起こされることもあれば，また外界からの物理的および化学的刺激によって引き起こされることもある。1000分の1秒以下で引き起こされる膜電位の逆転を，活動電位（インパルス）とよぶ。一瞬の膜電位の逆転は，細胞外からの急速なNa^+の流入と，それに続く細胞内からのK^+の流出によって引き起こされたものである。この一瞬の変化は急速に起こり，速やかにもとへ戻る。この活動電位は，スパイク，発火，発射などともよばれている（図4-6）。

　細胞体にインパルスが発生するとき，膜電位がしだいに上昇し，ある値を超えると一気に発生する。インパルスの大きさは，神経線維を遠くまで伝達していくときにもつねに一定の大きさに保たれ弱まることがない。インパルスは，ふつう細胞体から神経線維（軸索）が出ていく付け根の部分（軸索小丘）でまず発生し，次いで神経線維を一方向に伝達され，さらに近接の神経線維の膜電位に電気的変化を引き起こす。この膜電位の変化が決められた値（閾値電位）を超えることによって次々とインパルスが発生していく。

　髄鞘をもつ神経線維では，インパルスは絶縁物質のランビエ絞輪にのみ発生し，絞輪から次の絞輪へと伝わっていくので跳躍伝導とよんでいる。したがって，髄鞘をもたない神経線維より速い伝導速度でインパルスを伝えていくことができる。

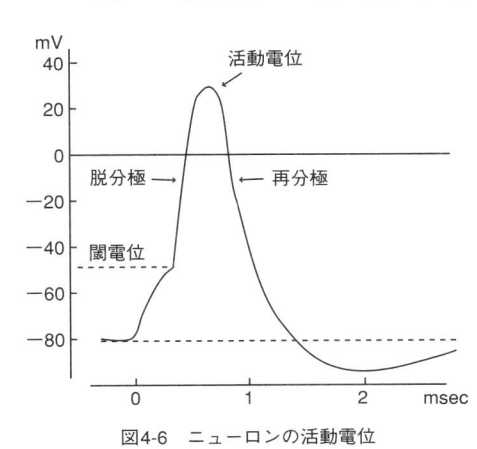

図4-6　ニューロンの活動電位

(4) 化学物質による信号伝達から電気信号へ

　神経線維を伝わってきたインパルスはやがて，次のニューロンへ信号の受け渡しが行な

われる。2つのニューロン間には，150〜500Å（1/10000μm）ほどの狭い隙間がある。このシナプス間隔では，インパルスという電気信号に代わって，化学物質によって信号伝達が行なわれる。このような化学物質を神経伝達物質とよび，シナプス小胞という小さなカプセルの中に蓄えられている。

軸索から活動電位が伝わってくると，終末ボタンの細胞膜にあるCa^{++}イオンに対する膜の透過性が一時的に高まり，Ca^{++}イオンが終末ボタン内に大量に入ってくる。このCa^{++}イオンの流入が刺激となって，シナプス小胞はシナプス前膜に向かって移動する。前膜にシナプス小胞が到達するとCa^{++}イオンの作用によってシナプス小胞と前膜が融合し，膜が破れ，小胞中に含まれている神経伝達物質がシナプス間隙に放出される。相手側の細胞膜，すなわちシナプス後膜には神経伝達物質を認識する受容体があって，神経伝達物質がくると細胞膜にあるイオンを通す孔を調節し，細胞膜の内外の電位差をわずかに変える。

このとき引き起こされる膜の電位変化が内側と外側の電位差を小さくする方向に動くときに，活動電位が発生しやすくなり，興奮性の効果を及ぼす。逆に，内側と外側の電位差が大きくする方向に働くときに，活動電位は発生しにくくなり，抑制性の効果を及ぼす。すなわち，膜の電位差をプラスの方向に変化させる興奮性シナプス後電位か，あるいはマイナス方向に変化させる抑制性シナプス後電位を生じることによって，神経情報を伝達する。

1個のニューロンには，ふつう数千個のシナプスがある。1個のシナプスに信号が伝えられただけでは，次のニューロンの信号伝達はスタートしない。数千個のシナプスを介して伝えられた信号の混合の結果がある閾値電位に達したとき，そのニューロンから次のニューロンへと，神経信号が送り出される。しかし，それ以下であれば神経インパルスは生じず，神経情報はそれ以降伝えられない。

神経伝達物質は，現在，確認されているものでも100種以上を数え，今後も新たな発見がみられるであろう。

2節 ◆ 内分泌系と免疫系の概要

1——内分泌系

内分泌腺は，微量のホルモンを分泌するが，消化管のように分泌物を導く導管をもっていない。分泌されたホルモンは直接に血管またはリンパ管に入って体内を循環する。各種のホルモンは決められた特定の器官の特定の細胞にだけ作用する。この特定の器官・細胞を標的器官，標的細胞という。内分泌腺には，下垂体，甲状腺，上皮小体，膵臓，副腎，性腺，松果体などがある。

下垂体は，性腺刺激ホルモン，催乳ホルモン，成長ホルモン，甲状腺刺激ホルモン，副腎皮質刺激ホルモン（ACTH）など多数のホルモンを分泌し，性腺，副腎皮質，甲状腺のような内分泌腺の活動を支配している。たとえば，成長ホルモンは骨端軟骨の形成をうな

がして骨の成長を調節している。このホルモンが過剰に分泌されると巨人症，手・足・顎などの末端肥大症となる。反対に子どものときに成長ホルモンが不足すると小人症となる。また，ストレス反応では，視床下部からコルチコトロピン放出ホルモン（CRT）が分泌されると，下垂体を刺激してACTHを放出する。さらに，ACTHは，血液やリンパ液を通して副腎皮質や他の器官に運ばれ，副腎皮質を刺激してコルチコステロイドの分泌を促進することによって，胃酸分泌促進，胸腺萎縮等が引き起こされ免疫機能の低下にもつながっていく。一方，交感神経は，興奮に関与しているためストレス反応にも直結している。ストレス状況下で交感神経が刺激されると，副腎の内核である副腎髄質からアドレナリンとノルアドレナリンを分泌して，緊急事態に対処するため，脈拍・呼吸・血圧上昇，血管拡張，消化器活動抑制，瞳孔拡大，精神発汗増大などの統一された緊急反応が生起される。さらにノルアドレナリンは，肝臓を刺激して血糖値を高めて，身体のすばやい行動に必要なエネルギーを得るようにしたり，膵臓も刺激してインシュリンの分泌を抑制したりする。

　内分泌系ホルモンと後述するニューロンの神経伝達物質は，いずれも細胞間の情報を伝達する点で類似した機能をもっている。しかし，神経伝達物質は，隣接するニューロン間に情報を伝え，その影響は高度に局在化しているのに対して，ホルモンは，生体内部の長い距離を血液やリンパ液で移動し，しかも多くのさまざまな細胞に作用している点が相違している。たとえば，アドレナリンやノルアドレナリンは，ニューロンによって放出されたときは神経伝達物質として働き，副腎から放出されたときはホルモンとして作用する。

2 ── 免疫系
(1) 心理神経免疫学
　免疫系はこれまで，独立的に機能し，他の生理心理的機能とは関連していないと考えられていたが，最近，心理神経免疫学の領域における研究が活発になり，神経系と免疫系のつながりについて新たなる情報が提供されるようになってきた。
　たとえば，免疫の司令官に相当するリンパ球には多くの異なった神経伝達物質の受容器をもつことが発見されている。つまり，これらの免疫系細胞は，神経からの信号を受けとって，その働き方を変えることができるわけで，不安や抑うつといった否定的な感情状態が，神経伝達物質のレベルを左右することがあり得るからである。

(2) 免疫とは
　免疫系は病原菌や異物，すなわち身体に所属していない物質に対する防衛を担当している。免疫系は，その負わされた課題がきわめて大きいので，高度で複雑なシステムを備えている。とりわけ，免疫系は自己の身体に所属するもの，つまり「自分」であるものと「自分でないもの」を識別しなければならない。免疫系活動の標的となる大部分は，抗原（アレルゲン）とよばれ，人の体内に入るバクテリア，ウイルス，花粉，異常細胞，移植

細胞，癌細胞などはいずれも抗原であり，免疫反応を引き起こす。これら抗原が体内に入ると，血清中にその抗原と特異的に結びつく抗体がある。その後，抗原が侵入しても，抗体は抗原の有害性を緩和したり，中和する働きがある。抗体には数種のイムノグロビリン（Ig）があり，それぞれ機能や作用態様が異なっている。最も多くみられるのはIgGで，その主要な機能は，他の免疫細胞による破壊を助長する物質によって抗原をカバーすることである。IgMは主としてバクテリアに対して効果を発揮し，IgAは体内に侵入した抗原を破壊するなどの働きを有している。

(3) 免疫系の働き

1) 免疫の立役者：白血球

免疫系が複雑なのは，抗原と戦う器官や白血球に種々の細胞があるからである（図4-7）。白血球は好中球，好塩基性細胞，好酸球，単核白血球，リンパ細胞から構成され，またリンパ細胞にはT細胞，B細胞，自然キラー細胞（NK細胞）などがある。このうち小食細胞といわれている好中球は，体内のどこであろうと細菌感染などの病巣にアメーバー様運動をして集まり，その細菌類を侵食し死滅させる。血液外の組織ではミクロファージとなる。単核白血球は，好中球に引き続きウイルスなどで傷害された細胞や異物などに対して食作用を行なう。細胞1個あたりの食作用は，好中球よりもはるかに強く，大食細胞ともよばれ，リンパ球の働きを援助する作用がある。免疫の働きを大きく分けると，体液性免疫と細胞性免疫がある。

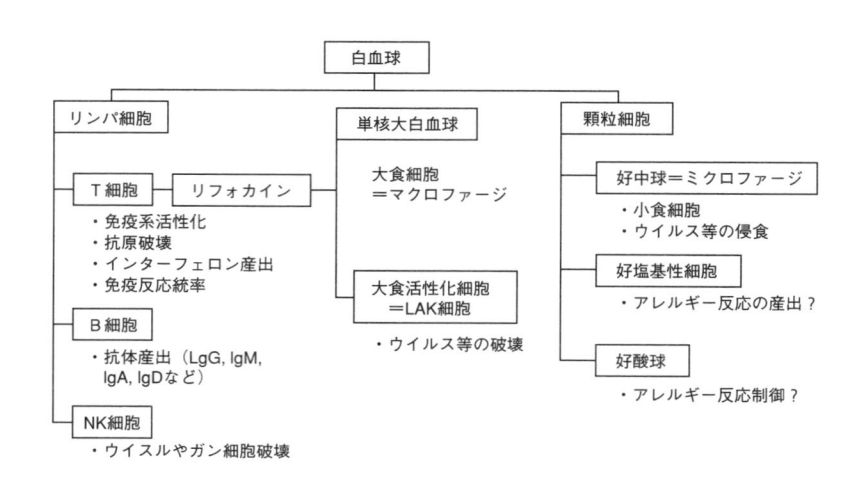

図4-7 免疫機能の立役者（白血球の働き）

2）体液性免疫

　免疫立役者であるリンパ細胞には，胸腺からつくられるT細胞と骨髄からつくられるB細胞とがある。後者は抗体を産出する働きがある。T細胞は抗原を発見したらB細胞に近づきリンフォカインという信号物質を出してB細胞に伝える。そうするとB細胞は若返り，やがて形質細胞に変わって抗体を大量に産出していく。特定の抗原と特定の抗体は，鍵と鍵穴のような関係でしっかりと結びつくと，ウイルスや細菌などの抗原が細胞内に入って増殖していく能力を奪ってしまう。また，抗体の中には，特定の抗原に目印をつけて，ミクロファージやマクロファージが侵食しやすくする働きをするものもある。さらに病原菌のつくった毒素を中和させることを使命とする抗体もある。このように抗原と抗体がつくり出す免疫を体液性免疫という。

3）細胞性免疫

　免疫には，もう1つの働きである細胞性免疫がある。T細胞は免疫系内では統率者としての役割を果たしている。T細胞には，B細胞やその他の免疫各部署を活性化させる機能をもつもの，主として抗原の破壊に関与するもの（キラーT細胞），外界の異物，組織を拒絶する細胞など，各種の機能をもっている。また，T細胞はリンフォカインを分泌し，この中にはインターロイキン－2やインターフェロンがあり，細胞の免疫反応を指揮している。インターフェロンは，細胞のアンチウイルス活動を規制し，ウイルスの再生を抑制するとともに，各種の免疫細胞の機能に影響を及ぼしているようである。ただし，T細胞が異常抗原を破壊するために効力を発揮するには，仲間をふやさなければならないこと，また自分と自分でないものとを区別するための自己学習に多少の時間が必要となることなどの性質をもっている。そこで登場するのが自然キラー細胞（NK細胞）と大食活性化細胞（LAK細胞）というリンパ細胞である。

　NK細胞は，多種多様な標的に対して自発的な破壊活動を行なうことを特徴としている。NK細胞は，腫瘍細胞やウイルスの宿主となった正常な細胞，血液中の転移がん細胞などを非特異的に破壊する任務をもっている。また，NK細胞は，がん細胞やウイルス感染細胞を一撃のもとに破壊することができるにしても，キラーT細胞のようにきめこまかな選択をもっていない。このNK細胞よりも少し緻密に異常な細胞を破壊するのがLAK細胞というリンパ細胞である。LAK細胞は，T細胞が出すリンフォカインによって指令されてはじめて動き出すシステムになっている。

　以上のように，免疫系は多種多様な機能によって身体を防衛しているとはいえ，その機能のすべてが解明されているわけではない。

第5章
感覚・知覚 ―心のフロントエンド―

1節 ◆ 感覚・知覚の意味と役割

　近年，心理学は広く一般に知られるようになってきたが，その一方で，心理学といえば「心のケア」といったイメージが，ある意味，誤って定着してきたようにも思う。そういったなか，視覚や聴覚のしくみなど「感覚・知覚」についての話を授業ですると，受講生から，「なぜこのようなことが心理学に関係があるのですか」と，まじめ顔で質問されることも多い。

　錯覚や錯視のように，感覚・知覚に関連したテーマには，実際に見てその不思議を体験できるものも多く，その点で興味をもつ人は少なくない。また，われわれが知覚している世界が物理的な特性をそのまま写し取っているのではなく，いろいろな点で歪んでいることを学び，「私たちは眼ではなく，心で外界を見ているのです」といわれると，何となくその意味がわかったような気もするかもしれない。しかし，感覚や知覚を学ぶ意味は，はたしてそれだけだろうか。ここではまず，心について学ぶなかで，なぜ感覚や知覚を学ぶのかについて考えてみたい。

　脳が心をもたらしているのはいうまでもない。古くは，脳重量の発達を心の発達にたとえ，乳幼児期の大切さが説かれることがあった。図5-1（A）には，脳重量の発達曲線を図式的に示している。成人の脳重量が1300〜1400ｇであるのに対し，生まれたばかりの乳児の脳は300ｇ（4分の1）程度に過ぎない。しかし，乳児の脳は急速に発達し，生後6か月で成人のおよそ半分，3歳すぎには80％近い重量となる。乳幼児期が重要であることはいうまでもないが，このように心の発達を脳重量という側面のみからとらえるには問題がある。脳も身体を構成する臓器の1つであるから，蛋白質や糖質，脂質という栄養素の助けによって成長する。このことは，しかし，十分な栄養状態にさえあれば，子どもの脳重量は自然に増加することも意味している。

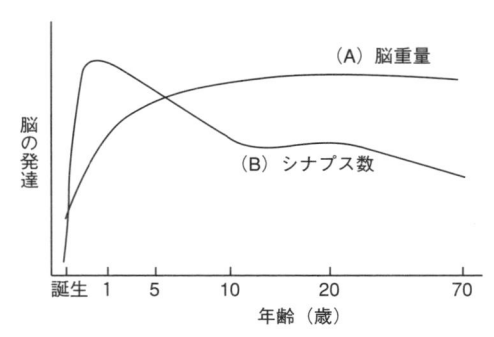

図5-1　脳と心の発達曲線（Bの曲線はHuttenlocher, 1990を改変して適用）

これに対して，図5-1（B）には，視覚皮質で調べられたシナプス数の変化をプロットしている。前章で学んだように，脳は神経細胞（ニューロン）の集合である。神経細胞は，相互に情報を伝達し合うことによってさまざまな処理を行なっている。したがって，シナプスにおける情報伝達なしには，脳は正しく機能しているとはいえない。では，シナプス結合の発達をみてみよう。シナプスは，生まれた直後から猛烈な勢いで増加し8か月で早くも最大に達する。その後，今度は減少に転じ，10歳ころまでにおよそ半数に減少しながら，成人の水準におちつく。シナプスの増加は，心を構成する複雑な神経回路の成立に対応すると考えられるが，この変化は何を意味しているのであろうか。

人間ほど地球上に広く生息する動物はいない。そのため，人にはあらゆる環境に適応して生きていく能力が求められてきた。人の適応能力は，高度な知性，つまり脳によって成し遂げられているところが大きい。人がどのような環境に生まれ出ても適応していけるよう，脳は神経回路をいったん大幅に過剰生産する。部位によって時期の違いはあるが，一次視覚野では，これが生後8か月で最大となる。その後，今度は必要のない回路を消滅させていき，最終的にその環境に最も適した回路をもった神経系を構成する。このとき，あるシナプスが生き残るかどうかは，それが感覚を通して刺激されるかどうかにかかっている。刺激されたシナプス結合は強化されるが，刺激を受けない結合は衰退する。これが神経回路が本質的にもつ発達原理である。したがって，たとえば，幼少時の一定期間，片眼を塞いで視覚入力を剥奪したネコでは，その眼が正常であっても，一生見えなくなってしまう（Wiesel & Hubel, 1963）。

われわれ1人ひとりがもっている脳の神経回路を彫刻作品にたとえるならば，感覚を通して入力される情報は，原木を削り，彫るためのノミに相当する。このことはまた，脳という臓器が正常に発達するためには，蛋白質や糖質，脂質などの食物栄養だけでは十分でなく，第4の栄養素として，感覚を通して得られる情報が不可欠であることを意味する。感覚や知覚という過程を経ずして，人が何かを経験することはない。心について学ぶ上で，心を育てる栄養でもある外界の情報がどのように取り込まれ，消化され，心を構成するのかについて知ること，これこそが，心理学において，感覚や知覚という情報入力の過程について学ぶことの現代的意味ではないだろうか。

2節 ◆ いろいろな感覚モダリティ

人は，外界のエネルギーを眼や耳などの感覚器官を通して受容する。一般に五感（五官）とよばれる感覚領域には，視覚，聴覚，味覚，嗅覚，触覚（皮膚感覚）がある。また，それ以外に，運動感覚（筋感覚），内臓感覚（有機感覚），平衡感覚を分類することもある。これらを，心理学では感覚モダリティ（modality）あるいは感覚様相とよぶ。

19世紀の生理学者ミュラー（Müller, 1842）は，この感覚の種類が与えられた刺激に依存するのではなく，それぞれの感覚受容器が特有にもつ神経エネルギーに依存すると考え

た（特殊神経エネルギー説）。これによれば、光が視覚を、音が聴覚をもたらすのではなく、眼が刺激されることが視覚を、耳が刺激されることが聴覚をもたらす。実際、眼球への圧迫刺激や電気刺激が光覚をもたらしたり、耳の内部が炎症などによって圧迫されることで耳鳴りが聞こえることがある。しかし、一般に、それぞれの受容器には、最も受容効率が高く、関係の深い刺激が存在する。これを適刺激という。ここでは、主要なモダリティに関して、その感覚のしくみをみていこう。

1 ── 視覚

　光がなければ、われわれはものを見ることはできない。視覚情報を媒介する光は、図5-2に示すように、物理的には電磁波の一種である。電磁波は、その名の通り波の特性をもっており、波の長さ（波長）によってその性質が異なる。われわれが光とよんでいるものは、きわめて狭い特定領域の波長（380nm〜780nm）をもつ波である。眼はこの領域の電磁波を受けて光覚をもたらすが、そのとき、波長の違いは色の違いとして知覚される。光の色は、短波長側から、紫（青紫）、青、青緑、緑、黄緑、黄、橙、赤の順に並ぶ。プリズムで分けられた光や虹の中に複数の色が並ぶのが観察されるが、これは、分子密度の異なる物質境界を通る際、一般に短波長の光ほど屈折したり散乱しやすく、長波長の成分ほど直進する傾向が強いためである。

　視覚の受容器である眼球の構造は、しばしばたとえられるように、カメラとよく似ている。図5-3に、右眼を上から見た断面図を示す。外界の光は、眼球表面にある角膜を通り、水晶体によって屈折させられる。水晶体は、凸レンズの形状をしていることでわかるように、カメラのレンズに相当する。レンズの反対側には、カメラのフィルムに相当する網膜があり、水晶体で屈折させられた光は、この上に逆さの像を結ぶ。カメラでは、ピントを合わせるためにレンズとフィルムの距離を変化させるが、眼球では、レンズの厚みを変化

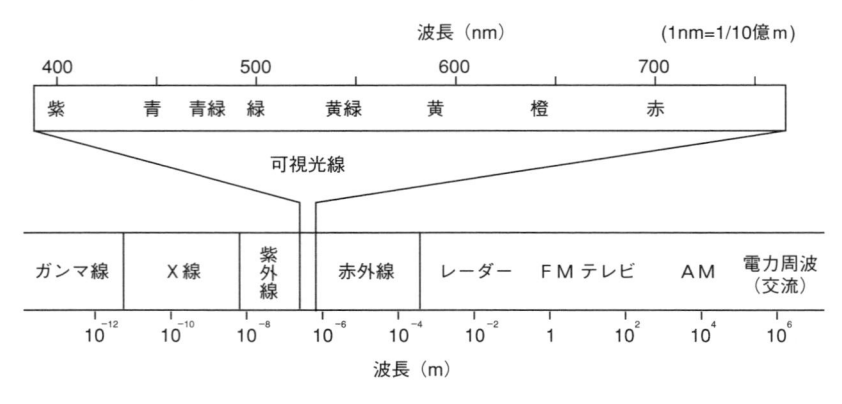

図5-2　電磁波の波長と光

させることでピント調節が行なわれる。網膜には、視細胞とよばれる神経細胞が存在し、これが光を受けることで神経電位が発生する。神経電位は、視神経によって中枢へと伝えられるが、視神経が眼球から外へ出ている部分には視細胞はなく、見る機能をもたないことから、盲点とよばれる。

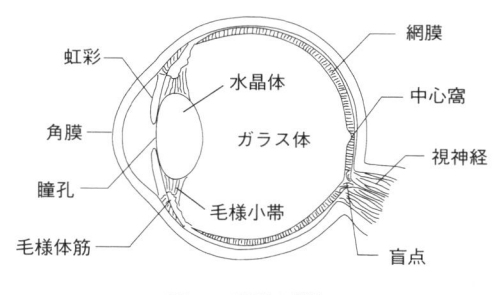

図5-3　眼球の構造

　水晶体の前側は、虹彩とよばれる輪状の膜に囲まれており、光は中心の通過孔（瞳孔）を通ったものだけが眼球内に進入するしくみになっている。虹彩は、瞳孔反射（対光反射）によって、まぶしい光の下では瞳孔を縮小させることで光量を制限し、暗い光の下では拡大させて光量をふやすように働く。つまり、虹彩は、カメラレンズの絞りと同様、露光調節の機能を果たしている。

　網膜上の視細胞には、感光ピグメントとよばれる先端部の形状が円錐状のものと円柱状（竿状）のものとがあり、前者は錐体、後者は桿体とよばれる。これらの視細胞は、感光ピグメント内に光化学反応を引き起こす感光色素（視物質）をもつが、錐体の視物質には、光の波長による吸収特性が異なるものがあり、それによって錐体は、420nmの波長に対して最も感受性の高い短波長型（S錐体）、530nmに感受性の高い中波長型（M錐体）、560nmに感受性の高い長波長型（L錐体）に分けられる。この3種類の錐体の反応がわれわれに色覚をもたらすので、3種の錐体の一部に欠損があったり、十分に機能しない場合には色覚障害が生じる。また、錐体が反応するには、比較的高照度の光が必要になる。したがって、明かりの少ない夜道のような暗い場所では錐体は使えない。そのような暗い場所での視覚を支えるのが桿体である。桿体は、錐体と異なり1種類しかないが、その感光ピグメントには、ロドプシン（視紅）とよばれる視物質をもち、微弱な光に対しても反応することができる。

　暗い場所では、われわれは鮮やかな色彩を感じないが、これはおもに桿体を使って見ているからである。また、錐体は555nm近辺で最も感度が高いが、桿体は、より短波長側の510nm近辺に感度のピークをもつ。そのため、明るい環境と暗い環境では色の明るさが変わって見え（プルキンエ現象）、明るい昼間には赤いバラなどが鮮やかに見えるのに対し、夕暮れには青いスミレなどの花がより鮮やかに感じられる。また、網膜上での錐体・桿体の分布は均一でなく、視野中心の最も解像力の高い網膜部位（中心窩）にはほとんど錐体しか存在しない。したがって、暗い場所では視力が急激に低下し、小さな文字などが見づらくなるし、夜空で暗い星を探すとき、視野の周辺では見えるのに、はっきり見ようとして目を向けると見えなくなるなどの現象が経験される。

Column ①

盲 点 ―脳が世界を描く―

　盲点は，図Ⅰ(A)のような検査図版を使えば，簡単にその存在を知ることができる。実際，高校の生物や中学校の理科の授業で，盲点を調べる実験をやったことのある人も多いのではないだろうか。

　まず，本を手にもち，左眼をつぶって右眼だけで図Ⅰ(A)の左の十印（凝視点）を見ながら，手を伸ばしてみる。すると眼を動かさなくても右側に●印（ターゲット）があるのがわかる。次に，本を眼に思い切り（数センチくらいまで）近づけてみる（ピントが合わず，ぼけてもかまわない）。この状態でも，右側の離れた位置にターゲットがあるのはわかるはずだ。しかし，その位置から本を徐々に離していくと，凝視点を凝視している限り，ターゲットが消えて見えなくなるところがある。これが，ターゲットが盲点に入ったことを意味する。

　盲点によって図形が見えなくなるのは，眼球の構造的問題によるものであるから，消える事実そのものは心理学の興味の対象とはならない。しかし，問題は，消えた場所に何が見えるかである。(A)の図版で試してみると，消えたターゲットの位置には，この本の白い紙が見えるのではないだろうか。図Ⅰ(B)のように，ターゲットのまわりを灰色の四角

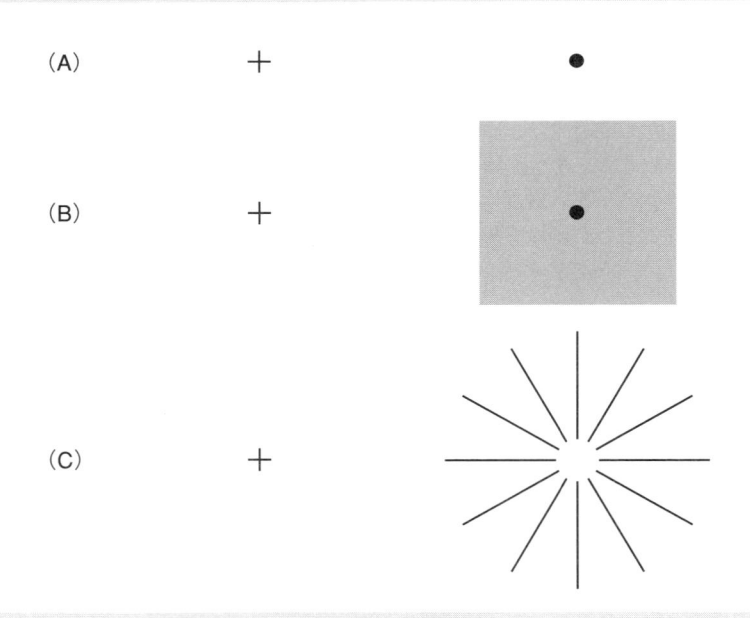

図Ⅰ　盲点の検査図

で囲んでおくと，ターゲットが消えた場所は，灰色で満たされる。また，図Ⅰ(C)のように放射状の線分を周囲に描いておき，中心部分が盲点に入ると，つながっていないはずの線分が中心でつながったり，線分どうしが交差しているように感じられる。

このことからわかるように，脳は，盲点のために見えない部分をまわりの情報を使って埋め合わせているのである（フィリング・イン）。この埋め合わせには，単に明るさや色だけでなく，簡単なパターンの規則性などの情報も用いられている。したがって，われわれは，たとえ単眼で周囲を見ても，見えない部分が存在することに気づくことがない。盲点だけでなく，網膜上には血管が走っているため，太い血管の影になるところは見えていないが，それに気づくこともない。

また，眼は震え続けることで，つねに視細胞に刺激の変化をもたらし，ものが見え続けることができるようなしくみになっている。したがって，眼の動きを完全に止めたり，眼球に対して静止した刺激（静止網膜像）を与えた場合には，見る機能が失われてしまう。このことは，対象の輪郭部分のように，明るさが変化しているところしか，われわれの眼には見えないことを意味している。

脳は，これらの眼では見えない部分を埋め合わせることで，あたかも見えているかのようにわれわれの意識にみせてくれる。緑内障など，網膜や視神経に異常をきたす障害では視野の欠損が生じるが，患者が重症になるまで見えないことに気づかないのは，このようなしくみが存在するからである。言い換えれば，われわれは，脳が描いた外界のスケッチを通して，間接的に世界を認識しているのである。

2 ── 聴覚

聴覚情報である音は，陸上では空気の振動として伝わってくる。音の伝わり方は，ちょうど水面を波紋が広がっていくようすに似ている。図5-4に例を示すように，振動である音も，波の性質をもっている。1秒あたりの振動の数を周波数とよぶが，この振動が多い音は高い音に，少ない音は低い音に聞こえる。また，振動の振れ幅（振幅）が音の大きさに相当する。

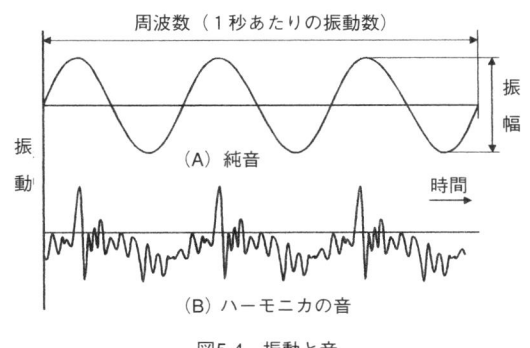

図5-4 振動と音

さらに，振動の波形の違いは，われわれには音色の違いとして知覚される。図5-4 (A) は，電話の発信音の波形を表わしたものである。電話の発信音には，440Hzの正弦波が使われており，その波形は単純である。これに対し，図5-4 (B) は同じ440Hzの周波数をもつハ

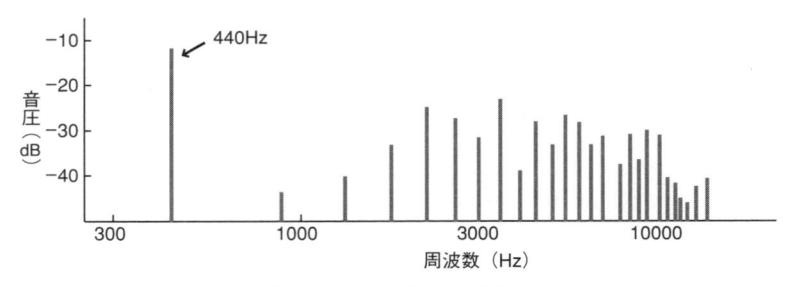

図5-5　ハーモニカ音の音響スペクトル

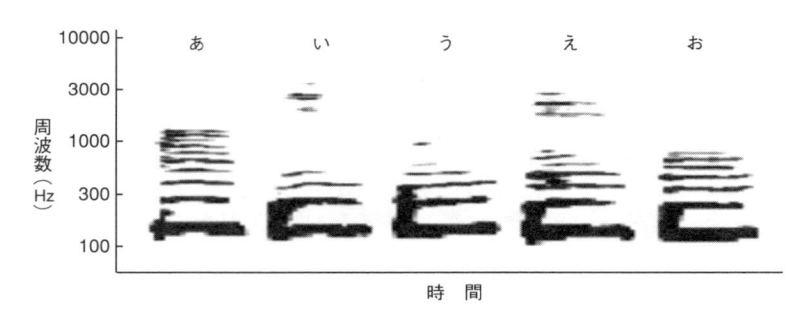

図5-6　母音の音響スペクトル

ーモニカ音（「ラ」の音）の波形であるが，こちらは非常に複雑な波形をしている。しかしながら，同じ高さの音であるので，同じパターンの波形が純音と同じ周期でくり返し出現していることがわかる。

　どのようなしくみで，ハーモニカ音がこのような複雑な波形となっているかは，それに音響スペクトル分析という周波数分析処理を適用してみるとわかりやすい。図5-5にハーモニカ音の音響スペクトルを示すが，ハーモニカ音は，440Hzの純音をベースに，いくつもの高周波の純音の成分から複合してできていることがわかる。ハーモニカの内部には，固有の振動周波数をもつ振動・反響部位がたくさんあり，演奏に伴ってそれらがともに振動することで，複雑な音色を生み出しているのである。このしくみは，人が発する声についても同様である。図5-6には，母音の発声に対して音響スペクトル分析を行なった結果を示しているが，母音によって音を構成するスペクトル成分が異なっているのがわかる。われわれもまた，声帯の振動音を基本に，喉頭，咽頭，口腔，鼻腔，舌，唇などの発声器官の振動・反響部位を変化させることで，複雑な音声をつくりあげているのである。

　音の受容器である耳は，図5-7のような構造になっている。空気の振動は，外耳道を通り，その奥にある鼓膜を震わせる。鼓膜の振動は，中耳にある槌骨，砧骨，鐙骨という

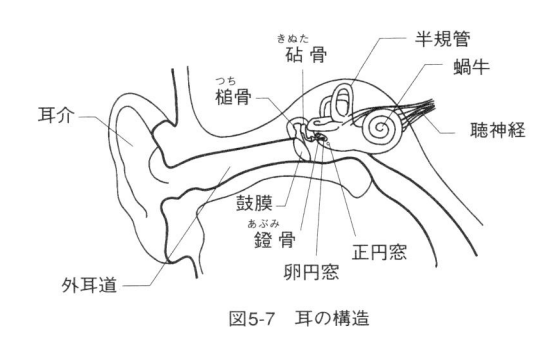

第5章 感覚・知覚 —心のフロントエンド— 65

図5-7 耳の構造

3つの耳小骨を経由して，内耳に伝えられる。内耳には蝸牛とよばれるカタツムリ型の器官があり，伸ばすと管になる蝸牛内部は基底膜という膜で2分され，リンパ液で満たされている。基底膜は管の先端部（蝸牛中心部）では厚くやわらかく，管の根もとでは薄く硬くなっている。そのため，蝸牛は管の位置によって振動に対する共振特性が異なっており，先端部は低い音に，根もとは高い音に同期して共振する。このような構造により，われわれの聴覚系は，音に含まれる特定の周波数成分に対して蝸牛の特定の場所が共振し，その部分の蝸牛管内で有毛細胞が刺激されることによって聴覚信号が発生するという，まさに音響スペクトルの分析装置として働いている。

　中耳にある3つの耳小骨は，空気のかすかな振動エネルギーを増幅して効率よく内耳に伝えるインピーダンス整合に相当する働きをもっている。また，大きな音に対しては，鼓膜を硬くして耳小骨の動きを鈍らせることによって，内耳への過大な入力を緩和するという過負荷緩衝保護の機能もあわせもつ。このようなしくみのため，われわれの耳は，きわめて小さな音から大音響まで，1兆倍ものエネルギーの違いがある音を受容することができる。また，音の高さについても，2000～3000Hzで最も感度が高いが，20Hzのきわめて低い音から20000Hzの超高音にいたるまで，広い可聴閾をもっている。

3 ── 味覚

　味覚は，口にしたものに含まれる化学物質に対して生じる感覚である。味覚には，甘味，塩味，酸味，苦味の4種の基本味覚，あるいはそれにうま味を加えた5種の基本味覚があるといわれる。また，辛味や渋味など，味覚と口腔粘膜の温度感覚や痛覚の複合によって生じる感覚もある。

　味の受容器は舌の乳頭上にある味蕾であり，これが刺激されることで感覚が生じる。また，基本味覚にはそれぞれ，その味覚を引き起こす呈味物質とよばれる物質が存在する。甘味は，各種糖類や，グリシン，アラニンなどのアミノ酸，サッカリンなどの人工甘味物質，ステビアなどの天然甘味物質によってもたらされる。塩味は塩化ナトリウム，酸味は

有機酸に含まれる水素イオンの刺激作用で生じるといわれる。苦味は，アルカロイドやアミノ酸に含まれる疎水性物質によって，うま味は，グルタミン酸ナトリウムやイノシン酸ナトリウムによってもたらされる。

　味覚は，本来，口腔に取り込んだものが摂取してよいものか，吐き出すものかを選別するためにあり，快−不快の感覚と深くかかわっている。基本味覚についても，甘味はエネルギー源，うま味は蛋白質の信号として働き，食欲を喚起し摂取行動を引き起こす。また，塩味はミネラルの信号であるが，低濃度では快感，高濃度では不快感を引き起こす。酸味も，一般に低濃度で快感，高濃度で不快感を引き起こすが，時には腐敗の信号としても機能し，その際は強い回避の対象となる。苦味も，疎水性が多くの毒物に共通する性質であることから，生体に有害な物質を検知するための信号として働いている。

4 ── 嗅覚

　嗅覚は，鼻腔内最上部の嗅上皮にある嗅受容細胞が，匂い物質（有香物質）といわれる揮発性の分子によって刺激されることで生じる感覚である。有香物質にはおよそ40万種類あるといわれており，それを分類しようとする試みは古くから行なわれてきたが，決定的なものはまだない。

　においも，「匂い」または「臭い」という２つの漢字表記が存在することからも明らかなように，快−不快とかかわりの強い感覚である。嗅覚の感覚特性においては，味覚と同様，わずかな化学物質を検出できる感受性の高さが特徴であるが，その一方で，感覚に対する順応（慣れ）がきわめて速く，その効果も大きいことが知られている。また，その嗜好に個人差がきわめて大きいことも特徴である。

5 ── 皮膚感覚

　体の表面で感じられる感覚を皮膚感覚といい，おもに，触覚，圧覚，温覚，冷覚，痛覚の５つの感覚が知られている。ものに触れたときに感じる触覚と，皮膚に対する圧力を感じる圧覚を分けてとらえるのは，それらの受容器が異なり，その反応特性にも違いがあるからである。温覚と冷覚も，温度に対する感覚という点では１つの物理的特性を感受するしくみであるが，皮膚上の感覚点が異なり（それぞれ温点，冷点とよばれる），実際に，40度〜50度で皮膚の冷点が刺激されると，温覚でなく冷覚が感じられる現象（矛盾冷覚）が知られている。痛覚は，侵害性感覚とよばれることもあり，生体に危険を及ぼすかもしれない侵害性の刺激が加えられたときに，それに反応して生じる感覚である。皮膚感覚としての痛覚は，皮膚に広く高密度に分布する痛点が刺激されることで生じるが，痛覚は体表面に限らず，筋肉や骨，関節などの深部感覚や内臓感覚としても生じる広範な体性感覚といえる。また，受容器の刺激と痛覚の生起が必ずしも対応しない場合もあり，中枢における痛みの受容と制御の過程の重要性が指摘されている。

6 ── その他の感覚

われわれの感覚モダリティには，これまでに述べた諸感覚に加えて，運動感覚（筋感覚），内臓感覚（有機感覚），平衡感覚が区分される。運動感覚は，骨格筋や腱，関節の受容器に基づいた，身体各部の位置や動きを知る感覚であり，自己受容感覚あるいは深部感覚ともよばれる。内臓感覚は，身体内部の内臓の感覚受容器に基づく感覚であり，空腹，満腹，渇き，便意，尿意などの臓器感覚と，局在が不明瞭で不快感や吐き気，冷や汗などの症状を伴う内臓痛覚がある。平衡感覚は，前庭器官とよばれる内耳前庭にある半規管と耳石器が受容器となっている。半規管は上下，左右，傾き方向の3次元に対応する3つの管からできているため三半規管ともよばれ，頭部が回転すると，それによって管内のリンパ液が移動し，運動を感じることができる。耳石器は，重力や直線加速に応答する。前庭機能に異常があると，強いめまいやふらつき，吐き気などに襲われるが，そのときに耳鳴りを伴うことが多いのは，前庭器官が蝸牛とつながる1つのユニットを構成しているからである。

3節 ◆ 形を見る

1 ── 分凝と知覚の体制化

視覚によって何かを知覚するとき，そこに光が必要なのはいうまでもないが，それだけでは十分でない。何らかの形を見るためには，対象の存在によって，空間内の領域が対象と背景に切り分けられることが重要である。

図5-8をみてほしい。この図をみて，われわれは，円形にばらまかれた棒線の群の中で，右側4分の1の領域が異質な領域となっていることを瞬時に知覚することができる。このような知覚を分凝（segregation）とよぶが，それが生じる背景には，特定の領域を他の異質な領域か

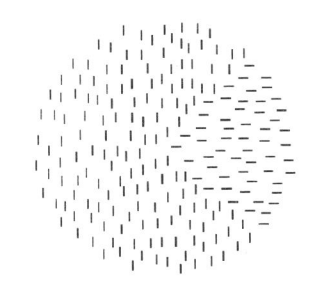

図5-8 分 凝

ら分離する一方で，同質なものは1つにまとめて知覚しようとする働きが必要である。このとき，われわれは視野を構成する個々の刺激要素を知覚するというよりも，それらをより大きなまとまりの単位で認識しようとする。このような要素をまとめる性質を知覚の体制化（perceptual organization）とよぶ。

知覚の体制化がどのような原理に基づいて生起しているかについては，古くよりゲシタルト心理学を中心に多くの研究が行なわれてきた。その結果，図と地の分化や群化の現象について，われわれの知覚を左右するさまざまな要因がみつかっている。

2 ── 図と地の知覚

われわれがあるものを知覚するとき，それは認識の対象となり意識にのぼるが，それ以

外の部分は背景として処理され，さほど意識にはのぼらない。人はどのように対象と背景を切り分けているのだろうか。

図5-9は，「ルビンの杯」(Rubin, 1921) として知られる多義図形である。多義図形 (ambiguous figure) とは，視覚的パターンとしては1つなのに，2つ以上の見え方をする図形のことをいい，この図のように対象と背景が相補的に入れ替わって見えるものは反転図形 (reversible figure) とよばれることもある。図の白い部分に注目してほしい。すると，われわれ

図5-9 図地反転図形

はそこに白い杯を見ることができる。しかしながら，黒い部分に注目すると，今度は，向かい合った2人の横顔のシルエットが浮かび上がる。杯が見えるか，横顔が見えるかは，注意の向け方によって変わるが，2つが同じ瞬間に共存して観察されることはない。また，白と黒の領域間にある輪郭は，杯が見えているときは杯の輪郭として，横顔が見えているときは横顔の輪郭として知覚される。さらに，杯が見えているときは黒い背景が背後に広がり，横顔が見えているときは奥に四角い窓の存在が感じられるように，背景になったほうの領域は対象の裏側に広がりをもって知覚される。

このような知覚において，認識の対象となる方の領域を図 (figure)，認識の対象とならず背景を構成する領域を地 (ground) という。視覚パターンのどの部分が図として，ど

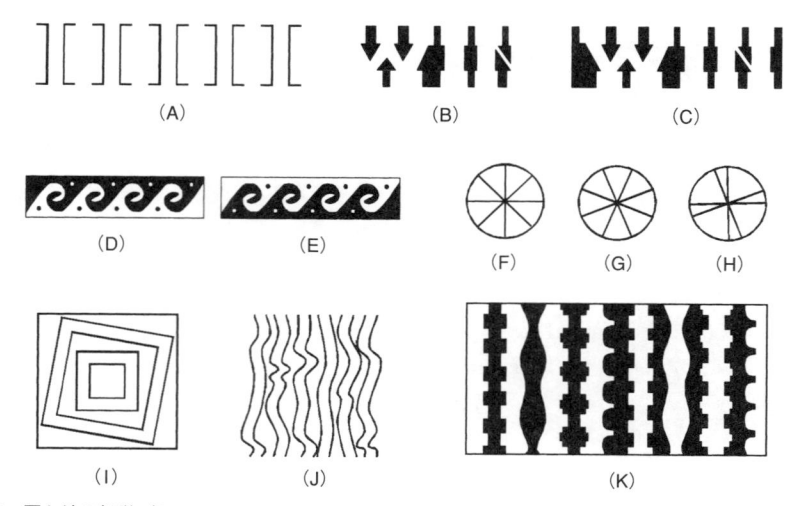

図5-10 図と地の知覚 (A: Weintraub & Walker, 1966; B・C・K: Goldstein, 1996; D・E: Ehrenstein, 1930; F・G・H: 柿崎・牧野, 1976; I・J: Morinaga, 1941)

の部分が地として知覚されるかは，注意の向け方などの主体的要因だけでなく，図形内に含まれるさまざまな要因によっても影響される。図5-10に例を示すが，閉じた形は開いた形よりも（A），囲まれた領域はそうでない領域よりも（B・C），下側の領域は上側の領域よりも（D・E），垂直・水平に広がる領域は斜めに広がる領域よりも（F・G），狭い領域は広い領域よりも（H），幅の等しい領域はそうでない領域よりも（I・J），対称な領域は非対称な領域よりも（K），それぞれ図として知覚されやすいことがわかる。

3 ── 知覚的群化

われわれが認識する対象は，必ずしも1つの刺激要素からできているわけではない。たとえば，図5-10（A）の図形では，「コ」の字型の刺激要素が互いに向き合っているが，柱のようなパターンよりも，長方形のパターンのほうが図として見えやすい。このとき，閉じた形をつくるように向き合ったコの字が，それぞれまとまりをもって知覚される。このような現象を知覚的群化（perceptual grouping）とよぶ。

群化をもたらす刺激要因についても，図5-11に示すように，近くにあるものどうしがまとまりやすい「近接の要因」（A），似た特徴をもつ要素がまとまりやすい「類同の要因」（B）などが知られている。また，図5-10（A）のコの字パターンのまとまりは，閉じた形をつくる輪郭どうしがまとまりやすいという「閉合の要因」によって生じると考えられ，これは図5-11（C）において閉じた2つの図形が知覚されるように，図形知覚の基本である。しかし，この図形が図5-11（D）のように角を接すると，その見えは変わり，重なりあった

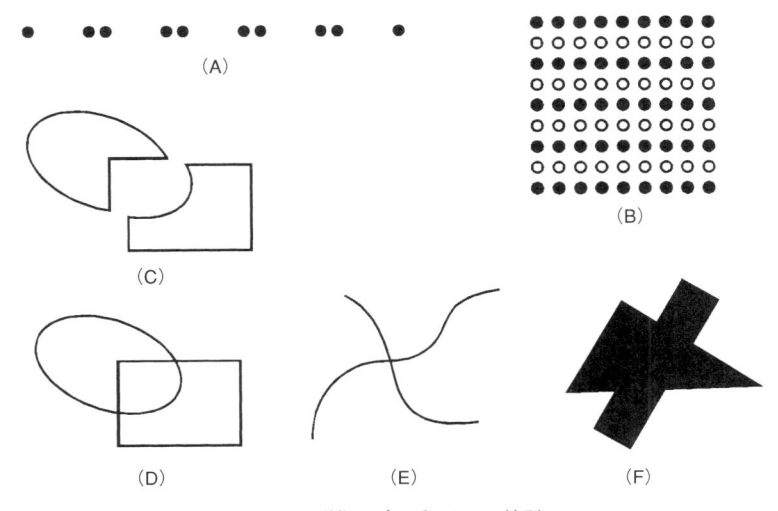

図5-11 群化とプレグナンツの法則

楕円と長方形が知覚される。これは，線要素を知覚するときに，できるだけ滑らかな線を見ようとする「よい連続の要因」(E)，およびできるだけ単純でまとまりのよい形を見ようとする「よい形の要因」(F) が働くからだと考えられている。

ゲシタルト心理学は，このような知覚的体制化にみられる傾向をプレグナンツの法則 (law of Prägnanz) とよんだ。プレグナンツとは「よい形態」という意味であり，われわれの知覚経験が，できるだけ簡潔でまとまりのある方向に体制化される傾向にあることを示唆しているが，これらゲシタルトの諸法則については，法則というには概念が曖昧である，あるいは単に現象を記述しているだけにすぎない，というような批判もある。

4 ── 錯覚・錯視

これまでみてきたように，人の眼がカメラに似ているといっても，ものを知覚するという段階では，人はカメラのように外界の光景を忠実に写し取っているわけではない。このことを端的にあらわす現象が錯覚である。

錯覚 (illusion) とは，われわれの知覚した結果が，実際の対象の物理的特性とは異なることをいう。一般的な用語として錯覚ということばを使うときには，見まちがいという意味で使うことがあるが，心理学において問題となる錯覚は，正常な現象である。したがって，錯覚の量に違いはあっても，いつ見ても，何度見ても，誰が見ても同じような錯覚が生じる。このような錯覚を研究することによって，人の脳内で行なわれている情報処理のしくみを解明する手がかりが得られると考えられている。

視覚における錯覚は錯視 (visual illusion, あるいは optical illusion) とよばれる。錯視には，広義にとらえると幾何学的錯視，多義図形，逆理図形 (図5-12)，主観的輪郭 (図5-13)，明るさの対比 (図5-14)，仮現運動の知覚など，多種多様な現象が含まれるが，その中でも，図形の幾何学的性質 (長さ，面積，方向，角度，曲線など) が実際とは異なって知覚される現象は，幾何学的錯視 (geometric optical illusion) とよばれ，特に多くの研究がなされてきた。

図5-15に示した図形は，これまでに発見された幾何学的錯視図形の一部である。錯視図形の多くは，19世紀後半から20世紀前半にかけて発見され，一般に発見者の名前を冠してよばれている。錯視研究の歴史は長く，研究の数も膨大であるが，なぜ錯視が生じるのかという生起メカニズムについては，まだ統一的に説明できる理論は得られていない。

4節 ◆ 空間を見る

1 ── 空間知覚の問題

われわれをとりまく世界は3次元の広がりをもっている。そのため，同じ大きさの対象であっても，遠くにあれば小さく，近くにあれば大きく見える。また，見る方向が変わると，ものの形は違って見える。あたりまえのことと思われるかもしれないが，われわれの

第5章 感覚・知覚 —心のフロントエンド— 71

図5-12 逆理図形

図5-13 主観的輪郭

図5-14 明るさの対比

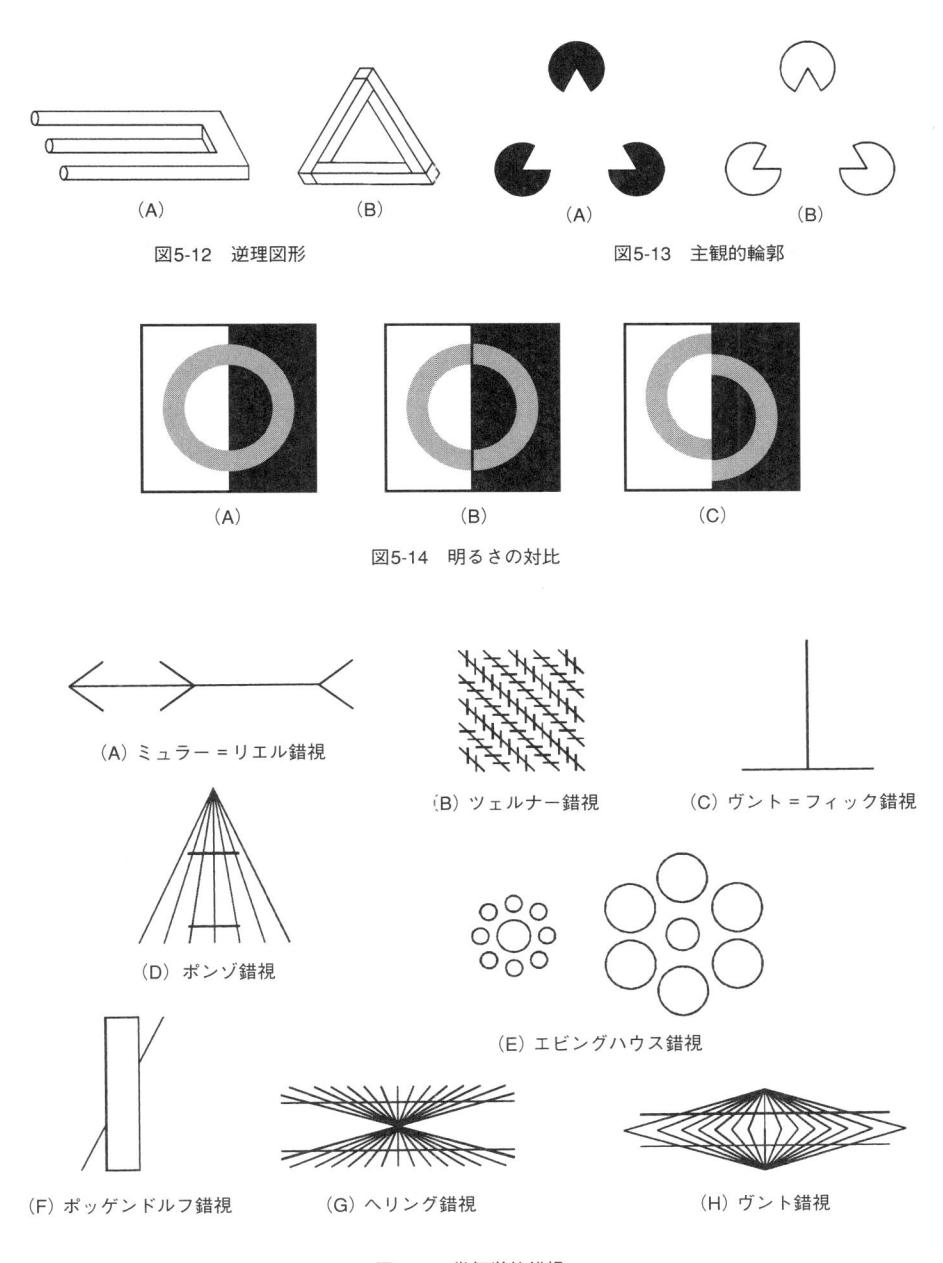

(A) ミュラー＝リエル錯視
(B) ツェルナー錯視
(C) ヴント＝フィック錯視
(D) ポンゾ錯視
(E) エビングハウス錯視
(F) ポッゲンドルフ錯視
(G) ヘリング錯視
(H) ヴント錯視

図5-15 幾何学的錯視

Column② 3次元世界の知覚と錯視

　錯視の生起因について統一的な理論はみつかっていないが、いくつかの図形については、奥行き知覚との関連で錯視が生じるメカニズムが説明されることがある。その代表例がポンゾ錯視である（図Ⅱ・A）。遠近感が強調されたハの字型の線路の写真上に描かれた2つの白い帯は、上側が大きく（長く）、下側が小さく（短く）見える。この写真では、上の帯は線路の遠方の枕木のあたりに、下の帯は手前の枕木のあたりにあるように感じられる。3次元空間においては、遠くにあるものと近くにあるものが同じ大きさで眼に映るならば、遠くのもののほうが大きく、近くのものは小さいはずである。これがハの字パターンに描かれた2本の水平線に錯視が生じる原因の1つではないかと考えられている。

　ポンゾ錯視のように、明らかに奥行きを感じる図形でなくても、同じパターンが実際の3次元空間にみられることも多い。図Ⅱ（B）は、垂直－水平錯視ともよばれるヴント・フィック錯視の逆T字型のパターンがみられる例である。この例でも、2つのテーブルでつくられた縦の線は、下の横の線よりも長く知覚される。

　これらの図形に共通することは、平面図形の幾何学的特性を認識する上では誤った知覚であっても、それを奥行きパターンとしてとらえるならば、3次元的には正しい知覚と考えられる点である。3次元の世界に適応するために発達した知覚システムは、2次元の幾何学構造よりも3次元の広がりを認識することを重視しているのかもしれない。

　また、3次元空間では奥行きを誤って知覚すると対象の大きさが実際とは異なって見える。その代表例がエイムズの部屋とよばれる錯視である（図Ⅱ・C）。この部屋は歪んだ造りとなっており、覗き穴（写真では付箋紙を貼った壁の向かいにある）を通して見ると歪みのないふつうの部屋として見えるよう設計されている。そのため覗き穴を通せば異なる距離にある2枚の付箋紙が等距離にあるように見え、その結果として付箋紙の大きさに顕著な錯視が生じる（図Ⅱ・D）。

（A）ポンゾ錯視

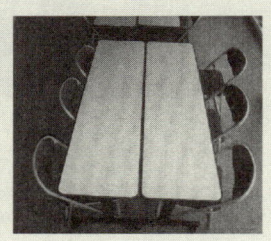

（B）ヴント・フィック錯視

（C）エイムズの部屋

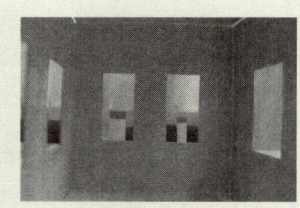

（D）エイムズの部屋の錯視

図Ⅱ　奥行きと錯視

視覚系は，このような3次元の世界について，2次元に投影された網膜像を介してしか情報を得ることができない。数学的にみて，3次元の座標 (x, y, z) が2次元平面に投影された場合，投影された座標値 (x', y') のみによって，もとの3次元の情報を知ることは不可能な問題である。この不可能問題を解くために，人の脳は，利用可能なさまざまな情報の中から，奥行きに関する手がかり（depth cue）を抽出して，それをもとに，頭の中に3次元の世界を再構築している。

2 ── いろいろな奥行き手がかり

　人が用いる奥行き手がかりは，眼球の視運動系に基づく手がかり，両眼網膜像に基づく手がかり，運動に基づく手がかり，静止した単眼網膜像に含まれる手がかりの4種に分類できる。

　視運動系手がかりは，眼球の筋運動感覚が奥行き情報として用いられるものである。図5-16（A）に例を示すが，われわれが特定の奥行きの対象を見るとき，網膜上にその像を結像させるため，距離によって水晶体の厚みが変化する（調節）。また，両眼の視軸は，近くを見るときは内転し（輻輳），遠くを見るときは平行に近づく。これらの情報は，対象までの距離を特定する手がかりとして用いられる。

　両眼網膜像に基づく手がかりは両眼視差（binocular disparity）とよばれる（図5-16・B）。

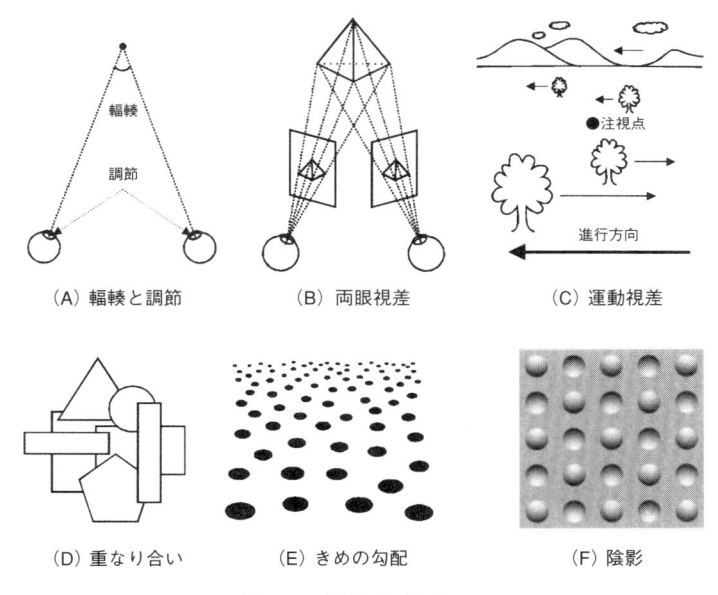

図5-16　奥行き手がかり

左右の眼は，成人であれば60〜70mmほど離れたところについている。そのため，視方向の違いから，左眼と右眼の網膜像にはわずかなズレがある。このズレの情報を用いて対象の距離関係や立体の形状が知覚される。逆に，ある対象を観察したときに生じる左右眼の見えを計算して映像化し，それを左右の眼に見せると，われわれはそこに3次元の対象像を知覚することができる。このような，立体を知覚させるために2枚1組で作成された図版をステレオグラム（stereogram）とよぶ。

　観察者が視点を移動させるときに生じる網膜像の運動変化も奥行き情報をもたらす。電車の車窓からの眺めを想像するとわかりやすいが，移動時に遠方を見ていると，風景の中の対象物は進行方向とは逆方向に動くが，その速度は手前にあるほど速く，遠くにあるほどゆっくりに見える。また，風景内の特定の対象を視野内で動かないように注視すると，注視対象より手前にあるものは進行方向と逆方向に，遠くにあるものは進行方向と同方向に動いて見える（図5-16・C）。このような，対象までの距離による運動方向や運動速度の違いを運動視差（motion parallax）とよぶが，これも有効な奥行き手がかりとして働く。

　以上の手がかりのほかに，静止した単眼網膜像に含まれている種々の情報も，奥行きの手がかりとして用いられる。これらは，絵画表現で使われることも多いので，絵画的手がかり（pictorial cue）とよばれる。

　同方向に複数の対象物があるとき，近くにある対象は遠くの対象を覆う。このとき，覆っている対象のほうが近いと知覚される（重なり合い；図5-16・D）。また，長い廊下のような場所で，天井・廊下と壁でつくられた角の平行線は遠くの一点に向かって伸び，その幅は手前で広く，遠くで狭くなる（直線的遠近法）。さらに，多くの対象の表面には何らかのきめ（texture）があるが，そのきめの大きさや密度は，近くでは大きく粗く，遠くでは小さく密になる（きめの勾配；図5-16・E）。これらの情報も有効な奥行き手がかりである。この他にも，コンピュータグラフィックスで応用されているように，陰影（shading）も対象の3次元形状についての情報をもたらす（図5-16・F）。また，遠方がかすんだりぼやけて見える大気遠近法や，対象物の大きさに関する知識と見えの大きさの関係なども奥行き知覚をもたらすことが知られている。

3 ── 生態学的アプローチ

　われわれは，つねに環境内を動き回っている。知覚の本質的な目的は，3次元の空間である環境内で，生活体を適応的に行動させることだと考えられる。このような観点から，知覚心理学者として有名なギブソン（Gibson, 1979）は，知覚の問題を，抽象的概念としての空間や奥行きと距離の関係というような問題ではなく，生活体が行動する具体的な場という点から考える生態学的知覚論（ecological optics）を提唱した。彼によれば，生活体が行動するとき，網膜には絶えず変化する光の流動パターン（光流動：optic flow）が投影されるが，その変形の中には，空間や対象の3次元性，知覚者の位置などを特定する不変の情報（不変項：invariants）が含まれており，それを抽出するのが知覚の機能である

Column③ 陰影の知覚にみる脳の社会指向性

　図5-16（F）の陰影パターンを見ると，上が明るく，下が暗いパターンは凸状に，上が暗く，下が明るいパターンは凹状に奥行きをもって知覚される。なぜ，このような見え方をするのだろうか。

　図Ⅲ（A）は，陰影による3次元形状の知覚を説明する図式である。われわれをとりまく環境では，光は通常上からやってくる。脳は，このことを知っているのである（上方光源の仮定）。光が上からくる世界では，凸面は上部が光を受けて明るくなり，下部には陰がさす。凹面は逆に，下部が光を受け，上部に陰がさすようになる。そのため，脳は，上が明るいパターンは凸として，下が明るいパターンは凹として，われわれに見せてくれている。これは，図5-16（F）を逆さにして見るとわかる。正立で凸に見えたパターンは凹に，凹に見えたパターン凸に，その形状が変わるはずである。

　また，この陰影の3次元処理は，視覚情報処理の初期段階で行なわれている。たとえば，図を逆さにするのでなく，観察者が逆立ちして図を観察しても凹凸は反転する。われわれが意識している外界の上下にかかわりなく，脳は，網膜座標上で上が明るいかどうかによって，凹凸の見えを決定しているのである。

　これに対して，図Ⅲ（B・C）を見てほしい。これらは，顔のマスクをそれぞれ表側（B）と裏側（C）から見た映像である。表側から観察すると，鼻は凸状なので，上が明るく，下が暗くなっており，当然出っ張って見える。では，マスクを裏から見るとどうだろうか。裏から見ると鼻は凹面となるので，下が明るく，上が暗くなっている。しかし，われわれにはこれが凹んで見えるだろうか。多くの読者は，凹んだ顔ではなく，出っ張った顔を知覚するのではないだろうか。そのとき，顔は下方からの光で照らされているように見えるだろう。脳は，顔らしいパターンがあると，それが凹んでいてもわれわれの意識には凸に見せる。また，そのときには，陰影による形状知覚の原則になっている上方光源の仮定についても無視される。

　人は社会的動物であるといわれるが，この現象は，脳の視覚情報処理過程のかなり初期の段階においても，社会的相互作用の相手である顔の視覚情報が特別な扱いを受けていることを示す証拠と考えられている。

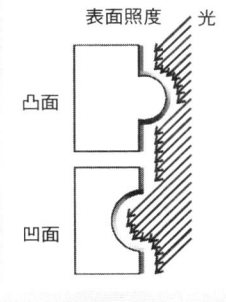

（A）陰影による形状知覚のしくみ

（B）表面から見た顔 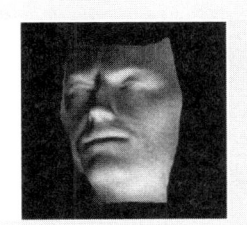　　（C）裏から見た顔

図Ⅲ　凹んだ顔の錯覚

という。

　生活体の行動や環境とのかかわりを重視する知覚についての考えは，その後，アフォーダンス（affordance）という概念を生み，行動に関連した知覚研究も盛んに行なわれるようになった。たとえば，カマキリは，エサが前足の長さの80％の距離に入ると攻撃を開始するという性質をもっており，これは前足の長短にかかわらず一定である。人も，どの程度の段差なら手を使わずに上れるかとか，どの程度の高さの柵ならまたげるか（あるいはくぐれるか）など，行動を前提とした判断を求めると，自分の身体を基準にきわめて正確に外界を認識しているということがわかる。

5節 ◆ 動きや変化を見る

1――いろいろな運動知覚

　われわれをとりまく世界は，3次元空間の広がりをもつだけでなく，時間軸方向にも広がっている。時間の変化に伴う空間内の変化は，ときに運動の知覚をもたらす。

　実際に動いている対象に対して生起する運動知覚を実際運動（real movement）とよぶが，人が感じる運動はそれに限られず，実際には運動する対象が存在しないのに知覚される錯覚的な運動現象もある。

　たとえば，ゲシタルト心理学者のウェルトハイマー（Wertheimer, M.）によって発見された仮現運動は，図5-17に示すように，ある位置で光点（S1）が点灯し，それが消えた後に，別の位置で光点（S2）が点灯すると，最初の位置から2つ目の位置に向けて光点の運動が知覚される現象である。彼は，刺激を呈示する間隔時間（ISI）によって運動の見えが異なり，短すぎると（30ms以下）2つの光点は同時に点滅して知覚されるが（同時時相），60ms程度では非常に滑らかな運動が知覚されることを見いだした（最適時相）。また，間隔時間が長くなると（60〜200ms），実体を伴わない動きの印象だけが感じられる純粋運動が生じ，200ms以上になると，2つの光点は順次点滅するように見え，もはや運動の知覚は生じない（継時時相）。

　この他にも，対象の動きを伴わない運動知覚としては，流れる雲間に月を見ているときに感じられるような，周囲の運動によって静止した対象が動いているかのように錯覚され

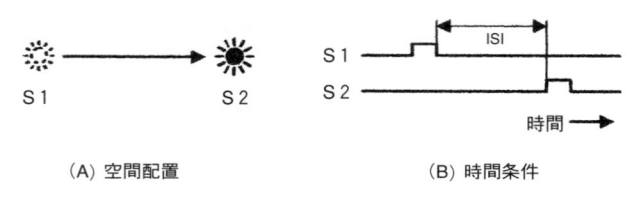

（A）空間配置　　　　　　　（B）時間条件

図5-17　仮現運動

る誘導運動，暗室のような周囲に何も見えない状況で静止した小光点がゆらゆらと動いて見える自動運動，一定方向に動く対象を見続けた後，静止した対象が逆方向に動いて見える運動残効などが知られている。

2 ── 高次の運動現象

運動の知覚は，単なる対象の空間位置の移動を認識する働きだけでなく，時には，その背後にある対象の性質に関するいろいろな情報をもたらす。

たとえば，車輪に光点をつけて暗室内で転がすと，光点の運動は，図5-18(A)に示すようにかまぼこ型の軌跡を描く。光点の数が1個であれば，このかまぼこ型の光点運動が知覚されるが，複数の光点をつけると，それぞれの光点は同じ軌跡を描くにもかかわらず，かまぼこ型の運動は水平方向への移動（v_1）と回転運動（v_2）という2つの一定速度の運動ベクトルに分解して知覚される（Proffitt et al., 1979）。このように，われわれの視覚系は，複雑な合成ベクトルをもつ複数の光点の運動を，より単純な運動ベクトルに分解することで，その背後にある対象に起こっている変化を読み取ることができる。その典型的な例が，図5-18(B)に示した生物学的運動である。これは，人の関節に光点を取りつけ，暗室内で動作を行なうと，明らかにそこに人の生き生きとした存在を感じることができるというものである（Johansson, 1975）。しかし，いったん人が動作をやめて静止すると，そこにはランダムな点の集まりがみられる。

生物学的運動の例にみられるように，人は生活体の動きに対して非常に敏感であり，光点の運動だけから，その人の性別や年齢，さまざまな活動の違いを識別することができる。ディズニーや宮崎駿監督のアニメーション作品では，キャラクターの動きに対して，生物的な印象を強く与えるよう工夫されているが，これも，単なる絵として描かれた人物をリアルに表現するのに，われわれが生活体の情報を動きによって認識していることを応用したものといえるだろう。

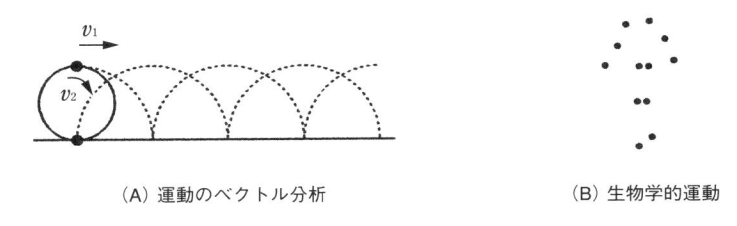

（A）運動のベクトル分析　　　　　　　　　　（B）生物学的運動

図5-18　高次の運動知覚

Column④ 心を育てる魔法のスイッチ？

2節で述べたように，人にはいろいろな感覚モダリティがあり，それらすべてが外界，あるいは自己の内部の状態についての情報をもたらしてくれる。しかし，感覚・知覚に関する研究は，視覚について行なわれたものが大半で，他の感覚モダリティについては，まだ不明なところも多い。

本章でも，紙面の制限があり，3節以降は視知覚について話をしてきた。人は視覚的な動物であり，行動を起こすときに視覚に頼る部分が大きいため，それだけ重要でもあるのだが，他のモダリティについても，今後，いろいろと新しい発見がもたらされるかもしれない。1節では，感覚・知覚について学ぶことの現代的意味を論じたが，それに関連して，最後に1つの話題を紹介したい。

子どもたちの健やかな成長・発達を願うのは，どんな大人においても共通の思いである。ここで，仮に，人間という生き物にある種のスイッチがついており，そのスイッチを押せば，身体やこころの発達がめざましく促進されると想像してほしい。このようなスイッチがあるのならば，誰もがそれを知りたいと思うだろう。

フィールドら（Field et al., 1986）は，そのようなスイッチの1つを発見している。従来，早産未熟児たちは，無菌状態の保育器の中で外界から隔離され，手厚いケアを受けて育てられてきたが，通常児ほどには成長できないケースが多かった。これに対し，フィールドらは，20人の早産児に触覚と筋運動の刺激を10日間，3回の15分セッションに分けて与えたところ，対象児は統制群の乳児に比べて体重増加率が47％向上し，行動面ではより活発で注意力があり，乳児精神発達検査でも高い得点を示した。また，対象児たちは，通常よりも6日早く退院できたことから，この試みは，1人あたり3,000ドルの保育経費節減にも結びつくことがわかった。

半世紀も前の研究であるが，ハーロー（Harlow, 1958）が行なった愛着形成の研究において，子ザルは，ミルクを与えてくれる針金でできた代理母親よりも，肌触りのいい布を巻いた代理母親を好んだ。食欲を満たすよりも，肌の接触という感覚のほうが好まれるという事実とあわせて，フィールドらの結果は，現代における母子のかかわりのあり方に対して大きな示唆を与えるものではないだろうか。

第6章
感情と動機づけ

　思い通りにいかなくてイライラしたり，人からほめられて有頂天になったり，恋人と別れて落ち込んだり，そのほか人は生活の中でさまざまな感情を感じる。また，人には，他者から認められたいとか，誰かといっしょにいたいとか，何かを成し遂げたいなど，さまざまな欲求があり，これが，満たされれば満足感などの感情が生起し，満たされなければ怒りや抑うつなどの感情が生まれる。このように，感情と欲求は相互にかかわりのあるものであり，ともに，人間の行動を説明する際の内的な原因として想定されるものである。本章では，感情と欲求（動機）の2つのトピックを取り上げ，これらが心理学の分野でどのように検討されてきたのかについてまとめていく。

1節 ◆ 感情とは

　感情状態を表わすことばとして，感情（feeling, affection），情緒（情動：emotion），気分（mood）が使われる。情緒とは，怒り，恐怖など，それを引き起こした原因がはっきりしており，一時的でかなり強く，生理的興奮や特定の表出行動を伴うものを指し，気分とは，明るい気分，暗い気分など明確な対象が存在せず漠然と感じられる弱いもので，数日から数週間の単位で持続するものを指す。これらのものを包括する用語として感情が使われる。このように，感情に関する用語はおもにその持続性に基づいて分類されている。本章では取り上げないが，気分よりももっと長い期間，数か月や数年の単位で継続する感情状態については，情動障害や人格特性ということばが用いられる。

　ところで，心理学の中でこのような感情研究が主要な位置を占めてきたとは言いがたいのが現状である。これは確かに行動主義の影響により，行動に焦点を当て，認知や感情などの内面の部分を軽視したことも理由であるが，感情自体の特徴にも原因がある。たとえば，感情が複雑で曖昧な現象であること，感情をうまく操作することはむずかしいため操作的定義が困難であること，感情的経験は個人的なものであり，すべての人間にとって共通する感情喚起刺激は存在しないことなどがこれにあたる。

　また，感情はさまざまな側面をもつ現象である。たとえば，主観的な状態であるとともに次の行動を準備させるための生物学的・生理的反応でもあり，さまざまな機能をもった社会的現象でもある。このような感情の多次元性を示すのが，感情の位相という考え方である（濱ら，2001）。これは感情には，「環境刺激に対する認知的評価（cognitive appraisal）」，「感情状態（emotional state）」，「感情体験（emotional experience）」，「感

情表出（emotional expression）」の4つの位相があるとの考え方である（図6-1）。まず，「環境刺激に対する認知的評価」であるが，これは，外的環境や内的環境に生じた刺激に対する認知的評価のことである。感情は，たとえば敵に襲われるなどの外部からの刺激によって起こるだけでなく，過去の大失敗を思い出し思わず恥ずかしくなるなどのように記憶の想起によっても生じる。そのため，外部環境の変化，体内環境の変化の両方がこの相の生起因となっている。この刺激とそのときの体内情報を比較して，その刺激が有益か，有害かの評価がなされる。そして，この認知的評価によりつくり出されるのが「感情状態」である。これは，「ある刺激，ある状況の認知に対して生じる，身体的あるいは神経生理学的活動の特定の変化」（Lewis, 1993）と定義される。この「感情状態」によって生活体の内部でつくり出されるのが「感情体験」であり，外部に顕在化したものが「感情表出」となる。「感情体験」は「感情状態」に対する主観的な意味づけであり，客観的に測定するのは容易ではないが，「感情表出」は客観的にとらえられる身体反応で，これによって他の生活体への伝達が行なわれる。ただし，他者への思いやりや自分を守るために，「感情状態」と「感情表出」が食い違う場合もある（この食い違いを生じさせるものを表示規則という）。そして「感情体験」を測定するために使われるのが心理学的尺度である。これは，内観法やSD法，自由回答法などを用いて，人の主観的感情経験を調べる方法であるが，これには，表示規則の影響などにより故意もしくは無意識による歪みが存在する。一方，「感情表出」に対する測定法としては，心拍数，血圧などの生理的反応を基礎とした生理的尺度と表情などの外的反応を基礎とした行動的尺度がある。

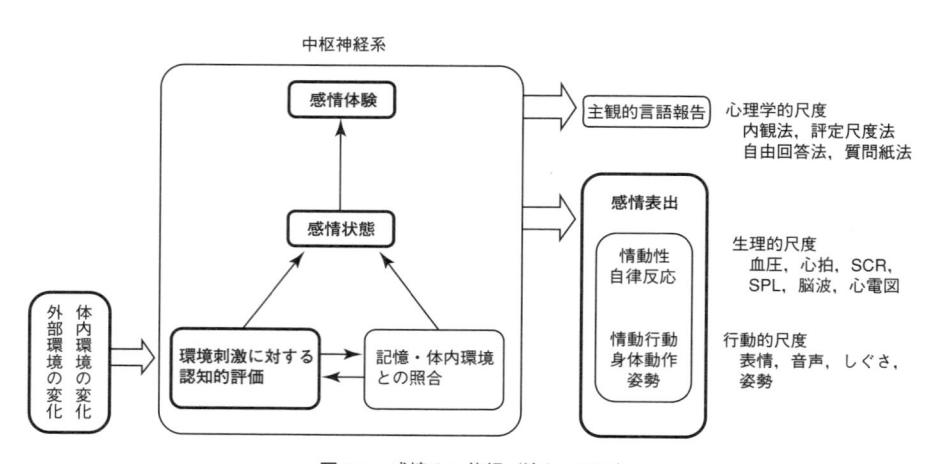

図6-1 感情の4位相（濱ら，2001）

2節 ◆ 感情研究の流れ

これまでみてきたように、感情は多次元的現象であるが、過去の感情研究は、感情をどのようにとらえるのかといった感情に対するアプローチの方法によって分類することが可能である。ここでは、進化論的アプローチ、生理的アプローチ、認知的アプローチの3つを取り上げ説明していく。

1──進化論的アプローチ

これは、感情を進化のプロセスにおいて、生命を維持するための適応システムとして獲得したものと位置づける考え方で、そのため、感情は、あらゆる文化において普遍的なものであり、人間ばかりでなく動物においても共通する部分があるとの基本感情説が特徴である。図6-1でいえば、「感情状態」と行動的尺度による「感情表出」との関係から感情をとらえる考え方ともいえる。なお、基本感情とは、次のような基準を満たすものである（Ekman, 1992）。

- 独特の表出シグナルをもち、それが社会的文化的違いにかかわらず一貫して観察される。
- 霊長類などの他の動物でも類似した表出が観察される。
- 他の感情と弁別可能な生理反応パターンをもつ。
- 感情を喚起する事象への反応パターンに、ある程度の共通性、普遍性がある
- 生理的反応パターンや表出の反応パターンなどの反応システム間に一貫した相関関係がある。
- 刺激に対して急速に、生体が意識する前に生じる。
- 通常はきわめて短時間に終結する。
- 自動化された無意識的な評価メカニズムに結びついて発動される。
- 無意識的に、自発的に生じる。

ここで、このアプローチに含まれるいくつかの考えを示していく。まず、エクマン（Ekman, 1972）の神経文化説を取り上げる。彼は、恐れ、喜び、怒り、悲しみ、驚き、嫌悪の6つを基本感情として取り上げ、これらは、特定の刺激によって生じ、個別の表情と生理的パターンをもつと主張し、一連の研究からこれを確認している（Ekman et al., 1983）。また、彼は、これを進化の過程で適応価の高い感情が獲得されるときに、それぞれに固有の神経生理学的パターンが遺伝的に組み込まれたことによるものだ、と説明している。ただし、感情表出においては、文化的な影響を受け、その文化に適切なものをつくり出すことが可能となるため、実際の感情反応は文化によって異なる場合もある（図6-2）。

次に、プルチック（Plutchik, 1980）の心理進化説について説明する。彼は、感情を生命維持や種族保存に必要な基本的・原型的行動パターンととらえ、そのため、感情には生存

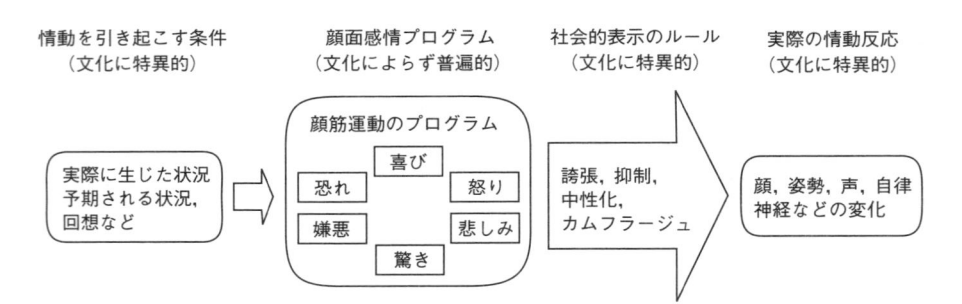

情動を引き起こす条件　　顔面感情プログラム　　社会的表示のルール　　実際の情動反応
（文化に特異的）　　　　（文化によらず普遍的）　　（文化に特異的）　　　（文化に特異的）

```
                    ┌─顔筋運動のプログラム─┐
┌─────────┐         │    喜び              │         ┌─────────┐        ┌─────────┐
│実際に生じた状況│ ⇒ │ 恐れ     怒り       │  誇張，抑制，│        │顔，姿勢，声，自律│
│予期される状況，│    │                    │  中性化，    │   ⇒   │神経などの変化   │
│回想など       │    │ 嫌悪     悲しみ     │  カムフラージュ│        │              │
└─────────┘         │    驚き              │         └─────────┘        └─────────┘
                    └────────────────┘
```

図 6-2　エクマンの感情文化説（Ekman, 1972）

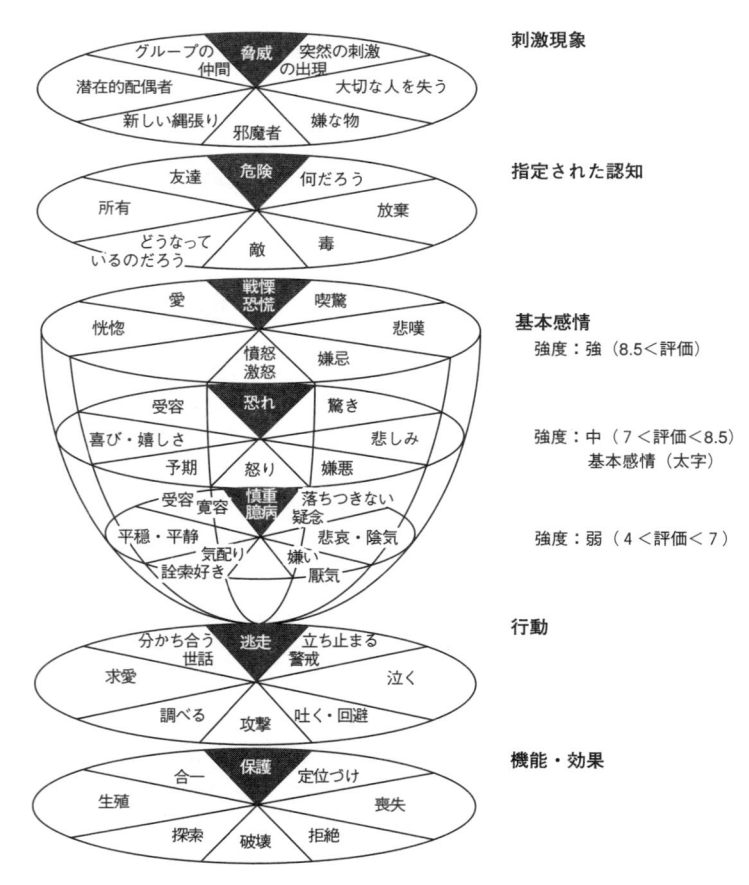

刺激現象：グループの仲間／脅威／突然の刺激の出現／潜在的配偶者／大切な人を失う／新しい縄張り／邪魔者／嫌な物

指定された認知：友達／危険／何だろう／所有／放棄／どうなっているのだろう／敵／毒

基本感情
- 強度：強（8.5＜評価）：戦慄・恐慌／喫驚／愛／恍惚／悲嘆／憤怒・激怒／嫌忌
- 強度：中（7＜評価＜8.5）基本感情（太字）：受容／**恐れ**／**驚き**／**喜び・嬉しさ**／**悲しみ**／予期／**怒り**／**嫌悪**
- 強度：弱（4＜評価＜7）：受容／寛容／慎重・臆病／落ちつきない／疑念／平穏・平静／悲哀・陰気／気配り／嫌い／詮索好き／厭気

行動：分かち合う・世話／逃走／立ち止まる／警戒／求愛／泣く／調べる／攻撃／吐く・回避

機能・効果：合一／保護／定位づけ／生殖／喪失／探索／破壊／拒絶

図 6-3　心理進化説（Plutchik, 1980 より改変）

していく上で何らかの意味があり，どのような適応的機能を果たしているかを理解することが感情研究においては不可欠である，との考えをもっている。このような考え方をもとにまとめたのが心理進化説である（図6-3）。図中の黒塗りの部分を見ていただきたい。脅威の状況に陥った場合，その状況を危険であると認知し，それによって通常は恐れの感情が生起するが，感情が強すぎると戦慄，恐慌の，弱い場合は慎重，臆病の感情が生起する。そして，逃走行動が起こり，その結果，生活体を保護する効果をもつことを図6-3は示している。また，彼は，恐れ，驚き，悲しみ，嫌悪，怒り，予期，喜び，受容の8つの基本感情を取り上げているが，これらは類似した感情が隣接するよう円環構造をなしている。そして，類似した感情の中間的な感情が混合感情であり，日常よく経験するのは混合感情であるとも指摘している。

2 ── 生理的アプローチ

　怒りや喜びなどの感情を感じる際には，多くの場合，生理的変化が生じる。このような生理的変化から感情を理解しようとする立場が生理的アプローチである。図6-1でいえば，「感情状態」と生理的尺度による「感情表出」との関係から感情をとらえる考え方とみなされる。このアプローチの中で古くからよく知られているのが，ジェームズ=ランゲ（James-Lange）説である。これは「悲しいから泣くのではなく，泣くから悲しい」といわれるように，感情喚起刺激が心拍変化や発汗などの内臓の変化や闘争，攻撃，表情などの骨格筋の変化を引き起こし，その状態が大脳に伝わることで，感情を経験するという感情末梢起源説である。これに対する反論として示されたのがキャノン=バード（Cannon-Bard）説であり，これは感情喚起刺激が視床に伝わり，視床の活性反応が大脳に伝わることで感情を経験し，同時にそれが内臓や骨格筋などにも働くという感情中枢起源説である（この両者の論争に関しては，Buck, 1988; 畑山, 2002参照）。ただし，どちらの説も感情全体を説明する理論としては不十分であった。また，ジェームズ=ランゲ説は，内臓や骨格筋の変化に対する認知が感情を生み出すという考え方ともとれ，これは後に出てくる感情への認知的アプローチの始まりであったともいえる。また，キャノン=バード説は，脳の特定領域の活動が感情を引き出すという考え方であり，これは，生理学的な神経回路網や脳生理学などの神経組織の解明から感情を研究するアプローチにつながるものとなっている。

　現在，この生理的アプローチには，どの器官に焦点を当てるかによってさまざまなものがあるが，ここでは，おもに扁桃体に焦点を当てたルドゥ（Le Doux, 1987）の感情の2経路説を紹介する（図6-4）。

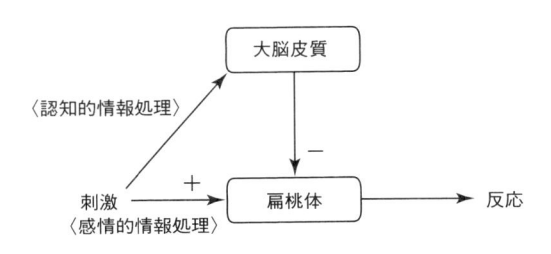

図 6-4　感情の2経路説（Le Doux, 1987）

これは，感情の処理経路は2つあり，感情的情報処理を行なう扁桃体を中心とした辺縁系の経路と新皮質を経由して扁桃体につながる認知的情報処理を行なう経路の2つがあるとの考え方である。これは，通常，感情的な反応は2つの経路を通じて発現するが，強烈な刺激などによって扁桃体の経路から強い命令が出ると高次の認知的処理が行なわれる新皮質の経路の調整が効かなくなることを示している。

3──認知的アプローチ

自分の置かれている状況をどのように評価するかによって感情が生み出されると考えるのが，認知的アプローチの特徴である。図6-1でいえば，「環境刺激に対する認知的評価」と「感情状態」の関係から感情をとらえる考え方であり，現在のところ，これまでの3つのアプローチのうち最も研究が盛んな分野といえる。

この中で最初に取り上げるのが，シャクター（Schachter, S.）の感情の2要因説である。これは，感情が起こるには，生理的覚醒状態という身体反応が生起すると同時にその状態の意味づけ（ラベリング）が必要で，覚醒状態が感情によるものだとの意味づけがなされた場合のみ生起するとの考え方で，このことを，「エピネフリン実験」によって示している（Schachter & Singer, 1962）。ただし，追試実験の失敗や，生理的覚醒状態がなくても認知のみで感情が生じることを示した実験（Valins, 1966）などもあり，信頼性の点では弱いものとなっている。

次に，アーノルド（Arnold, 1970）の考え方を紹介しよう。彼女は感情を「その人にとって適当であると判断された対象，または不適当であると判断された対象に対して感じられた傾向である」ととらえている。そして，①対象が自分にとって有益か，有害かの認知，②その対象の入手が容易か，困難かの認知，③それを克服すべきか，回避すべきかの認知が感情に大きくかかわっていると指摘している。たとえば，有益な対象であればそれに対して愛情を感じ，それが入手可能だと認知すれば希望が生まれ，困難だと思えば絶望を感じる。また，有害な対象であれば憎悪が生まれ，それが克服されるべきものと思えば勇気が生まれ，回避されるべきものだと認知すれば恐怖が生まれる。このように，上述の3つの認知が感情の生起に大きな影響を及ぼすというのが，アーノルドの考え方である。

3番目にラザラス（Lazarus, R. C. 1991）の考え方を紹介する。彼はストレスへの対処に関するモデルを提出しているが，その中に2つの基本的な認知的評価プロセスを想定している。状況が脅威的かどうかを評価する一次的評価と，それにどう対処するかの二次的評価である。そして，これらの評価プロセスの結果生じるのが感情であると考えている。また，特定の感情には中心的関係テーマが存在すると指摘しており（表6-1），これは，当該の人物がその状況をどう意味づけるかによって生起する感情が異なる，というものである。このようにラザラスの考え方は，認知が感情の生起にとって不可欠であるとの考え方であるが，ザイアンス（Zajonc, R. B. 1980, 1984）は単純接触効果の研究をもとに，認知の関与なしに感情が生起することを示し，1980年代，両者の間で激しい論争が生まれたことはよ

表 6-1　いくつかの感情における中心的関係テーマ（Lazarus, 1991）

怒り	自分の家族に対する品のない攻撃
不安	不確定な存在に関するおそれに直面すること
驚き	直接の具体的で圧倒的な身体的危機に直面すること
罪悪感	道徳的規範を犯したこと
恥	理想自己に従って行動することに失敗したこと
悲しみ	取り返しのつかない喪失を経験したこと
妬み	他の人が持っているものをほしがること
やきもち	他者の愛情の喪失やその恐れに対して第三者を恨むこと
嫌悪	不愉快な対象や観念に取り付かれたり，近づきすぎたりすること
幸福	目標の実現に向けてうまくやっていること
誇り	価値ある対象や達成を，自分自身や仲間グループや，グループの誰かの手柄にして自我同一性を高めること
安心	ひどく思い通りにいかない状況がよい方向に変化したり去ってしまったこと
希望	最悪を恐れ，よい方向を切望すること
愛	愛情を望み，また共にすること
同情	他者の苦しみに動かされ助けたいと思うこと

く知られている。この論争に関しては加藤（1998）に詳しく解説されているので，それを参照されたい。

　最後に，状況の評価や解釈を重要視する社会構成主義とよばれる考え方を紹介する。エイブリル（Averill, 1980）は，「感情は一時的な社会的役割であり，これは状況の個人の評価を含み，ある行為というよりもむしろある情熱と解釈される」と定義している。これは，感情を生物学的な現象ではなく，ある状況において人がとるよう社会的に定められている一連の反応とみなすもので，文化によって生み出されたものと考える立場である。すなわち，怒りという感情があるのではなく，自分に対する不当な逸脱だと評価することによって表情が変わったり，行動が変化したりする一連の流れを怒りとよんでいるにすぎないと考えている。そして何を不当な逸脱ととらえるか，あるいはどのような行動が生じるかは社会化の過程で獲得されたものであり，また，感情と表情などの各要素間に必然的な結びつきはなく，同じ感情が生じても同じ情動反応が生起するとは限らないと主張し，感情の異文化研究でみられる普遍性も，感情そのものの普遍性の根拠とはならないと批判している。

　これまでみてきたよう，感情とは何かという点においてさまざまな考え方があり，どれか1つのアプローチのみで感情全体のプロセスを解釈するには無理がある。たとえば，感情を引き起こす事象の評価や感情表出の制御には文化的要因が，感情喚起に伴う生理的反応や行動への準備反応には生物学的要因が深く関与するとの指摘もある（池上，1998）。今後は，これらのアプローチが排他的に研究を進めていくのではなく，相互に関連しながら研究を進めていくことが，感情全体を理解する上で必要なこととなろう。

3節 ◆ 他者に対する好意

　前節では，感情全体を取り扱った研究を取り上げ紹介してきた。本節では，特定の感情（他者に対する好意）を取り上げ，それが心理学の分野でどのように検討されてきたのかを紹介していく。この他者に対する好意は，社会心理学の領域で対人魅力（interpersonal attraction）という用語で検討されてきた。ここでは，対人魅力の規定因，すなわち，どのような他者に好意をもちやすいのかに関してまとめていく。

1 ── 近接性

　最初に取り上げるのは近接性の要因である。これは，物理的距離の近いところにいる他者に対して好意をもちやすいということである。たとえば，小学校1年生の新学期，同じクラスの中で最初に仲よくなったのは誰だったか，思い出してもらいたい。おそらく多くの人が，自分の席の隣などすぐ近くの子ではなかっただろうか。これがまさに近接性の要因が対人魅力に影響を与えている現象といえるであろう。この近接性の要因は，フェスティンガーら（Festinger et al., 1950）の，学生アパートの部屋間の距離と友人関係の有無との関連を検討し，物理的距離の近いところに住んでいる住人ほど友人として選択される割合が高いことを示した研究（表6-2）から実証されている。それでは，なぜ近くにいる人ほど好かれるのであろうか。確かに近くにいれば会う機会が多くなり，それによりコミュニケーションが活性化し，相手のことがよくわかるようになるため，魅力を感じることもあるだろう。しかし，それだけではない。単に会うだけで，もっといえば相手を見るだけで，その他者に対する魅力は影響を受けるのである。これを単純接触効果という。ザイアンス（Zajonc, 1968）は，実験参加者に顔写真を呈示し，その際，呈示する回数を写真によって変化させ（1回，2回，5回，10回，25回の5条件），すべての写真を呈示した後，各写真と初めて見せる写真に対する好意度を測定した。その結果が図6-5である。これからわかるように，接触回数が多くなるにつれ好意度が増していることがわかる。また顔写真以外の無意味刺激でも同様の結果を示している。未知なるものや不慣れなものに対しては不安や嫌悪を感じやすいが，慣れるにつれ不安が減少し，好意度が増すというように，熟知度の上昇が好意度の増加をもたらしたと彼らは解釈している。ただし，その後の検討から接触回数の増加によって必ずしも好意度が上がるわけではないこと（時には低下する

表6-2　住居間の距離と友人選択の関係（Festinger et al.,1950）

独物理的距離	選択実数	選択可能数	選択割合
1	112	272	.412
2	46	204	.225
3	22	136	.162
4	7	68	.103

場合もある）を示した研究（Brickman et al., 1972）もあり，これらのことを合わせて考えると，単純接触効果とは，肯定的，中立的な態度の場合は好意度が増加するが，否定的な初期態度の場合，好意度は低下するというように，接触頻度によって初期態度が強められる現象といえよう。近接性の要因には，このような単純接触効果が含まれていると思われる。

2——類似性

類似性の要因とは，自分と似ている人に好意をもつことである。これは，バーンとネルソン（Byrne & Nelson, 1965）によって行なわれた研究から実証されている。彼らは，あらかじめさまざまな対象に対する実験参加者の態度を測定しておき，それに基づいて自分の態度と類似性の異なる何種類かの調査結果を作成した。そして，対人認知の研究の名目のもとにその類似性をいろいろに操作した調査結果を実験参加者に示し，彼らについて，このような結果を示す人物に対する魅力を測定した。その結果，態度の類似性と好意の間には一次関数的な関係があり，自分の態度との類似性が高いほどその人に魅力を感じやすいことが示された（図6-6）。これは，相手の態度が自分と似ていることによって社会的妥当性が付与され，自分にとって報酬となるため，好意につながると解釈される。

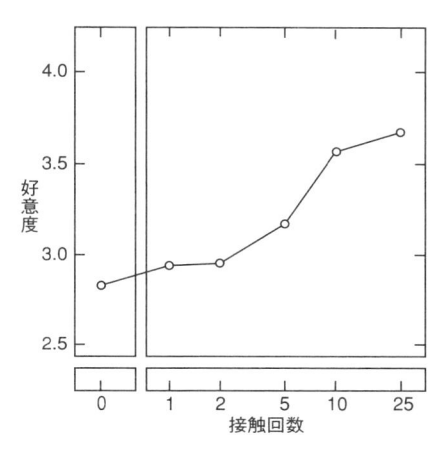

図 6-5 接触回数と好意度の関係（Zajonc, 1968）

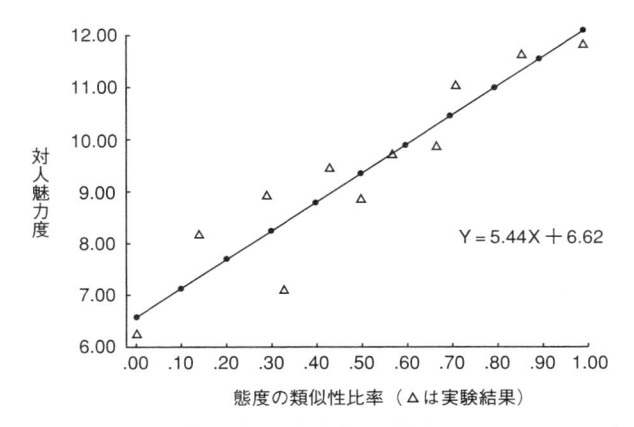

図 6-6 態度の類似性と好意度の関係（Byrne & Nelson, 1965）

$Y = 5.44X + 6.62$

3 ── 相補性

相補性とは，自分にないものをもっている人に好意をもつことをいう。先ほどの類似性の要因とは逆の関係である。これは，セイフリードとヘンドリック（Seyfried & Hendrick, 1973）の研究によって示されている。彼らは，実験参加者について，男性性，女性性の強さを調査し，同じ調査を行なった他者の調査結果を示して，その人物に対する魅力を測定した。その際，他者の調査結果は，①男性的傾向の強い男性，②女性的傾向の強い男性，③女性的傾向の強い女性，④男性的傾向の強い女性，の4種類からなっていた。その結果，自分の性度と類似した異性，すなわち，男性は男性的傾向の強い女性，女性は女性的傾向の強い男性に対して好意を示さないことを明らかにしている。ただし，この相補性の現象は，性格などの側面でみられることが多く，意見や態度の側面では，類似性の現象がみられることが多い。また，これら2つの要因は一見，真逆のものであり，互いに矛盾すると考えられるかもしれないが，それは次のように解釈できる。自分と似ていることが報酬になる場合もあれば，自分にないものをもっていることが報酬になる場合もあるということである。たとえば，自分と同じ考え方の人であれば，詳細をいちいち説明しなくてもわかり合えるが，異なる考え方の人であれば，自分の考えを詳しく説明し，時には相手を説得する必要も出てこよう。このように，異なる考えの人では余分なコストが必要となる。また，自分と異なる性格や能力をもっている人といっしょにいれば，今まで手に入れられなかったものが入手可能になるかもしれないといったメリットも生じる可能性がある。両要因は，現象的には正反対ではあるが，その効果を合わせて考えれば同じ面をもつものといえよう。

4 ── 身体的魅力

身体的魅力の要因は，いわゆる外見のよい人に魅力を感じることである。これについては，コンピュータ・デート実験というウォルスターら（Walster et al., 1966）の研究が有名である。彼女らは大学の新入生歓迎ダンスパーティを使って実験を行なった。これは初対面どうしがカップルとなるパーティで，自分にあった相手をコンピュータが選び出すというふれ込みで行なわれた。チケットを売る際，態度や性格などの質問紙に回答させるとともに，複数の観察者が新入生の身体的魅力を測定した。そしてパーティ終了後，パートナーへの魅力などを測定した。その結果が表6-3である。彼女らの仮説は，マッチング仮説とよばれ，身体的魅力が自分に類似している人に好意をもつだろう（表中でいえば右下がりの対角線上の好意度が高くなる）というものであったが，結果は自分の身体的魅力にかかわりなく，パートナーの身体的魅力が高いほど好意を感じ，デートをしたいと思っているというものであった。また，社会的内向性や性度などの性格傾向と好意度には関係はみられなかった。以上のことから，初対面のような対人関係の初期においては，身体的魅力の要因はかなり強いものといえる。ただし，この身体的魅力は，常に好意度にプラスの効果をもたらすとはいえないようだ。シーガルとアロンソン（Sigall & Aronson, 1969）は，

表6-3 パーティー終了後のパートナーへの評価 (Walster et al., 1966)

	回答者の 身体的魅力度	パートナーの身体的魅力度		
		低	中	高
実際にデートを 申し込んだ比率	男子低	.16	.21	.40
	男子中	.12	.25	.22
	男子高	.00	.26	.29
パートナーへの 好意度 (得点が高いほど 好意度が高い)	男子低	.06	.57	.90
	男子中	-.10	.58	1.56
	男子高	-.62	.16	.82
	女子低	.03	.71	.96
	女子中	-.10	.61	1.50
	女子高	-.13	.21	.89
パートナーとデート したいと思っている 比率	男子低	.41	.53	.80
	男子中	.30	.50	.78
	男子高	.04	.37	.58
	女子低	.53	.56	.92
	女子中	.35	.69	.71
	女子高	.27	.27	.68
その後のデート回数	男子低	.09	1.23	.73
	男子中	.30	.94	.17
	男子高	.00	2.08	.53
パートナーからの 自分に対する 好意度の想定 (得点が高いほど 好意度が高い)	男子低	.47	.52	.43
	男子中	.55	.64	.65
	男子高	.77	.53	.58
	女子低	.41	.41	.35
	女子中	.38	.58	.55
	女子高	.63	.65	.61

男子学生が女性から性格検査のフィードバックを受けるという状況を設定し，その際，受ける評価が肯定的か否定的か，また，結果を伝える女性の化粧や髪形などを変え，魅力的かそうでないかの条件を設定して，女性に対する好意度を評価させた。その結果，最も好意度が低くなるのは魅力的な女性からの否定的なフィードバックであった。

5 ── 好意の返報性

　自分に対して好意を示す人物を好きになりやすいというのが好意の返報性である。これは，人には自分を肯定的に評価したいという欲求があり，他者からの好意はこの欲求を満たすことにつながるため，報酬価が高くなることが原因であろう。ウォルスター (Walster, 1965) は自己評価が低下しているときに好意を示してくれた人物に対して好意をもちやすいことを実証している。ただし，他者から好意を示されるだけでなく，その文脈によっても好意に与える影響は異なる。言い換えれば，ほめることも大切だが，そのほ

め方も大切だということだ。アロンソンとリンダー（Aronson & Linder, 1965）は，他者が自分をどう評価しているかを聞くような状況を設定し，その際，他者が与える評価に表6-4のような4つの条件を設け，そのような評価を行なう相手への好意度を測定した。その結果，最終的に好意的な評価を行なった他者が好かれるという返報性がみられるとともに，好意的な評価をしてもその後否定的な評価をすると最も好かれないことが示された。すなわち，好意的な評価の数が問題なのではなく，どのように評価が変わったかがより大きな影響力をもつということである。彼らはこれをゲイン効果，ロス効果とよんでいる。

表6-4 評価の変化による相手への好意度の違い
（Aronson & Linder, 1965）

実験条件	好意度の平均値 (高得点ほど好意的)	標準偏差
否定的 → 好意的	7.67	1.51
好意的 → 好意的	6.42	1.42
否定的 → 否定的	2.52	3.16
好意的 → 否定的	0.87	3.32

6 ── 生理的覚醒

　生理的覚醒状態にある人はまわりにいる他者に好意を感じやすいというのが生理的覚醒の要因であり，これはダットンとアロン（Dutton & Aron, 1974）の「吊り橋実験」によって示されている。彼らは，カナダのカピラノ峡谷に架かる固定橋と吊り橋で実験を行なった。固定橋はいわゆるふつうの橋で，揺れや傾きもないが，吊り橋は高さ70mのところに架かる橋で，歩けば揺れ，足元も下まで見渡せるようなものであり，生理的な興奮状態を喚起しやすいものであった。これらの橋を渡ってきた男性にある調査を行ない，その調査終了後，電話番号を渡し，興味があれば研究の概要を説明すると告げ，終了し，どのくらいの人が実際に電話をかけてくるかを調べた。その結果は表6-5に示した通りである。固定橋を渡った人はほとんどが電話をかけてこないが（女性の調査者の場合16人中2人，男性では6人中1人），吊り橋を渡った人で調査者が女性の場合は，18人中9人が電話をかけてきており，この条件で最も好意を感じていたことがわかる。同じ女性の調査者であっても固定橋を渡った場合にはさほど魅力を感じていない（電話をかけてこない）ことから考えると，生理的喚起が対人魅力の規定因となることがわかるであろう。この結果は前節で述べた感情の2要因説で解釈可能である。すなわち，吊り橋を渡った男性はドキドキしており，その生理的覚醒を目の前にいる女性が魅力的であるためとラベリングすることによって好意を感じるという説明である。また，恋愛に関して親の反対や干渉が強いほど，相手をますます好きになるというロミオとジュリエット効果（Driscoll et al., 1972）も同様のプロセスで説明可能である。

表 6-5　吊り橋実験の結果（Dutton & Aron, 1974）

調査者の性	橋の種類	回答承諾者	電話番号を 受け取った人数	電話をしてきた 人数
女性	固定橋	22/33	16/22	2/16
	吊り橋	23/33	18/23	9/18
男性	固定橋	22/42	6/22	1/6
	吊り橋	23/51	7/23	2/7

7 ── 恋愛感情

　これまでの要因はおもに，異性，同性を問わない他者に対する好意にかかわるものを取り上げてきた。ここでは，異性間の好意，いわゆる恋愛感情について述べていく。ルビン（Rubin, 1970）は恋愛感情（Romantic Love）と好意（Liking）を区別し，それぞれを測定する尺度を作成して，恋愛感情の高低によってカップル間のアイ・コンタクトに違いがあることなどからその尺度の妥当性を示した。また，好意は「好意的評価」「尊敬と信頼」「類似性の認知」によって，恋愛は「親和欲求」「援助傾向」「独占欲」によって構成されるとの指摘もある（Bersheid & Walster, 1974）。

　恋愛の分類についてもいくつかの考え方があり，たとえば，スタンバーグ（Sternberg, 1986）は，三角理論とよばれる考え方を提唱している。これは，「親密性」「情熱」「コミットメント」の3つの要素の組み合わせで分類するもので，「親密性」とは，つながりや絆を求める穏やかな感情で，「情熱」とは，性的願望の達成を動機づける強い感情，「コミットメント」とは，短期的あるいは長期的関係関与への意思のことである。これらの組み合わせによってどのような恋愛のタイプになるのかは表6-6に示した通りである。また，リー（Lee, 1977）は恋愛に関する文献をもとにデータを収集，分類し，その結果をもとにした面接調査によって恋愛のタイプを6つに分類している（図6-7）。これは恋愛のタイプの配置が色環になぞらえられているため色彩理論とよばれることもあり，それぞれ質的に類似性のあるものは隣に，正反対のものが対角線上になるよう配置されている。また，それぞれのタイプを簡単に説明すると，「ルダス」は恋愛をゲームととらえ楽しむことを大切にするもので，「プラグマ」は恋愛を恋愛以外の目的（たとえば地位の上昇など）を達成するための手段とみなすもの，「ストーゲイ」は穏やかで友情的な恋愛であり，「アガペ」は相手のことだけを考え，自己犠牲も厭わないような恋愛であり，「エロス」は一目惚れのような相手の外見に強い反応を引き起こすような恋愛で，「マニア」は激しい感情をもち，独占欲が強く，嫉妬深いような恋愛のことを指している。これらの理論に関してはそれぞれ尺度も作成され，その妥当性を含めた実証的研究も生まれている（松井, 1993参照）。

表 6-6　恋愛の三角理論（Sternberg, 1986）

恋愛のタイプ	親密性	情熱	コミットメント
好意	○	×	×
熱愛	×	○	×
空虚な愛	×	×	○
ロマンチックな愛	○	○	×
愚かな愛	×	○	○
友愛	○	×	○
完全な愛	○	○	○
愛なし	×	×	×

○はその要素があることを，×はその要素がないことを示す。

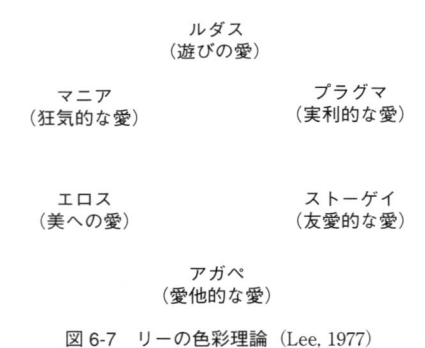

```
                    ルダス
                  （遊びの愛）

       マニア              プラグマ
     （狂気的な愛）        （実利的な愛）


       エロス              ストーゲイ
     （美への愛）         （友愛的な愛）

                    アガペ
                  （愛他的な愛）
```

図 6-7　リーの色彩理論（Lee, 1977）

4節 ◆ 欲求・動機

1 ── 欲求の種類

　前節まで述べてきた感情は，人が行動を起こす際の原因として考えられるものであるが，それ以外にもさまざまなものが存在する。その他の原因のうち，行為者の内部にあり，その行動を発現させる内的状態を欲求（need）という。たとえば，水が飲みたいとか，誰かといっしょにいたいとか，いちばんになりたいなどがこれにあたる。欲求の中でも生命維持や種の保存にかかわるものを生理的欲求，社会や文化の価値を通して獲得したものを動機（motive）という場合もある。

　欲求には多くのものがあるが，おもに生理的欲求と社会的欲求に大別される。生理的欲求とは，上述したように，生命維持や種の保持にかかわり，生得的に備わっているもので，一次的欲求，基本的欲求とよばれることもある。飢え，渇き，呼吸，排泄，生殖などの欲求がこれにあたる。これらの欲求の生起には，生命体に備えられたホメオスタシスがかかわっているといわれている。ホメオスタシスとは，内部環境を比較的一定に保とうとする

働きである。飢えの欲求を例にとると，血液中のブドウ糖値が減少するといった内部環境の変化が感知された場合に，それを元に戻そうとする働きをいう。内部環境を元に戻すプロセスの中で食欲が増進するのである。また，社会的欲求とは，個体や種の保存に直接的には関係のない欲求のことであり，二次的欲求，獲得的欲求とよばれることもある。これらの社会的欲求の中で，比較的多くの研究が行なわれてきたものに達成欲求，承認欲求がある。これらについて簡単にまとめてみる。

　達成欲求とは，自分の力で障害を克服し，高水準で困難な目標を成し遂げようとする欲求で，卓越した基準を設定して挑戦すること，独特のやり方で達成しようとすること，長い期間かかる達成を目指すこと，の3つの要素から構成されている。ただし，達成欲求の強さと高い成果が必ずしも一致するわけではない。達成すること自体にあまり意味を見いだせない状況や，誰とも競争しない状況では，高い業績にはつながりにくい。また，どのような課題に取り組むかを考える場合には，成功を求める達成欲求だけでなく，失敗を恐れ課題から逃れようといった失敗回避欲求も考慮する必要がある。実際の課題達成行動には達成欲求と失敗回避欲求の相対的な差がかかわっているのである。したがって，相対的に達成欲求の強い者は成功確率が半々程度の現実的な課題に取り組む傾向にあるが，相対的に失敗回避欲求の強い者は成功が確実視される簡単な課題か，できなくても恥ずかしくない非常に困難な課題に取り組みやすい。つまり，困難な課題への挑戦は必ずしも達成欲求の強さを反映しているものではないのである。また，達成欲求の強い者の特徴として，自分の行動結果に対するフィードバックを求めたがる，自分の決定したことに責任を取る，失敗の原因を自分の努力不足と考えがちである，仕事仲間に親しい人より有能な人を選ぶ，などがあげられる。そして，この達成欲求は早い時期から形成され，この欲求の高い子どもは，幼少期に母親から自立性を期待され，高く評価されほめられた経験が多く，「～してはいけません」といった制限的なしつけではなく，「～しなさい」といった要求的なしつけが多く行なわれているようである。

　承認欲求とは，他者に自分の存在を認めてもらいたい，自分の考えを受け入れてもらいたいといった欲求のことである。この欲求の強い者は，社会的にみて望ましいとされる行動をとることが多く，他者の意見に左右されやすい，専門家の発言を信じやすい，対人不安を感じやすい，などの傾向が示されている。また，この承認欲求には，他者からほめられたい，認められたいといった肯定的な評価を獲得したいという賞賛獲得欲求と，嫌われたくない，無視されたくないといった否定的評価を回避したいという拒否回避欲求があることが知られている（菅原，1986）。これら2つの欲求の強さの違いによって，人の行動や意識に次のような影響があることが報告されている。青年期の恋愛における告白行動では，賞賛獲得欲求が強い者は関係が発展することへの期待が高く，告白行動は促進されるが，拒否回避欲求が強い者は相手から拒否されることへの懸念が強く，告白行動は抑制される（菅原，2000）。また，拒否回避欲求が強い者は対人不安が強く，賞賛獲得欲求が強い者は対人不安をさほど感じない（佐々木ら，2001）。職場におけるリストラ対策として，賞賛獲

得欲求の強い者は転職に役立つ知識の習得への取り組みが特徴的であるのに対して，拒否回避欲求の強い者は社内のネットワークの強化が特徴的である。このように前者が内外に向けた積極的な取り組みを志向するのに対し，後者は社内での足場固めといった現状維持型の防衛的対処を行なうという（太田・小島，2004）。

このように，人のもつ個々の欲求に関する研究が行なわれる一方，欲求相互の関係に焦点を当てた研究もある。

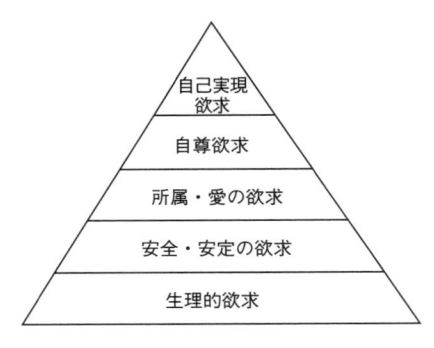

図6-8　欲求階層説（Maslow, 1943）

その代表といえるのがマズロー（Maslow, 1943）の欲求階層説である（図6-8）。これは欲求には階層性があり，より下位の欲求が満たされて初めて上位の欲求が出現するとの考え方である。最も基本となる欲求が生理的欲求であり，これが満たされると安全と安定を求める欲求が出現し，それが満たされると所属や愛情の欲求が現われ，その後，自分および他者による承認への欲求が現われるとしている。ここまでの欲求は外部環境や他者によってのみ充足されることから欠乏欲求ともよばれる。これらの欠乏欲求が部分的であれ満たされると最高位の欲求である自己実現欲求が現われる。これは自分の能力や可能性を伸ばすことに焦点づけられた欲求で，自己成長や創造活動と関連した最も人間らしい欲求で，成長欲求ともよばれる。マズローは，人間を自己実現に向かって絶えず成長していく生き物としてとらえており，自己実現を達成した人の特徴として次のようなものをあげている（Maslow, 1967）。

・現実を的確にとらえ不確かさに耐えることができる。
・自分や他人をあるがままに受け入れる。
・考えや行動が自然で自由である。
・自己中心的であるよりは問題中心的である。
・ユーモアがある。
・非常に創造的である。
・無理に型を破ろうとしているわけではないが文化的になることに逆らう。
・人類の幸福に関心をもつ。
・人生における根本的諸経験について深い理解をもつことができる。
・多くの人とではなく，少数の人と深い満足的な人間関係を形成する。
・人生を客観的な見地から見ることができる。

これらをみればわかるように，自己実現欲求を完全に達成することはかなり困難なこと

であり，この欲求は達成することよりもそれを達成しようとする志向性の有無のほうが重要視されていると考えてよいだろう。

2 ── 欲求が阻止されたとき

　これまでみてきたように，人間にはさまざまな欲求がある。この欲求を満たそうとして目標志向的行動，欲求充足的行動が生起する。しかし，いつも自分のもつ欲求が満たされるとは限らないことは日常経験からも十分に理解できるであろう。このように欲求が外的に阻止され，イライラした状態が続き，極度の不快な情緒状態になったものをフラストレーション（frustration）とよぶ。この状態は不快なものなので，これを解消しようとさまざまな反応が現われる。これをフラストレーション反応といい，これは，合理的・目的的反応，準適応的反応，不適応反応の3つに分類される（高野，1975）。合理的・目的的反応とは，欲求充足を妨げている障害を合理的な方法で排除し，当初の目標を達成しようとする反応であり，準適応的反応は，フラストレーションが強い場合や合理的・目的的反応がうまくいかなかったときにとられるもので，代表的なものが適応機制である（適応機制については後述する）。不適応反応は，上記の2つに失敗したときや，フラストレーションがかなり強い場合にみられるもので，攻撃や退行などの反応がこれにあたる。また，このようなフラストレーションに耐える能力をフラストレーション耐性といい，これは適度なフラストレーションを経験したり，まわりの者がフラストレーションに対する適切なモデルとなったりすることで身につくと考えられる。

　フラストレーションを引き起こす原因の1つとして，葛藤（conflict）がある。これは，相反する2つの欲求や2つの目標があり，どうにもならなくなる状態を指す。2つの相反する欲求があり，それらが同程度の強さである場合，1つの欲求を満たそうとすればもう一方の欲求が満たせなくなる。この矛盾と葛藤が不快な情緒状態をつくり出すのである。また，相反する2つの目標の場合は，次のような3つの状態に分けて考えることができる。1つは，接近－接近の葛藤であり，これは2つのプラスの誘因があり，1つを選択すればもう1つはできなくなるような状況で選択できずにいる状態を指す。すしも食べたいがうなぎも食べたいとか，映画も見たいが野球も見たいなどが例としてあげられる。2つ目は回避－回避の葛藤であり，2つのマイナスの誘因があり，どちらもやりたくないが，どちらかをせざるを得ない状況で，前門の虎，後門の狼という状況がまさにこれにあたる。3つ目は接近－回避の葛藤で，1つの対象がプラスの誘因とマイナスの誘因をともにもっている場合を指す。結婚はしたいが自由でもいたいとか，ふぐは食べたいが命は惜しいなどがこれにあたる。

　以上のようなフラストレーション事態や葛藤状態に直面したとき，心理的な平衡状態を維持ないし回復するために無意識のうちに取るさまざまな心理的手段のことを適応機制という。自我を守る意味で防衛機制ということもある。このような手段は誰にでも認められる正常な心理的作用であるが，特定の手法が常習的かつ柔軟性を欠いて用いられると，不

適応状態につながる場合もある（代表的な適応機制についてはColumn⑥（p.229）参照）。

5節 ◆ 動機づけ

1——動機づけとは何か

　動機づけ（motivation）とは，ある目標を指向し，それを成し遂げるために行動を生じさせ，それを維持する一連の過程のことである。一般的なことばでいえば，やる気や意欲と表現されるものであろう。ただし，やる気や意欲といった場合，目標となるものが知的な作業や社会的にみて好ましいものであるのに対し，動機づけの場合はそのような限定がない点で異なる。つまり，心理学では，動機づけということばを用いることで，価値とは中立的で，かつ広範囲な，行動の背後にある心理的なメカニズム（行動はなぜ起こるのか，どのように起こるのか）を探求しているのである。

　食べるという行動を例にとって考えてみよう。なぜ食べるのか，1つには空腹が原因として考えられるだろう。しかし，食欲だけで食行動は起きるだろうか。いくら空腹でも食べ物が目の前にないと当然のことながら食行動は生起しない。つまり，その欲求を満たす対象が存在しなければ行動は生起しない。また，さほど空腹でないときに親しい友人から食事に誘われた経験がないだろうか。多くの人がこのような誘いを断らずに，少しだけつき合うか，といった反応を示すであろう。この場合は，先ほどの食欲以外のもの（たとえば親和欲求）がかかわっているだろう。一般に，行動は，行為者内に何らかの要求があり，かつその要求を満たす対象がある場合に生起すると考えられる。その要求にあたるのが欲求・動機であり，行動をひきつける力をもつ対象を，誘因（incentive）あるいは目標（goal）という。一般的には，動因に対して誘因，動機に対して目標が用いられることが多い。

　このような動機づけには2つのタイプがある。1つは外発的動機づけ（extrinsic motivation）であり，もう1つが内発的動機づけ（intrinsic motivation）である。外発的動機づけとは，他者や外からの報酬や罰によって動機づけが引き起こされるもので，行動自体が何か他の目標を達成するための手段となっているものを指す。内発的動機づけは，自分自身によって始められ，維持される自律的なもので，行動自体が目標となっているものを指す。たとえば，親に叱られるから勉強するのは前者であり，わかるようになることが楽しいから勉強するのは後者の例である。この内発的動機づけに関してはアンダーマイニング効果が知られている。この効果は，内発的に動機づけられている状態のときに金銭的報酬を与えると，その後の内発的動機づけは低下するという現象である。これは，外的報酬を与えられることが統制されているという感覚を生み，自己決定感が低下するために生じると考えられている。

　以上のように，これら2つの動機づけは質的に異なった特徴をもつものではあるが，対立する関係にあるものではない。ライアンら（Ryan et al., 1985）は，自分でどの程度決定

していると感じているかといった自己決定の程度によって分類することで，非動機づけ（強制されても行動しない状態），外発的動機づけ，および内発的動機づけを同一次元上に位置づけている。また，速水（1995）は，外発的動機づけを，自己決定の程度の観点から，外的，取り入れ的，同一化的に分類している。外的とは，叱られるから勉強するといったような，外的な強制力のみで行動が生じている場合であり，自己決定はまったく存在しない状態である。取り入れ的とは，あいつに負けたくないから勉強するといったような，失敗を避けようといった消極的な理由で動機づけが生じている状態で，外的強制力がなくても行動が生起するという意味で，ある程度自己決定的である。また，同一化的とは，将来自分のためになるから勉強するといったような，何か他の目標のために行動しているのであるが，その行動自体の重要性は認識している，より自己決定の程度が高い状態である。このような同一化的な状態の先に，その行動自体のおもしろさや興味に基づいて行動する状態（内発的動機づけ状態）が生まれてくる。このように，外発的動機づけ，内発的動機づけは，質的な差異というよりも自己決定の程度という量的な差による分類であると考えるべきものである。

2──動機づけとパフォーマンスの関係

このような動機づけがパフォーマンス（performance: 実行水準）にどのように影響するのだろう。ネズミを使った学習実験によれば，動因水準と学習のパフォーマンスの間には逆U字型の関係があり，ある程度までは動因があがればパフォーマンスはよくなるが，それを超えると低下してしまうことが示されており，これは困難な課題において特に顕著に現われる（ヤーキーズ＝ドッドソンの法則：Yerkes-Dodson's Law）。また，ザイアンス（Zajonc, 1965）は社会的促進理論の中で，他者の存在は行為者の動因水準に影響を与え，その水準の上昇によって行為者の優勢反応（習熟度の高い行動）の出現確率が増し，その優勢反応がその課題に合っている場合は社会的促進が生じ，合わない場合は促進が生じないと述べている。

また，動機づけが低下するとパフォーマンスも低下する。やる気がなくて何もしたくないといった無気力な状態がこれにあたる。このような現象をセリグマンとマイヤー（Seligman & Myer, 1967）は学習性無力感（learned helplessness）とよんでいる。これは，自らの力ではどうしようもない，つまり環境に働きかけてもそれが変化しないという経験をくり返すと，無力感を獲得し，その後，自らの行動で変化が生じるような環境に変わっても，自発的な行動が生起しなくなる現象である。また，ワイナー（Weiner, 1985）は，達成課題における原因帰属に関する研究から，結果の原因をどのように考えるかによってその後の動機づけが変化することを示している。そして，動機づけが低下するのは，成功体験を運や課題の容易さなどの外的な原因に帰属した場合，そして，失敗体験を自分の能力不足という内的で安定的な原因と考える場合であることを明らかにしている。

また，課題遂行に影響を与える要因の1つにプレッシャーの問題がある。これは，あが

り，緊張をもたらす状況的変数として使われることばであるが，当然このような状況では，行為者の動機づけは高いものと推測される（動機づけが低ければプレッシャーなど感じないであろう）。また，このプレッシャーは行為者のパフォーマンスを低下させる場合もあるが，逆にいつも以上の成果を出すような場合もある。このような意味では，動機づけとパフォーマンスの関係を検討する上で，プレッシャーの問題を考えることは意味あることと思われる。ここで，カタストロフィモデルを紹介する（Hardy & Parfit, 1991）。このモデルは，プレッシャーによって生じる認知的不安と生理的覚醒の両要因が交互作用的にパフォーマンスに影響を与えると考えている。認知的不安とは心配だとか勝てないかもしれないといったような不安感を指し，生理的覚醒とは心拍数の上昇などを指す。この2つを分けて考えるのがこのモデルの特徴で，これらの要因がパフォーマンスにどのように影響するかによって，次の4つに分類できる。

①生理的覚醒が低い場合は認知的不安が高いほどパフォーマンスがあがる。試合の前日のような覚醒状態の低いときには，不安が高ければ準備を入念にしたり，作戦を考えたりといったことに集中することで成績の上昇につながり，不安が低いと準備もせず試合に臨み失敗するといったことがこれにあたる。
②生理的覚醒が高い場合は認知的不安が高まるとパフォーマンスは低下する。課題遂行中に不安を感じるとそれに気をとられて課題に集中できなくなるためパフォーマンスが下がってしまう場合がこれである。
③認知的不安が低い場合は，生理的覚醒が低すぎてもパフォーマンスを向上させることができず，高すぎても身体的負担が大きすぎてパフォーマンスはあがらない。適度な覚醒水準が最高のパフォーマンスにつながる。前述のヤーキーズ＝ドッドソンの法則がこれである。
④認知的不安が高い場合は，覚醒が高まるほどパフォーマンスは低下し，最後に急降下するとともに，この急降下の後，前よりもかなり低いレベルでパフォーマンスは推移するようになる。これをヒステリシス現象という。これは，生理的覚醒の上昇を行為者が自分の否定的評価のシグナルと考えるために生起すると考えられる。

以上のことをまとめてみると，動機づけが低い場合はパフォーマンスが低いが，動機づけが高いからといって必ずしもそれが達成成績にはつながらない。また，動機づけがパフォーマンスに与える効果は，認知的不安の程度により異なるといえそうである。

3 ── 動機づけの理論

ここまでみてきたように，動機づけにはさまざまなタイプがあり，それが課題の遂行結果にも影響を与える。それでは，動機づけを高めるためにはどのようにすればよいのであろうか。それを知るためには動機づけがどのようなものによって左右されるのかを知ることが手がかりになると思われる。そこで，本節では，これまでの心理学の領域で検討され

てきた動機づけ理論のいくつかを取り上げて述べていく。鹿毛（2004）によれば，動機づけにかかわる要素としてこれまで検討されてきたものは，認知，情動，欲求の3つに分類できる。これらの要素は互いに影響を及ぼしあいながら動機づけにかかわっている。これら3要素を同時に扱ったのがアトキンソン（Atkinson, 1964）の達成動機づけ理論である。認知的要素として，成功の見込み，失敗の見込みを，情動的要素として，成功したときの誇りの感情，失敗したときの恥の感情を，欲求的要素として達成欲求，失敗回避欲求を取り上げ，各ペアの前者の積によってあらわされる達成傾向と後者の積によってあらわされる失敗回避傾向の差の関数として達成行動が生じると考えている。ただし，このような3要素をすべて扱う理論は少なくなり，現在はどれか1つの要素に焦点を当てた理論が多くみられるようになっている。表6-7は動機づけ理論をどの要素に焦点を当てたものであるかに基づいた分類である。これらの3つのアプローチに含まれる理論を紹介してみよう。

認知論的アプローチは，環境や対象を意味づける存在として人間をとらえる立場であり，人が環境をどのように意味づけるかによって動機づけが左右されると考えている。まず，期待×価値理論の中のウィグフィールドとエックルズ（Wigfield & Eccles, 2000）の期待－価値モデルを紹介する（図6-9）。ここでは，課題遂行やその持続性，あるいは課題選択といった「達成に関する選択」は，「成功に関する期待」と「課題に関する主観的な価値」によって影響を受け，この成功期待や主観的価値は行為者自身がもつ自己スキーマや目標，ステレオタイプ，そして行為者に対する他者の態度や期待，また過去の達成経験に対する解釈などさまざまな変数によって影響を受けるというものである。また，目標理論

表6-7 動機づけ理論の分類

認知論的アプローチ
期待×価値理論*
　成功可能性に対する主観的認識と行動遂行にかかわる価値の積でとらえる立場
目標理論*
　達成しようとする目標に対する認識によってとらえる立場

情動論的アプローチ
フロー理論
　活動に従事している行為者の主観的体験としてのフローによって説明する理論
リバーサル理論
　ある状態から別の状態へ心理的体験が反転する現象から説明する理論

欲求的アプローチ
ERG理論
　欲求階層説を修正した理論で，生存欲求，関係欲求，成長欲求という観点で人間の欲求をとらえなおした理論
自己決定理論
　有能さへの欲求，関係性への欲求，自律性への欲求から説明する理論

*特定の理論を指しているのではなく，共通の要素をもつ理論の総称を指す。

ではエイムズとアーチャー (Ames & Archer, 1988) の理論とカーバーとシェイヤー (Carver & Scheier, 1998) の理論を紹介する。エイムズらは高い能力を示すことを目指すパフォーマンス目標と学習し自分のものにすることを目指すマスタリー目標に分類し，どのような目標を設定するかによって努力や失敗に対する考え方が異なることを示している。たとえば，パフォーマンス目標をもつ者は，努力して失敗することは能力のなさを示すことにつながるため，あまり努力しなくなるし，失敗は自分を不安に陥れるものと考えがちであり，マスタリー目標をもつ者は努力を惜しまず，失敗も学習の一部であると考えがちとなる。また，カーバーらの理論は，たとえば，尊敬される人間になるという目標を達成する手段として，職場の噂話には加わらないという下位目標が生まれ，その目標を達成するために自分の部屋のドアを閉めるといったより下位の目標が出てくるといったように，階層的な構造をもつものとして目標をとらえている。このように，高次の目標を達成するための下位目標を選択し，それを目指す行為の結果や過程がフィードバックされることで目標構造が変化する中で，動機づけが影響されると考えている。目標の階層構造がどのように構成されているのかをみればある程度動機づけの程度がわかると言い換えることもできよう。

情動論的アプローチは，行為者がどのような情動を感じるかによって動機づけは影響されると考える立場であり，簡単にいえば，うれしければ活動的に，落ち込めば消極的にな

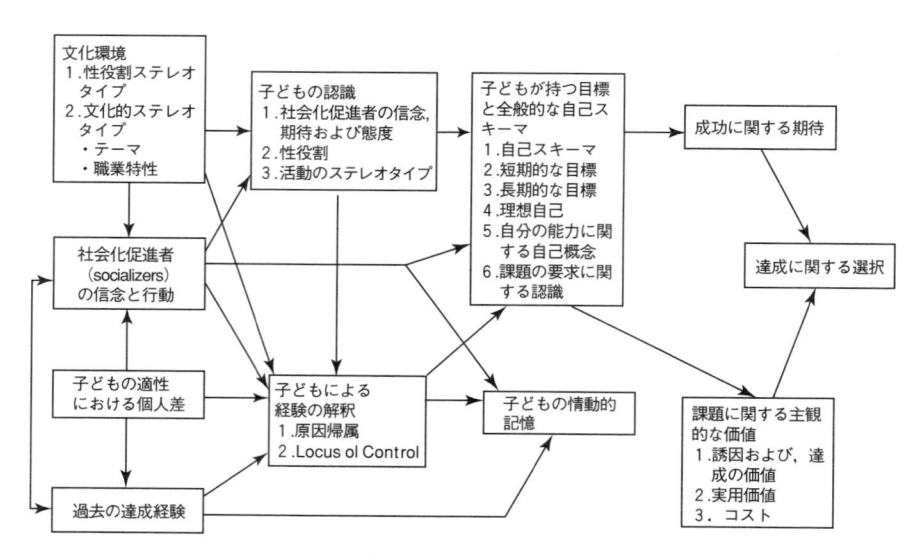

図 6-9 期待-価値モデル (Wigfield & Eccles, 2000)

ると考えるものである。その中で，フロー理論を紹介する（Nakamura & Csikszentmihalyi, 2002）。フローとは，時の経過や体の疲れなどを意識せず，すべてを忘れてその活動に完全に没頭しているという主観的な状態を指し，もともと内発的に動機づけられている状態における主観的体験の中で見いだされたものである。そこで，どのようにしてフローが生じるのかを考えるのがフロー理論である。このフローが生じる条件となるのが，知覚された挑戦のレベルと知覚された技能のレベルである。これらがともに高いレベルにある状態がフローである（図6-10）。つまり，非常に困難な課題に挑戦しており，かつ自分はそれに見合った技能をもっているという認識があるときにフローが体験できるのである。したがって，このどちらかが変化した場合，たとえば，取り組んでいる課題がさほど困難ではないと思うようになれば，統制感をもった状態からリラックス状態，ひいては退屈を感じるようになるし（図中の白の矢印），自分にはそれほどの技能はないと思ってしまうと，緊張するような覚醒状態になり，不安や心配を感じるようになってしまう（図中の黒の矢印）。このようにフローは一度経験すればそれが長く続くような安定したものでなく，それを経験し続けるためには，ハイレベルの課題の設定と自分の技能をもつことが必要となる。それを志向することが動機づけにつながるのである。

　欲求論的アプローチは，人のもつ欲求によって動機づけが規定されると考える立場である。このアプローチには，どのような欲求を想定するかによってさまざまな理論があり，4節で取り上げたマズローの欲求階層説やこれを再整理し分類の曖昧さを是正したERG理論もこのアプローチに含まれる。ここでは，自己決定理論（Deci & Ryan, 2002）を紹介

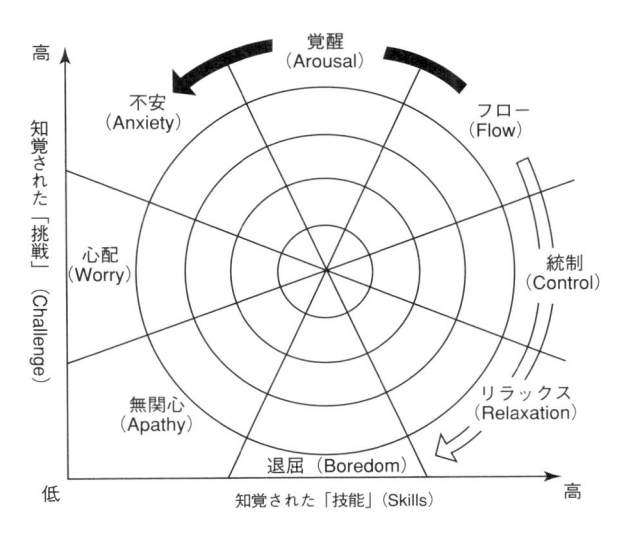

図6-10　フロー理論における8つの心理状態（Nakamura & Csikszentmihalyi, 2002より改変）

する。この理論では，有能さへの欲求，関係性への欲求，自律性への欲求の3つの欲求に焦点当てている。有能さへの欲求とは，コンピテンスや効力感を得ようとするもので，環境と効果的にかかわりながら学ぼうとする傾向を指し，関係性への欲求は他者や集団とかかわろうとする傾向を，自律性への欲求は自ら行動を起こそうとする傾向を指す。これらの欲求の満足は社会的文脈とのかかわりがあり，有能さへの欲求は行為者にとって意味のある情報が質量ともに満足いくレベルで提供される環境で，関係性への欲求は思いやりのある受容される環境で，自律性への欲求は行為者の意思が尊重されるような環境で満たされるものと考えている。これらの欲求は，このような環境の中でのみ満たすことが可能であり，満たすことが可能である環境にいる場合に人は積極的に課題に従事し，問題に対応するなど，高い動機づけを示す。そして，そのような活動に従事することによって社会的，認知的，人格的発達がうながされると考えるのが自己決定理論である。

第7章
学習と記憶

1節 ◆ 学習の定義と基礎過程

1——学習の定義

　はじめに学習とは何かを定義しよう。従来，学習についていろいろな定義が行なわれているが，ここでは，学習とは「経験による，行動の潜在力（potential）の比較的永続的な変容」である，と定義しよう。ただし，この定義も抽象的でばく然としているので，少し説明が必要である。まず，ここでいう「経験」には，学校で行なわれる授業のように意図的あるいは計画的なものだけでなく，テレビの娯楽番組や新聞の社会面などから知識を得る場合のように，無意図的で偶然によるものも含まれている。また，成熟による変更は含まれない。さらに「変容」という表現であるが，これには，よい習慣を身につけるという場合のように，いわゆる社会的に好ましい方向への行動の変容はもちろんであるが，それだけでなく，悪い癖がつくというような，好ましくない方向への変容も含まれるのである。

　さて，「行動の潜在力」についてはどう理解すればよいのだろうか。従来，特に行動主義のもとでは，学習の定義における変容の本体を単に「行動」としてきた。しかし，行動という目に見える動作や行為は，それらの基礎にある諸過程の結果として表出されたものにすぎない，と考えられる。学習研究の対象をそのような直接に観察可能な事象に限定するのではなく，むしろその基礎となる諸過程を問題にすることによってこそ，生活体における学習という現象の本質を十分にとらえることが可能となるであろう。また，行動は環境認知を伴うので，「行動の潜在力」は，より詳しくは「環境認知と行動の潜在力」とすべきところであるが，上述の定義はこれを簡潔に表現したものである。そのようなわけで本章では，従来の学習の定義における「行動の変容」という表現の代わりに，「行動の潜在力の変容」という表現をとることにする。

　では，行動の潜在力として具体的にどのような過程を考えればよいであろうか。それらは，大きくは生理学的水準のものと心理学的水準のものに分けられるであろうが，ここでは前者はさておき，われわれの関心は主として後者にある。すなわち，連合（刺激相互間，刺激－反応間），記憶内容，習慣，技能，認知，期待，意味，概念，知識，構え，態度，信念などを考えることができる。また，行動の潜在力と行動自体の関係はどのようなものであろうか。それは，行動を観察することによってその潜在力の状態を推測することができる，という関係にある。言い換えると，行動とその変化は，行動の潜在力の地位とその

変化を示す指標（index）としての役割を果たすのである。
　このように，学習とは行動の潜在力の変容である，と定義したが，ひとくちに学習といっても，その具体的な行動の潜在力に対応して，連合のように単純で基礎的なものから態度のように複雑で高次なものまで，さまざまな水準と種類がある。本節では基礎的なものとして2種類の学習を扱う。すなわち古典的条件づけとして知られる記号の学習と，道具的条件づけとして知られる動作・行為の学習である。これらはそれぞれ，刺激相互間および刺激−反応間の連合形成に対応すると考えられる。

2――信号の学習 ―パブロフの実験，古典的条件づけ―

　イヌにおける唾液分泌に関して1900年代の初期にロシアのパブロフ（Pavlov, I. P.）が行なった条件反射の実験はあまりにも有名である。この実験は，餌の到来をイヌに知らせる信号としての機能をメトロノームに付与する手続きとみなすことができる。その手続は，餌の提示（無条件刺激）の直前にメトロノームの音を聞かせる（条件刺激）という試行をくり返す，というものである。そうするとやがて，メトロノームの音を提示するするだけで（餌の提示を待たずに）唾液分泌（条件反射）が高い確率で引き起こされるようになる。この条件形成が成功するためには，まず，条件刺激として使用する刺激が動物にとって新奇なもの，すなわち注意を引くものでなければならない（言い換えると，いわゆる定位反射を引き起こすような刺激であること）。次に，条件刺激が無条件刺激にわずかながら先行することが必要である（古典的条件づけでは，このように条件刺激と無条件刺激を対にして提示することを強化という）。また，実験中は，条件刺激と干渉するような外乱は遮断しなければならない。さもないと，いわゆる外制止によって条件反射が抑制される。
　無条件刺激を提示せず条件刺激のみを提示するという試行をくり返すと，ついには条件反射が起こらなくなる。この手続きないし現象を消去という。消去は内制止によって起こるとされる。消去試行中に外乱が入ると，条件反射が一時的に回復するが，これは脱制止によるとされる。条件反射が消去した後，数時間の休憩を入れたあとで試行を再開すると，条件反射は回復している。この現象を自発回復といい，それは内制止が休憩中に消散することによって起こるとされている。
　古典的条件づけでは，この他，刺激般化，刺激分化条件づけなどの現象が知られている。刺激般化とは，はじめに使用された条件刺激と類似した刺激であれば，そのような刺激（般化刺激）にも同じ条件反射が引き起こされる現象のことをいう。ただし，その際，刺激間の類似度によって条件反射の程度が異なってくるが，これを般化勾配という。分化条件づけは，それとは反対に，2つの類似刺激のうち一方には条件づけを行ないつつ，他方には消去手続きを行なうことによって，動物に両者の区別を学習させる手続きをいう。

3――危険信号の学習 ―嫌悪条件づけ―

　前項では，餌という快をもたらす刺激の提示を前もって知らせる信号の学習を問題にし

た．生活体にとっては，そのような信号の学習よりも，身にせまる危険を知らせる信号の学習のほうが緊急性があり，生命維持の点からいっそう重要であろう．このような嫌悪刺激の襲来を予告する信号の学習は，嫌悪条件づけというテーマのもとに研究されてきた．

　ネズミに光あるいは音を条件刺激として提示し，引き続き無条件刺激として電気ショックを床のグリッドを通して動物の足に与える．この手続きをくり返すと，動物は光や音に対して条件反応としての情動反応（恐怖）を示すようになる．光や音が危険信号となったのである．この種の条件性情動反応の測定には，次に述べる道具的条件づけ事態での道具的反応の対する抑制の程度を指標とすることが多い．すなわち，あらかじめ習得している道具的反応を遂行させながら危険信号を提示し，遂行水準の低減の度合をみるのである．

　嫌悪条件づけには，餌による条件づけとは異なる特徴がいくつかみられる．1つは，条件づけに要する試行数が少ない（時には1試行学習さえみられる）こと，つまりすばやく形成されることである．もう1つは，容易に消去しないこと，つまり消去抵抗がきわめて大きいことである．これらの事実は，この種の条件反応が動物にとって生存価の高いことの表われであろう．

4 ── 動作・行為の学習 ─ソーンダイクの実験，道具的条件づけ─

　単純な動作・行為の基礎になっているのは刺激−反応の連合と考えられ，道具的条件づけの領域で研究されている．古典的条件づけには自律神経系の支配を受ける不随意反応（反射）がかかわっているのに対して，道具的条件づけには体性神経系の支配を受ける骨格筋反応がかかわっている．道具的条件づけに関する実験を初めて行なったのはアメリカのソーンダイク（Thorndike, E. L.）で，1900年ごろのことである．なかでも，ネコの問題箱を使った試行錯誤学習の実験が有名である．この実験では，まず空腹のネコを問題箱に入れる．箱の外には餌が置かれている．ネコは問題箱の掛け金をなんとかして開けなければ，この餌にありつけない．この問題場面では，解決に要する時間は試行とともに減少していくが，その減少の仕方は漸進的なものであった．この事実から，この種の問題解決は，洞察によるというよりも，一種の試行錯誤学習によるものとされた．

　その後スキナー（Skinner, B. F.）が，このような問題場面を単純化し，かつ自動化する努力を払うことになる．すなわち，ネズミあるいはハト用のいわゆる「スキナー箱」の製作につながるのである．それは，原理的には，動物がレバーを押す，あるいはキーをつつくといった動作・行為をすれば，即座に餌粒がもらえるようなしかけになっており，また反応も，逐次，自動的に記録されるしくみになっている．こうして彼は，行動分析学という新しい領域を開拓した．

5 ── 報酬の働き ─効果の法則─

　ソーンダイクは，ネコの問題箱を使った実験で得られた知見から，今では広く知られている「効果の法則」を導き出した．それは，ある動作・行為の遂行（あるいは抑制）の学

習にとって必須なのは，それらが動物にとって満足すべき（あるいは嫌悪すべき）結果をもたらすことだ，という考え方である。ただしこの考えは，じつは彼よりも40年ほど前にベイン（Bain, A.）によって提出され，その後，「スペンサー＝ベインの原理」とよばれるようになった考えと本質的には同じで，いずれも「快・苦の原理」に立っているのである。もっとも，ソーンダイクの場合は，厳密な実験結果に基づいて法則化した点，および学習の根底に刺激－反応結合を仮定している点が強味である。

　道具的条件づけの実験においては，適切な（それは実験者が決める）行動の遂行に対して報酬を与えることを強化という。道具的条件づけによる連合学習にとって強化は必須であるかどうかについては，議論のあるところである。トールマン（Tolman, E. C.）らの潜在学習の実験が示すように，強化は連合学習そのものよりも事態刺激と連合した反応の遂行にとって必要なだけだ，という考えがある。すなわち，それは，強化の機能を反応遂行の動機づけの側面だけに限定する説である。この立場では，連合学習が起こるには，刺激間の近接性（ガスリーの接近説）や課題場面の認知（トールマンの期待説）で十分とされる。

6 ── 本能と学習 ─学習への生物学的制約─

　学習は，本能あるいは無条件反射，および自発的活動の基礎の上に成立し，また進行する。たとえば古典的条件づけは，新奇刺激に対する無条件反射としての定位反射と，餌（あるいは嫌悪刺激）という無条件刺激に対する唾液分泌（忌避反応）という無条件反射を前提とする。また，道具的条件づけでは，オペラント水準としての自発的活動とその中から選択された特定の動作に対する快刺激（または嫌悪刺激）としての報酬（または罰）の提示を前提とする。要するに無条件刺激としての条件は，快または苦痛に導く刺激であることであるといえる。

　では，条件刺激となり得る条件というのはあるのだろうか。あるとすればそれは何だろうか。じつは最近まで，そのような条件については，特に注目されることはなかった。言い換えれば，どんな刺激も条件づけ可能性が同等であるという，刺激の「等位性（equipotentiality）」が信じられていた。しかし，学習という現象が，生活体が環境に適応していくための機能の1つであるとすれば，学習の容易さが刺激によって違わないという考えはむしろ不自然であるし，そこにはまた動物種間による違いがあっても当然であろう。種間の違いはさておいて，次に，「ガルシア効果」の名で知られる，刺激の等位性に対する反証実験の結果を紹介しよう。

　ガルシアとケリング（Garcia & Koelling, 1966）は，ネズミを使って，条件刺激としては味覚刺激または視・聴覚刺激を，無条件刺激としては，いずれも嫌悪刺激である，嘔吐を催す薬物または電気ショックを用いた回避学習の実験を行なった。この実験計画では，条件刺激として2通り，無条件刺激として2通り準備されたのであるから，それらの組み合わせにより $2 \times 2 = 4$ 個のグループができる。実験の結果をこれらのグループの成績に

ついて比較したところ，味覚刺激と薬物の組み合わせのグループと視・聴覚刺激と電気ショックの組み合わせのグループでは回避学習が成立したが，残る2つのグループでは学習が成立しなかった。すなわち，無条件刺激の性質によって条件刺激の有効性が異なる，言い換えれば，条件刺激の機能が制約を受けるのである。このような現象を，一般に「生物学的制約（biological constraints）」という。

2節 ◆ 学習の基礎に関する話題

1──信号の学習と生活 ─意味条件づけ─

　われわれの生活において信号が果たす役割は大きい。身近な例をあげると，交通信号がある。交通信号の意味を知らない幼い子どもは，それを大人から習う必要がある。また，社会生活では欠かせない言語も，じつは複雑高次な信号の体系なのである。以下では，その言語刺激の意味獲得の過程に関する基礎的研究を紹介しよう。

　前節で刺激般化について述べたが，そこで問題とされたのは刺激間の物理的特性における類似度による般化であった。古典的条件づけの領域では，パブロフ以後，人間について，刺激間の意味上の類似度による般化，すなわち意味般化の現象も報告されている。この種の現象は人間の高次の学習を考える上で興味深い。それは，物理的刺激だけでなく，言語刺激，しかもその意味に対しても条件づけが可能なことを示しているからである。

　旧ソ連で行なわれた子どもにおける意味般化の実験が，かつて在米ロシア人ラズラン（Razran, 1939）によって紹介された。条件刺激は単語，文章，数字，算数の加減算問題の音声による提示であり，無条件刺激は口の中に滴下される酢酸であった。原条件づけで単語（たとえば「よい」と「わるい」）を条件刺激とし，酢酸を無条件刺激として分化条件づけをした。すなわち，「よい」は強化されるが，「わるい」は強化されない。その後，その単語と意味内容が類似している文章刺激（たとえば「よい」に意味上類似する「カナリアは歌が上手だ」や「わるい」に類似する「生徒が先生をからかっている」）を含むいろいろな文章への般化テストをすると，条件刺激に類似した文章に対してはそれだけ多量の唾液分泌がみられた，つまり意味般化が示された。同様に，原条件づけで数字（たとえば「10」と「8」）を条件刺激とし，酢酸を無条件刺激として分化条件づけをした後，答えがその数字になる算数問題（たとえば答えが「10」になる「2＋8」や答えが「8」になる「6＋2」）を含むいろいろな問題への般化をテストすると，やはり意味般化が確認された。その後も，意味般化の現象を報告した文献がいくつかみられる。こうして，意味条件づけの事実が明らかになっている。

2──行動の学習と生活 ─行動形成─

　誰しも，初めから高度な課題をこなせなくても，まず容易な課題から始めて漸進的に目標に近づく，という手続きをふむならば，最終的には高度な課題をものにすることも可能

であろう。この考えに基づいて，スキナーは2羽のハトにピンポン球のラリーをさせることに成功したという。その際に適用した原理は，①練習の初期においては，反応が強化されるときの規準を甘く設定する，②それぞれの規準達成に対しては即時的に強化する，③目標に近づくにつれて強化の規準を厳しくしていく，というものであった。このような手きを行動形成（shaping）という。いわゆるプログラム学習はこのような原理に基づく学習手続きのソフトウェアであり，人間の技能訓練に応用されている。

3 ── 行動を制御するのは何か

　前節の5で，学習あるいは行動における強化の働きについてふれた。強化が連合学習そのものに必須であるのか，単に行動の動機づけに必要なだけであるのかについては問題が残るとしても，多くの場合，学習が行動を通して行なわれるとすれば，また，動物による適切行動の選択と遂行にとってそれが決定的な役割を果たすことが明らかである以上，強化（行動遂行に対する報酬または罰）について考察することはきわめて重要である。

　ソーンダイクは動物に満足あるいは不満足を与える結果をもたらす行動が，それぞれ選択あるいは排除されるとした。この「効果の法則」は，古来行なわれている「快・苦の原理」，すなわち，人は，究極的には，快を増大させ不快または苦を低減させるように行動する存在である，という見方に属する説の一種である。それはまた，もちろん，生物における個体や種の維持過程においても広く機能している原理である。

　それでは，どのような事象がそのような効果をもたらすのであろうか。考えられるのは，1つには，行動の遂行そのものに伴うものと，もう1つは，行動の遂行の結果から得られるものとである。快の効果における前者の例としては，「遊び」が思いだされる。また同じく後者の例では，仕事の結果に対する少なくとも期待通りの報酬（物的なものにしろ，称賛など言語的なものにしろ）がある。要するに，行動の制御において大切なことは，なされたことに対するフィードバックのあり方である。つまり行為の主体に返される，結果に関する情報の量と質である。なお注意すべきことは，それには，行為主体自身によって返される情報（自己強化という）も含まれるということである。

4 ── 学習と認知 ─複雑・高次な学習への橋渡し─

　動物の迷路学習事態において，彼らが学習するのは目標箱（餌がある）へ通じる迷路を走る際の一連の反応であるのか（反応学習説），それとも目標箱のある場所，つまりそれの空間における位置であるのか（場所学習説）は，容易に決めがたい。この問題をめぐって，かつて動物の学習研究者の間で議論されたことがある。さまざまに工夫された実験事態での研究の結果，場所学習説を支持する証拠もかなり出された。このような証拠に基づいて，場所学習説に立つトールマンは，動物においても，諸事物の抽象化された位置関係に対応する「認知地図（cognitive map）」が構成され得る，と結論した。トールマンらの研究は，その後の認知論興隆の先駆けの1つとなった。

5 ── 学習の転移と洞察学習 ─学習の構え，非特殊的転移─

上述したように，ソーンダイクは問題解決の基本過程は試行錯誤による学習であるとした。それに対して，高等動物では問題解決は洞察によっても可能であるばかりでなく，それこそが特に人間の特質だという意見がある。研究例としては，ケーラー（Köhler, W.）の「類人猿の智恵試験」がある。そこでは，高等動物にとって，問題場面はある時点で突如として知覚的に再体制化され（ゲシタルト心理学の用語），解決に導くとされた。その後ハーロウ（Harlow, H. F.）は，洞察は，見かけ上はそう見えるかもしれないが，じっさいには，実験室外における試行錯誤を通して得られた経験からの転移によるのではないかと，洞察説を批判した。

確かに，試行錯誤によって同種の問題を数多く解くという経験を積むと，それらの問題に対する構えができて，新しい同種の問題の解決を促進し，あたかも洞察によるかのような解決様式をみせることがある。そのことをハーロウはサルを使った実験で示している。

試行錯誤とは，通常，明白で観察可能な行動によるものをいうが，そうではなくて何らかの隠れた，観察不可能な活動によるものもあり得ると考えられる。もし両者の関係が明らかになれば，試行錯誤と洞察とを同じ平面上で論ずることもできるであろう。

3節 ◆ 記憶の働き

1 ── 記憶の過程

記憶は，経験した事象を覚え（記銘），それを覚えておき（保持），必要なときに思い出す（想起）という一連の過程としてとらえることができる。認知心理学においては，この記憶の過程をコンピュータの情報処理過程と類比させてモデル化することにより説明しようとしている。つまり，図7-1に示されているように，外界から入力された情報を，人間の記憶に適した形へ符号化し，それを貯蔵しておき，必要なときに検索して利用する，情報処理の過程としてとらえている。

2 ── 記憶システム ─保持の3つの相─

記憶は，保持時間に着目して，保持時間の短い短期記憶と半永久的に保持される長期記憶の2つに大きく分けてとらえることができる。このような考え方は，ジェームズ（James, 1890）までさかのぼることができる。ジェームズは，短期記憶と長期記憶をそれぞれ一次記憶と二次記憶とよんだが，その証拠となるデータはなかった。1950年代になり，

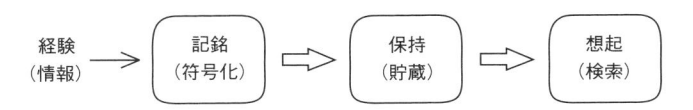

経験（情報） → 記銘（符号化） → 保持（貯蔵） → 想起（検索）

図7-1　記憶の過程（桐木，1995）

表7-1　3種類の記憶の特徴（桐木，1995）

	感覚記憶	短期記憶	長期記憶
保持時間	視覚情報：約1/4秒 聴覚情報：約1秒 （感覚様相によって異なる）	数秒～1分	数分～数年
容量	感覚器官が一度に受容できる情報のすべて	7±2チャンク	ほぼ無限
保持情報の性質	感覚情報をそのまま保持（前概念的）	おもに音韻的情報	おもに意味的情報
意識の状態	前意識的	意識化（活性状態） 心理的現在	無意識（非活性状態） 心理的過去
忘却	減衰・マスキング	置換	検索の失敗・抑圧・自然崩壊

人間を複雑な情報処理装置とみなす新しい枠組みが記憶研究にも取り入れられ，ようやく短期記憶と長期記憶という区分についての実験的証拠が示されるようになった。

図7-2に示されているモデルは，短期記憶と長期記憶に感覚記憶を加えた記憶システムを表わしている。入力された情報は，まず感覚記憶に入り，それから短期記憶となる。短期記憶においてリハーサルが行なわれ，長期記憶へと推移していく。長期記憶内の情報は，短期記憶へ戻されることで意識化され，想起されることになる。それぞれの特徴は表7-1にまとめられている。それでは，それぞれの記憶について述べてみよう。

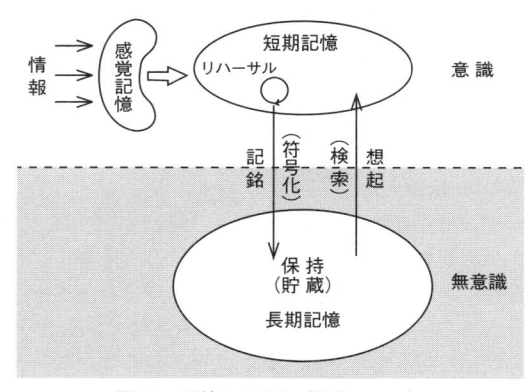

図7-2　記憶システム（桐木，1995）

(1) 感覚記憶

入力された情報は，まず感覚記憶に入る。この感覚記憶は，感覚モダリティに対応しており，視覚的に入力された情報は，視覚的感覚記憶（アイコンとよばれる）に保持される。感覚記憶における保持時間は表7-1にも示されているように非常に短く，入力情報を一時的に保持する役割を果たしていると考えられる。この感覚記憶に保持される情報は，感覚器官を通して入力されたそのままの情報である。そして，感覚記憶の情報に対して，注意

が向けられ，パターン認知されたものが，短期記憶へ送られると考えられている。したがって，感覚記憶内の情報は，その意味がまだ検出されていない，前概念的な情報といえる。

(2) 自由再生

短期記憶，長期記憶という2種類の記憶の要素の特徴や関連を明らかにした多くの実験は，自由再生法を用いたものであった。自由再生法は，記銘項目のリストを提示した後，項目の提示順序にかかわりなく自由な順序で再生を求める記憶実験法である。自由再生実験において記銘リストの提示直後に再生を求めると，一般に，図7-3に示されているような，系列の始めのほうと終わりのほうの再生率が高くなる系列位置曲線が得られる。系列の最初のほうの再生率の上昇は初頭効果とよばれ，系列の終わりのほうの再生率の上昇は新近性効果とよばれている。このような直後再生に対して，記銘項目のリストの提示終了後に逆算課題を課す遅延再生では，遅延が1分程度であっても新近性効果は消滅する。しかし，その他の部分の再生率は影響を受けない。

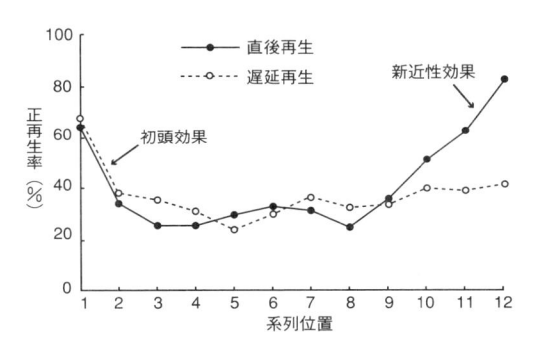

図7-3　自由再生における系列的位置曲線（桐木，1995）

このような結果について，新近性効果は，短期記憶からの再生を反映していると考えられてきた。つまり，記銘リストの提示終了直後は，系列の終わりのほうの記銘項目が短期記憶に保持されているため，短期記憶から再生することが可能であるが，記銘リストの提示終了後に逆算課題を行なうと，短期記憶から記銘項目が失われてしまい，その結果新近性効果が消滅するのである。これに対して，再生の遅延の影響を受けない部分，つまり初頭効果が現われている系列位置の始めの部分から中間部までの再生は，長期記憶を反映するものと説明されてきた。

(3) 短期記憶

短期記憶は，意識化された情報を保持する一時的な記憶である。その保持時間は非常に短く，容量が小さい。短期記憶の保持時間について，ピーターソンとピーターソン（Peterson & Peterson, 1959）は巧妙な実験から，その特徴を明らかにしている。ピーターソンとピーターソン（1959）の考案した実験パラダイムは，まず実験参加者に「ＨＸＭ」のような子音3文字で構成される記銘項目を提示する。そして次に「578」のような数字

を提示し，この数字から3ずつ引いていくという逆算課題を課す。実験参加者に，まず提示された数字を声に出して言ってから，3を引いた数字をできるだけ早く次々と言っていくことを求める課題である（"578"－"575"－"572"－"569"－"566"……）。その後，記銘項目の再生を求める。逆算課題を課す時間，つまり再生の遅延時間を変えて実験を行なった結果，図7-4に示されているように，18秒後には10%ほどしか再生できていない。つまり，短期記憶の情報は，急速に失われるのである。

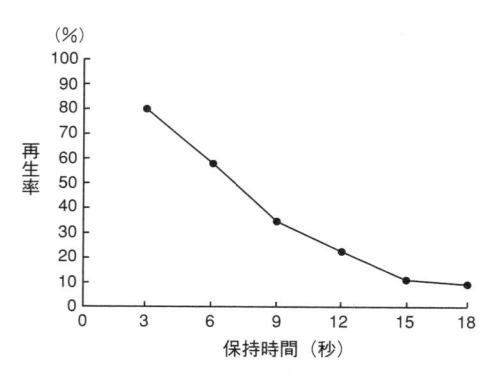

図7-4 短期記憶の保持期間（Peterson & Peterson, 1959）

　一方，短期記憶の容量の大きさは，メモリー・スパン・テストにより測定できる。このテストは，たとえばランダムな数字の系列（例：７５１３６８）を提示し，それをその通りの順序で口頭で答えてもらう。そしていくつまで数字を正確に再生できるかを調べるのである。このようなテストで覚えることのできる数字の個数は成人で5つから9つの範囲である。ミラー（Miller, 1956）は，この範囲を「不思議な数7±2」とよび，これが短期記憶の容量であると考えた。

　それでは，「149162536496481」は覚えられるであろうか。この系列は15桁，7±2をはるかに超えている。だから覚えることなどできない，答えは「否」である。この系列が「1から9までの数字を2乗した値を並べたもの」ということに気づけば，簡単に覚えることができる。つまり，7±2という容量は，数字の1文字を単位としているわけではなく，情報の意味のあるまとまりが単位となるのである。ミラーはこの意味のあるまとまりという単位を「チャンク」とよんだ。

(4) 作業記憶

　バッドリーとヒッチ（Baddeley & Hitch, 1974）は，この短期記憶を，単に情報を保持する機能だけでなく，保持している情報に対して何らかの処理を行なう機能ももつと考えている。そして，保持と作業の機能を総合して作業記憶とよんだ。

　作業記憶は，図7-5に示されているように，中央制御部，音声的ループ，視－空間スケッチパッドとよばれる少なくとも3つの要素から構成されている。

　このモデルの特徴は，その中心に位置する中央制御部である。この中央制御部は，注意の配分や処理資源の配分という制御機能と心的活動の実行をつかさどると想定されている。このモデルで，両端に位置する音声的ループと視－空間スケッチパッドは，短期記

憶に相当し，情報の一時的な保持機能を果たすサブシステムとして考えられている。音声的ループが，言語的情報をリハーサルにより一時的に貯蔵するのに対して，視－空間スケッチパッドは，言語化できない，視覚的，空間的な情報を，視覚的イメージにより一時的に貯蔵すると想定されている。

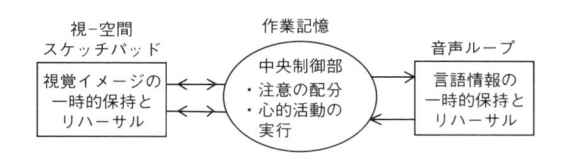

図7-5 作業記憶モデル（Baddeley, 1990を一部改変）

　たとえば「75＋8」と読み上げられたのを聞いて暗算することを考えてみよう。メモリー・スパン・テストでは，数字を覚えておくだけであるが，暗算に際しては，被加算数である「75」と加算数の「8」を覚えておくだけでなく，足すという処理をしなければならない。さらに，繰り上がりも覚えておかなければならない。このように，情報を保持しながら何らかの処理を加えるということを実行する役割を果たしているのが作業記憶である。作業記憶はいわば，心の中の作業台である。

(5) 長期記憶

　いわゆる「覚えている」ということは，長期記憶にあたる。長期記憶では情報はほぼ永久に保持され，容量も無限大であると考えられている。そして，短期記憶が活性化した状態であるのに対し，長期記憶は，非活性状態で貯蔵されており，ふだんは意識されていない。

　タルビング（Tulving, 1972）は，この長期記憶を，エピソード記憶（episodic memory）と，意味記憶（semantic memory）との2種類に区別することを提唱した。タルビング（1972）によれば，意味記憶は，「言語の使用に必要な記憶であり，単語やその他の言語的シンボル，その意味，その指示対象について，またそれらの間の関係について，さらにはそれらの操作に関する規則などについて，人が保有する知識を体制化した心的辞書である」(p.386)。すなわち，意味記憶とは知識の記憶であり，入力されたものの知覚可能な特性ではなく，その入力された信号の「認知的指示物」が登録されているのである。これに対してエピソード記憶は，「時間的に特定されるエピソードや事象，およびそのような諸事象間の時間的－空間的関係についての記憶」（p.385）であると定義されている。意味記憶は「知っている」という記憶，エピソード記憶は「覚えている」記憶ということになる。エピソード記憶は，いつ，どこで経験したかという時間と場所が記憶されているのに対して，意味記憶については，それをいつ，どこで覚えたかという情報はふつう記憶されていない。

　この意味記憶とエピソード記憶の区別に関しては，その後，実験変数が意味記憶とエピソード記憶に別々に影響するかどうかを明らかにすることにより，検証しようとする研究

が試みられ，多くの研究者の間に論争をよんだ。タルビング（Tulving, 1983）は，エピソード記憶と意味記憶を区別するため，表7-2のように諸特性をまとめている。この表7-2に示されているように，区分特性は，両記憶システムにおける，①扱われる情報の種類，②情報の操作（扱われ方），③応用の観点の3つのカテゴリーに分けて列挙されている。タルビング（1983）ではさらに，この2つの記憶システムの類似性や相互作用についても論じられている。

近年タルビング（Tulving, 1995）は，各記憶システムが系統発生的，個体発生的に階層的構造をなしているとする，記憶の階層的発達モデルを提唱している。タルビングによれ

表7-2　エピソード記憶と意味記憶の区分（Tulving, 1983）

区分特性	エピソード記憶	意味記憶
情報における相違点		
源	感覚	理解
単位	事象・エピソード	事実・観念・概念
体制化	時間的	概念的
指示	自己	万物（世界）
真実性	個人的信念	社会的一致
操作における相違点		
登録	経験的	象徴的
時間的符号化	有・直接的	無・間接的
感情	より重要	重要でない
推論能力	制限あり	豊富
文脈依存性	より顕著	顕著でない
被干渉性	大	小
アクセス	意図的	自動的
検索の質問	時間？　場所？	何？
検索の影響	システムの変化	システムは不変
検索のメカニズム	協働的	開示的
再現意識	記憶された過去	表出された知識
検索の報告	……を覚えている	……を知っている
発達の順序	遅い	早い
小児健忘症	影響あり	影響なし
応用における相違点		
教育	関連なし	関連あり
汎用性	小	大
人工知能	不明	優秀
人間の知能	関係なし	関係あり
実証的証拠	忘却	言語の分析
実験室的課題	特定のエピソード	一般的知識
法的証言	容認可・目撃者	容認不可・鑑定人
健忘症	影響あり	影響なし

ば，技能を支える手続き記憶を最も早く発生した記憶システムとし，知覚表象システム，意味記憶，一次記憶（短期記憶，作業記憶），そしてエピソード記憶の順に発生すると考えている。つまり，エピソード記憶と意味記憶については，意味記憶のほうが先に発達すると考えられている。

ところで，知識の記憶については，宣言的知識と手続き的知識とに分類することができる。宣言的知識とは，われわれの知っている事実からなり，手続き的知識とはわれわれがやり方を知っている技能からなる (Anderson, 1980)。宣言的知識は，たとえば「オーストラリアの首都はキャンベラである」といった，事実に関する知識である。宣言的知識のほとんどは言語的に記述することができる。これに対して，手続き的知識は，たとえば「自転車の乗り方」といった知識である。手続き的知識を言語的に記述することは困難であることが多い。自転車の乗り方について，特に倒れないようにするバランスの取り方や，左に曲がるときのハンドルのきり方を，実際に自転車に乗って見せることができる人は多いが，その人たちもそれをうまくことばで説明することはきわめてむずかしい。また，この手続き的知識については，そのやり方についての熟達の程度に違いがある。

4節 ◆ 記憶の改善 —覚えやすく，忘れにくくするために—

1——無意味綴りの記憶

記憶について初めて実験的な研究を行なったエビングハウス (Ebbinghaus, 1885) は，記憶を実験的に研究するために記銘材料を工夫し，無意味綴りを考案した。無意味綴りは，たとえば「SAJ」のような「子音＋母音＋子音」で構成される文字列である。エビングハウスは，記銘材料のもつ有意味度や，熟知度といった剰余変数を統制するためにこのような記銘材料を考案したのである。

エビングハウスは自らを被験者として，13項目の無意味綴りからなるリストを2回連続で完全に正答できるまでくり返し覚え，その所要時間を測定した。エビングハウスは，記憶術などは用いず丸暗記した。そして覚えてから19分から31日の時間間隔をおいて，再び覚えなおした（再学習）。この再学習に要した時間に基づき，保持の程度を節約率として求めた。実験の結果，エビングハウスは図7-6に示されているように，記銘してからの時間経過に伴い，保持量は急速に減少することを見いだした。記銘してから1時間後には44％しか覚えていない。そして，24

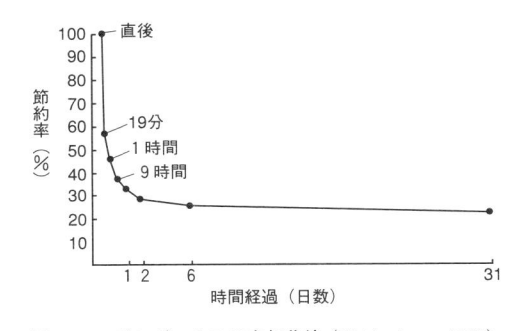

図7-6　エビングハウスの忘却曲線 (Ebbinghaus, 1885)

時間後では，66％は忘れてしまうというのである。このエビングハウスの忘却曲線は，長期記憶からの忘却についてその特徴の一面を示していると考えられる。

　この無意味綴りのリストをカタカナでつくると，たとえば次のようになる。それでは試しにこの無意味綴りのリストを覚えてみよう。

　　　セオニ，ブエニ，キウヌ，ホイヤ，カウユ，マイニ，
　　　ガアヨ，ロオル，クアネ，ラエゴ，メウド，ワエム

　このような材料を丸暗記するのは，非常に困難である。では，なぜ覚えにくいのだろうか。もちろんこれは，「無意味」だからである。

　意味がある単語は，その単語をすでに知っている。つまり，それは意味記憶に貯蔵されている単語であり，意味記憶を検索することによりその「意味」を理解できる。したがって，新しい情報だけを記憶するのではなく，新しい情報とすでに知っていることを関係づけながら記憶することになる。また，新しい情報それ自体も関係づけることができる。これに対して，無意味なものは，既有知識と関係づけることができないため，何もない「白紙」に書き込んでいくような記憶をしなければならない。そのために覚えにくいのである。

　覚えやすく，かつ忘れにくくするためには，与えられたものをそのまま記憶していくのではなく，既有知識との関係や新しい情報どうしの関係を見いだす，関連づけるなど，意味に基づく加工が必要なのである。このような，与えられたものに情報を付加し，加工していくことは精緻化とよばれている。たとえば，鎌倉幕府ができた年「1192年」は，「いい国つくろう鎌倉幕府」というように覚える。このいわゆる語呂合わせは，情報を有意味化することにより，覚えやすく，忘れにくくする工夫の1つである。エビングハウスの無意味綴りを材料とした記憶実験では，意味のない新しい情報だけを，既有知識とは関係づけず，断片的に記憶した結果として，急速な忘却が生じたわけである。

　クレイクとロックハート（Craik & Lockhart, 1972）は，意味についてどれほど十分な処理をするかという観点から，処理水準の深さという考え方を提唱している。つまり，処理レベルが深くなるほど記憶痕跡が強固になり，忘れにくくなるというのである。

2 ── リハーサル

　リハーサルとは，短期記憶中の情報を声に出して，あるいは頭の中でくり返し唱えることである。覚えようとすることを頭の中で何度もくり返すというこのリハーサルは，日常でもさまざまな場面で用いられている。アトキンソンとシフリン（Atkinson & Shiffrin, 1968）の二重貯蔵モデルでは，リハーサルにより情報を短期貯蔵庫にとどめておくことができ，長くとどめておけばそれだけ長期記憶へ情報を転送できる確率が高くなると考えられている。

　ランダス（Rundus, 1971）は，自由再生実験において，声に出してリハーサルを行なう

よう実験参加者に求めた。そして，それぞれの記銘項目に対するリハーサル回数と再生率とをプロットしたところ，図7-7に示されているような結果となった。再生率の初頭効果に対応するように，リスト初頭部においてリハーサル回数も多くなっている。ランダスは，このような一連の研究から，リハーサル回数が多いほど長期記憶として記憶される確率が高くなることを明らかにした。

ただし，リハーサルを多くすれば単純に再生成績がよくなるわけではない。リハーサルには異なるタイプがあることがクレイクとロックハート（Craik & Lockhart, 1972）により指摘されている。

クレイクとロックハート（1972）によれば，リハーサルには維持リハーサルと精緻化リハーサルの2種類がある。維持リハーサルは，情報をくり返し反復して唱える活動ではあるが，意識から消えないよう短期記憶に情報をとどめておくだけであり，長期記憶へ情報を転送する機能はもたない。リハーサルをやめると思い出すことが困難になる。これに対して精緻化リハーサルは，連想やイメージ化などを通した情報の反復活動であり，情報を長期記憶へ転送する機能をもつ。

クレイクとワトキンス（Craik & Watkins, 1973）は，維持リハーサルの役割について以下のような実験を行なっている。実験参加者には，ある特定の文字を指定しておき，その指定した文字が頭文字となる記銘リスト中の単語のうち，そのリストでいちばん最後に提示された単語を報告するよう求めた。1リストは21語で構成されていた。実験参加者は，指定された文字が頭文字である単語が出てきたら，次にその頭文字の単語が提示されるまでそれを覚えておかなければならない，つまりリハーサルをしていなければならない。こ

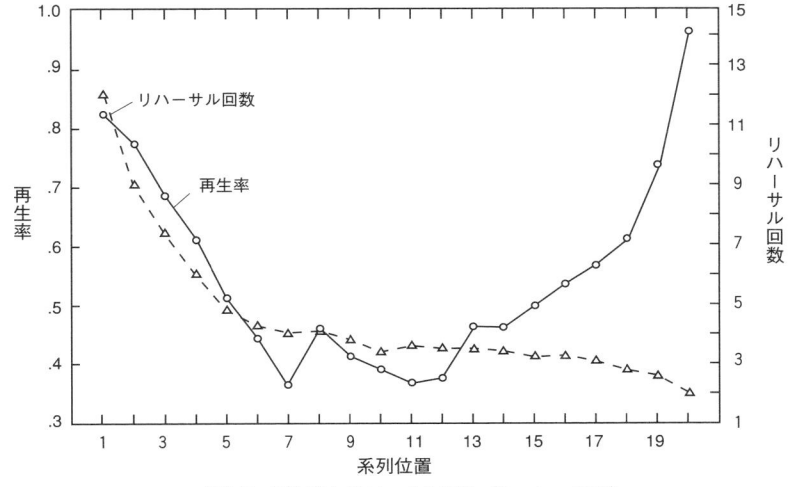

図7-7　再生率とリハーサル回数（Rundus, 1971）

の実験では，指定した頭文字の語が提示されるまでの間に挿入された単語の数をリハーサル回数と考えることができる。クレイクとワトキンスは，指定した頭文字で始まる単語と単語の間に挿入する単語数を変数として実験を行なったのである。実験参加者には27リストを提示して毎回指定した単語の報告を求めた。そして最後のリストの提示と単語の報告が終わった後に，実験参加者に予告していなかった，最終自由再生を課した。この最終自由再生では，各リストの提示後に報告を求めた単語だけでなく，指定した文字が頭文字となっていた語をすべて再生するよう求めた。最終自由再生の結果，リハーサル回数は再生成績に影響しないことが明らかとなった。このような結果は，長期記憶へ転送する機能をもたないリハーサルである，維持リハーサルの存在を明らかにするものである。

このように，維持リハーサルは再生成績には影響しないものの，再認成績の向上には効果をもつという実験結果も報告されている。ウッドワードら（Woodward et al., 1973）は，単語を1語，1秒間提示し0秒から12秒間のリハーサルの後，その単語を再生させるという試行をくり返し行なった。そしてすべての試行が終わった後に，予告していなかった最終テストを再生あるいは再認で行なった。この最終テストの結果，再生成績にはリハーサル時間の長さによる違いは認められなかった。これは前述の維持リハーサルの機能と一致する結果である。しかし，再認テストについては，リハーサル時間が長くなると成績がよくなっていた。この結果は，短期記憶にとどめておくだけの維持リハーサルによって，再認成績には反映されるような情報が長期記憶へ転送されたことを示している。

3 ── 記憶の文脈依存性

タルビングとトムソン（Tulving & Thomson, 1973）は，再認失敗パラダイムを用いて，手がかり再生と再認を比較する実験を行なった。再認失敗パラダイムでは，まず記銘項目とその記銘項目からは連想関係の弱い語を対にしたリストを提示し，実験参加者に学習させる。そして連想関係の弱い語を手がかりとして再生テストを行ない，後で手がかり再生テストされるという構えを形成させる。この構えの形成のための練習リストは2リストある。次に提示される3番目のリストが，実際の分析対象となる実験リストである。それまでの2リストと同じように，まず記銘項目（例：CHAIR）とそれとは連想関係の弱い語（例：glue）の対，24対のリストを記銘リストとして提示し，記銘させる。次に，記銘リストの記銘項目と連想関係の強い語（例：table）を提示して，自由連想を課した。実験参加者の連想語の中には平均すると記銘項目24語のうちの17.7語（74%）が含まれていた。この自由連想の後，実験参加者には自分が産出した連想語の中から記銘項目を選んで○をつけるよう求めた（再認テスト）。その結果，連想語として産出された平均17.7語のうち，平均4.2語が再認された。つまり正再認率は24%であった。最後に，記銘リストで用いた弱連想語を手がかりとして提示し，手がかり再生テストを行なった。この弱連想手がかり再生テストでの平均再生項目数は，15.2項目であった。すなわち正再生率は63%であった。一般に記憶テストの成績は再生よりも再認のほうがよいが，このタルビングとトムソンの

実験では逆に再認成績より再生成績のほうがよくなっている。この結果は，ある特定の手がかりが検索を促進することを示すものである。

このように，タルビングとトムソンは，手がかり再生のほうが，再認より成績が優れていたこと，そして再認は失敗したが再生はできる項目があることを示した。このような結果を説明するためには，記銘時の符号化と検索時の手がかりの関係に着目しなければならない。そこで，タルビングとトムソンは，「知覚された事象について行なわれる特定の符号化により，記憶貯蔵される内容が決定される。そして，この記憶貯蔵されたものは，その記憶へのアクセスにおける検索手がかりの有効性を決定する」（Tulving & Thomson, 1973, p.369）という符号化特定性原理を提唱した。つまり，検索手がかりの有効性は，記銘項目が入力時にどのように符号化されたかに依存するというのである。符号化や検索の文脈依存性を重視した理論である。

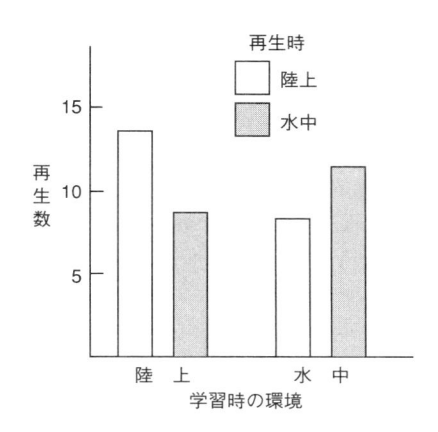

図7-8 環境的文脈の変化が再生成績に及ぼす効果（Godden & Baddeley, 1975）

記憶の文脈依存性について，ゴドンとバッドリー（Godden & Baddeley, 1975）は，次のような興味深い実験を行なっている。彼らは，水中もしくは陸上で記銘語のリストを学習させ，その後，記銘時と同じ環境か，異なる環境でリストの再生を求めた。実験結果は，図7-8に示されているように，記銘時と再生時の環境が同じである条件のほうが，異なる条件より再生成績がよいことが明らかになった。このような記憶の文脈依存性は，実際に記憶したことを使う環境下で，記憶しなければならないことを示唆している。たとえば，ダイバーが覚えておかなければならないことは，陸上のトレーニングで覚えるのではなく水中で覚えたほうが，実際のダイビング中に思い出しやすいことになる。

4 ── 体制化

長期記憶において情報はバラバラにではなく，相互の関係に基づき整理され，高度に構造化されていると考えられている。新たな情報をこの既存の構造に組み込むこと，あるいは新しい情報を取り込むことができる新たな構造を構成することを体制化という。それでは，体制化の特徴を示す代表的な実験を紹介してみよう。

バウスフィールド（Bousfield, 1953）は，4つのカテゴリーからそれぞれ15語を選び，60語から構成される記銘リストを用意し，自由再生実験を行なった。この60語はランダムな順序で実験参加者に提示した。ランダムに提示されたこれらの語の自由再生において，

実験参加者はカテゴリーごとにまとめて，再生する傾向があることが見いだされた。これはカテゴリー群化効果とよばれる現象である。このようないくつかのカテゴリーに属する語の再生成績は，バラバラな語で構成された記銘材料より再生成績自体もよくなる。体制化は，長期にわたって情報を貯蔵するための記憶構造の組織化といえる。

　一方タルビング（Tulving, 1962）は，相互に関連性のない単語16語のリストを記銘材料とした実験を行なっている。この実験では，同じリストを単語の提示順序を変えながら，くり返し提示し，毎回提示直後に自由再生を行なった。提示のくり返し数が多くなればもちろん再生数は増加していくが，興味深いのは，毎回の自由再生における単語の再生順序であった。単語の提示順序は毎回変わっているにもかかわらず，再生順序は回数を追うごとに固定してくるのである。この現象は主観的体制化とよばれる。このような結果は，記銘項目間に関連がなくとも，実験参加者自身が何らかの関連性をつけて記憶していくことを示している。つまり，記憶する際には，情報を体制化するほうがわれわれの記憶システムに適合するということである。

第8章
心の発達

　人間の誕生は，通常1個の精子と1個の卵子との出会いから始まる。その後，受精卵は母親の体内で細胞分裂をくり返し，それに伴って各器官が形成されていく。そして，ほぼ10か月後には，胎児は出産によって母親の胎内からこの世界に一歩を踏み出すことになる。さらに赤ちゃんは成長し，乳児期，幼児期，児童期，青年期，成人期，老年期を経て，死にいたる。このような人間の一生におけるさまざまな心の発達を研究する学問が，生涯発達心理学である。本章では，人間の心が生涯を通してどのように発達するかを概観し，そのような発達を説明する理論のいくつかを紹介する。

1節 ◆ 発達とは

1 ── 成長と発達

　一般的に乳幼児期から青年期にかけての身長や体重の増加などは，子どもの成長や発達とよばれ，成長と発達ということばが特に区別することなく用いられている。また同様に，以前にも増して子どもががまん強くなったり，他者に対して思いやりをもてるようになることも，子どもの成長・発達とよんでいる。はたして，本当に成長と発達はまったく同じ意味なのであろうか。

　発達は，ふつう時間経過に伴う心やからだの変化のことを意味している。したがって，発達が意味する内容は，人間のある性質や形態の，増加・増大，よりよい方向への変化だけでなく，成人期以降にみられるような身体的能力，記憶力などの低下といった変化をも含んでいる。すなわち，発達は人間の一生を通じての変化ということになる。

　また，成長は，生物の個体発生プロセスで成熟した状態へと進むときの変化，特に身体的，生理的量的変化を強調しているのに対して，発達は上記にも述べたように成熟した状態以降の変化も含み，さらに質的変化を強調している。

　厳密にいうと成長と発達は上記のような違いがあるが，一般的には成長と発達は同じような意味で使われている。発達心理学者は，人間のさまざまな諸機能がどのように発達し，その発達をうながしているのは何かに関して長年研究を重ねてきた。発達心理学が研究対象としてきた内容には，人間の身長・体重の変化といった身体面の変化や，運動機能，知覚，思考，記憶，言語といった知的機能，自己概念，対人関係といった社会性などがある。

　さて，上記のような人の心の発達はどのように起こるのだろうか。周知の通り赤ちゃん

は生まれてすぐに大人になるわけではなく，大人になるプロセスがそこには存在している。さらに，そのプロセスは一定の順序性や方向性をもっている。後述の発達段階とも関連するが，一般的に人の一生は乳児期（とりわけ生後1か月までを新生児期とよぶ），幼児期，児童期，青年期，成人期，老年期の各時期に分けられ，誰しもがその順序で生まれた後，一生を終える。また発達の方向性に関しては，たとえば頭部から尾部へ，中心から末梢へという発達原理が見いだされている。

発達プロセスに関しては他にもさまざまな見解があるが，ここでは次のようなとらえ方を紹介しておく。発達は連続的な変化の過程であるという考え方と，発達は質的に異なる非連続的ないくつかの段階，さらに各段階はそれぞれ異なる独自の構造からなるという考え方とである。たとえば，前者に属する考え方としては，行動主義的学習理論に基づく発達観がある。また，後者に属する典型的な発達理論はピアジェ（Piaget, J.）の認知発達理論やコールバーグ（Kohlberg, 1969）の道徳性発達理論である。なお，主要な発達の姿は2節以下で具体的に述べるつもりである。次項では，どのような原因で発達が起こるのかをみてみよう。

2 ── 遺伝と環境

人間の成長・発達は何が原因で起こるのであろうか。同じことであるが，成長や発達を左右する要因は何であろうか。このような発達をうながす原因や要因として，古くから遺伝（成熟）と環境（学習）が指摘され，どちらが重要かといった論争が長く続いた時代があった。

発達に影響する遺伝要因とは，人の遺伝子すなわちDNAに書き込まれた情報が発達に伴って発現することを意味している。また，生まれついてもっている性質が時間とともに発現する意味であるから，成熟とも関連する。たとえば，もし人の速く走る能力が遺伝的に決定されているなら，速く走る能力を伸ばそうといくら子どもの環境を整えてあげてもむだになるだろう。もしピアノを上手に弾くことのできる遺伝子が存在するなら，ピアノの有無や音楽的環境の豊かさ・貧しさとは関係なく，その遺伝子を受け継ぐだけで名ピアニストになることが可能だろう。

それとは反対に，環境要因による発達では，生まれた後の経験や学習，人をとりまいている環境が特に重視される。17世紀イギリスの哲学者ジョン・ロック（John Locke）は，人間は白紙の状態（タブラ・ラサ）で生まれ，その後の経験を通じてこの白紙にいろいろな事柄が書き込まれ，知識が蓄積されるようなものと考えた。このような考え方を発展させると，どのような遺伝子をもとうとも，後天的な経験，学習，環境によって人はどのようにでも変われるということになる。先ほどの例でいうと，速く走ったり，ピアノを上手に弾くためにはどんな人でもトレーニングや練習を重ねたり，周囲の人が運動や音楽に適した環境を整えてあげればよいということになる。

本項の最初でも述べたように，発達にとってこの遺伝と環境のどちらが重要かという論

争は非常な長きにわたって続いた。しかし，現在ではほとんどの心理学者が遺伝も環境もどちらも重要であると認めている。さらにいうと，現在では遺伝要因も環境要因もそれぞれが相互に影響し合っていると考えられている。両者とも重要といっても，遺伝的要因，DNAは容易に操作できるようなものではないのに対して，経験や学習，環境要因などは人間の手で容易に変更可能である。そこで，次項では特に乳幼児期にみられる環境の重要性に関してさらに考察を深めてみよう。

3──発達における環境の重要性

　動物の中には，生まれた直後は感覚器官や運動能力が未熟で動き回ることができず，親が一度に多数の子を出産するものと，生まれた直後にもかかわらず感覚器官や運動能力が成熟しており，親が一度に少数の子しか出産しないものがいる。前者のような性質を就巣性とよび，ネズミ，イヌなどの動物が該当する。後者のような性質は離巣性とよばれ，サル，ウマなどの動物が該当する。

　それでは，人間の場合はどうであろうか。人間の赤ちゃんは，感覚器官は成熟しているが，運動能力は未熟で，妊娠期間が長く一度に生まれる数も少ないといった，離巣性の特徴と就巣性の特徴を合わせもっているのである。そのため，人間の場合は二次的就巣性とよばれている。これは，人間の脳，特に大脳が他の動物に比べて大きいことが原因のようである。すなわち，運動能力が成熟するまで赤ちゃんが母体にとどまっていると，脳が大きくなりすぎ出産時に母体に非常に負担をかけることになるため，ある意味早産の状態で生まれてくるのである（生理的早産）。

　人間の脳，特に大脳は他の動物よりも発達しているがゆえに，上記の二次的就巣性や生理的早産などさまざまな人間独自の特徴が生じてくる。さらに，乳幼児期の脳の発達を詳細に検討していくと，たいへん興味深い事実が見いだされるのである。人間の脳細胞には，樹状突起と軸索をもつ神経細胞とグリア細胞の2種類がある。この樹状突起と軸索は他の神経細胞との間で神経ネットワークを形成している。グリア細胞は，神経細胞の成長を助けたり，軸索のまわりに髄鞘をつくっている（髄鞘化）。髄鞘は軸索の周囲に存在するいわば絶縁体で，もしこの絶縁体がなければ，ネットワークを駆けめぐる電気信号は混線し，人間は混乱してしまうだろう。したがって，神経ネットワークが発達するためには，樹状突起・軸索の発達や髄鞘化が非常に大切である。

　じつは，脳を形成している神経細胞とグリア細胞の生後の発達パターンは異なっている。脳の重量そのものは生後増加していくにもかかわらず，神経細胞そのものの数は生後増えることはなく，成人と同じである。この誕生後の脳重量の増加は，神経細胞数の増加によるものではなく樹状突起・軸索の発達や髄鞘化の進行によっている。もちろん，このことは脳の神経ネットワークの発達も意味している。したがって，生まれたばかりの赤ちゃんの脳は，樹状突起・軸索が未発達で髄鞘化はもちろん，神経ネットワークも十分形成されていないため，大人と同じような脳機能をもちえないのである。

しかし，出生時に樹状突起・軸索，髄鞘化，神経ネットワークが未発達であることは，逆にいうと，生後に出会うさまざまな刺激や経験によって脳がいかようにも発達し得るという可塑性をもっているということでもある。本項では，脳の発達という観点から環境の重要性について述べてきた。次項では，具体的な研究事例を紹介しながら，経験，学習，環境がどのように発達に影響するかを概観する。

4 ── 発達と学習

脳の発達と環境との関係を調べるためにダイアモンド（Diamond, 1988）は，ネズミを使った実験を行なっている。広いケージの中で遊び道具が用意され何匹かがいっしょに飼育されたグループ（豊かな環境）と，狭いケージの中で遊び道具もなく1匹だけで飼育されたグループ（貧しい環境）の大脳皮質の厚さ，重量，樹状突起の数などを比較した。その結果，豊かな環境で飼育されたネズミは，いずれの点でも貧しい環境で飼育されたグループを上回っていたのである。このような結果は，遊び回れる広さや道具のある環境，仲間がいる環境が脳の発達にとってきわめて重要であることを示唆しているといえるだろう。

また，「狼に育てられた子」のような野生児に関する研究（Singh, 1942）やローレンツ（Lorenz, 1983）が行なった動物研究からは，発達初期の経験の重要性が示された。たとえば，インドで発見され「狼に育てられた子」として有名になったカマラ（8歳程度）とアマラ（1歳半程度）と名づけられた2人の少女は，発見された当初，裸で，ことばを話さず，四つん這いで走り回っていた。また，夜になると遠吠えをし，食べ物も手を使って食べるなど，まるで狼のようで人間らしさが見られなかった。2人の少女は孤児院で育てられ，カマラはその後9年間生き，アマラはほぼ1年間で死亡した。その間2人の少女には二足歩行，テーブルマナーやことばなどが教えられたが，カマラの知能は死亡時に4歳児程度にしか発達しなかった。このような事実は，人間が人間になるために乳幼児期の経験がどれほど重要かを指摘するものといえよう

一方，比較行動学者であるローレンツは，鳥類の研究から，ヒナが孵化直後の特定の時期に目にした動くもの（自分と同じ種でなくても，人間でも，おもちゃでもよい）を母親だと思い込む現象，すなわち刷り込み（インプリンティング）を発見した。刷り込みは発達初期のきわめて短時間のうちに生じ，いったん成立すると消去不可能で，刷り込みされたものは求愛行動などの対象にもなるといった特徴をもっている。もちろん，人間にはこれほど短時間で明確な，しかも非可逆的な刷り込みは現われないが，この現象もまた「狼に育てられた子」と同じように発達初期の学習が非常に重要であることを示唆している。

さらに，「狼に育てられた子」のような野生児に関する研究は，レディネスというもう1つの問題を提起している。レディネスは，学習の準備状態という意味で，効果的な学習が行なわれるためにはその学習が行なえる準備状態になければならないということを表わしている。したがって，「狼に育てられた子」は，人間社会で生きていくために必要なこ

とばや生活習慣などを学習するためのレディネスを逃してしまったのではないかと考えられる。以上本項では，初期経験や初期学習が人間にとっていかに重要なものかを，過去の研究例から概観してきた。次節では，いよいよ乳児期から青年期にかけての発達に関して詳述する。

2節 ◆ 知情意の発達（乳幼児期〜青年期）

1──知的発達

　まずはじめに，知的発達に関する代表的理論であるピアジェ（Piaget, 1964）の認知発達理論を紹介する。ピアジェの認知発達理論における基本概念は，外界の事物を理解するための枠組みであるシェマ，外界からの情報にそのシェマを当てはめて理解したり情報を取り込む同化，そして新たな出来事や情報に適合するよう既有のシェマを変化させる調節である。たとえば，ゴムボールを握って遊んでいる子どもでは「握る」というシェマがゴムボールに適用されており（同化），卵を割らないようにつかむことに挑戦している子どもでは既有の「握る」というシェマが力加減を変えるなどして適用されている（調節）。このように子どもは，環境との能動的な相互作用を通して，同化と調節をくり返し，より高次の発達段階へと知的発達を遂げていくのである。

　ピアジェに従うと，認知発達は感覚運動期，前操作期，具体的操作期，形式的操作期という4つの発達段階に分けられる。感覚運動期は誕生からほぼ2歳ごろまでをいい，この時期は感覚や運動・活動を通して外界を認知する。特に，動作や行動のくり返しである循環反応がこの時期には認められる。たとえば，指を何度もくり返し口で吸うことなどがこれに該当する。ピアジェはまた対象の永続性に関する研究も行なっている。対象の永続性とは，事物が目の前から消えたり，なくなったように見えても，そのものがこの世界から本当に消えてしまうわけではないということについての理解を意味しており，ピアジェによると8か月ごろからこのような理解が進むといわれている。

　前操作期は，ほぼ2歳から7歳ごろまでをいい，この時期は特にイメージや言語などの象徴機能が発達する。象徴機能とは，ある事物を別のもの，すなわちことばやイメージなどで表わすことである。目の前にないものもこの機能により頭の中で思い浮かべることが可能となり，ままごとなどのごっこ遊びが盛んに行なわれるようになる。また，この時期のもう1つの特徴は非論理的な直観による思考（直観的思考）である。たとえば，ピアジェが行なった保存課題という実験は非常に有名なものである。まず前操作期の子どもに，同じ大きさ，同じ数で上下2列そろっているコインの並びを見せる。次に上列はそのままで，下列のみコインの間隔を広げ，子どもに「上列と下列のコインの数は同じか？」と質問をする。すると，子どもは見かけに惑わされて「上のほうが多い」とか「下のほうが多い」と答えるのである。保存とは，事物の数，重さ，体積などは見かけが変化しても，付け加えられたり，減らされない限り同じである，ということの認識である。この保存が成

立するのは次の段階である具体的操作期である。

　さらに，前操作期の思考は，自己中心性によって特徴づけられる。自己中心性は，自分中心のわがまま，自分勝手という意味ではなく，自分の視点と他者の視点が区別できないため他者の視点が理解できず，自分の視点から判断することである。ピアジェはこの自己中心性を3つ山課題を用いて研究している。3つ山課題は高さの異なる3つの山の模型を用意し，子ども自身が見ている光景と自分とは別の位置に座る人形や第三者が見る光景とを問うものである。前操作期の子どもでは，自分が見ている光景と別の位置にいる人形が見ている光景とは同じであると答えてしまう。この課題が解決可能になるのも具体的操作期である。

　続く7歳ごろから11歳ごろまでの具体的操作期では，上記で述べたように保存や他者の視点が理解可能となる。これは，具体的操作期の子どもが見かけなどの知覚的特徴に惑わされることなく，具体的事物に関しては論理的操作が可能になるためである。たとえば，元に戻せば同じといった可逆性が理解できるので，見かけに左右されなくなる。しかし，この時期の子どもは，眼前にある具体物に関して論理的な操作ができるだけで，具体物・実在のない抽象的思考は困難である。完全な抽象的論理的思考が可能となるのは，11歳ごろから始まる形式的操作期になってからである。

　これまで知的発達に関する主要な理論として，ピアジェの認知発達論を紹介してきた。次に，近年特に注目されるようになったヴィゴツキー（Vygotsky, 1934）による発達の最近接領域，内言および外言について詳述する。一般的に発達とは，量的増加や不可能だったことが可能になったことを指していることが多い。ヴィゴツキーは，子どもの知的発達には2つの水準があると指摘する。子どもが自分1人の力で問題を解決できる水準と，自分1人では解けないが教師や仲間などの第三者の力や援助を受けながらなら解決できる水準である。彼はこれら2つの水準間の差を発達の最近接領域とよんだ。第三者の力や援助を受けながら解決できる水準は，いわばその子どもの明日の発達の姿である。したがって，教育は発達の最近接領域を生み出し，その領域に効果的に働きかけるものでなければならないといえる。

　またヴィゴツキーは，知的発達における言語発達の重要性を指摘した。彼は，むずかしい問題を解くときに子どものひとりごと（自己中心語）が多くなることに着目し，そのようなひとりごとは自分の行動をコントロールするなど問題解決のための言語，思考のための言語であるとした。このひとりごとは，以前の問題解決においてみられた大人や仲間とのやりとりの内在化とも考えられる。そして，通常は発達に伴い，このひとりごとは発話されなくなり，自分の頭の中でのみ行なわれるようになる。発話されない思考のための言語は内言とよばれ，発話されるコミュニケーションのための言語，すなわち外言と区別される。発達初期は外言のみであるが，ほぼ5歳以降だんだんと外言と内言とに分化していくのである。

2 ──社会性と自己の発達

　二次的就巣性という特徴をもつ人間の赤ちゃんにとって，自分を養育し，保護してくれる大人の存在は生きるために必要不可欠のものである。その大人とのかかわりがスムーズに形成され，継続されるよう，赤ちゃんには生まれつき強力なしくみが備わっているようである。たとえば，われわれは赤ちゃんの笑い顔を見るとき，つい微笑んでしまうほどかわいいと感じる。この赤ちゃんの笑顔はいつごろから始まるのであろうか。生後まもなくの新生児でも寝ているときに微笑んでいる姿が観察される。このような微笑は自発的微笑（生理的微笑）とよばれ，おもしろいとか楽しいから笑っているわけではなく，あくまで生理的なものである。しかし，養育者にとっては，たとえそれが生理的なものであっても，赤ちゃんがかわいらしく，またいとおしく感じられ，それが養育者のさらなる赤ちゃんへの働きかけや精一杯の養育へとつながるのである。と同時に，自発的微笑は大人とのコミュニケーションのきっかけにもなるのである。そして，生後3か月を過ぎるころになると，特定の人に対して微笑するようになる（社会的微笑）。

　母親のことばかけなどの行動に対して子どもが声の調子，表情，からだの動きなどを同調させるエントレインメントという現象も，まだ1人では生きていくことのできない新生児が，養育者との関係を形成する大切なしくみである。特にエントレインメントのような母子相互作用には，母親と子どもとが役割を交代するといったコミュニケーションなどの社会的相互作用における基礎が含まれている。さらに，このような母子相互作用は次に述べる愛着の形成にとってもたいへん重要な意味をもっているのである。

　ほぼ生後6か月を過ぎたころの赤ちゃんは，母親などの特定の養育者が抱いても何ともない，むしろ喜んでいるのに，見知らぬ人が抱こうとすると火がついたように泣き始めてしまうことがある。生後3か月ごろには何ともなかったのに，この変わりようはいったいなんだろうと思うことがある。この現象は一般的に人見知りとよばれている。じつは，この人見知りは，ボウルビィ（Bowlby, 1980）がアタッチメント（愛着）とよんだ，ある特定の養育者との間で形成される情緒的絆の証拠なのである。ある特定の養育者との間でアタッチメントが形成されると，人見知り以外に，しがみつき，後追いなどの愛着行動がみられる。そして，子どもはその養育者を安全基地として，探索行動を開始し，自分の世界を広げていくのである。

　さて，ボウルビィが愛着による母子間の結びつきを強調する以前は，母親が子どもにミルクを与えて飢えを満たしてやることが母子間を結びつけているという考えがあった。そのような考えは，ハーロウ（Harlow, 1973）の行なった研究により修正を余儀なくされた。ハーロウは，生後間もない赤毛ザルの子どもを授乳のできる針金製代理母親と授乳できない布製代理母親のもとで飼育した。その結果，子どもはお腹が空いたときには針金製代理母親からミルクをもらったが，それ以外の時間は布製代理母親にしがみついて過ごしたのである。このことは，子ザルにとって，お腹を満たしてくれるミルクよりも安心感を与えてくれる接触の心地よさが重要であったことを示唆している。ハーロウの研究は，くしく

もマザリングとよばれる母親の愛撫や世話の重要性を証明することとなった。

ここで視点を少し変えて，エリクソン（Erikson, 1959）の心理社会的発達理論について述べることにする。というのもエリクソンは，別の意味で乳児期における養育者との基本的信頼感獲得の重要性を指摘しているからである。エリクソンは，自我発達を達成されるべき発達課題と失敗したときに陥る危機という観点から理論化した。その際，心理社会的ということばが表わしているように，文化的なものや社会的なものを重視している。

乳児期は，養育者が子どもの要求を適切に満たしたり，子どもに対して一貫した態度を示すことなどによって，養育者に対する信頼感が形成されていくのである。しかも，この信頼感は，養育者のみならず周囲のさまざまな人にも波及し，人間そのものや自分をとりまく世界に対する信頼ともなる。しかし，信頼感獲得はいつも成功するとは限らず，失敗することもあり，その際には不信感が生ずることとなる。エリクソンは，乳児期におけるこのような基本的信頼を達成されるべき発達課題，基本的不信を発達課題が達成できなかったとき陥る危機としている。発達課題はプラス面とマイナス面の両方を含んでおり，プラス面が優勢であればその課題は解決され，マイナス面が優勢になると後の発達に悪い影響があるとした。そして，エリクソンは人生を8つの段階に分け，それぞれに固有の発達課題を想定し，人間は一生発達し続けることを示した（表8-1）。

表8-1 個体発達分化の図式（鑪，1990）

		1	2	3	4	5	6	7	8
Ⅷ	老年期								統合性 対 絶望
Ⅶ	壮年期							世代性 対 自己陶酔	
Ⅵ	成人期						親密性 対 孤立		
Ⅴ	思春期 青年期					アイデンティティ 対 アイデンティティ拡散			
Ⅳ	学童期				勤勉性 対 劣等感				
Ⅲ	児童期			自発性 対 罪悪感					
Ⅱ	幼児期		自律性 対 恥・疑惑						
Ⅰ	乳児期	信頼感 対 不信感							

それでは最後に，性役割の発達に関して概観しよう。性役割とは，簡単にいうと，男らしさ，女らしさのことであるが，厳密にいうと社会から期待される性に応じた行動，態度，性格などの特徴を性役割期待，その性役割期待に関する子どもの認知を性役割認知，そしてその性役割認知に従って子どもが実際に行動することを性役割行動という。こういった性役割獲得のメカニズムを説明する理論には，次のようなものがある。まず，フロイト（Freud, S.）の精神分析理論によると，男児では自分の世話をしてくれたり，欲求を満たしてくれる母親が性愛の対象となる。さらに男児は母親を独占したいと考えるが，父親という強力なライバルが存在することに気づく。そして，もし自分の考えが父親に知られると，父親にペニスを切り取られるかもしれないという不安（去勢不安）が生じる。そこで，男児は母親の独占をあきらめ，父親と同じ行動や特徴を備えること（同一視）で母親の愛情を得ようとする。女児の場合は，去勢不安のかわりに母親からの愛情喪失不安により同一視が生じるとされる。

　次にバンデューラ（Bandura, 1971）の社会的学習理論では，同一視および条件づけを基礎とし，強化および観察学習によって性役割が獲得されると考える。すなわち，子どもはさまざまな大人の行動を観察し，模倣しようとする。その際，自己の性に適切な行動に対しては称賛や報酬といった正の強化が，不適切な行動に対しては叱責や罰といった負の強化が与えられる。このようにして子どもは正の強化が与えられる行動を学習し，負の強化が与えられる行動は回避するようになる。また，強化が与えられなくても，モデルの性役割行動を観察するだけで，それが獲得されることもある。

　認知発達理論の立場では，まず最初に自分は男である，女であるといった認知が形成され，それから自分は男（女）である，だから男（女）らしい行動をしたい，しなければならないと考えるようになる。その結果，同性の行動を観察し，模倣するなど自己の性に適切な行動を取り込んでいく。さらにこの理論を発展させたベム（Bem, 1993）のジェンダー・スキーマ理論では，人がさまざまなものを男性的・女性的なものに分類するとき用いる認知的枠組みがジェンダー・スキーマとよばれ，子どもの性役割獲得において，このジェンダー・スキーマが大きな役割を果たしていると考えられた。このスキーマは社会によって形成され，性に関する考え方を規定するともいわれる。

第9章
社会的行動

　われわれは家族や友人，学校，職場，地域社会など，さまざまな人間関係や集団の中で人間として成長していく。しかしそれらは，必ずしもわれわれによい影響を与えるだけでなく，時として悪い影響を与えるものにもなる。特に現代社会では，いじめや虐待，対立や抗争などのさまざまな社会問題を生み出している。こうした人とのかかわりの中で生じるさまざまな心の動きや行動を研究するのが社会心理学である。本章では，社会心理学のさまざまな知見について紹介しよう。

1節 ◆ 人とのかかわりの中につくられる「自分」

　「自分って何だろう？」。誰もが一度は考えたことがあるであろう。心理学においても，この問いは重要な課題として古くからさまざまな領域において，盛んに研究が行なわれてきた。「自分」を表わす心理学用語も，領域や立場の違いなどから，自己，自己概念，自我，自我同一性など，多数存在している。社会心理学においても，自己は他者とのかかわりに大きな影響を与えるもの，そもそも自己そのものが他者とのかかわりの中で形成され，変容していくものと考えられており，数多くの研究がなされている。

1——自己概念・自尊感情 ―自分のこと，どう思っていますか？―

　諸君は自分のことをどのように思っているであろうか。いきなり自己紹介してください，と言われてもなかなかうまく表現できないものである。しかし，ことばにはできなくても，「背が高くてどちらかというとスリム，顔はふつう。活発なほうだけど時々テンションが思いっきり下がるときがある」といった，自分自身についてのある程度まとまった知識やイメージをもっている。これを自己概念という。

　では，これらの自己概念について人はどのように評価しているであろうか。「もっと背が低いほうがよかったのに。スリムなのはいいことよね。顔はこんなものということで。活発なのもいいけど，テンションが下がるのをどうにかできないかな」。このような，自己概念についての自分なりの評価を自己評価という。

　「自分は何のために生きているんだろう？」。この問いもまた，青年期以降であれば誰もが一度は考えたことがあるであろう。マズロー（Maslow, A. H.）は欲求階層説（第6章4節参照）の中で人間の最も高次の欲求は自己実現欲求であると述べているが，この欲求は自分の存在価値を求める欲求にほかならない。この自分についての価値感情を自尊感情

とよぶ。遠藤（1992）は自尊感情を「自分が価値のある，尊敬されるべき，すぐれた人間であるという感情」，また「自己概念と結びついている自己の価値と能力の感覚－感情－」であると述べている。自尊感情は自己評価と密接な関係にあり，ほぼ同義ととらえられることが多いが，この両者の関係性を論じたモデルとしては図9-1に示す3通りのものがあ

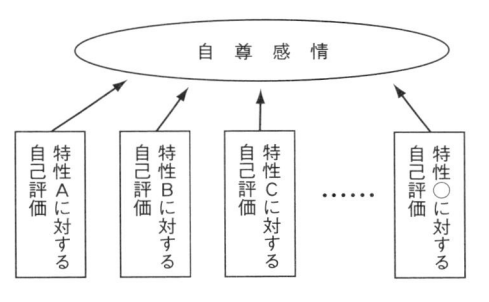

(1) 単純加算モデル (Shavelson et al., 1976)
各特性に対する評価の単純加算

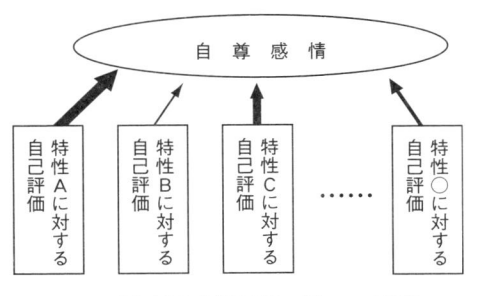

(2) 重みづけモデル (Harter, 1993)
各特性に対する個人の重要度によって自尊感情への影響度が異なる

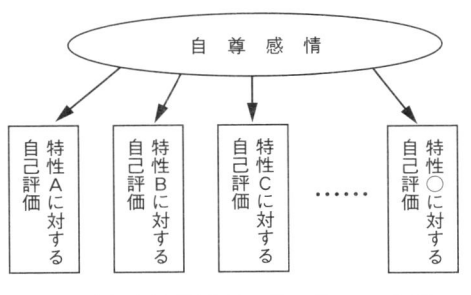

(3) 自尊感情先行モデル (Brown, 1993)
自尊感情に従って，各特性に対する自己評価が形成される

図9-1 自尊感情と自己評価の関係をあらわす3つのモデル（遠藤，1998より作成）

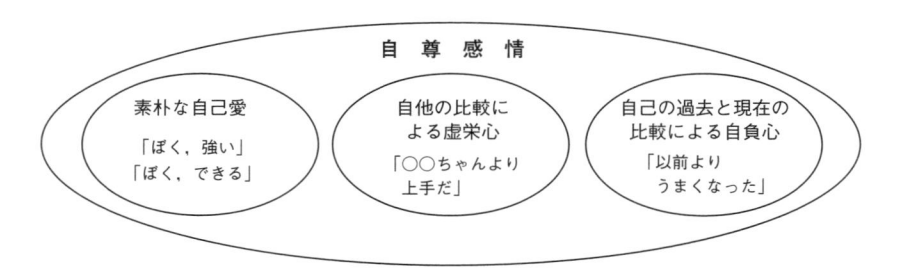

```
          自 尊 感 情
┌─────────────────────────────────────────┐
│  ┌─────────┐  ┌─────────┐  ┌─────────┐  │
│  │素朴な自己愛│  │自他の比較に│  │自己の過去と現在の│
│  │         │  │よる虚栄心 │  │比較による自負心│
│  │「ぼく,強い」│  │「○○ちゃんより│ │「以前より   │
│  │「ぼく,できる」│ │ 上手だ」  │  │うまくなった」│
│  └─────────┘  └─────────┘  └─────────┘  │
└─────────────────────────────────────────┘
```

図9-2　自尊感情の成分（蘭，1992より作成）

る（遠藤，1998）。

　また，蘭（1992）は自尊感情が図9-2のような3成分からなるとしており，なかでも「自他の比較による虚栄心」が大きな比重を占めると述べている。

2 ── 自尊感情の維持・高揚 ─ 自分の価値を高めるためのけなげな努力─

　先にも述べたように，われわれは少しでも成長したい，価値ある存在でいたいと願い，そのために日々さまざまな行動をとっている。ここでは，自尊感情を維持・高揚するための方法について概説しよう。

(1) 自己評価維持モデル

　先にあげた蘭が述べている通り，自尊感情にとって他者の存在はとても大きい。自他の比較をフェスティンガー（Festinger, 1954）は社会的比較とよんだ。この社会的比較によって，われわれが自尊感情（自己評価）をどのように維持，高揚させるかを理論化したのが，テッサー（Tesser, 1988）の自己評価維持（SEM）モデルである。彼によると，社会的比較には2つの正反対の過程がある。

①比較過程：自分と他者を対比させることで相手との違いが強調される。
②栄光浴過程：自分と他者を同類と思うことで相手との類似点が強調される。

　たとえば，友人がある賞をもらったとき，比較過程が働けば自己評価が下がり，悔しさが込みあげることになる。一方，栄光浴過程が働けば自己評価は上がり，自分のことのように喜びを分かち合うことが予測される。

　2つの過程のどちらが働くかを決める要因として，テッサーは以下の3つをあげている。

①比較する側面の自分にとっての重要度
②比較する相手との親密度
③比較する相手と自分の遂行結果

〈現在の状況〉			〈予想される結果〉		
遂行結果	領域の重要度		親密度	活性化する過程	
相手 > 自分 +	重　要	→	低	比　較	→
	重要でない	→	高	栄光浴	
親密度	領域の重要度		遂行結果	活性化する過程	
高 +	重　要	→	相手 < 自分	比　較	→
	重要でない	→	相手 > 自分	栄光浴	
親密度	遂行結果		領域の重要度	活性化する過程	
高 +	相手 < 自分	→	重　要	比　較	→
	相手 > 自分	→	重要でない	栄光浴	

→ 自己評価の維持

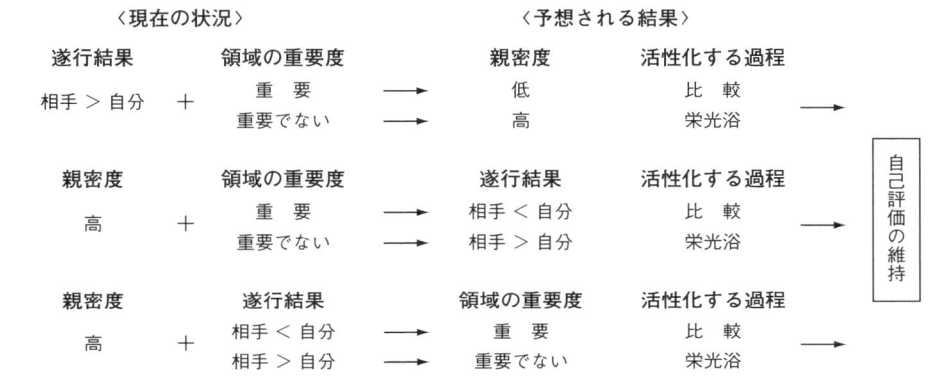

図9-3　自己評価維持モデルで考えられる3要因間の関係（Tesser, 1988より作成）

　これらの要因を組み合わせることによって、われわれは自己評価を維持している。その具体的な様相を図9-3に示す。
　磯崎と高橋（1988）は、小中学生に対する調査を通して、誰にも負けたくない科目（すなわち自分にとって重要な側面）では自分より劣っていると思っている人といっしょにいたいと考えているのに対して、負けても気にならない科目（すなわち自分にとって重要ではない側面）では自分より優れていると思っている人といっしょにいたいと考えていることを見いだし、SEMモデルの有効性を実証している。

(2) セルフ・ディスクレパンシー理論
　われわれが自分のことで思い悩み苦しむのは、現実の自分だけの問題ではなく、「こうありたい」自分や「こう期待されている」自分など、さまざまな「自分」のありようとのズレが生じるからだとするのが、ヒギンズ（Higgins, 1987）のセルフ・ディスクレパンシー理論である。それによると、われわれはどんな自分（自己領域）をどんな視点（自己への視点）でとらえたものかによって、6つの「自分」をもつとしている（図9-4）。これらのうち、現実自己に関する2つの「自分」が自己概念であり、その他の4つの「自分」は、その時々でどう考え、どう行動するかという判断基準（自己指針）となる。そして、自分に対する感情の種類は、どのタイプの自己指針とのズレから生じたものかによって異なるものとなる（遠藤、1998）。

(3) 原因帰属理論
　原因帰属とは、さまざまな出来事の生じた原因について、自分なりの判断を下すことである。ワイナー（Weiner, 1979）は成功・失敗の原因を、自分のせいか否か（内的－外的）、いつもそうか否か（安定－不安定）、自分でコントロールできるか否か（統制可能－不可

```
(1) さまざまな自己
┌─────────┐   ┌──────────────┐   ┌─────────────┐
│ 自己領域 │ × │ 自己への視点 │ = │ ①現実／自己 │
└─────────┘   └──────────────┘   └─────────────┘
 現実自己      自己                (自分でとらえた現実の自己)
 理想自己      重要な他者（母など） ②現実／他者
 当為自己                           （[母は私のことをこう理解している]という内容の
                                     自己理解）
                                   ③理想／自己
                                   （[私はこういう人でありたい]という内容の自己）
                                   ④理想／他者
                                   （[母はこういう人であってほしいと思っている]と
                                     いう内容の自己）
                                   ⑤当為／自己
                                   （[私はこういう人であるべきだ]という内容の自己）
                                   ⑥当為／他者
                                   （[私がこういう人であるべきだと、母は思っている]
                                     という内容の自己）
              ①②はいわゆる自己概念，③～⑥は自己指針
```

(2) ディスクレパンシー（ズレ）と感情

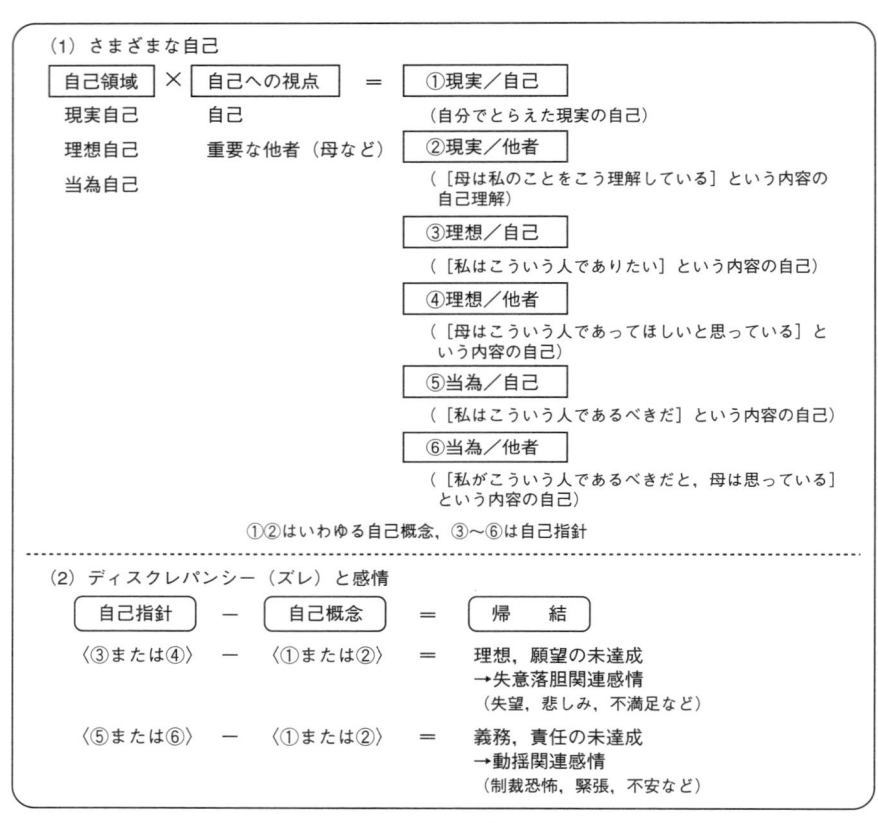

```
┌──────────┐   ┌──────────┐      ┌──────┐
│ 自己指針 │ - │ 自己概念 │  =   │ 帰 結 │
└──────────┘   └──────────┘      └──────┘
 〈③または④〉 - 〈①または②〉 =  理想，願望の未達成
                                  →失意落胆関連感情
                                    （失望，悲しみ，不満足など）

 〈⑤または⑥〉 - 〈①または②〉 =  義務，責任の未達成
                                  →動揺関連感情
                                    （制裁恐怖，緊張，不安など）
```

図9-4　セルフ・ディスクレパンシー理論の概要（遠藤，1998）

能）の3つの次元に分類している（表9-1）。

　出来事の原因をどのように帰属させるかは，その後の認知や行動に大きな影響を与えることが知られている。また，この帰属の仕方には個人に特有の一貫したものがあることもわかっており，現在では，ストレスや抑うつなどに有効な心理療法として発展している（帰属療法）。自尊感情の維持・高揚の観点では，一般に成功や肯定的な体験を内的で安定した原因に帰属できると自尊感情は高まり，失敗や否定的な体験を外的で一時的な原因に帰属できると自尊感情は低下しない。その他の自尊感情にかかわる知見を表9-2に示す。

　以上より，自己評価や自尊感情には他者の存在が大きくかかわっていることがわかる。しかし，他者からの評価や他者との比較に一喜一憂していては身がもたない。特に科学技術の進歩によって交通網や情報網が高度に発達した現代においては，社会的比較の対象も

表9-1 原因帰属の3次元とその具体例（Weiner, 1979より作成）

	内　的		外　的	
	安　定	不安定	安　定	不安定
統制不可能	能　力	気　分	課題の困難さ	運
統制可能	持続的な努力	一時的な努力	他者からの継続的な援助	他者からの一時的な援助

表9-2 自尊感情にかかわる原因帰属の知見

〈行為者-観察者バイアス〉
　自分の体験の原因は内的に，他者の体験の原因は外的に帰属しやすい

〈セルフ・サービングバイアス〉
　失敗した体験の原因は外的に，成功した体験の原因は内的に帰属しやすい

〈セルフ・ハンディキャッピング〉
　失敗する可能性が高い場合には，事前の努力を自ら放棄することにより，失敗した場合の能力への帰属を回避しようとする。そうしておけば，もし成功した場合には，努力しなかったにもかかわらず成功したことになり，能力への帰属を高めることにもなるため，一石二鳥と言える

〈割引原理・割増原理〉
　ある出来事の原因が原因A以外にも複数考えられる場合には，それ以外に考えられない場合よりも原因Aの可能性が低く見積もられる（割引原理）。一方，ある出来事が起こった場合に，原因B以外にもその出来事を抑制するはずの原因が存在するときには，その抑制原因が存在しないときよりも原因Bの可能性は高く見積もられる（割増原理）。セルフ・ハンディキャッピング下での成功体験は，能力に対する割増原理が生じることになる

グローバルである。そんな中で，自分より劣っている人々の存在もさることながら，自分よりはるかに優れた人々の存在が日々情報として入ってくる。このようなグローバル化した社会の中では，社会的比較に終始することは劣等感を助長する可能性が高い。周囲の人たちと張り合う中でナンバー1になることよりも，自分が本当はどうありたいかというオンリー1を目指すことこそが自尊感情を高める最良の方法といえるであろう。

2節 ◆ よりよい人間関係のための知識と技術

　われわれは人とのかかわりの中で生きている。一日の生活をふり返ってみたとき，まったく人とかかわらなかったという日はほとんどないのではないであろうか。たとえば1人暮らしで一日まったく外出しなかったとしても，電話をしたりメールをしたりしているとすれば，それは他者とのかかわりをもっているといえる。もっと広い意味では，テレビやビデオを見ているだけでも，そこに登場する人たちとかかわりをもっているということができる。本節では，他者とのかかわり（相互作用）の中で生まれるさまざまな心の動きに

ついて紹介しよう。

1 ── 対人認知 ─ この人どんな人だろう？─

人とのかかわりにおいて最初に起こる心の動きは，相手を見て，聞いて，感じること，すなわちその人を知ろうとすることである。この心の動きを対人認知とよぶ。対人認知とは文字通り人を認識することであるが，事物についての認知と違い，外見的特徴から相手の感情や考え，性格，能力などの内面をも推測する過程を含んでいるのが特徴である。また，認知される側も認知する側もともに刻々と変化しており，しかもそれらの変化は互いの影響を強く受けてもいる。われわれはその刻々と変化する対人認知に基づいて相手に対する行動を決めるのである。

(1) 対人認知の基本次元

では，人は他者をどのような観点からみているのであろうか。林（1978）は，他者をみる観点として図9-5に示すような3つの次元を見いだしている。また，この3次元は人々の間でほぼ共通したものであり，対人認知の個人差は各次元に対する重みづけの違いであると述べている（林，1979, 1982など）。

(2) 対人認知の過程

対人認知は図9-6に示す6つの過程を経て行なわれる（Schneider et al., 1979）。また，対人認知は内面の推測が中心となるものであるため，その過程には認知する側の心の動きが大きく反映される。その代表的なものを以下にあげる。

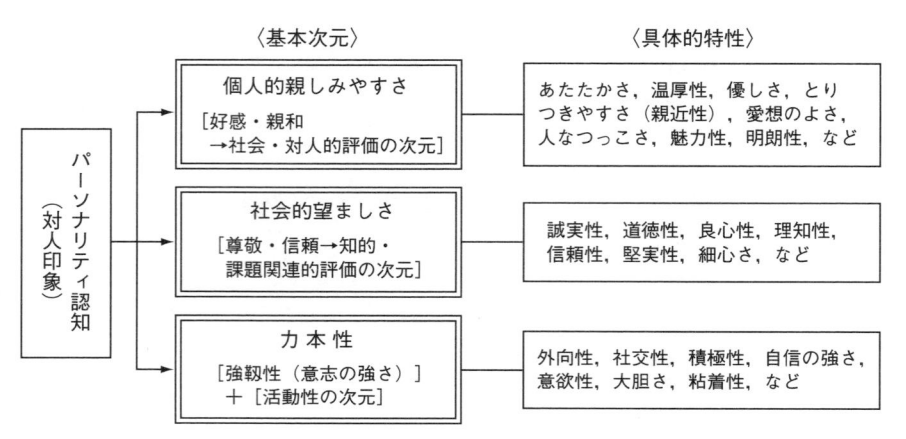

パーソナリティ認知（対人印象）	〈基本次元〉	〈具体的特性〉
	個人的親しみやすさ [好感・親和 →社会・対人的評価の次元]	あたたかさ，温厚性，優しさ，とりつきやすさ（親近性），愛想のよさ，人なつっこさ，魅力性，明朗性，など
	社会的望ましさ [尊敬・信頼→知的・課題関連的評価の次元]	誠実性，道徳性，良心性，理知性，信頼性，堅実性，細心さ，など
	力本性 [強靱性（意志の強さ）] ＋［活動性の次元］	外向性，社交性，積極性，自信の強さ，意欲性，大胆さ，粘着性，など

図9-5　パーソナリティ認知の基本次元（林，1978より作成）

1）帰属バイアス

1節で紹介したように，原因帰属はその後の認知や行動に大きな影響を与える。このことは対人認知においてもいえる。表9-3に，対人認知に影響を与えるさまざまな原因帰属の歪み（帰属バイアス）を列記する。

2）暗黙裡のパーソナリティ理論

われわれはさまざまな人々とのかかわりを通して，たとえば「有能な人は積極的だけれど攻撃的でもある」といった，パーソナリティ特性の間に一定の関連があるという自分なりの考え方を身につけている。この考え方はけっして理路整然としたものではなく，いざことばにしようとしてもなかなか出てくるものでもないことから，暗黙裡のパーソナリティ理論とよばれている（Bruner & Tagiuri, 1954）。初対面の人に対する速写判断ができるのは，これによるところが大きい。先に述べた対人認知の基本3次元は，人々に共通した

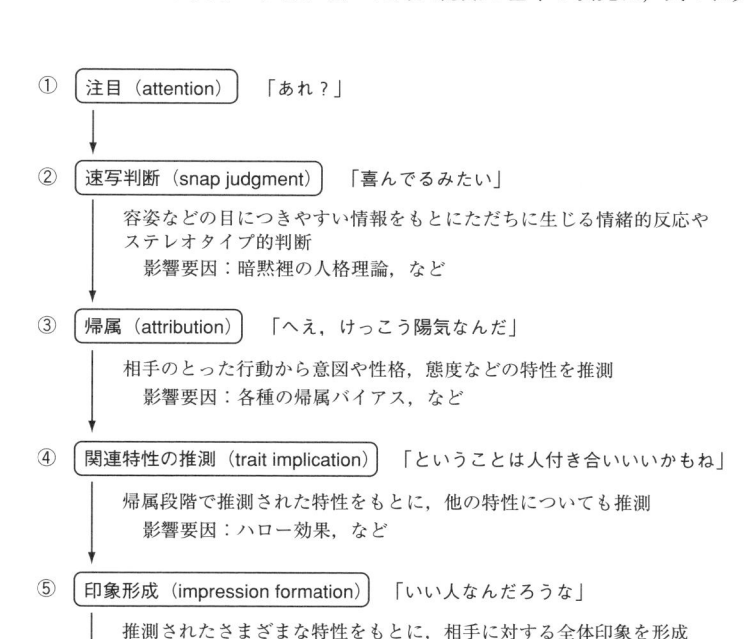

① 注目（attention）　「あれ？」

② 速写判断（snap judgment）　「喜んでるみたい」
　　容姿などの目につきやすい情報をもとにただちに生じる情緒的反応や
　　ステレオタイプ的判断
　　　影響要因：暗黙裡の人格理論，など

③ 帰属（attribution）　「へえ，けっこう陽気なんだ」
　　相手のとった行動から意図や性格，態度などの特性を推測
　　　影響要因：各種の帰属バイアス，など

④ 関連特性の推測（trait implication）　「ということは人付き合いいいかもね」
　　帰属段階で推測された特性をもとに，他の特性についても推測
　　　影響要因：ハロー効果，など

⑤ 印象形成（impression formation）　「いい人なんだろうな」
　　推測されたさまざまな特性をもとに，相手に対する全体印象を形成
　　　影響要因：中心特性と周辺特性，など

⑥ 将来の行動の予測（prediction of future behavior）　「いい関係つくれそう」
　　　影響要因：期待効果，など

図9-6　対人認知の過程（Schneider et al., 1979より作成）

表9-3 各種の帰属バイアス（池上，1998）

根本的帰属の過誤（過度の内的帰属）
【事例】ある政治的立場を支持する文章を読んだ人は，それが強制されて書かれたものであると知っていても，そこに書き手の真の態度がかなり反映されていると推測する。

行為者-観察者バイアス
【事例】他人が人を見間違えると，見間違えた人が不注意だと考えるが，自分が見間違えたときは，相手があまりに似ていたからだと考える。

セルフ・サービング・バイアス
【事例】テニスのダブルスの試合で，勝ったときは自分が上手だったからだと考え，負けるとパートナーが下手だったからだと考える。

コントロール幻想
【事例】宝くじは，他人に選んで買ってもらうより，自分で選んで買った方がよく当たるように感じる。

過度の責任帰属
【事例】事故や事件が起こったとき，何の罪もない被害者にも落ち度があったように考える。

暗黙裡のパーソナリティ理論ということもできる。

3）ステレオタイプ

「〇〇は……だ」という形に象徴される，単純で割りきった認知の仕方をステレオタイプという。その典型が血液型と性格の関連についてのしろうと理論である。また，暗黙裡のパーソナリティ理論もステレオタイプの一種とみなすことができる。ステレオタイプは刻一刻変化する多種多様な情報を効率的に処理するためにはある程度必要なものともいえるが，特に否定的な特性に関するステレオタイプは偏見となり，差別やいじめ，虐待などの否定的な対人行動を助長しやすい。

4）期待効果

他者についてある期待（認知）を抱くと，本来そのような人でなかった人でも，その期待に沿った行動をしたり，特性をもったりするようになることが知られている。これを期待効果，またギリシャ神話にちなんでピグマリオン効果とよんでいる。この効果はもともと教育現場における教師と生徒の人間関係の中で研究されてきたものであるが（Brophy & Good, 1974 など），他のさまざまな人間関係においても生じている。期待効果は，図9-7のような過程を通して実現される。

2 ── 自己呈示と自己開示 ─私はこんな人間です！─

人とかかわりをもとうとするとき，こちらが相手をみると同時に，相手もこちらをみている。そのとき，自分をどのようにみてほしいかは，相手や状況などによって変化する。

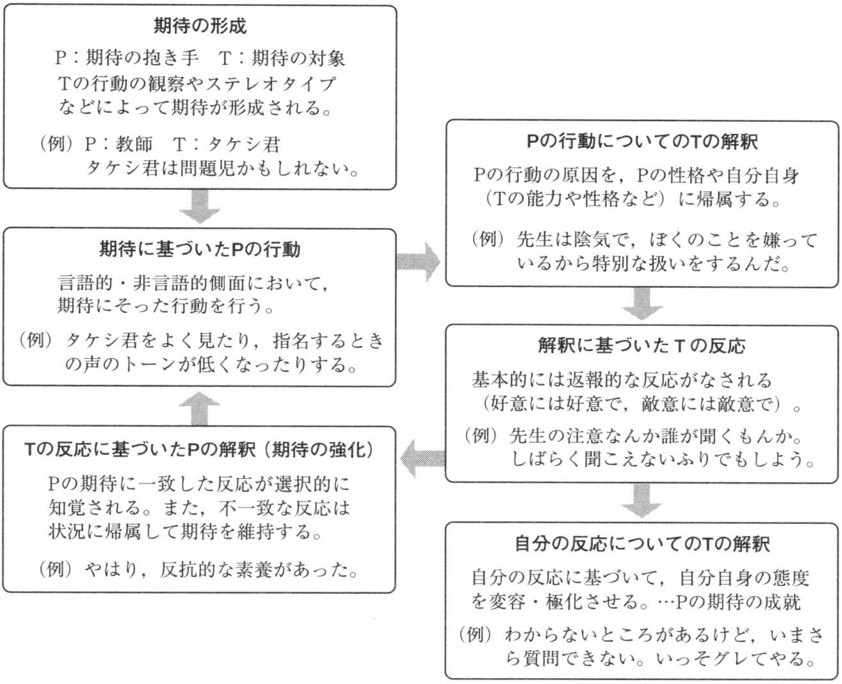

期待効果の生起過程

期待の形成
P：期待の抱き手　T：期待の対象
Tの行動の観察やステレオタイプなどによって期待が形成される。
（例）P：教師　T：タケシ君
　　タケシ君は問題児かもしれない。

期待に基づいたPの行動
言語的・非言語的側面において，期待にそった行動を行う。
（例）タケシ君をよく見たり，指名するときの声のトーンが低くなったりする。

Pの行動についてのTの解釈
Pの行動の原因を，Pの性格や自分自身（Tの能力や性格など）に帰属する。
（例）先生は陰気で，ぼくのことを嫌っているから特別な扱いをするんだ。

解釈に基づいたTの反応
基本的には返報的な反応がなされる（好意には好意で，敵意には敵意で）。
（例）先生の注意なんか誰が聞くもんか。しばらく聞こえないふりでもしよう。

Tの反応に基づいたPの解釈（期待の強化）
Pの期待に一致した反応が選択的に知覚される。また，不一致な反応は状況に帰属して期待を維持する。
（例）やはり，反抗的な素養があった。

自分の反応についてのTの解釈
自分の反応に基づいて，自分自身の態度を変容・極化させる。…Pの期待の成就
（例）わからないところがあるけど，いまさら質問できない。いっそグレてやる。

図9-7　期待効果の生起過程（大坪，1994）

たとえば，自分を好意的にみてほしいと思うときもあれば，怖い存在としてみてほしいときもある。また，本当の自分をわかってほしいと一生懸命になるときもあるであろう。このように，われわれが他者とかかわるときには，大なり小なり自分をどうみてほしいかということを意識してふるまっている。これを印象管理といい，印象管理のために本当の自分とは異なるつくられた「自分」を示すことを自己呈示とよんでいる。まさに「仮面」といえる。自己呈示には，表9-4に示すようなものがある。

一方，印象管理のためではなく，純粋に本当の「自分」を伝えることを自己開示とよび，自己呈示とは区別している。自己開示には以下のような効果があるとされている。

- ・抑圧された感情や欲求の解放
- ・自己洞察　　　　　　　　　　　　　⇒ 臨床的効用
- ・相互理解と関係の親密化　　　　　　⇒ 社会的効用

また，自己開示にはある深さの内面を開示されるとそれに応じた内面を開示するという，自己開示の返報性があるとされている。この返報性により相互理解が深まっていくのであ

表9-4　自己呈示方略（Jones & Pittman, 1982；宗方，1996）

自己呈示の方略	意図された印象	呈示に失敗したときの印象	相手に喚起される感情	典型的な行為
1．取り入り	・好ましい	・おべっか者 ・同調者 ・こびへつらう	・情愛	・自分を特徴づける ・相手の意見に同調する ・相手をほめる ・相手に恩恵を与える
2．威嚇	・危険な ・無慈悲な ・気まぐれな	・荒れ狂った ・中身のからっぽな ・むだな	・恐怖	・脅す ・怒る ・ものを破損する
3．売り込み	・有能な ・有力な ・勝利者	・だましている ・思い上がった ・防衛的な	・尊敬 ・畏怖 ・敬意	・業績を主張する ・業績を報告する ・実演してみせる
4．模範	・立派な ・苦労人 ・献身的な	・偽善者 ・殊勝ぶる ・人を食い物にする	・罪悪感 ・恥 ・張り合い	・克己する ・援助する ・闘志を燃やす
5．哀願	・無力な ・ハンディのある ・不幸な	・汚点のある ・怠慢な ・自分本位の	・保護したい ・義務感	・自分を卑下する ・援助を哀願する

る。しかし，つねに返報性が起こるわけではなく，図9-8のように，一般には両者の関係の進展にしたがって，開示の返報の仕方が異なっていく。この図から，関係がいよいよ深まろうとする中期において，自己の内面を活発に開示しあうことがわかる。

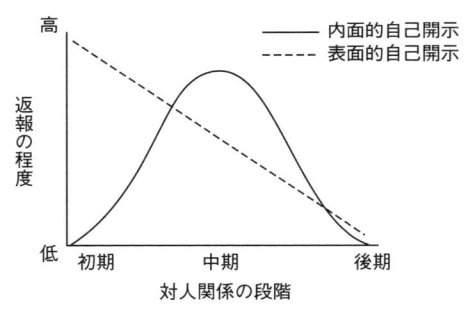

図9-8　対人関係の進展と自己開示の返報性の関連
（Altman, 1973）

3――対人行動
――けんかをしたり，助けたり――

相手がどんな人かがわかると，いよいよその人に対して行動を起こすことになる。他者に向けられる行動を総称して対人行動という。対人行動はさまざまに分類されているが，その代表的な分類は，援助行動と攻撃行動への大別である。

・援助行動：他者に何らかの利益を与えようとして意図的に行なわれる行動
　　　　例）愛他行動，向社会的行動，ボランティア行動など
・攻撃行動：他者に何らかの危害を与えようとして意図的に行なわれる行動
　　　　例）けんか，いじめ，虐待，レイプ，差別，戦争など

自分の命を投げ出してでも他者を救おうとする人もいれば，他者に害を与えることに喜びを感じる人もいる。さらに興味深いのは，それらが同一人物においてさえ起こり得るのである。なぜ，このようなことが起こるのであろうか。

(1) 対人行動の規定因

援助行動と攻撃行動の解説を行なう前に，対人行動に共通する規定因の枠組みを紹介しておく（図9-9）。この枠組みを念頭に置けば，多様で複雑な対人行動の影響要因の整理が容易になる。

①行為者：行為者はどんな人か（パーソナリティ特性や能力，態度，感情や欲求，人口統計的変数など）
②被行為者：対人行動の受け手はどんな人か（具体的には行為者同様の要因）

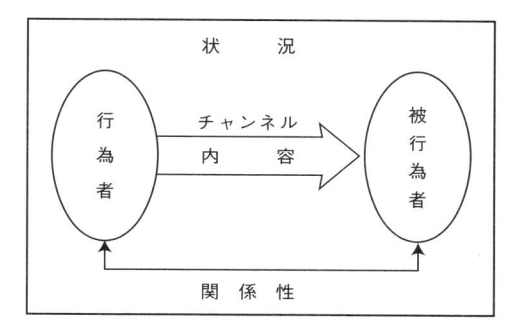

図9-9 対人行動の規定因の枠組み

③関係性：行為者と被行為者はどんな関係か（親密度や勢力・地位関係など）
④内容：どのような行動やメッセージが与えられるか（援助か攻撃か，また，そのより具体的な内容など）
⑤チャンネル：どのような方法・媒体を通して与えられるか（対面，メール，電話など）
⑥状況：どのような状況で対人行動が行なわれるのか（公式性，緊急性，他者存在の有無など）

(2) 援助行動

援助行動についての研究は，1964年にアメリカで起こったキティ・ジェノヴィーズ事件に端を発する。多くの人が事件に気づいていながら，被害者は誰の助けも得られないまま暴漢に殺害されたこの事件は大きな反響を呼び，「なぜ援助をしないのか？」という後ろ向きの疑問から，援助行動の研究が始まったのである。

1) 援助行動の意思決定過程

援助行動が実行に移されるまでには，図9-10のような過程を経なければならない（Baron & Byrne, 1987; Taylor et al., 1994）。特にこの過程で重要なのが，「自己責任の確認」の段階である。自己責任の大きさは，援助行動の最初の研究者であるラタネとダーリー（Latané & Darley, 1968）が傍観者効果を報告して以来，責任の分散という語で援助行動の最も有力な規定因とされている。

このようにみると、援助行動が実際に行なわれるまでには数多くのハードルを越えなければならないことがわかる。

2）援助要請の生起過程モデル

1990年前後より、援助行動そのものではなく、いかに援助を求めるかという援助要請の研究に焦点が当てられるようになった。図9-11は、相川（1989）による援助要請の生起過程モデルである。これらの研究は、後述する社会的スキルの研究につながっていった。

① 援助事態の認知 ──イイエ→ 援助行動の中止
あれ、困ってるのかな？

② 自己責任の確認 ──イイエ→ 援助行動の中止
私のほかに助けてあげられそうな人はいないの？

③ コストと報酬の査定 ──イイエ→ 援助行動の中止
私もバイト帰りで疲れてるんだけど…

④ 援助方法の確認 ──イイエ→ 援助行動の中止
どうしたら助けてあげられるかな？

⑤ 援助行動の意思決定 ──イイエ→ 援助行動の中止
本当に助けてあげる？

援助行動の実行

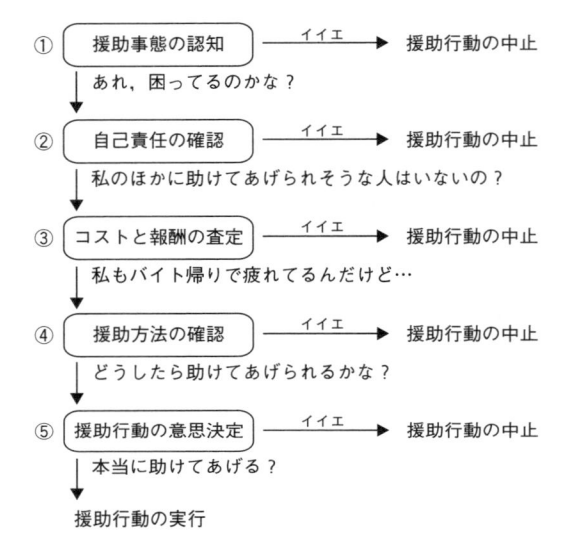

図9-10　援助行動の意思決定過程

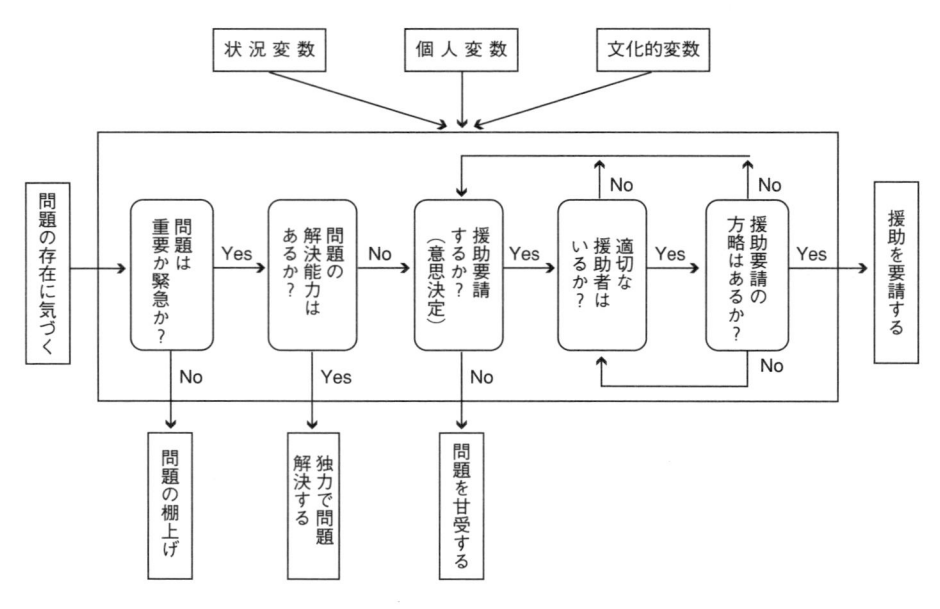

図9-11　援助要請の生起過程モデル（相川、1989を一部改変）

(3) 攻撃行動

いつの世も争いが絶えたためしはない。それによってどれほど多くの人々が傷つき，悲しむかがわかっているにもかかわらずである。なぜわれわれは他者を傷つけようとするのであろうか。

1) 攻撃行動についての原因理論

攻撃行動を説明する理論は大きく分けて3つある（表9-5）。いずれの理論も説得力をもつものであるが，特にストレス社会とよばれ，またマスメディアが高度に発達した現代にあっては，フラストレーション攻撃説や学習説の考え方が重みを増しているように思われる。

2) 攻撃行動の機能

行動は，それ自体が目的である場合と，何かの目的を達成するための手段である場合がある。攻撃行動も，さまざまな目的のための手段として用いられる（表9-6）。多くの場合，これらの目的は単独ではなく，複雑に絡み合って攻撃行動を生起させている。

(4) 社会的交換理論

援助行動−攻撃行動という分類とは別に，対人行動をかかわり合う二者間での交換の過程ととらえ，経済学で発展してきた交換理論を用いて説明を試みようとした社会的交換理論がある。援助行動の意思決定過程の中でもふれたように（図9-10），交換の過程での鍵はコストと報酬である。

- コスト：報酬を得るために用いられるさまざまな身体的・精神的・物的負担
- 報　酬：コストの結果として得られるさまざまな身体的・精神的・物的利益（不利益も含めて考えることもある）

表9-5　攻撃行動の原因理論

〈本能説〉
　生態学：他の動物同様，環境に適応するために攻撃本能を持っている
　精神分析：死の本能（タナトス）が外部に転移したもの
〈フラストレーション攻撃説〉
　　フラストレーション（ある目的達成のための行動が阻害されている状態）
　　　↓
　　攻撃動因（怒り）
　　　↓
　　攻撃行動……報復可能性の低い対象（**スケープゴート**）へ
　　　　　　　　　　　　　　　　いじめ，差別，虐待，レイプ，など
〈学習説〉
　直接報酬や**代理強化**（**社会的学習，モデリング**）により攻撃行動を学習

表9-6 攻撃行動の機能

〈欲求解消〉
　攻撃欲求やフラストレーションなどの解消
〈回避反応〉
　予想される被害の回避，あるいは受けた被害の回復
　　　　　　　　　　⟶実際の大きさより「悪意」が問題
〈強　制〉
　相手の態度・行動の変容
　　　本来，攻撃すれば反撃・非難の可能性大であり，攻撃は最後の手段
　　　　　　⟶自信，時間的展望，認知的検討の欠如によって起こる
〈制裁（社会的正義）〉
　直接被害を被っていない者による攻撃
　　公正規範：不正を行なったものはそれ相応の報いを受けるべき
　　責任の所在：原因がその人自身にあるなら，それ相応の報いを受けるべき
　　正当性の認識：制裁が正当なものとみなされると容易にエスカレート
〈印象操作〉
　「男らしさ」「つよさ」の誇示や，傷つけられた自尊心の回復
　観衆効果：第三者がいることによりエスカレート
　非匿名性：自己アピールのために敢えて非匿名的な状況を選択

　また，社会的交換理論では「人は他者との相互作用において，コストや報酬が等しくなる（公正）ように動機づけられる」という基本的仮定がある。この仮定を最も単純に示したモデルがホーマンズ（Homans, 1974）のモデルである。

$$\frac{Op}{Ip} = \frac{Oo}{Io}$$

O（Outcome）：成果や報酬
I（Input）：投入や貢献
P, Oはそれぞれの人

　この考え方を人間関係の維持・崩壊過程に適用したのがウォルスターら（Walster et al., 1976）の衡平モデルである（図9-12）。衡平モデルによると，衡平的な関係，すなわちその関係に対する貢献度とその関係から得られる報酬が互いに等しい場合が最も安定した関係となる。そして，衡平的な関係が崩れたときには衡平性を回復しようと試みるが，もしそれが困難だとわかると関係を解消する方向に向かう。このモデルを友人関係や恋愛関係に適用した実証研究は諸井（1996）に詳しいので参照されたい。

4──対人コミュニケーション ─この思いを伝えたい─

　われわれは生涯を通じて，多種多様な他者とさまざまなかかわり合いをもつ。これらのかかわり合いは，おもにコミュニケーションを通して行なわれる。それゆえに，コミュニケーションの成否によって，大きな喜びをもたらすと同時に大きなストレスをももたらし

得る。特に近年，企業が求める人材の最も重要な要素として「コミュニケーション能力」があげられるなど，コミュニケーションに対する注目度が非常に大きくなっている背景には，われわれのコミュニケーション能力の低下やそれに伴う人間関係の不具合があるといえよう。

(1) 対人コミュニケーションの目的

そもそも，コミュニケーションは何のために行なわれるのであろう。深田（1998）は，個人間で行なわれるコミュニケーション（対人コミュニケーション）には，表9-7の通り6つの目的があるとしている。また，実際のコミュニケーションではこれらの目的のいくつかが重なっている場合が多く，人間関係を深めるために自分の情報を伝えたり相手の情報を得ようとしたりするなど，ある目的のために他のいくつかの目的が組み合わされるといった重層構造を成している場合もある，と述べている。

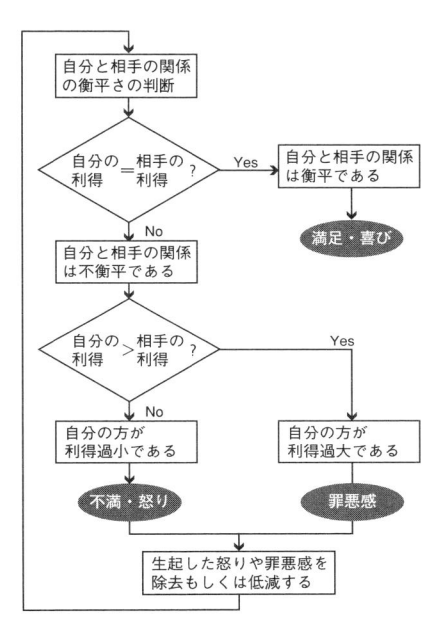

図9-12 衡平モデルの概要（池上・遠藤，1998）

表9-7 対人コミュニケーションの目的（深田，1998より作成）

〈情報・知識の獲得〉
　自分についての評価や他者の情報，適切な行動をとるための情報の収集などのため
〈娯楽の享受〉
　気晴らしのためのおしゃべりやうわさ話，チャットなど，コミュニケーション自体を楽しむため
〈情報・知識の伝達〉
　自分の知っている情報や知識を他者に伝えるため
〈相手に対する影響力行使〉
　説得や命令，ウソ，脅しなど，相手を自分の思うように動かすため
〈対人関係の形成・発展・維持〉
　他者との間に友好的な関係をつくり，それを維持したりさらに深めたりするため
〈課題解決〉
　何らかの課題を抱えているときに，他者からの情報や援助を求めるため

表9-8　非言語的コミュニケーションの種類（Knapp, 1978より作成）

動作行動	体や手足の動作（ジェスチャー），姿勢，表情，目の動き（視線，瞬き，瞳孔の開き具合など），微笑など
接触行動	触れる，なでる，たたく，抱く，など
身体的特徴	体格，体臭，皮膚や髪の色（ガングロ，美白，カラーリングなど）など
準言語	いわゆる話し方であり，声の質やテンポ，大きさ，ため息，沈黙など
人工物	人が身につけているもので，化粧品や香水，衣服やメガネ，アクセサリーなど
空間行動	相手との距離のとり方
環境要因	間接的に影響を与えるものとして，部屋の照明や温度，色彩，騒音やBGMなど，コミュニケーションの場の環境に関するもの

(2) 言語的コミュニケーションと非言語的コミュニケーション

では，われわれはどのような方法で自分の思いを相手に伝えているのであろう。社会心理学ではコミュニケーションの方法を大きく2つに分類している。

①言語的コミュニケーション：ことばそのものを通して行なわれるコミュニケーション。コミュニケーションの中で，文章に移し変えることのできる部分といえる。
②非言語的コミュニケーション：ことば以外で伝えられるコミュニケーション。ナップ（Knapp, 1972）は，非言語的コミュニケーションとして7つのものをあげている（表9-8）。

メーラビアンとウィーナー（Mehrabian & Wiener, 1967）は，他者の態度認知に対する言語的コミュニケーションと非言語的コミュニケーションの影響力の検討を行ない，態度の93％は非言語的な部分（音声と表情）で伝わり，言語的な部分で伝わるものはわずかに7％という結果を得ている。またバードウィステル（Birdwistell, 1970）も日常のコミュニケーションにおいて言語的な部分の占める割合は30〜35％にすぎないと述べている。伝える内容や状況などにより，その割合はかなり変動があるものと思われるが，少なくともわれわれの思いはことばそのものよりも非言語的な部分を通してより多く伝わっているといえよう。また最近では，非言語的コミュニケーションから派生して，嘘（欺瞞コミュニケーション）の研究も盛んになってきている（村井，2005など）。

5 ——態度変容と説得的コミュニケーション —あなたはこうするべきです！—

表9-7にあげたように，コミュニケーションの目的の1つに相手をこちらの意図通りに動かすこと（相手への影響力の行使）がある。コミュニケーションを通して相手の態度や行動を特定の方向に変化させようとする試みを説得的コミュニケーションとよんでいる。ここで態度とは，ある対象に対してほぼ一貫した行動をとらせる心の動きであり，「好き−嫌い」（感情成分），「よい−悪い」（認知成分），「接近−回避」（行動成分）の3つの

成分からなる。
　ここでは，説得的コミュニケーションと態度とのかかわりをみていこう。

(1) 態度変容と認知的斉合性

　そもそも態度はどのようなときに維持され，どのようなときに変わる（態度変容）のであろうか。これを説明するものとして，認知的斉合性理論という名で総称されるいくつかの理論が提唱されている。これらの理論はいずれも，人は対立する認知や態度を心に抱えると不快を感じるため，認知の歪曲化や態度変容などを行なうことにより，その不快を解消しようとする，という考え方である。

1）認知的バランス理論

　ハイダー（Heider, 1958）は，特に認知者である個人（P）と認知対象（X）およびその対象に関連する他者（O）の三者関係における認知的斉合性を問題として，認知的バランス理論を提唱した。この理論では，三者におけるそれぞれの関係について良好であるか否かを＋と－で表現する。そして，それぞれの関係の積が＋である場合には均衡状態で安定しており，－である場合には不均衡状態であるために均衡状態に戻ろうとしていずれかの関係を変化させることになる，としている（図9-13）。

2）認知的不協和理論

　フェスティンガー（Festinger, 1957）は，ある態度や認知と矛盾する認知要素がある

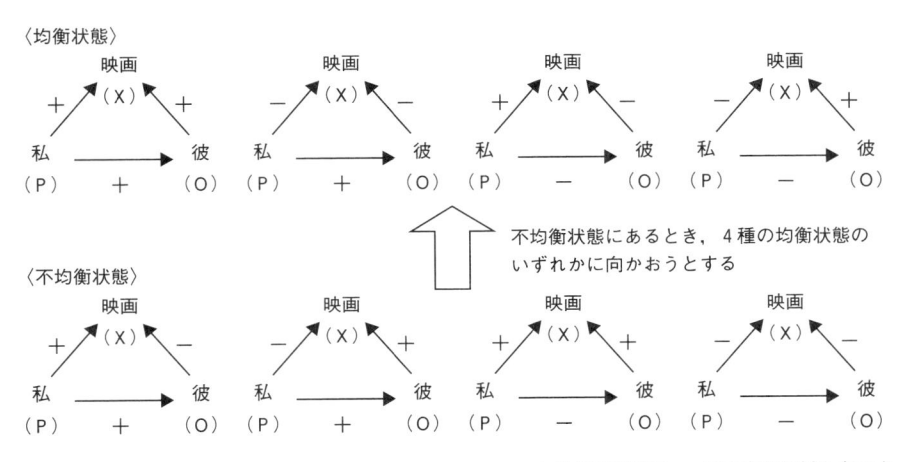

図9-13　バランス理論における均衡状態と不均衡状態（Heider, 1958を改変）

ときに認知的不協和が生じ，それを解消しようとしてさまざまな不協和解消行動が起きるとする認知的不協和理論を提唱した。不協和解消行動は，つり合っている天秤を傾かせる方法にたとえて考えることができる（図9-14）。

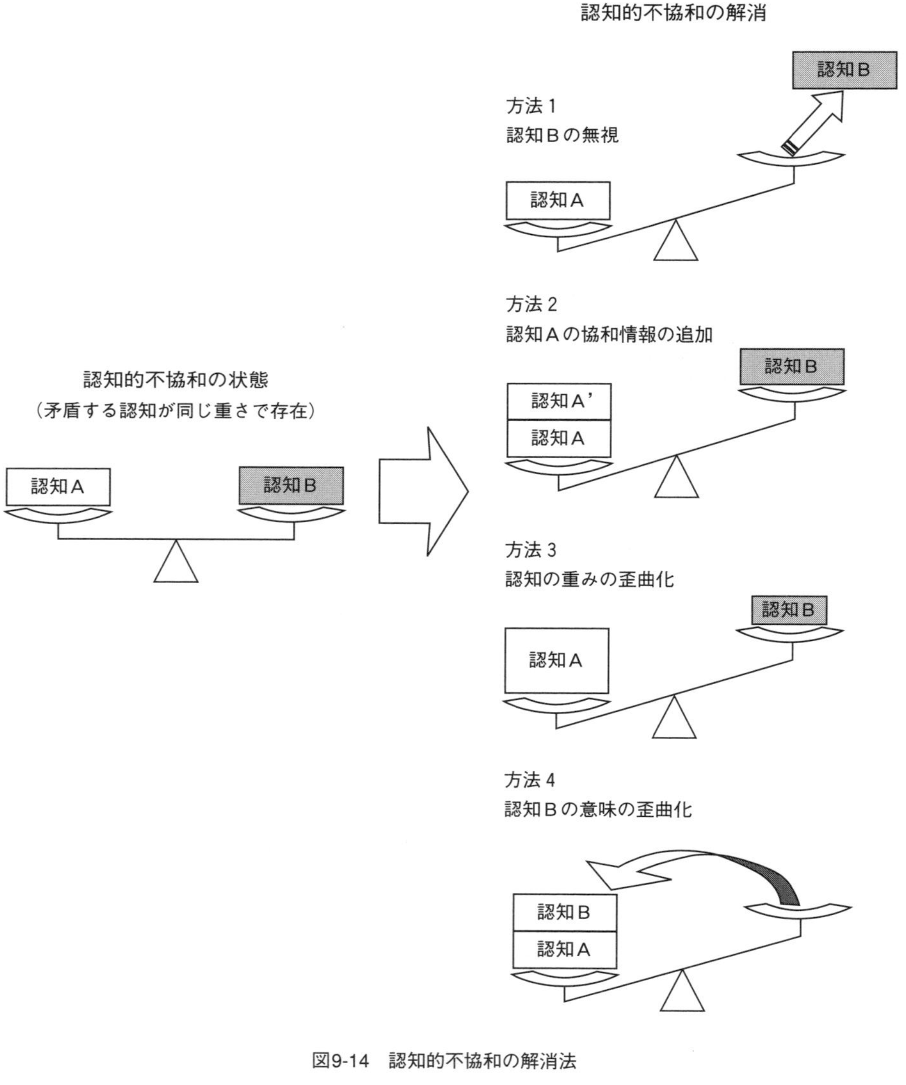

図9-14　認知的不協和の解消法

(2) 精査可能性モデル

　態度が説得的コミュニケーションによって変容する過程を説明したモデルの1つに，ペティとカシオッポ（Petty & Cacioppo, 1981）の提唱した精査可能性（ELM）モデルがある（図9-15）。このモデルによると，説得される側が説得情報を積極的に処理，解釈しようと動機づけられており，かつその情報を処理する能力がある場合には，中心ルートを通って説得情報を積極的に精査して態度を決定する。一方，説得情報の処理への動機づけや処理能力が低い場合には周辺ルートを通って情報そのものの精査はあまり行なわず，説得者の信憑性や専門性などの安易な手がかりをもとに態度が決定される。したがって，中心

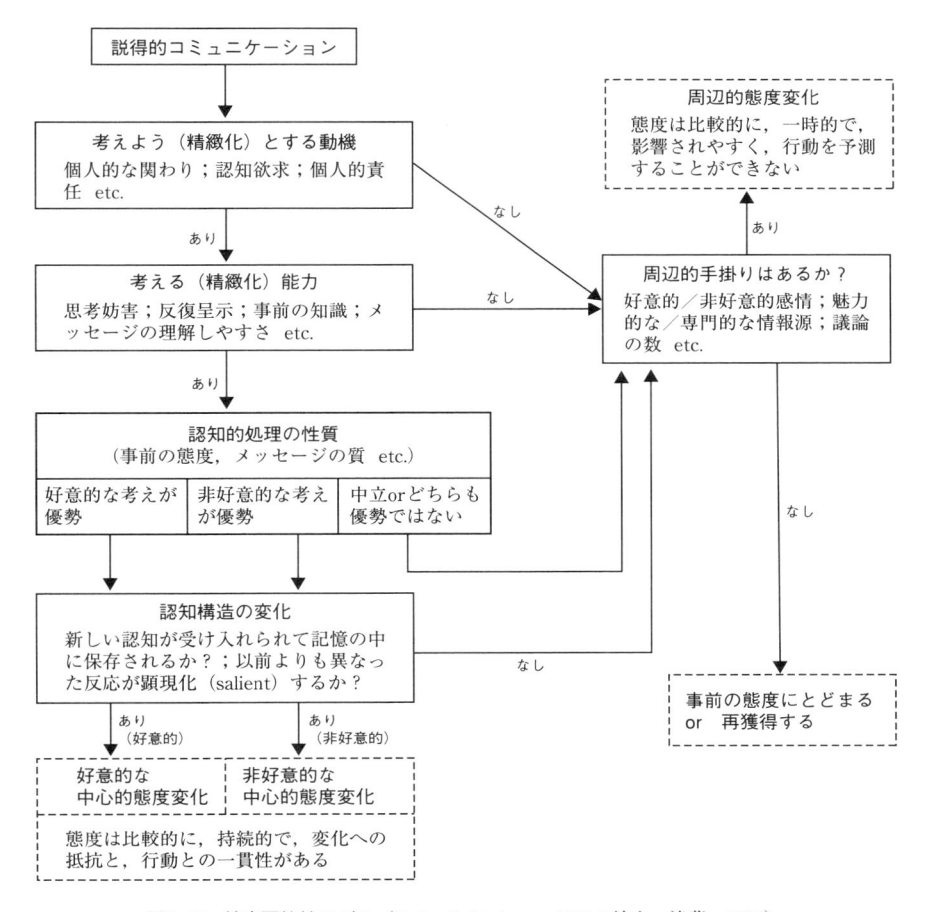

図9-15　精査可能性モデル（Petty & Cacioppo, 1981；池上・遠藤，1998）

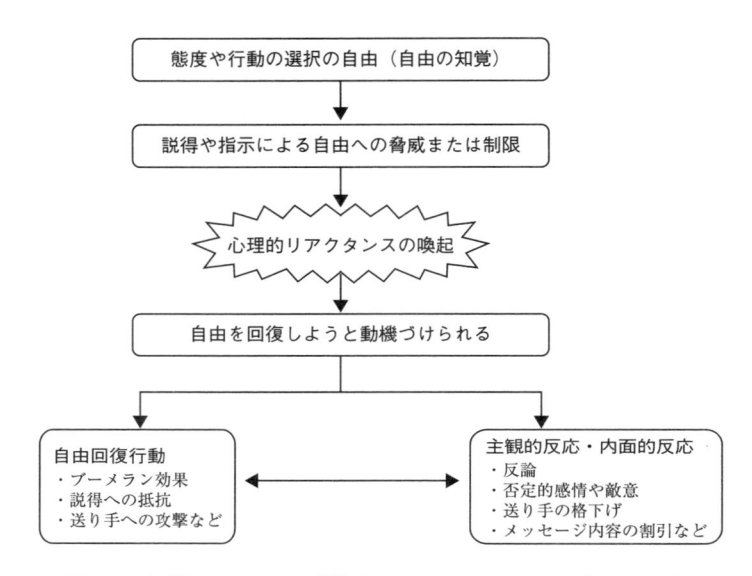

```
            ┌─────────────────────────────┐
            │ 態度や行動の選択の自由（自由の知覚） │
            └─────────────┬───────────────┘
                          ▼
            ┌─────────────────────────────┐
            │ 説得や指示による自由への脅威または制限 │
            └─────────────┬───────────────┘
                          ▼
               ✦心理的リアクタンスの喚起✦
                          ▼
            ┌─────────────────────────────┐
            │ 自由を回復しようと動機づけられる    │
            └──────┬──────────────┬───────┘
                   ▼              ▼
```

自由回復行動	主観的反応・内面的反応
・ブーメラン効果 ・説得への抵抗 ・送り手への攻撃など	・反論 ・否定的感情や敵意 ・送り手の格下げ ・メッセージ内容の割引など

図9-16 心理的リアクタンス理論（Brehm & Brehm, 1981；上野, 1994）

ルートを経て形成・変容した態度ほうが強固なものとなる。

(3) 心理的リアクタンスとブーメラン効果

　説得はいつも成功するとは限らない。むしろ，説得と反対の方向に態度が強められてしまうことすらある。この現象をブーメラン効果とよぶ。ブレームとブレーム（Brehm & Brehm, 1981）は，説得に対する抵抗を心理的リアクタンス理論から説明している（図9-16）。この理論によると，説得への抵抗や反発は自らの態度や行動の選択の自由を回復する試みなのである。

6 ── 社会的スキル ──いい関係を築きたい──

　1970年代以降，社会心理学ではこれまで得られた知見をよりよい人間関係を営むための技能として統合する試みがなされてきた。これらの技能を総称して社会的スキルとよんでいる。現在では，社会的スキル訓練（social skill training: SST）として，教育現場や臨床領域で多くの実践が行なわれている。ここでは，相川と津村（1996）の引用を中心に，社会的スキルについて，その生起過程の基本的な考え方について紹介しよう。

　他者とうまくかかわることができる人は，その時々にふさわしい行動をどのように決定しているのであろうか。相川らは，図9-17のような心理過程を経て行動が決定されるとしている。

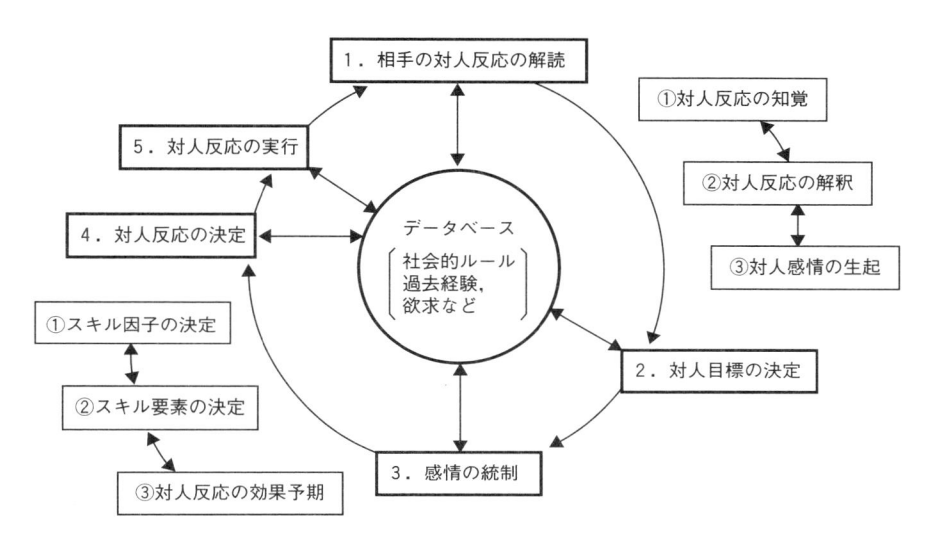

図9-17 社会的スキルの生起過程モデル（相川・津村，1996）

〈第1段階〉相手の対人反応の解読（この人，どんな人かな？）
　まずは，相手がこちらに向けて行なった行動（対人反応）を解読することから始まる。この段階は前述の対人認知の段階と考えてよい。相川らはこの段階をさらに3つの段階に分けている。

- 1-1. 対人反応の知覚：相手が示すさまざまな言語的，非言語的反応を知覚する段階である。この知覚は過去経験や欲求状態に大きく影響される。また，適切な対人知覚のためにはできるだけ多くの反応に注目する必要があると述べている。
- 1-2. 対人反応の解釈：次に，相手がどんな意図や要求のもとにその反応を行なったかを解釈する段階である。解釈は，相手との過去のやりとり，文化や習慣などのデータをチェックしながら行なわれる。
- 1-3. 対人感情の生起：相手の反応の解釈に基づいて，相手に対する感情が生起する段階である。相川らは，対人反応を的確に解釈している人は，肯定的な感情をもつことが多く，過度に否定的な感情をもつことが少ないと述べている。この段階で生じる感情は，この後の過程に対する動機づけ（促進または抑制）の機能を果たす。

〈第2段階〉対人目標の決定（この人に助けてもらおう！）
　相手の対人反応の解読に基づいて，この状況において何を目標とするかを決定する。

〈第3段階〉感情の統制（おちついて，おちついて！）

対人目標を達成するためには，肯定的感情であれ否定的感情であれ，その感情を適度にコントロールする必要がある。

〈第4段階〉対人反応の決定（どんな言い方すれば引き受けてくるかな？）

対人目標の達成のためにどのような行動をとるかを決定する。この段階もさらに3つの段階に分けられる。

4-1. スキル因子の決定：対人目標達成のためにどのようなスキル因子を用いるべきかを決定する。スキル因子とは，他者に向けられる行動の基本的単位であり，われわれが一般に「行動」とよんでいるものに近い。たとえば，「質問する（質問スキル）」「謝る（謝罪スキル）」などであり，これらのスキル因子はよりこまかな単位の行為であるスキル要素で構成されている（図9-18）。

4-2. スキル要素の決定：対人目標達成のために決定されたスキル因子に基づいて，「視線を合わせる」「笑みを浮かべる」などの具体的な1つひとつの行為であるスキル要素を決定する。このスキル要素は単独では必ずしも意味をもたず，いくつかのスキル要素が組み合わされてはじめてスキルとしての意味をもつようになる。どのスキル要素がスキル因子の構成要素となるかは，その時々の対人目標やデータベースの検索結果で決定される（図9-18）。

4-3. 対人反応の効果予期：決定されたスキル因子を用いたとき，どんな結果が生じるか，複数のスキル因子をどんな順序で用いると効果的かなどの予測を行なう。

〈第5段階〉対人反応の実行（微笑みながら「すみませーん。……」）

決定された対人反応を言語的，非言語的行動に表出する。行動が相手に向けて表出され

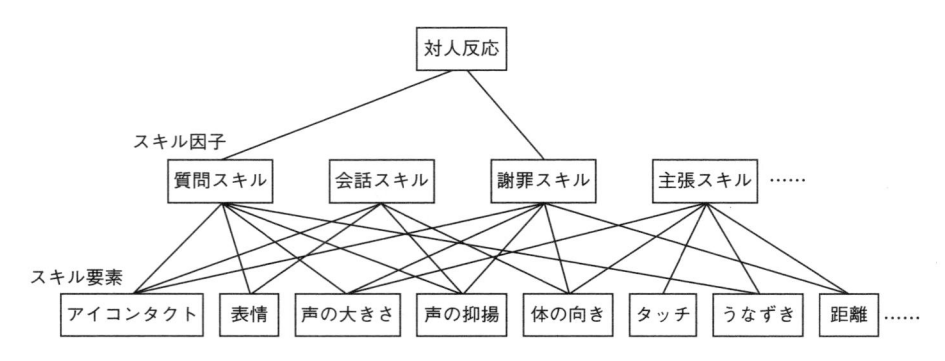

図9-18　スキル要素，スキル因子，対人反応の関係（相川・津村，1996）

ると，それを受けて相手が同様の段階を経て反応を返してくることになる。こうして，対人反応は相手が目の前にいる限りは循環的に継続される。

3節 ◆ 集団の中の個人

前節では，人間関係の中でもおもに二者関係を中心とした知見を紹介したが，本節では，より多くの人たちの中でわれわれがどのように行動するかをみていこう。

1──集団と社会的規範 ─集団か？ 群集か？─

一般には人が集まっていれば集団とよばれるが，社会心理学では単に集まっているだけでは集団とはみなさない。たとえば，バス停でバスを待っている人たちの集まりは集団ではなく，群集に近いものと考える。

それでは，集団と群集では何が違うのであろうか。山口（1994）は集団と群集の違いを図9-19のように示している。集団とよぶには，成員間で何らかの相互依存関係がある，ということができよう。さらに山口は，集団らしさが成員どうし，また個々の成員と集団全体との相互作用の中でダイナミックに変わる点が重要である，と述べている。

集団成員の間でさまざまなやりとりが行なわれていくにしたがって，成員間に共通の価値観や態度が生まれてくる。これを社会的規範とよぶ。山口は，組織におけるきまり（規範）の構造を氷山にたとえて図9-20のように示しているが，これらのうち，「目に見えるきまり」は基本的に明文化された規範，すなわち規則や法律，制度にあたるものであり，「目に見えないきまり」が習慣や文化，伝統，風土，その他のさまざまな暗黙のルールにあたるものといえよう。

規範は集団圧力となって成員を拘束するものになるが，本来は成員どうしがともに快適かつ効果的に活動するために自然に生まれてくるものである。したがって，成員の多くが

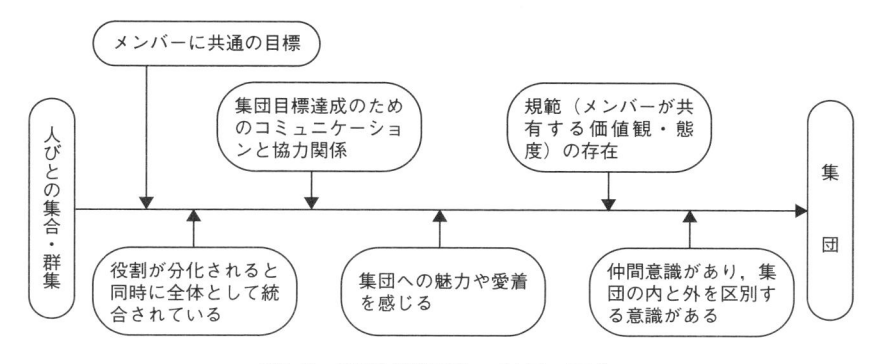

図9-19　集団と群集の違い（山口，1994）

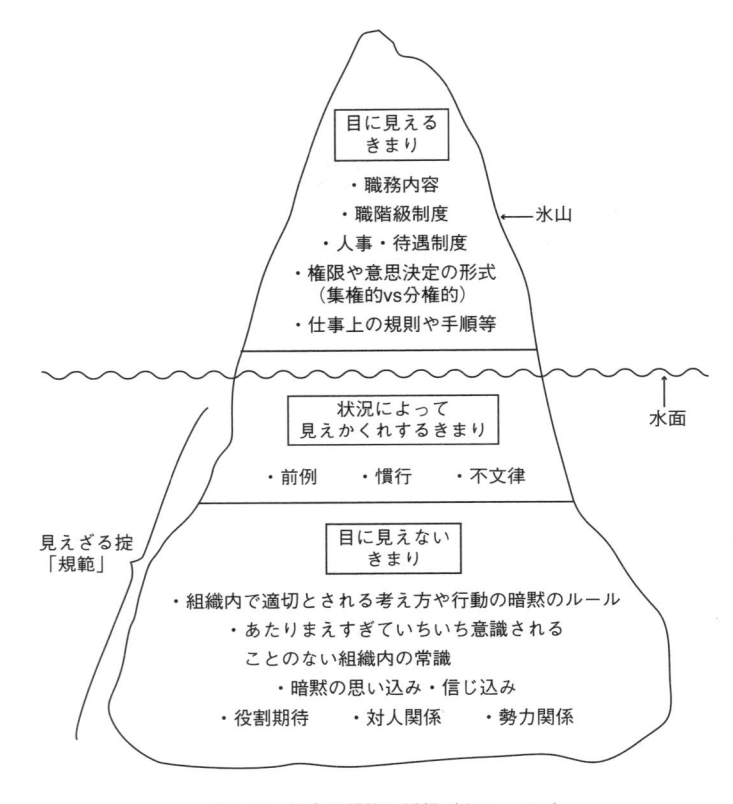

```
         ┌──────────┐
         │ 目に見える │
         │  きまり   │
         └──────────┘
          ・職務内容
          ・職階級制度        ←氷山
          ・人事・待遇制度
          ・権限や意思決定の形式
           (集権的vs分権的)
          ・仕事上の規則や手順等
～～～～～～～～～～～～～～～～～～～～ ←水面
         ┌──────────┐
         │ 状況によって │
         │見えかくれするきまり│
         └──────────┘
          ・前例 ・慣行 ・不文律

見えざる掟   ┌──────────┐
 「規範」   │ 目に見えない │
         │  きまり   │
         └──────────┘
    ・組織内で適切とされる考え方や行動の暗黙のルール
    ・あたりまえすぎていちいち意識される
      ことのない組織内の常識
      ・暗黙の思い込み・信じ込み
    ・役割期待 ・対人関係 ・勢力関係
```

図9-20 社会的規範の種類（山口，1994）

その規範に息苦しさを感じているとすれば，その規範は単に成員たちを縛りつけるだけの，集団にそぐわない形骸化したものということができよう。

2 ── 同調 ─本当は違うと思うんだけど…─

　先述の通り，われわれは明示的にも暗黙裡にも集団からさまざまな圧力を受けている。この集団圧力に関する知見を紹介しよう。

　自分の中では「こう思う」「こうしたい」というものがあったにもかかわらず，まわりのみんなが違うことを言うので仕方なく自分も賛成した，という経験は誰にでもあるであろう。明らかな命令や強制がないにもかかわらず，暗黙の集団圧力によって意に反する行動をとることを，社会心理学では同調とよんでいる。

（1）アッシュの知覚的同調実験

アッシュ（Asch, 1951）は，同調がとても容易に起こり得ることをごく単純な刺激を用いた実験でみごとに実証した。この実験では，図9-21のように明らかに正解だとわかる線分の長さの選択課題を実施した。その結果，実験参加者が単独で回答する場合にはほぼ100％だった正解率が，サクラ6名とともに課題を行ない，サクラ全員が同じ不正解の選択肢を選んだ後で回答させた場合には正解率が急落したのである。日常生活の中では明らかな正解のない判断がほとんどといってよい。明らかな正解がある課題においてすら同調が起こるのであるから，日常生活の中でのさまざまな判断において同調が簡単に起こるであろうことは容易に推測できる。これまでの同調研究の中で見いだされている要因を古城（1994）は図9-22のように整理している。

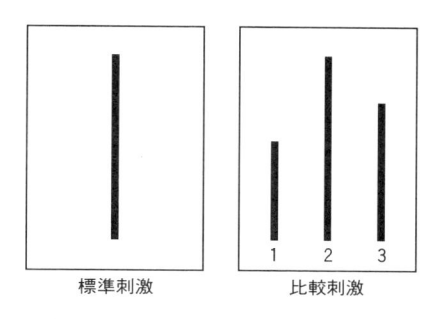

図9-21 アッシュ（Asch, 1951）の用いた刺激例

（2）同調の原因理論

それでは，われわれはなぜ人に同調するのであろうか。ドイチュとジェラード（Deutsch & Gerard, 1955）は，われわれのさまざまな判断に対する社会的影響として，大

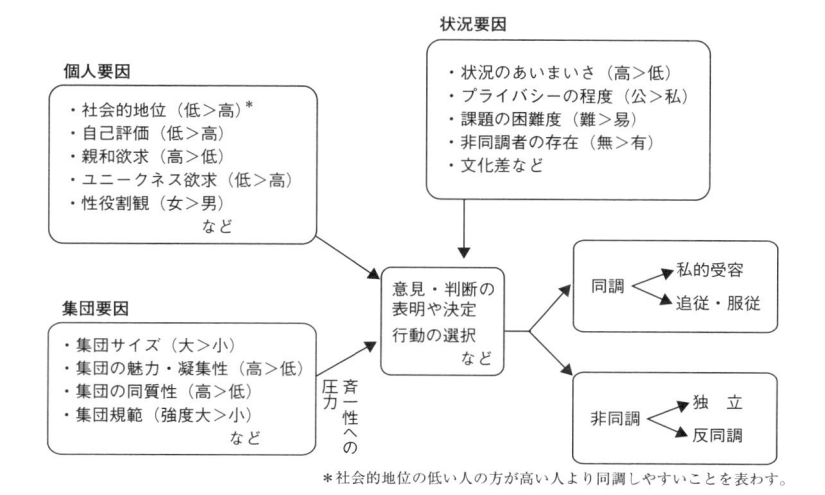

個人要因
・社会的地位（低＞高）*
・自己評価（低＞高）
・親和欲求（高＞低）
・ユニークネス欲求（低＞高）
・性役割観（女＞男）
など

状況要因
・状況のあいまいさ（高＞低）
・プライバシーの程度（公＞私）
・課題の困難度（難＞易）
・非同調者の存在（無＞有）
・文化差など

集団要因
・集団サイズ（大＞小）
・集団の魅力・凝集性（高＞低）
・集団の同質性（高＞低）
・集団規範（強度大＞小）
など

斉一性への圧力 → 意見・判断の表明や決定行動の選択など

同調 → 私的受容／追従・服従
非同調 → 独立／反同調

＊社会的地位の低い人の方が高い人より同調しやすいことを表わす。

図9-22 同調を起こしやすい要因（古城，1994）

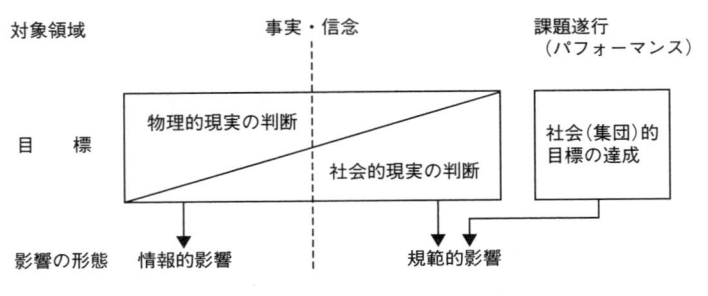

```
対象領域          事実・信念          課題遂行
                                  (パフォーマンス)

              ┌─────────────────┐  ┌─────────┐
              │物理的現実の判断  │  │社会(集団)的│
目    標      │                 │  │目標の達成 │
              │    社会的現実の判断│  │         │
              └─────────────────┘  └─────────┘
                      │                │  │
影響の形態   情報的影響              規範的影響
```

図9-23　情報的影響と規範的影響（池田，1998）

きく以下の2つをあげている。

①情報的影響：比較的客観的と思われる情報や知識により，「正しくありたい」という気持ちに影響する。
②規範的影響：社会的に何が「正しい」かの示唆により，「他者に受け入れられたい」という気持ちに影響する。

情報的影響は，明確な基準や正解のある物理的現実についての判断に，規範的影響は，基準が曖昧な社会的現実の判断において生じると述べている（図9-23）。

後述の内集団バイアスを説明する社会的アイデンティティ理論も，同調を説明する有力な理論である。また，これらの理論によって，集団での判断は個人での判断よりも極端なものになりやすいという集団極化を説明することもできる。

3 ── 内集団バイアスと社会的アイデンティティ ─ がんばれ，ニッポン！─

われわれは，オリンピックで日本選手ががんばっている姿を見ると，知らない選手であってもつい応援してしまう。それは，日本人という同じ集団に所属していることを強く意識するからである。しかし，そうした所属意識は集団間差別を生み出すもとともなり得る。前項では集団が個人を従わせようとする圧力について解説したが，ここでは個人が自ら進んで集団に合わせようとする心の動きをみてみよう。

(1) 社会的アイデンティティ理論

自らの所属する集団（内集団）への所属意識を高めようとする心の動きについて，タジフェルら（Tajfel et al., 1971）は社会的アイデンティティ理論を提唱した。その基本的な考え方を図9-24に示す。さらに彼らは，集団間に何ら相互交渉がなくても，内集団をひいきし，外集団を拒否しようとする内集団バイアスの存在を明らかにし，社会的アイデンティティ理論に基づいて，集団間差別が自己高揚動機の所産であるとした。内集団バイアスが強くなる要因として，以下のようなものが指摘されている。

- 自己評価が脅かされる場合
- その集団への帰属意識が強い場合
- 他の集団と比較してこそ，その集団の存在価値があるような場合
- その集団への所属が重要な価値をもつような社会文化的状況がある場合

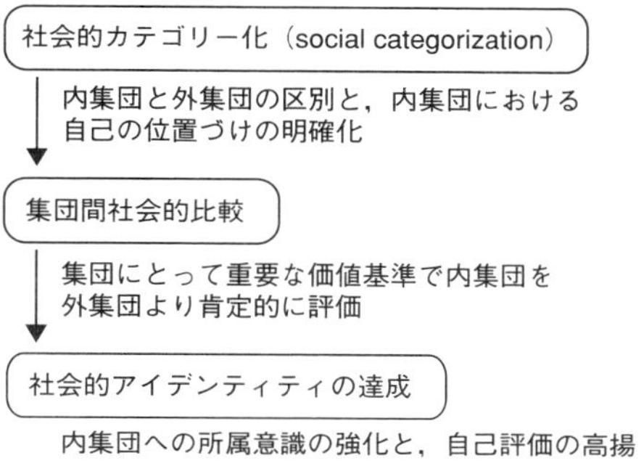

(2) 集団間差別の解消方法

　それでは，集団間差別を解消するためにはどのような方法があるのであろうか。前述の通り，集団間差別が自己高揚動機の所産であるとするならば，言わば，自己の存在価値と密接にかかわるものである。だからこそ，集団間差別の解消は非常に困難なものといえるが，ここでは2つの考え方を紹介しておこう。

```
社会的カテゴリー化（social categorization）
  ↓ 内集団と外集団の区別と，内集団における
    自己の位置づけの明確化
集団間社会的比較
  ↓ 集団にとって重要な価値基準で内集団を
    外集団より肯定的に評価
社会的アイデンティティの達成
    内集団への所属意識の強化と，自己評価の高揚
```

図9-24　社会的アイデンティティ理論の概要
（Tajfel et al., 1971より作成）

1）上位目標の設定

　シェリフ夫妻（Sheriff & Sheriff, 1969）は，11〜12歳の少年を2群に分けて3週間の野外キャンプを行ない，その間に集団目標を変えることで2つの集団のかかわり方がどう変化するかを観察した。その結果，綱引きや野球などの集団対抗式の遊びが取り入れられた期間は，集団間に対立的な感情が生まれ，遊び以外の時間にも敵対的行動が起こっていた。その後，水道施設の修理など，両集団が協力して初めて達成できるような活動（上位目標：superordinate goal）を取り入れると，集団間の対立的感情が徐々に消失していった。この研究から，2つの集団間でどのような目標が設定されるかによって集団どうしの関係が変わることがわかる。そして，対立的な集団においても上位目標を設定することで，対立感情が緩和される可能性を示唆している。

2）非カテゴリー化

　ブリュワーとミラー（Brewer & Miller, 1984）は，社会的アイデンティティ理論の立場から，集団間差別が社会的カテゴリー化によって生じるならば，そのカテゴリー化を解除すること，すなわち内集団と外集団を分ける境界を弱めること（非カテゴリー化）が集団間差別の解消に効果的であるとしている（図9-25）。そして，非カテゴリー化を促進するために，集団間では課題達成よりも対人理解を目的とした相互作用をもつこと，役割決定や小集団構成をカテゴリー属性ではなく個人属性に基づいて行なうことなどが重要である，と述べている。

(a) カテゴリー化に基づく接触

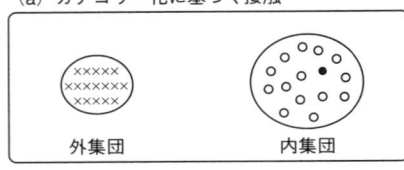

集団内の成員は均質で相互に互換可能であると認知される。集団間接触はすべて集団成員性を基盤として行なわれる。

(b) カテゴリー内分化に基づく接触

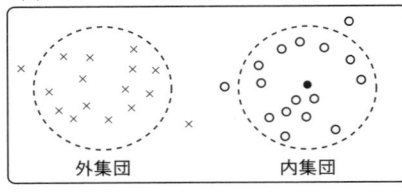

集団内の各成員の特性の違いが認識され、例外の存在も認知される。内集団と外集団の区分は弱いながら依然として残っている。

(c) 個人化に基づく接触

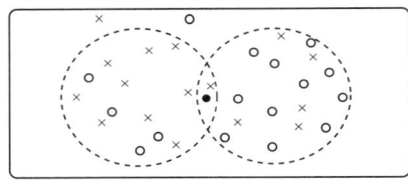

個人化された情報が注目され、カテゴリー情報は意識されない。内集団-外集団の区分があまり意味をもたなくなり、個人対個人に基づく接触がなされる。

図9-25　非カテゴリー化の過程（Brewer & Miller, 1984；池上・遠藤, 1998）

4──リーダーシップ ─リーダーの器って？─

　単なる人の集まりである群集から、まとまりをもって個々の成員が効果的に活動する集団となる上で重要な役割を果たすのがリーダーである。同じ集団でありながら、リーダーによって集団雰囲気がまったく異なるものになってしまうこともある。社会心理学では、このように集団に大きな影響を与えるリーダーの力をリーダーシップとよび、古くから重要なテーマとして盛んに研究が行なわれてきた。

(1) リーダーシップとは

　多くの研究で共通しているリーダーシップの定義は、「集団目標の達成を意図した、ある集団成員から他の成員もしくは集団全体への影響の試み」である（坂田, 1996）。したがって、リーダーシップとは必ずしもリーダーだけが発揮するものではなく、成員の誰もが発揮し得るものと考えてよい。リーダーとは、他の成員に比べてリーダーシップを発揮しやすい成員であり、その中でも、責任や権限が制度上明確に定められているリーダーを公式リーダーという。一方、制度上のリーダーではないが、他の成員に対してリーダーシッ

プを成功させやすく，影響力の強い成員を非公式リーダーという。また，リーダー以外の集団成員をフォロワーという。

(2) 従来のリーダーシップ理論

「自分はリーダーの器ではない」という人がいる。リーダーシップの初期の研究では，この「リーダーの器」をもった人とはどのような個人特性をもった人なのかに焦点があてられてきた。こうしたアプローチをリーダーシップ特性論とよぶ。しかし，一貫した研究結果が得られなかったこともあり，リーダーシップ機能論が台頭するにいたった。

1）リーダーシップ機能論

リーダーシップ機能論では，集団の中でリーダーがどのような役割（機能）を果たしているかに関心が向けられている。これまでの研究から，リーダーの行動は大きく課題志向的行動と関係志向的行動に大別されることがわかっている。

- 課題志向的行動：集団目標の達成や生産性，効果性を高めるための行動
    例）目標達成のための行動計画の立案と実行，支持や命令
- 関係志向的行動：集団成員間の人間関係をまとめるための行動
    例）共感的理解，関係の調整，葛藤解決

この代表的な理論として，三隅（1978）のPM理論がある（図9-26）。リーダーシップの機能には目標達成機能（P機能）と集団維持機能（M機能）があり，両機能の強弱の組み合わせにより，リーダーシップが4つのタイプで考えることができるとしている。

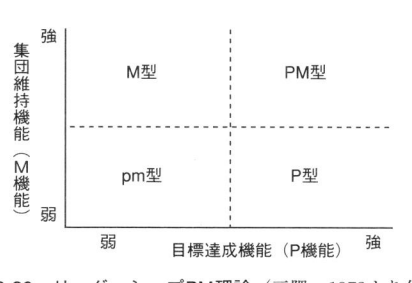

図9-26 リーダーシップPM理論（三隅，1978より作成）

2）リーダーシップの状況即応モデル

集団のまとまりの程度（集団凝集性）や目標の質など，集団の置かれた状況により効果的なリーダーシップが異なることは容易に想像できるであろう。フィードラー（Fiedler, 1967）はこの考えを状況即応モデルとしてまとめている（図9-27）。このモデルによると，成員間の関係が悪くリーダーの統制力も弱いような，リーダーにとって好ましくない状況にあるとき，またそれとは反対に成員間の関係がよくリーダーの統制力も強いような，リーダーにとって好ましい状況にあるときには，リーダーは課題志向型のほうが効果的である。一方，それらの中間にある状況では，リーダーは関係指向型のほうが効果的である。

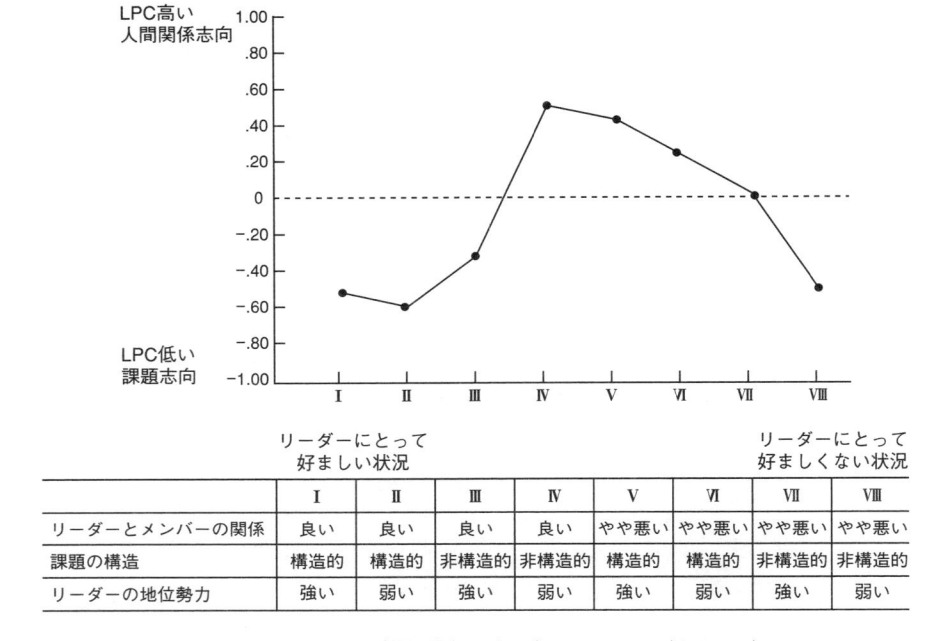

	I	II	III	IV	V	VI	VII	VIII
リーダーとメンバーの関係	良い	良い	良い	良い	やや悪い	やや悪い	やや悪い	やや悪い
課題の構造	構造的	構造的	非構造的	非構造的	構造的	構造的	非構造的	非構造的
リーダーの地位勢力	強い	弱い	強い	弱い	強い	弱い	強い	弱い

図9-27　リーダーシップ状況即応モデル（Fiedler, 1967；坂田, 1996）

（3）リーダーシップ研究の新しい流れ

　従来のリーダーシップ研究では，リーダーの効果的な行動のみに焦点があてられてきた。しかし，リーダーの行動はフォロワーの受けとめ方やそれに対する反応によってダイナミックに変化するものである。したがって，フォロワーの視点抜きにリーダーシップを考えることはできない。このような視点に立って，1980年代以降，リーダーとフォロワーの相互作用過程を考慮した研究が盛んに行なわれるようになった。それらのおもなものとして，以下のような研究がある。

・集団全体よりも，フォロワー個々の意欲を育むリーダーシップの研究
・フォロワーによる上方向への影響手段の研究
・リーダー行動の受け入れに関するフォロワーの認知の研究

　これらの知見については渕上（2002）に詳しいので参照されたい。ここでは，最近特に注目されている，変革型リーダーシップおよびカリスマ的リーダーシップの研究について紹介しよう。

1）変革型リーダーシップ理論

1980年代に入り，集団や組織を変革へと導くリーダーシップに注目が集まるようになった。バース（Bass, 1985）は，従来研究対象とされてきた，フォロワー1人ひとりの成功や失敗の体験に応じてリーダーが報酬や罰を与える行動を交流型リーダーシップとよんだ。これに対して，よりマクロな視点から，組織全体を視野に入れ，フォロワーの潜在的能力を限りなく引き出そうとするリーダー行動を変革型リーダーシップとよんだ。さらにバースとアヴォリオ（Bass & Avolio, 1989）は，変革型リーダーシップが「4つのI's」からなることを示した（図9-28）。

```
┌─────────────────────────────┐
│ 集団の硬直化（古川，1990）      │
│ ・過度の標準化機能              │
│ ・過度の構造化機能              │
│ ・コミュニケーションの平板化    │
│ ・関心・興味の内部化・矮小化    │
└─────────────────────────────┘
              ↑   構造こわし
┌─────────────────────────────┐
│ 変革型リーダー（Bass & Avolio. 1994）│
│ 4つの I's                      │
│ ・理想的影響（Idealized influence）│
│ ・激励的動機づけ（Inspirational motivation）│
│ ・理知的刺激（Intellectual stimulation）│
│ ・個々人への配慮（Individualized consideration）│
└─────────────────────────────┘
```

図9-28　集団の硬直化と変革型リーダー
（渕上，2002より作成）

ただし，変革型リーダーシップが効果的に働くのは，日常的に交流型リーダーシップが発揮されている場合であるという指摘もある（古川, 1998）。

2）カリスマ的リーダーシップとリーダーシップ幻想

ハウス（House, 1977）は，フォロワーの尊敬と信頼を一身に受けるリーダーシップをカリスマ的リーダーシップとよんだ。またマインドル（Meindl, 1990）は，組織内の成員や外部の観察者が，集団や組織のパフォーマンス（業績）の変動の原因を他の原因以上に上位者のリーダーシップに帰属しやすいことを実証し，これをリーダーシップ幻想とよんだ。さらに彼は，リーダーシップ幻想の測定尺度とカリスマ的リーダーシップ尺度との間に高い相関があることを見いだした。このことから，カリスマとは単にフォロワー個人がもっている心的世界の反映にすぎないものであり，またこのような個人の帰属がフォロワー間で共有された社会的現実にすぎないと述べている。

では，フォロワー間でどのようにしてカリスマ認知が共有されるのであろうか。ピレイ（Pillai, 1996）は，カリスマ認知の共有化に大きく影響する要因としてフォロワーによる危機認知をあげ，組織の危機認知が生じているときにはカリスマ的リーダーが高く評価されるが，平常時にはカリスマ的リーダーはかえって不要のものと認知される，としている。つまり，組織が危機的状況にあるときには，カリスマ的リーダーなら何とかしてくれるであろうという，フォロワーによるリーダーシップ幻想がみられるようになる，というのである。

5 ── 社会的ジレンマ ─自分1人ぐらい…─

　最後に,「自分1人ぐらい」との安易な気持ちでとった行動の結果が,集団全体に深刻な悪影響を及ぼす現象について紹介しよう。この現象は社会的ジレンマとよばれており,ゴミのポイ捨てや駐車違反による交通渋滞,グループ学習での手抜き,さらには受験戦争から環境問題にいたるまで,身近なところでいくらでも起こっているさまざまな社会現象を説明するものである。社会的ジレンマの研究は,ハーディン (Hardin, 1968) が「共有地の悲劇」という例示を用いて環境問題が地球規模の大問題へと発展しつつある状況を指摘したことに始まるとされている。自由に利用できる牧草地で,農民の誰もが自分の牛をできるだけ多く放牧したいと考えた結果,放牧した牛の数が牧草地の限界を超え,農民全体に破滅をもたらすというものである。

(1) 社会的ジレンマが生じる条件

　ドウズ (Dawes, 1980) は,社会的ジレンマが生じる条件として,以下の3つをあげている。

① 1人ひとりは「協力」か「非協力」かを選択できる。
② 1人ひとりにとっては「協力」よりも「非協力」を選択するほうが好結果を得る。
③ 全員が個人的に有利な「非協力」を選択すると,全員が「協力」を選択した場合よりも悪い結果となる。

表9-9　2種類の実験ゲームにおける参加者の利得表の例 (Dawes, 1980; 安藤, 1998を一部修正)

take some ゲーム			
協力者の数	非協力者が受け取る額	協力者が受け取る額	
3	─	$1	・誰も協力しなければ報酬は$0
2	$2	0	・全員が協力しているときには全員が利益を得られるが,1人でも非協力者が出ると,非協力者は利益を得るが,協力者は利益がないか (0) 損失を被る (−$1)
1	$1	−$1	
0	0	─	⇒環境汚染問題に類似

give some ゲーム			
協力者の数	非協力者が受け取る額	協力者が受け取る額	
5	─	$12	・誰も協力しなくても$8もらえる
4	$20	$9	・非協力者が1人いても,他の人が協力している限り,誰も協力しない場合 ($8) よりは多くもらえる ($9)。つまり,1人はとてもいい目をみる (ただ乗り) が,他の人も協力しないよりは得
3	$17	$6	
2	$14	$3	
1	$11	0	
0	$8	─	⇒公共のマナー違反問題に類似

社会的ジレンマの研究では，多くの場合，この3つの条件を満たすゲームの形に単純化して検討がなされる。表9-9は代表的な実験ゲームの例である。

(2) 社会的ジレンマを起こさないために

協力せずに自分だけいい目を見ようとする「ただ乗り」が現われても，ただちに全員が「非協力」を選択するようにはならない。しかし，「ただ乗り」する人の数がある限界点を超えると，ほとんどの人が雪崩をうって「非協力」を選択するようになる（ドミノ的プロセス）。この限界点のことを，核反応に関する物理学用語を借用して限界質量とよぶ。山岸（1990）の表わした図を用いて説明しよう（図9-29）。この図で，実際の協力者が30%いた場合，その中で協力する意志をもっている人は19%しかいない。したがって，このままの状態が続けばやがては19%しか協力者がいなくなる。さらに，19%が実際の協力者である場合には，その中で協力する意志をもっている人は10%しかいないので，やがては10%しか協力者がいなくなる。このようにして，この図では最後まで協力を続けようとする人は6%しか残らないことになる。一方，実際の協力者が50%いた場合，協力する意志のある人は64%になる。したがって，このままいけば64%が実際の協力者になってくれる。さらに，実際の協力者が64%いる場合には，協力する意志のある人は79%いるので，やがては79%が実際の協力者になってくれる。このようにして，最終的には87%までの人が協力してくれることになる。これら上下方向のドミノ的プロセスの境目すなわち限界質量が，この図では42%という点になる。つまり，最初の時点でのほんのわずかな違いが，最終的に大きな違いを生んでしまうことを物語っている。ただし，社会的

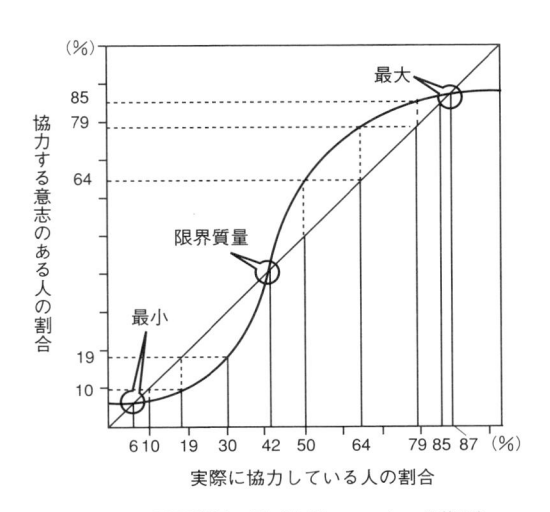

図9-29　限界質量の例（山岸，1990を一部修正）

ジレンマにおける限界質量はあくまで理論上のものであり，また課題の質や状況などによって多様に変化するものであるため，現実場面において具体的な数値をあげることは困難である。

山岸は，限界質量の考え方を用いて，社会的ジレンマ解決の可能性について，以下の3つをあげている。

① 「利他的利己主義」の徹底：進んで協力することが長期的にみて自分にとって利益になると思えるような環境づくり。
② 安心の保証：継続的で緊密なネットワークの形成により，非協力者によって一方的に利用されたり搾取されたりはしない，と協力者が安心できるような環境づくり。
③ 強権の必要性：継続的で緊密なネットワークがつくり得ない状況では，非協力者が限界質量を越えないうちに「アメとムチ」を有効に用いて早めに危険の芽を摘み取る。

このほか，協力的選択に影響するものとして，池田（1998）は表9-10のような要因をあげている。

表9-10 社会的ジレンマにおける協力的選択に影響する要因（安藤，1998より作成）

〈利得行列の構造〉
　協力した場合としなかった場合で互いにどれだけの利益や損失となるか（利得行列）によって，協力的選択を行なうかどうかが変わる

〈返報性〉
　社会規範の1つに「返報性規範」とよばれるものがある。一般にいう「お返し」や「仕返し」のルールであり，一方が協力・非協力のどちらを選択するかで他方の選択が変わる

〈原因帰属〉
　相手がなぜ協力的選択をしたかを推測したとき，真に協力的なものと解釈されればこちらも協力的選択を行ない，策略的なものと解釈されれば非協力的選択がなされる

〈コミュニケーション〉
　コミュニケーションが不足すると互いに競争的・非協力的選択がなされやすくなり，コミュニケーションが可能な場合には，集団としてのアイデンティティが高められるために協力的選択がされやすい

〈動機づけの個人差〉
　同じ状況であっても，動機づけの個人差によって協力的選択がなされるかどうかが変わる

第3部

より豊かに
生きるために

第10章
健康の心理学

1節 ◆ 生体時計と健康

1——生体時計とは

　人をはじめとした多くの生物には，一定の周期をもって変動をくり返す現象が数多く存在している。身近のものとしてはノンレム－レム睡眠のような短い周期のものから，24時間を単位とする睡眠・覚醒の日周サイクルや性周期，哺乳類の冬眠，鳥の渡りなどにみられる比較的長い周期のものもある。これらの生物体で観察される周期的な現象の中で，特に明瞭なものは，地球の自転や公転に伴う周期，すなわち昼夜の変化や季節の移り変わりに伴う周期変化である。

　このような生体活動の周期現象は一見，自然現象の変化に規定されているかのようにみえるが，よく調べてみると，生体には時刻を計る計時機構が備わっており，自律性を保ちつつ，その機構が，環境因子に影響を受けながらも，より主体的なリズムを調整しているのである。この計時機構のことを包括して生体時計・生物時計とか，振動体といい，生体時計によって表現される内因性のリズムを生体リズムとよんでいる。内因性リズムは，生体時計に駆動されて変動するリズムであるのに対して，外因性リズムは，同じ24時間周期を示すリズムでも，外からの周期的な刺激に対して反応する結果生じるリズムのことをいう。

　したがって，生体時計によって駆動される内因性のリズムであるのか，それとも環境の周期的変化によって出現する外因性リズムであるのかを証明するには，日照，温・湿度，社会生活などの，1日の時刻的な流れを外部から規定する条件（同調因子という）を一定に保った環境条件下で生命体の活動を観察すればよい。このような環境条件のことを恒常条件とよんでいる。このような恒常条件下でもリズム現象を示す場合には，生体時計に駆動された内因性リズムとみなすことができる。

　なお，生体リズムは，その周期の長さから3つに大別されている。約24時間周期を示すものを概日リズム，眠気のリズムやノンレム－レム睡眠周期のように24時間よりも短い周期を示すものをウルトラディアン・リズム，さらに月経周期などのように24時間よりも長い周期を示すものをインフラディアン・リズムとそれぞれよんでいる。

2——概日リズムと内的脱同調

　同調因子を一定にした恒常条件下にあっても，人の睡眠・覚醒や体温リズムは，ほぼ24

時間の周期で変動をくり返すことが，ドイツのアショフ（Aschoff, J.）らによってはじめて証明された。このように恒常条件下でもリズムが存続する状態を自由継続（free run）とよび，その自由継続リズムは24時間ちょうどでないために，体温などの最大値（ピーク値または頂点位相）の出現時刻はしだいに遅くなるか早くなるかであるが，多くのものは24時間より長い周期を示す（図10-1）。その内因性リズムの周期の平均値は約25時間であるために，概日リズム（circadian rhythm）とよばれている（circaは約，dianは1日という意味）。

　概日リズムの特徴は，恒常条件下でフリーランするとともに，リズムの位相を決めている外界の因子（同調因子）の位相を逆転したり，ずらしても，そのリズムの位相がすぐに変化しないことである。このために，時差が7時間あるところに飛行すると体温リズムが現地の生活に同調するのに約1週間を必要とする。また，逆転した環境に同調したリズムがもとの環境に戻ったときにもリズムの周期や位相はすぐには戻らない。また，変則的な勤務生活を余儀なくされる夜勤交代勤務者では，この概日リズムと外界の生活周期との間に「摩擦」が生じ，特別な負担を強いられることになる。

　ところで，恒常条件下で生活していると，5人に1人の割合で内的脱同調とよばれるリズムの解離が観察されることがある。図10-1に示した実験参加者の体温リズムと睡眠リズムは，最初の約2週間は同じ周期でフリーランしているが，3週間目ごろになると，突然睡眠リズムの周期が30時間を超えている。一方，体温リズムは約25時間に近い周期を維持し続けている。内的脱同調が起こる機序は不明であるが，高齢者や，心理テストの神経症スコアが高いグループ，交代勤務からの離脱者などに内的脱同調の頻度が高まることが報告されている。

　こうした内的脱同調の現象から，人では複数の生体時計が存在すると考えられている。1つは体温リズムを駆動するような比較的強固で安定した生体時計（タイプ1）と，いま1つは睡眠・覚醒リズムを駆動するような比較的弱く，不安定な生体時計（タイプ2）である。その他，タイプ1の生体時計に属するものとしては，尿中に排泄されるNa^+，K^+，Cl^-，レム睡眠，血中コルチゾール，メラトニンなどがあり，また後者のタイプ2に属するものとして尿

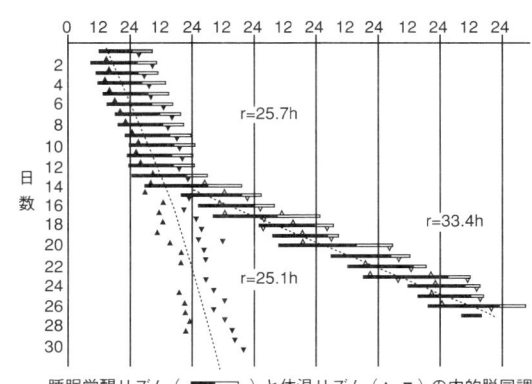

睡眠覚醒リズム（　■　□　）と体温リズム（▲，▼）の内的脱同調
※白棒は睡眠，黒棒は覚醒，▲は最高体温時刻，▼は最低体温時刻

図10-1　恒常条件下における人の睡眠・覚醒リズムと体温リズム（Aschoff, 1965）

中Ca^{++}，ノンレム睡眠や，成長ホルモン，プロラクチンなどのホルモン・リズムがあげられる。

内的脱同調を起こしているときに，体温と睡眠・覚醒リズムを駆動する体内時計は互いに独立しているようにみえるが，体温リズムの位相を基準として睡眠が開始されるタイミングと睡眠時間の長さを調べてみると，この2つの睡眠特性は体温リズムの位相に依存して変化している（図10-2）。すなわち，睡眠開始は体温リズムの下降期に集中し，かつその下降期のはじめに開始した睡眠は，他の位相で開始した睡眠よりも持続時間が長い。これは，内的脱同調時にあっても，睡眠は体温リズムの強い影響を受けていることを示している。

図10-2　恒常条件下における体温リズムの位相に対する睡眠の分布（Zulley et al., 1981）

3 ── 生体時計の局在

生体時計がどこにあるのかは古くから興味がもたれていたが，哺乳類でその場所を特定することが長い間できなかった。しかし，1972年になって，視床下部の視交叉上核を両側性に破壊すると，ラットにみられた副腎のコルチコステロン，活動性および飲水行動の概日リズム周期が完全に失われることが報告された。また，解剖学的研究から，視覚情報経路である網膜−外側膝状体−後頭葉視覚野とは別の光受容経路の発見も，生体時計を特定するのに大きく貢献した。この視神経路は，網膜から直接に視床下部の視交叉上核へ連結する網膜視床下部路である（図10-3）。

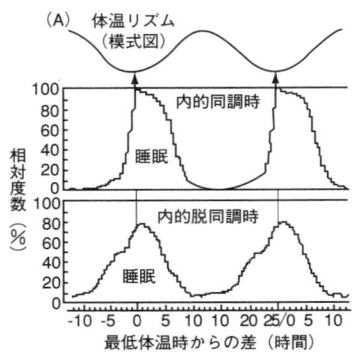

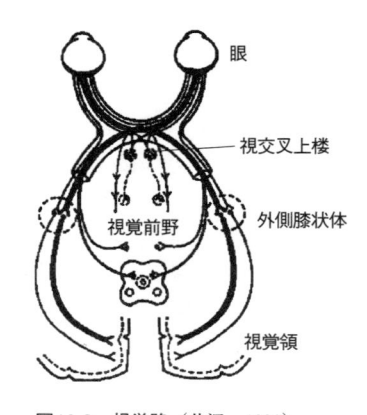

図10-3　視覚路（井深，1990）

同調因子として哺乳類の光の受容は網膜以外になく，しかも網膜から直接，光情報が視床下部へと直結する経路が発見されたのであるから，視交叉上核はにわかに注目を浴び，その後種々の神経学的手法を用いた研究により，生体時計であることが証明された。しかし，睡眠・覚醒リズムを駆動するような第2の生体時計がどこに存在しているのか，現在のところわかっていない。

鳥類以下の脊椎動物では，松果体に概日リズムの生体時計が存在しており，哺乳類ではメラトニン分泌の概日リズムがみられるが，その役割は不明な点が多い。ラットの視交叉上核を破壊すると松果体リズムも消失するので，視交叉上核に存在する生体時計によって駆動されていると考えられている。

4 ── 同調因子

　概日リズムの周期が約25時間であるにもかかわらず，通常の生活では地球の物理環境と同じ24時間で営まれていることは，生体時計が24時間の環境周期にあわせていることを示している。これを，同調という。つまり，人間は地球の自転に規定される24時間の昼夜の周期に適応するために，体内の約25時間リズムを下界の24時間周期に毎日同調させて生活していることになる。1時間ほど微調整する環境要因のことを同調因子といい，人では，2,500ルクス以上の光や社会的接触，運動などが知られている。特に，光条件に限ると，180ルクスから千数百ルクスの照明でリズムに影響を与えるという報告もあるので，室内照明と同程度の光でも概日リズムを変える可能性があることを示唆している。

　ところで，光などの同調因子によって概日リズムの位相が変化するが，どの位相で同調因子に暴露されているのかで，位相変化の反応性が異なることが知られている。特に，光暴露とメラトニン投与による位相反応の形態がよく調べられている。それは位相変化の方向（前進か後退）や大きさ，光パルスが概日リズムのどの位相で照射されたかによって異なり，位相変位の程度を時間軸に沿って表わしたものを位相反応曲線（PRC曲線）とよぶ。図10-4は，人のPRC曲線を示したものである。横軸は最低体温出現時刻（＝0）からの相対的な時間を表わし，（＋）は最低体温の前，（－）が最低体温の後を表わしている。縦軸は位相変位を表わし，（＋）が位相前進，（－）が位相後退を示している。最低体温直後（通常は起床直後に相当）の光パルスにより1～2時間の位相前進が起こり，直前では位相後退が起こっている。したがって，人の場合，約25時間の概日リズム周期が24時間に同調するのは，朝の光が位相前進を引き起こし，概日リズムを毎日地球の自転に伴う24時間にリセットしていると考えられる。したがって，健康面からみても朝の太陽の光に照射されることは，生体時計を24時間にリセットする機能があるので，きわめて重要な要件となる。

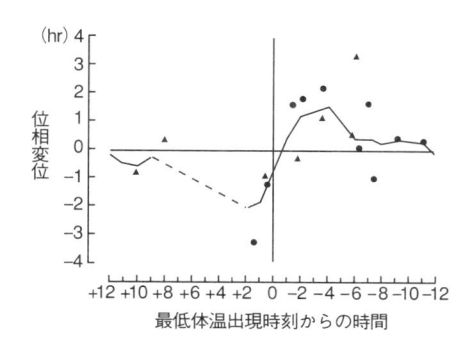

図10-4　人の高照度パルスにおける位相反応曲線
（Minors et al., 1991）

5 ── 加齢と概日リズム

　概日リズムの機能が加齢に伴って変化する原因として，いくつかの要因があげられる。第1に，概日リズムの発振機構である視交叉上核および信号伝達系の加齢に伴う機能低下である。視交叉上核の物理的ダメージによって，リズム周期の短縮や不安定化，振幅減少，位相の前進を生じることが動物実験で報告されている。人でも加齢に伴って視交叉上核の容積や細胞数が減少することが，死後脳の組織病理学的研究から明らかにされており，特にアルツハイマー型痴呆患者群などの中枢神経系では，その変性と脱落はいちじるしいとされている（(図10-5)。また，動脈硬化を基盤とした脳の虚血障害は視交叉上核の求心性および遠心性神経線維を巻き込む可能性が高いので，概日リズム機構の障害要因となり得る。第2に，概日リズムを24時間周期の外部環境に同調させる際に必須な同調機構や出力機構（表現型リズム）の加齢による機能低下がある。視覚障害等による同調因子の入力閾値の上昇や，痴呆高齢者でみられる同調因子の消失の問題等が知られている。高齢者では深部体温やメラトニン分泌リズムの低下などの出力機構の変化が引き起こされることもよく知られている。また，恒常環境下で若年者が約2割，中高齢者の7割以上の者に活動リズムと体温リズムの周期に差があることや，強制的に生活時間帯を移行させた場合に高齢者群では若年者群に比較して，睡眠障害や昼間の眠気の増大が長く続くことなどが報告されている。

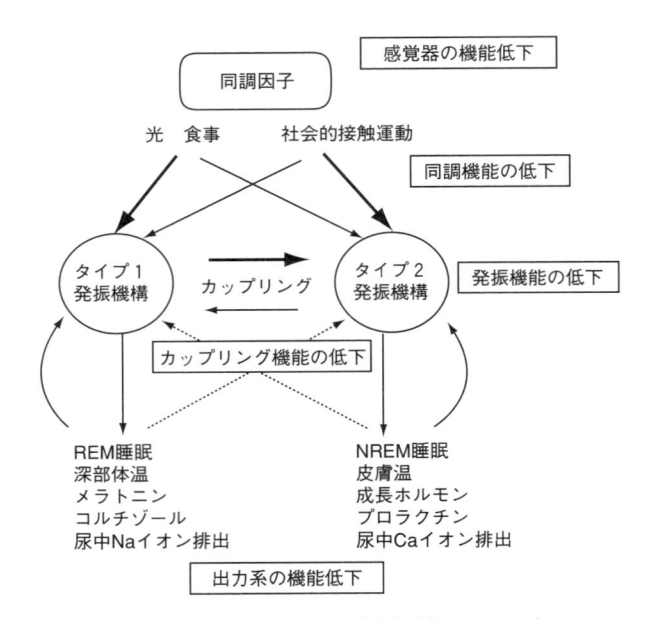

図10-5　高齢者の生体時計機構（白川ら，1999）

一般に高齢者では，退職，核家族化による孤立，施設への入所，運動機能の低下，感覚受容器の機能低下，認知機能の低下などから，同調因子の減弱した環境に陥りやすく，高齢者の概日リズムの調節は容易に障害されやすい。

現在，高照度光に対する概日リズムの位相反応を利用した高齢者の睡眠障害の治療が数多く試みられている。午前8時から11時までの間の任意の2時間に数千ルクス以上の高照度を照射することによって，夜間睡眠が改善されることが報告されている。

6 ── 概日リズム障害

「睡眠障害国際分類」では，睡眠障害は4つの大項目に分けられ，その第1項目の中に「概日リズム睡眠障害」がある。概日リズム睡眠障害としては，時間帯域変化（時差）症候群，交代勤務睡眠障害，不規則型睡眠・覚醒パターン，睡眠相後退症候群，睡眠相前進症候群，非24時間型睡眠覚醒障害，特定不能の概日リズム睡眠障害が規定されている。その代表的ないくつかの概日リズム睡眠障害と気分障害の生体リズムについて，以下に述べる。

(1) 睡眠相後退症候群・非24時間睡眠覚醒障害

睡眠相後退症候群（DSPS）では，睡眠が慢性的に遅れたままで固定化して，努力しても望ましい時刻に入眠できず，かつ早い時刻に起きられない。慢性的に遅れた睡眠スケジュールのために，患者は定刻の始業時刻に出勤・登校できずに，社会への適応レベルを低下させていく（図10-6・左）。

非24時間睡眠覚醒障害（Non-24）は，通常の社会環境のもとで，約25時間の睡眠・覚醒周期を示す障害である。毎日の睡眠と覚醒の時刻が1～2時間ずつ遅れるために，通常の夜間帯に睡眠をとる時期と昼間に睡眠をとる時刻が，2～3週間の間隔で交代して出現してくることが特徴である。このため，昼間に睡眠時間がきているときには覚醒していても眠気が強く，また夜間には不眠がみられ，社会生活に支障をきたすことが多い（図10-6・右）。したがって，Non-24は，外部環境にまったく同調できないために，通常の生活を送っていても，生体時計が発振する約25時間のリズムが，そのまま出現している状態である。

Non-24の患者が治療中にDSPS症状を呈することや，DSPSの患者が一過性にNon-24症状を示すなど，両者の移行がみられることから，両患者は，共通して1日の物理的な明暗周期に生体時計を同調させることができない睡眠相の後退が起こっているのではないかと考えられている。

内閉的な生活を送っている人，自閉症や不登校となって自宅に閉じこもっている子どもにもDSPSやNon-24がみられる。これらの症例では，引きこもりがちな生活から光や社会的同調因子を得にくくなり，生体時計が外界への同調不全を起こしていると考えられている。

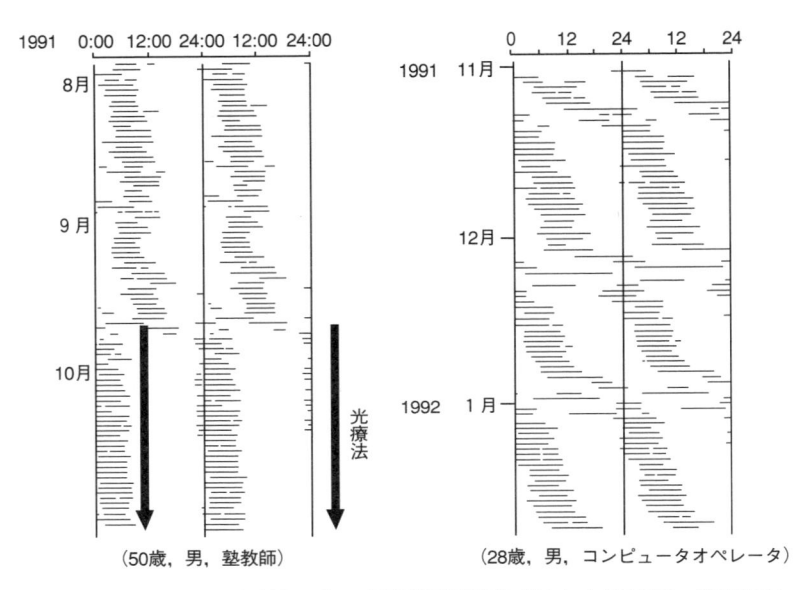

図10-6 睡眠位相後退症候群（左）と非24時間睡眠覚醒障害（右）における睡眠・覚醒リズム
（大川・内山，1998より一部改変）

(2) 時間帯域変化（時差）症候群，交代勤務睡眠障害

　5時間以上の時差のある地域へ急速に移動したときに生じる一過性の心身の不調状態を時間帯域変化（時差）症候群という。いわゆる時差ぼけである。時差ぼけのおもな症状は睡眠覚醒障害で，入眠障害，中途覚醒，昼間の眠気などであるが，その他，作業能率の低下，胃腸障害，疲労感などが出現する。

　時差ぼけは，生体時計と到着地の時刻との間にズレが生じることにより起こり，生体時計およびその生体時計によって駆動されている生体リズムが到着地の時刻に合うまで持続する。人の概日リズム機構は，生体内に深く刻み込まれているため，生体時計が完全に現地の時刻に再同調するまでに数日かかり，その再同調への程度は時差の大きさや飛行方向によって異なる。一般的に，東方飛行のほうが西方飛行よりも，現地への再同調が遅いとされている。その理由として，東方飛行では，本来，人に備わっている約25時間に逆らって位相を前進させなければならないために無理が生じるが，西方飛行では，生体リズムが位相後退を起こしかけているために到着地に適応しやすいと考えられている。

　壮年以上では再同調がより遅くなるので，有効な時差ぼけ対策は，再同調を促進させることである。そのためには，現地時刻の午前中に日光にあたり，身体を動かし，夜間睡眠の質を向上させ，短時間の昼寝などを取り入れることである。

一方，交代勤務睡眠障害は，特に夜勤後に睡眠をとる際に入眠と睡眠維持の困難がみられ，起床後のリフレッシュ感がなく，勤務中の過度の眠気と注意集中維持の困難さを伴うことが多い。夜勤期間では内的脱同調が起こっているので精神的な作業能力の低下が，産業事故などとも直結しており，実際に夜勤者の産業災害発生率が日勤者よりも高く，その経済損失の大きさからみても軽視できない問題である。

夜勤者のおもな症状は，睡眠障害，易疲労感，消化器症状などで，時差ぼけ症状と類似しているが，同調因子の相違によって，夜勤者では夜勤への適応（慣れ）はけっして起こらないことが，時差ぼけと決定的に異なることである。夜勤からの早期離脱が対策の基本となる。

(3) 感情障害と生体リズム

躁うつ病は，早朝覚醒などの睡眠障害を呈することが高いことや，うつ病相において朝方抑うつを主体とする気分の日内変動が存在すること，躁病相とうつ病相の極性変化，発病の周期性，季節性などの特徴を示す。

「睡眠障害国際分類」では，[内科/精神科障害に伴う睡眠障害]の中に分類されている気分障害も古くから生体時計機構の異常と想定されてきたが，実証性に乏しいものであった。その後，臨床時間生物学の進歩により，躁うつ病の病因として生体時計の異常が注目され，さまざまな仮説（位相前進仮説，生体リズム振幅低下仮説，位相不安定仮説など）が提唱されて，さまざまな生体リズムが測定されるようになってきた。これまでのところ，躁うつ病にみられるこれらの生体リズムの障害が，この疾患の本質なのかあるいは二次的な現象であるのかに関しては十分に明らかにされていない。しかし，近年では，感情障害の一亜群である季節性感情障害において，生体リズムの同調促進作用を有する光療法が有効であることが広く知られるようになり，感情障害と生体リズム異常の関連についての関心をいっそう喚起されつつある。

2節 ◆ 睡眠と健康

1——睡眠の役割とその機能

睡眠は，地球上のすべての生物にみられる活動と休息のリズム現象を基に，大きく発達した大脳をうまく休ませる機能を拡充するために発達してきた生命現象である。したがって，睡眠は単なる活動停止の時間ではなく，高度な生理心理機能に支えられた積極的な適応行動であり，生体を防御する機能でもある。とりわけ，発達した大脳をもつ人間にとっては，睡眠の良否が高次の情報処理能力を左右することになり，ひいては質のよい生活をも保障することになる。

日々の睡眠が不足した状態が続いたり，睡眠を剥奪された場合には，精神機能に対して重大な影響を及ぼすことが知られている。日中に耐えがたい眠気に襲われ，突然，微小睡

眠（micro sleep）といわれるような30秒～1分程度の単時間の居眠りが頻回に出現し，作業能率の低下，特に注意力や記憶力・判断力を要求される複雑な作業の能率が低下し，ヒューマン・エラーにもつながり事故の発生率を大きく上昇させることが指摘されている。また，睡眠が不足した状態では，社会的協調性や気分の低下がもたらされ，ささいなことでも過度に反応し，対人関係が悪化し，一部のものでは錯覚や幻覚，被害妄想が出現することもある。レム睡眠のみを選択的に剥奪した動物では，学習機能がいちじるしく低下することから，レム睡眠には不必要な記憶を消去したり，必要な記憶を整理して固定したりする機能があることが明らかにされてきた。このように睡眠不足は，種々の高次中枢機能の低下を招き，作業能率の低下や作業ミスの増大といった行動面の影響となって現われ，さらには，対人関係や気分の悪化を引き起こすことになる。

レム睡眠中には自律神経系に乱れが生じ，心拍数や心拍出量，血圧が不規則に変動する。レム睡眠中に起こるこのような自律神経系の乱れは，虚血性心疾患や脳血管疾患の発症の引き金になる。また，睡眠中の前半に大量に分泌されるホルモンの代表的なものとしては成長ホルモンがある。成長ホルモンは，成長促進だけでなく身体の疲労回復や損傷の修復にも重要な役割を果たしている。

プロラクチンと性腺刺激ホルモンも睡眠中に分泌され，前者は乳汁分泌をうながし，成長ホルモンと同様に身体の修復機構と関連し，後者は生殖器の成長や第二次性徴の出現に直接かかわっている。またコルチゾールも覚醒直前に副腎皮質から大量に分泌し，ストレス状況下や緊急事態に対応するために利用できるエネルギーを体内に準備する。また，ストレス状況下の反応で，胸腺萎縮を伴い免疫力低下をもたらされることがよく知られている。また，風邪に感染したときには，免疫機能が活性化されて白血球から放出されるサイトカインがウイルスの増殖を抑え，同時に中枢に作用して発熱をうながすとともに深い睡眠を増加させる。その結果，成長ホルモンが分泌して身体の回復を促進させている。

動物を3～5週間，睡眠剥奪すると食物摂取量は増大するにもかかわらず，体温低下や体重減少，免疫機能の低下などが起こって衰弱死していくことや，睡眠障害によって，生活習慣病を増悪させる重要な危険因子になることなどが報告されている。

したがって，睡眠は，意識・集中力・記憶の維持，学習機能，生体リズムの保持，生体の修復機能と免疫機能の保持，正常な発達と老化，ストレス解消などに大きな役割を果たしているといえよう。

2 ── 睡眠の種類

睡眠研究では，脳波，眼球運動，骨格筋の筋電図を記録し，それぞれの活動パターンを総合して眠りの深さや状態を判定する。睡眠時に複数の生体現象を同時に記録する方法を睡眠ポリグラフ法という。現在，睡眠の分類には，国際的に通用しているレヒトシャッフェンとケールズ（Rechtschaffen-Kales）の基準がある。この国際分類によると，レム睡眠とそれ以外のノンレム睡眠の2つに大きく分けられる。入眠からおよそ90分の周期でノ

ンレム-レム睡眠が1つの睡眠構成単位（睡眠周期）となって4〜5回くり返される。

レム睡眠では，眠っているにもかかわらず眼球が急速に動き，骨格筋の筋緊張が消失し，そして脳の活動は活発に働きθ（約4〜7Hz）波やβ（約14Hz以上）波が出現している（図10-7）。睡眠中に起こして夢見との関係を調べた研究では，ノンレム睡眠よりもレム睡眠のときに起こすと夢見の回数が多く，また鮮明で視覚的な夢を多くみていることが報告されている。レム睡眠の役割は，脳からの運動の指令を遮断し，筋の緊張を積極的に抑制し，外部の昼夜リズムにあわせて運動器を休めることにあるといえよう。

ノンレム睡眠は，脳の休息の度合いによって4段階に分けられる。浅い眠りの段階1，中等度の眠りである段階2，深い眠りであ

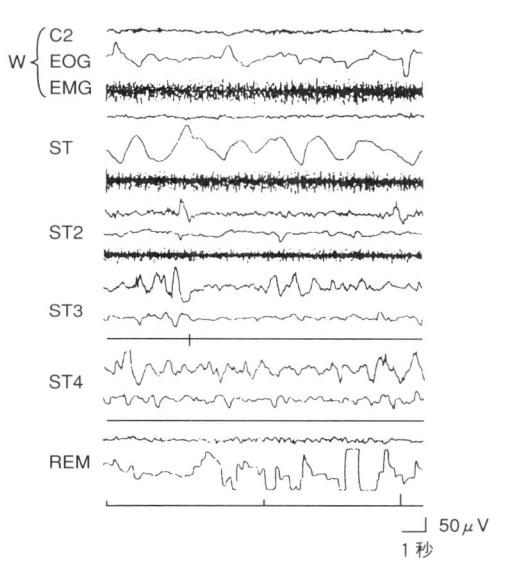

Czは登頂中心脳波，上段から覚醒（W），段階1（ST1），段階2（ST2），段階3（ST3），段階4（ST4），段階レム（REM）の純で示している。

図10-7　覚醒と各睡眠段階の脳波（Cz），眼球運動（EOG），筋電図（EMG）（阿住，1982）

る段階3と段階4があり，目覚めにくさと関係している。なお，2Hz以下の周期で75μV以上の電圧を示す大徐波（δ波）が判定単位時間（20秒か30秒間）の20％以上を占める場合を段階3，50％以上の場合を段階4としている。この2つの睡眠をあわせて徐波睡眠という。大脳は大量のエネルギーを必要とする上に，疲弊しやすいため，高次の機能を維持するには十分な休息が必要になる。高等な動物ほど深いノンレム睡眠がよく発達している。こうしたことから，ノンレム睡眠，特に徐波睡眠の意義は，限られた時間内に効率よく脳を休ませることにあると考えられている。

健康人の夜間睡眠であれば，覚醒状態から徐々に段階1，段階2，段階3，段階4，そして再び段階3，段階2と変化し，最初のレム睡眠に移行する。その後もノンレム睡眠とレム睡眠が規則的に4〜5回出現する。また徐波睡眠は睡眠の前半3分の1に多く，レム睡眠は睡眠の後半3分の1に多く分布するリズムがある（図10-8）。この2つの睡眠の性質を昼間の睡眠と含めて検討すると，レム睡眠には早朝から午前中にかけて出現量が多くなるという時刻依存性があるのに対して，徐波睡眠には入眠までの覚醒時間の長さに依存

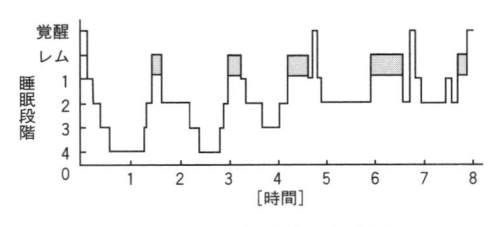

図10-8 睡眠段階の時間変化

して多くなる性質がある。

3 ── 睡眠のメカニズム

　脳の中には能動的に睡眠を引き起こすための中枢がある。ノンレム睡眠とレム睡眠の神経機序の大部分は，間脳・中脳・橋・延髄などの脳幹部にあり，大脳を休息させるための働きをしている。現在のところノンレム睡眠の神経機構は，動物の脳破壊実験や電気刺激実験から，視床下部前部の視索前野と，その前方の前脳基底部に，また延髄網様体にもノンレム睡眠の発現に関与する神経機構が存在していると考えられている。レム睡眠に関連した神経機構の大部分は，青班核複合体や延髄網様体諸角に分布していることが明らかになってきている。

　さらに，睡眠を引き起こし，また調節するための2つのメカニズム，すなわち恒常性維持機構と前述した体内時計機構が，共同して働いていることが明らかにされてきた。睡眠を剥奪した実験や，長い不眠が続いた直後には，深い睡眠が早く発生し長く続き，失われた睡眠を取り戻す機構が備わっている。深い睡眠中では成長ホルモンなど，さまざまなホルモンが分泌され，身体の疲労回復と修復機能，免疫機能の維持に大きな役割を演じている。覚醒中には体内に睡眠促進物質が蓄積し，その物質が多くなると睡眠欲求を上昇させるような恒常性維持機構が働くと考えられている。睡眠不足に陥った場合に，この恒常性維持機構が深い睡眠を取り戻し，睡眠の質や量を調節している。このように恒常性維持機構は時刻とは関係なく覚醒していた時間の長さによって規定されているのに対して，体内時計機構は時刻依存性の調節である。十分に睡眠をとった翌日も，夜のある時刻になると眠気が起こってくることや，また，徹夜中の真夜中には耐え難い眠気に襲われるが，体温リズムが上昇する時期の朝方になると一時的に眠気がやや減少することも経験する。これは，徹夜中とはいえ睡眠が起こるタイミングが体内時計の制御を受けているためである。自律神経系，内分泌系，免疫・代謝系などと種々の機能は体内時計によって制御を受けているが，睡眠・覚醒もまた同様である。朝の光を浴びることで約25時間の睡眠・覚醒の内因性の周期をリセットして，1日の生活に適応している。このように，睡眠と覚醒は，恒常性維持機構と体内時計機構との異なる2つのメカニズムによって制御され，1日の正常な睡眠・覚醒サイクルをつくり出している。

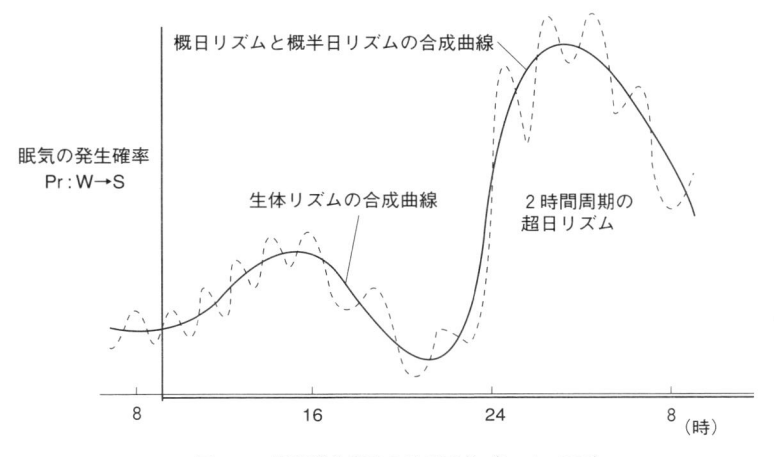

図10-9 睡眠発生確率の時間変化 (Lavie, 1985)

　24時間における眠気がどのような変動を示すかを検討したものを睡眠傾向曲線という。そこで7分間の睡眠と13分間の覚醒期を組み合わせ20分間の睡眠−覚醒を1単位として，24時間にわたって72回くり返して，眠気を測定する。このような方法は超短縮睡眠覚醒スケジュール法とよばれている。眠気が強く，睡眠の必要性が強いときには7分間の睡眠期で大部分が睡眠で占められ，逆に眠気がなく睡眠が必要でないときには睡眠期に入っても眠ることは少なくなる。このように，20分ごとに7分間の睡眠期をもうけ，そこに現れた睡眠の長さから潜在的な睡眠発生確率を推定しようとするのが，睡眠傾向曲線である（図10-9）。これには，約24時間の概日リズムと，約12時間周期の概半日リズムおよび約2時間周期の超日リズムがみられる。概日リズムで起こる眠気は，早朝の4～6時ごろに最大値をとる。概半日リズムは「約半日リズム」とか「潮汐リズム」と訳されているもので，15時～16時にかけて中程度の眠気のピークがみられる。ヨーロッパの温暖な地域では，大人も子どもも14時ごろから2時間程度のシエスタとよばれる昼寝の習慣がある。図10-9の太い実線の上に破線で示したリズムが超日リズムであり，眠気のリズムとしては振幅も低く，影響力はあまりないが，単調作業では影響力を発揮することがある。レム睡眠の発見者クレイトマン（Kleitman, N.）は，この小刻みな睡眠・覚醒リズムは，最も基礎的な休息−活動周期であると考え，基礎的休息−活動サイクルを提起している。

4──睡眠の発達と老化

　睡眠には，年齢によって大きく差がある。人の乳児では生後約1か月は明らかな睡眠と覚醒の時間帯がなく，短い睡眠と覚醒の時間帯が交互にくり返される超日リズムが主体であるが，それを過ぎるころから徐々に覚醒している時間帯と睡眠をとる時間帯が分かれて

くる（図10-10）。この時期には睡眠・覚醒の自由継続リズムを示す乳児もみられる。胎児期と新生児期の睡眠脳波は成人と異なるので動睡眠と静睡眠に分類されているが，やがてレム睡眠とノンレム睡眠へと分化される。このほか動睡眠と静睡眠のいずれにも区別できない「不定睡眠」があり，両者の移行期にみられる。この時期の睡眠が未熟なので，脳が発達途上にあるからと考えられている。やがて生体時計の成熟に呼応して，睡眠は24時間周期の昼夜リズムと同調できるようになり，その時期は生後2か月前後とみられているが，個人差も大きい。

1日あたりの総睡眠時間は，新生児で16～17時間，4か月齢で14～15時間，12か月齢で11～13時間，幼児期で10～11時間，学童期では8.5～10.5時間としだいに短縮していくが，その減少はおもに昼寝によるところが大きい。昼寝は生後7か月齢ごろから午前と午後に1回，2歳を過ぎるころから午後1回となり，5～7歳ごろになると急速に消失する。

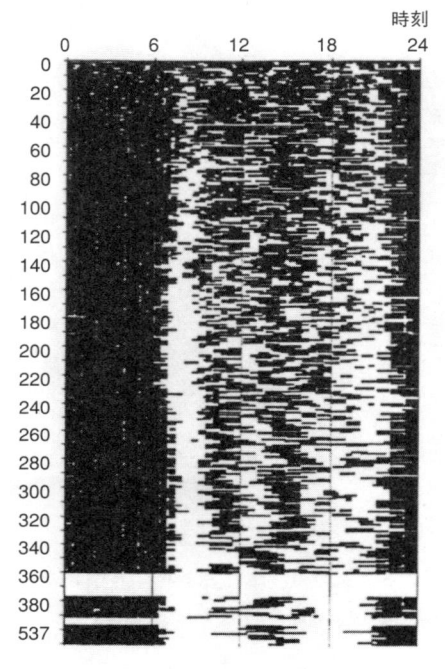

縦軸は出産直後の日数，横軸は時刻，黒帯は睡眠，白帯は覚醒

図10-10　出産直後からの睡眠覚醒パターン

2歳以上の幼児ではノンレム睡眠が先行し，レム睡眠が後続するようになる。睡眠周期も完成し，その周期もしだいに長くなり，5～10歳にかけて約90分周期におちついていく。また全睡眠に占めるレム睡眠の割合は急激に減少するのに対して，幼児期から学童期にかけてはノンレム睡眠，特に徐波睡眠が多くなるので生涯のうちで最も睡眠を発生する「睡眠圧」が高まる時期でもある。

思春期や青年期にかけては，生活スタイルの変化や通塾などの人為的影響によって就寝時刻が最も遅くなり，総睡眠量も減少するが，個人差も大きくなる。いわゆる，朝型，夜型といわれる生活習慣パターンも，この時期に両者の相違が最も明確になり，特に夜型で睡眠時間の短縮と不規則な生活パターンも顕著となる。しかし，日中の覚醒時間が長くなることや，睡眠不足を睡眠の質で補う機能（恒常性維持機能）などによって，徐波睡眠の量については，朝型と夜型で差はみられない。

中高年期に入ると概日リズムの発振機構や同調機能の低下によって睡眠リズムの位相は

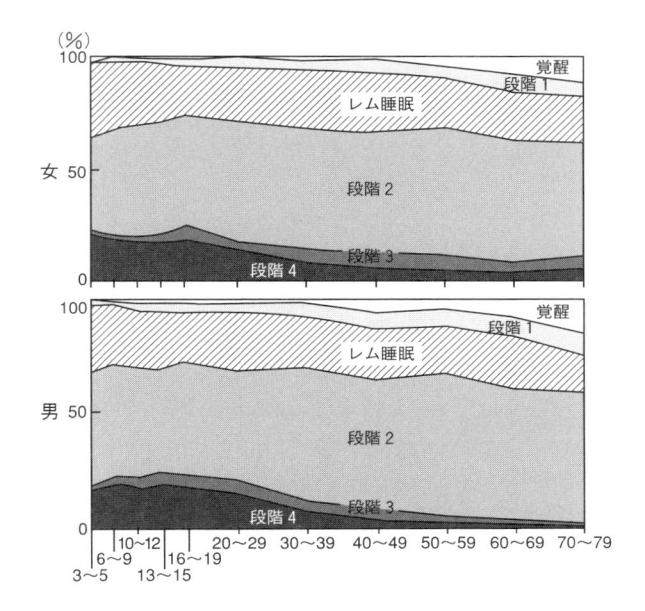

図10-11 各睡眠段階出現率の年齢変化（Spiegel, 1981）

前進し，概日リズムの振幅が低下し，中途覚醒が多くなり，徐波睡眠は減少してくる。夜間睡眠が悪化することや社会的な拘束が緩むこともあって，昼寝や居眠りをすることが多くなるのも高齢者の特徴である（図10-11）。こうした加齢による変化は，睡眠の必要性が低下するというよりも，良質な睡眠をとりにくくなり，睡眠を維持する機能が低下してくるためといえる。したがって，高齢者では概日リズムと睡眠維持機能の両者が低下するために，さまざまな睡眠障害がふえてくる。

5 ── 睡眠障害

睡眠障害の症状は，不眠，過眠，概日リズム睡眠障害，睡眠随伴症の4つに大きく分類される。概日リズム睡眠障害についてはすでに前節で述べた。

不眠とは，寝つきが悪い，入眠潜時の延長などの入眠障害，何度も目が覚めるなどの睡眠維持障害，眠りが浅く熟眠感がないなどの熟眠障害，早朝に目覚めて再入眠できない早朝覚醒などの症状である。過眠とは，夜寝ているにもかかわらず，昼間に眠い，耐え難い眠気のために眠ってしまうなどの症状がある。また夜間の不眠が日中の眠気を増大させることになるので，過眠と不眠は表裏一体の関係にある。睡眠随伴症は，睡眠中に起こる異常行動による睡眠障害で，「国際睡眠障害分類」ではさまざまなものが提案されている（悪夢，夢遊病，夜驚症，レム睡眠行動異常など）。

不眠を持続期間からみると，数日から3週間以内の不眠を短期不眠といい，多くはストレスや環境の変化，あるいは急性の身体疾患が原因となる場合が多い。1か月以上持続する場合に問題になることが多く，詳しい専門的な検査が必要になってくる。

厚生省精神・神経疾患研究委託費による睡眠障害研究班の調査報告（大川，1996）によると，外来患者の5人に1人が何らかの睡眠障害を抱え，しかも1か月以上持続する長期不眠は男性で11.0%，女性で12.1%，特に50歳代で15%を超え，60歳代の女性では長期不眠者は20%を超える高い頻度を示している。

「睡眠障害国際分類」では，睡眠障害が4つの大項目に分けられ，合計するとその数は88種にもなる。ここでは，代表的な睡眠障害についてのみ以下に簡単に紹介する（表10-1）。

表10-1　睡眠障害国際分類
1．睡眠異常
　A．内因性睡眠障害（精神生理性不眠，ナルコレプシー，睡眠時無呼吸など）
　B．外因性睡眠障害（環境因性，薬剤性，アルコール性など）
　C．概日リズム睡眠生涯（時差症候群，交替勤務睡眠障害，睡眠相後退症候群など）
2．睡眠時随伴症状
　A．覚醒障害（錯乱性覚醒，夢遊病，夜驚症など）
　B．睡眠・覚醒移行障害（律動性運動障害，夜間下肢こむらがえし，寝言など）
　C．レム睡眠関連睡眠時随伴症（レム睡眠行動異常など）
　D．他の睡眠時随伴症など（歯ぎしり，夜尿など）
3．内科／精神科的障害関連睡眠障害
　A．精神障害関連（統合失調症，感情障害，神経症など）
　B．神経学的障害関連（大脳変性疾患，脳血管障害など）
　C．他の内科的障害関連（睡眠喘息，消化器潰瘍，夜間心虚血など）

(1) 精神生理性不眠

不眠症の中で最も多いのは，心理的原因による精神生理性不眠である。この基本的特徴としては，慢性の精神的不安・緊張と条件づけという2つの要因によって引き起こされる。前者の要因は明確な不安として自覚的に感じるよりも，生理的現象として現われる症状が先にたち，おちつきがなくなる，筋緊張による頭痛，肩こり，過度の覚醒状態などの症状として発現する。短期不眠は急性のストレスによって引き起こされる代表的な不眠症であるが，長期不眠の場合は本人が自覚していない日常的なストレスが不眠を持続していることもある。

不眠の原因となる条件づけとは，休養・ストレス解消のために眠ろうと努力しても眠れず，それがいっそうストレスを助長していく，という悪循環となって，不眠に対する条件反射が成立していく。したがって，不眠を引き起こすメカニズムは，精神緊張，不安，恐怖，興奮などの社会的ストレッサーによる情動的ストレスは，情動中枢を興奮させ，ここ

からの信号伝達が覚醒系に伝えられ，その興奮が睡眠系中枢の働きを抑制して睡眠が障害される。

(2) ナルコレプシー

「居眠り病」ともいわれるナルコレプシーの基本的な症状は，居眠りするとは考えられない状況下で，日中の耐え難い眠気と10分〜20分の居眠りをくり返して生じることである。このときに情動性脱力発作やレム睡眠にまつわる睡眠麻痺と入眠時幻覚を伴う。情動性脱力発作（カタレプシー）とは発作性に起こる全身，または身体の一部に限局する筋緊張の低下あるいは消失であり，2分から数分持続し，回復は速やかである。発作中の意識は清明で，はなはだしい場合には姿勢筋の消失のため転倒しケガを負う場合がある。怒り，笑い，驚き，喜びなどの感情の動きによって誘発されることが多い。また，睡眠発作とは，入眠時に生じる一過性の全身脱力感の症状である。体を動かすことも，声を出すこともできない，いわゆる「金縛り」の状態となり，このために強い恐怖を体験することが多い。入眠時幻覚とは，睡眠開始時に起こる鮮明な知覚体験のことで，不安や恐怖を伴うことが多く，銃で撃たれたり，猛獣に襲われたり，空を飛んだりするような幻覚を体験する。睡眠麻痺と入眠時幻覚の両者は，つねに入眠時のレム睡眠に一致して出現する。

ナルコレプシーは10代に発症することが多く14歳ごろにピークがあり，一般人口の有病率は欧米で0.02〜0.04％，わが国では0.16〜0.59％との報告がある。

(3) 睡眠時無呼吸症候群

睡眠時無呼吸症候群は，睡眠中の呼吸障害によって覚醒反応が起こるために，睡眠が浅く細切れになり，昼間には傾眠状態になることを特徴とする疾患である。本疾患の定義としては，「7時間以上の夜間睡眠中に，10秒以上の換気停止が少なくとも30回以上出現し，かつ反復する無呼吸のエピソードがノンレム睡眠期に認められるもの」とされている。睡眠時無呼吸症候群には「閉塞性」，「中枢性」，そして両者の混合する「混合性」の3種類がある。

閉塞性睡眠時無呼吸症候群は，睡眠中に特徴的な激しいいびきをかき，短いあえぎも出現することがある。目覚めたときには，爽快感がなく，見当識障害，頭がはっきりしない感じ，運動失調を訴えるのが特徴である。日中の過度の眠気のために，活動能力が低下し，失職したり，事故やケガを生じたり，家庭内の不和や学業成績の低下，性欲の減退などを招いたりする。また夜間の低酸素血症を長期間くり返すことによる心循環器系の合併症として高血圧，狭心症，心筋梗塞，脳梗塞を生じ，時には突然死にいたることもある。

閉塞性睡眠時無呼吸症候群は，肥満体の中年男性に最も多く出現し，体重の増加に伴って症状も悪化していく。発症率は一般人口の1％以上で，特に中年期に多く，30〜60歳の男子では4％，女性では2％前後とみられている。

(4) その他の睡眠障害

　高齢者の多い睡眠障害としては，上述した精神生理性不眠，睡眠時無呼吸症候群や前節で述べた概日リズム睡眠障害のほかに，周期性四肢運動障害（PLMD），むずむず脚症候群（RLS）などがある。

　PLMDは，夜間睡眠中に片側あるいは両側の足関節の背屈運動を主体とする周期的な不随意運動が反復して起こるために，不完全な覚醒反応や中途覚醒が生じ，睡眠が中断される疾患である。周期性の四肢運動は段階1に入るとすぐに出現しはじめ，段階2で頻繁に出現するが，その原因はよくわかっていない。一般人口での有病率は1～4％といわれ，加齢に伴って増加し，60歳以上では3～4％に達するともいわれている。

　また，RLSは，入眠前に，下肢の奥深くに耐え難い異常な感覚，すなわち，痛い，不快な，虫が這う，むずむずする，ひっぱる，ちくちくする，ひりひりする，むずがゆい，などがあるために，下肢を動かすので入眠が妨げられる疾患である。下肢を動かせばこの異常な感覚は軽減ないしは消失するが，運動を止めるとまた異常な感覚が再開するのが大きな特徴である。発症のピークは中年期で，女性に多く，人口の約5％に発現するという報告もある。

6 ── 睡眠衛生

　睡眠は，生体時計の働きと睡眠の機能がバランスよく働き，また恒常性を保つことが安定した睡眠を維持していくことになる。快適な睡眠が維持されると，健康が維持・増進され，ストレスへの心身影響を少なくし，身体の防衛機構や回復機能を維持する働きをもっている。厚生労働省精神・神経疾患研究委託費／睡眠障害の診断・治療ガイドライン作成とその実証的研究班（大川，2005）によると，睡眠障害への対処として12の指針を提案している。それは以下の通りである。

①睡眠時間は人それぞれ，日中の眠気で困らなければ十分：睡眠時間の長さには個人差が大きく，季節によっても変化するので，8時間睡眠にはこだわらないこと。
②刺激物を避け，寝る前には自分なりのリラックス法を：就床前4時間のカフェイン摂取，就床前1時間の喫煙は避けること。軽い読書，音楽，ぬるめの入浴，香り，筋弛緩トレーニングなど推奨できる。
③眠たくなったら床に就く，就床時刻にこだわり過ぎない：眠ろうとすると意気込みが頭をさえさせ寝付きを悪くする。
④同じ時刻に毎日起床：早寝早起きでなく，早起きが早寝に通じる。週末に遅くまで床で過ごすと，リズムが乱れ，月曜日の朝がつらくなる。
⑤光の利用でよい睡眠：目が覚めたら日光を取り入れ，体内時計をスイッチオン，夜は明るすぎない照明にすること。
⑥規則正しい3度の食事，規則的な運動習慣：朝食は心と体の目覚めに重要，夜食はご

く軽く，運動習慣は熟睡を促進する。
⑦昼寝をするなら，15時前の20〜30分：長い昼寝はかえってぼんやりのもと，夕方以降の昼寝は夜の睡眠に影響する。
⑧眠りが浅いときは，むしろ積極的に遅寝・早起きを：就床で長く過ごしすぎると熟睡感が減少する。
⑨睡眠中の激しいイビキ，呼吸停止や足のぴくつき・むずむず感は要注意：背景に睡眠の病気，専門治療が必要である。
⑩十分眠っても日中の眠気が強いときは専門医に：長時間眠っても日中の眠気で仕事・学業に支障がある場合は専門医に相談し，車の運転に注意すること。
⑪睡眠薬代わりに寝酒は不眠のもと：睡眠薬代わりの寝酒は，深い睡眠を減らし，夜中に目覚める原因となる。
⑫睡眠薬は医師の指示で正しく使えば安全：一定時刻に服用し就床，アルコールとの併用をしない。

3節 ◆ ストレスと健康

　ストレスということばほど，洋の東西を問わず世界に通じることばは少ない。それは，とりもなおさずストレスが現代を象徴することばであり，それだけ必要なものであったのであろう。なぜ現代社会で必要なことばなのだろうか。いうまでもなく現代はストレスの時代であり，それが人の健康を脅かすからである。
　本節では，われわれをとりまく環境から生じるストレスが心身の健康に及ぼす過程，すなわち生理的および心理的ストレスのメカニズムと，ストレス緩和策などを中心として概説したい。

1 ── ストレス研究の始まり

　ストレス研究に大きな影響を与えた先駆者としては，ベルナール（Bernard, C.）とキャノン（Cannon, W.）があげられる。ベルナールは，外部環境が変化しても内部環境（血液・リンパ液の性状など）が一定に保たれていることが健康維持や生命保持の上からも重要であるという概念を提唱した。彼が著わした「実験医学序説」（Bernard, 1865）は，実験医学のバイブルともいえるものであり，現代の研究でも十分に通用する基本的命題で貫かれた名著である。ベルナールは，外部環境の変化に応じて内部環境が動的に一定の水準を保つ働きがあることを提唱したが，後に，この現象をキャノンは恒常性維持機能とよんだ。
　キャノンは，強烈な不安・恐怖・怒りなどの生命の危機に瀕する緊急場面に遭遇したときに（イヌと対峙したネコ），動物は，生き延びるためにあらゆる力を振り絞って敵と闘うか，または逃げ出すか（闘争か逃避）のどちらかの道を選択しなければならない。その緊急事態に闘争か逃避のいずれにも対応できる統一された心身の一連の反応を緊急反応と

命名した。この緊急反応時には，筋肉活動を最大限に使わなければならないので，代謝機能が促進されて脈拍・呼吸・血圧の増大，消化・吸収の抑制，瞳孔の散大，手足の発汗促進などの生理的現象が引き起こされる。緊急事態には，交感神経系とアドレナリンの働きが重要になるため，情動－交感神経系学説ともいわれている。

2 ── セリエのストレス学説

　本来，ストレス（stress）ということばの語源は，工学や物理学の領域で使われ，もともと外から力を加えられたときに生じる物体の「歪み」を意味していた。これをカナダの生理学者セリエ（Selye, H.）は，環境刺激に対して生体が示す反応に用いた。厳密にいうと，生体側の変化がストレスであり，ストレス状態を生じさせる刺激はストレッサーとよんで区別している。

　セリエは当初，感染症患者の初期症状として発熱，脾臓や肝臓の肥大，扁桃腺の炎症などが共通してみられること，ついで新種の性ホルモンを発見するために卵巣や胎盤，脳下垂体などの抽出物を注射した動物から，①副腎皮質の肥大，②胸腺・リンパ節・膵臓の萎縮，③胃・十二指腸の出血と潰瘍などの症状が観察されること，さらに劇物であるホルマリン実験でも，またその後の熱刺激や寒冷刺激，振動，過剰な運動などのまったく異なる刺激実験でも同様の生体変化が生じることを明らかにした。

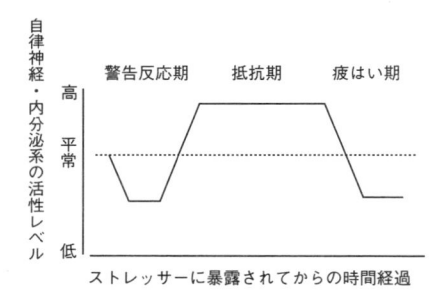

図10-12　全身適応症候群の経過プロセス
（Selye, 1976より一部改変）

　こうした実験結果からセリエは，人間をはじめとした動物では，それらにとって有害な環境に暴露されると，どのような種類の環境であっても3つの症状を示すことから，①これらの症状は有害環境によって起こるという点では一致していても，有害環境に対応した特別な症候ではないこと，②また，これらの3つの症候は，あらゆる有害環境におかれた，あらゆる生体に共通する一般的症候群であること，の2点を明らかにし，このような症候群を非特異的症候群または全身適応症候群と命名した。

　セリエは，さらに有害刺激が加わり続けたとき，時間経過とともに生体反応がどんな変化をするかを検討した。それによると，有害刺激を受けてからの時間経過には，3つの時期があることを明らかにした（図10-12）。第1は「警告反応期」，第2は「抵抗期」，第3は「疲はい期」である。この3つの時期をもう少し詳しくみると，次のような特徴がある。

① 「警告反応期」は，突然ストレッサーにさらされたときの反応でショック相と反ショック相に分かれる。ショック相は急激にストレッサーにさらされるため，生体はショックを受けた状態で，体温や血圧・血糖が下がり，神経系の活動は抑制され，筋緊張は低下し，胃腸に潰瘍ができる。一方，反ショック相では，ショック相から徐々に立ち直り反対の反応が起こる。体温・血圧・血糖値が上がり，神経系の活動が強まり，筋肉の緊張が増していく。

② 「抵抗期」は，反ショック相でのストレッサーが消滅しない場合，反ショック相の徴候はしだいに強化されて，副腎皮質の肥大化が起こる。抵抗しているストレッサーに対しては一応の安定が確保され抵抗力も強いが，他のストレッサーに対しては抵抗力が弱まっている。

③ 「疲はい期」では，さらにストレス状態が続くと，生体はそれ以上の適応状態を維持できなくなり，破綻する時期に入る。いわゆる「へばり」の時期ともいえる。生体がストレッサーにさらされた場合，生体の抵抗力がストレッサーに打ち勝つことができれば，生理的反応はしだいにもとの状態に復するが，ストレッサーが強力であり慢性的に持続すると，生体はもはやそれに抵抗できなくなって疲はい期に移行し，神経系，内分泌系，免疫系をはじめとする身体的疾患へと罹患する可能性が高まる。

セリエの提唱したストレス学説は，1936年「ネイチャー」に発表して以来，さまざまな学問領域におけるストレス研究の発展の基礎を築いた。1955年には，セリエはアメリカ心理学会の依頼によって招待講演を行なっている。

3 ── 心理的要素とストレス

セリエのストレス学説は，基本的には生理的ストレスのメカニズムに焦点が当てられたものであって，ストレス過程における心理的要素についてはほとんど考慮されていなかったといえる。しかしながら，その後の研究によって，ストレスの発生過程に心理的要素が重要な役割を果たすことなどが明らかにされてきた。

たとえば，ウェイス（Weiss, 1972）は，胃潰瘍の発生をストレス状態の強さの指標として心理的ストレスの実験を動物（ラット）で行なった。トライアデイック・デザインとよばれる方法を用いて，図10-13のように3匹1組となったネズミをプラスチックの箱の中に24時間から48時間にわたって拘束した。(A)のネズミは，一定の時間ライトがつき，ブザーがなったら電撃がくるが，円盤を1回押し下げることで尻尾に与えられる電撃を回避できる。つまり電撃というストレスをコントロールすることができる。(B)のネズミは，まったく同じ条件であるが，円盤を下げても電撃には何ら影響しない。しかも尻尾の電極は(A)のネズミと直列につないでいるために，(A)のネズミが円盤を押してうまく電撃を止めてくれれば電撃を受けなくてすむし，(A)のネズミが円盤を押しそこなえばそのたびに電撃を受けなければならない。つまり(A)と(B)のネズミは，どちらも同じ条件にお

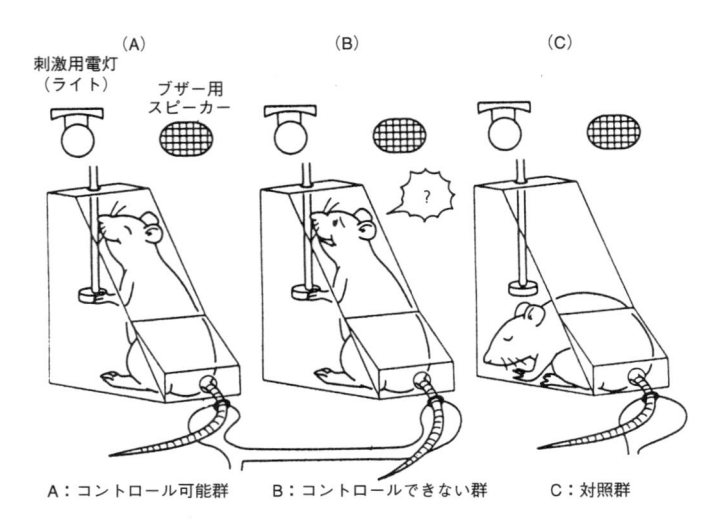

```
              (A)              (B)              (C)
   刺激用電灯
   （ライト）  ブザー用
            スピーカー

   A：コントロール可能群    B：コントロールできない群    C：対照群
```

図10-13　ストレッサーのコントロール可能性をテストしたトライアディック・デザイン
（Weiss, 1992）

かれ，同じだけの電撃を受けているが電撃をコントロールできるかできないかという心理的要素が違うだけである。(C)のネズミは，箱には入れられているが電撃は受けることはまったくない。

胃潰瘍の発生数をみると，(C)のネズミには胃の変化がほとんどないのに対して，電撃に対して何らコントロールできなかった(B)のネズミの胃潰瘍の発生数が最も多く，また電撃をコントロールできる(A)のネズミにも胃潰瘍が発生したが，(B)のネズミに比べてその発生数はかなり少なかった（図10-14）。

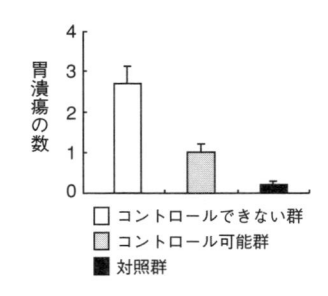

図10-14　ストレッサーに対してコントロール可能・不可能な条件下におけるラットの胃潰瘍発生数
（Weiss, 1972）

また，フランケンホイザー（Frankenhaeuser, 1986）は，さまざまなストレス状況を設定し，分泌されるホルモンを測定したところ，努力が要求されるストレス状況下と予測不可能なストレス状況下とでは，ストレス指標であるアドレナリンやコルチゾールの分泌パターンが異なることを報告していた。

これらの研究ではストレッサーに対してコントロールできるのかどうか，予測可能かどうか，努力が要求されるのか否かといった心理的要素によって，生理学的変化の相違が生

じることを示しており，ストレス過程を理解する上で心理的要素の重要性を示唆している。

4 ── ラザルスの代理ストレス研究

このような知見を踏まえて，ストレッサーに対する認知・対処過程を重視した心理学的ストレスモデルが，ラザルスとフォルクマン（Lazarus & Folkman, 1984）によって提唱された。このストレスモデルの端緒になったラザルスの代理ストレス研究（Lazarus & Opton, 1966）を，まず，最初に紹介したい。

その研究では，実験参加者を4つの群に分け，どの群にもオーストラリア原住民の割礼式を撮影したカラー映画が提示された。各実験参加者群には，映画を見る前に，次のような教示が与えられた。すなわち，①外的刺激（映画）を脅威と受けとるような教示（脅威教示群），②外的刺激を知性化して受け取る教示（知性化教示群），③外的刺激を否認する教示（否認教示群），④何の教示も与えられない群（対照群）とした。外的刺激（映画）へのストレス反応としては，皮膚電気反射，緊張レベルの5段階評価，一対の形容詞22組により評定する気分・感情レベルの調査で検討された。

実験の結果，知性化教示群と否認教示群のストレス反応は，対照群よりも少なく，また脅威教示群のストレス反応は，対照群よりも多いことなどを明らかにした。したがって，外的刺激に関する実験参加者の認知評価の違いによって，ストレス反応の程度に相違が生じることを示すものであった。

ラザルスは，不快・恐怖を喚起する外的刺激はストレッサーの必要条件であり，その上で外的刺激を受容した実験参加者には，その刺激が自分にとって脅威か否か，脅威の程度はどのくらいかなどを見積もる認知的評価の過程が発生し，脅威と見積もられた外的刺激はストレッサーとなってストレス反応を生起する，とした。

代理ストレス研究では不明確であった対処過程について，その後，心理的過程を加えることで，新たなストレスモデルを提起した。

5 ── 心理的ストレスモデル

(1) 心理的ストレスモデルの概要

ラザルスら（Lazarus & Folkman, 1984）は，「心理的ストレスとは，ある個人の資源に何か重荷を負わせるような，あるいは，それを越えるようなものとして評価（appraise）された要求である」と定義している。換言すれば，ある個人の資源と環境からの要求との間の相対的関係において決まるもので，環境からの要求が個人の資源を上回るときに心理的ストレスが生じることになる。逆に，環境からの要求が個人の資源を下回れば，ある個人にとって心理的ストレスにはならないことを意味している。

また，この定義に基づけば，環境からの要求が自己の資源を上回るか否かは，客観的な事実が必要なのではなく，あくまでも環境からの要求に対する個人が主観的に評価した結

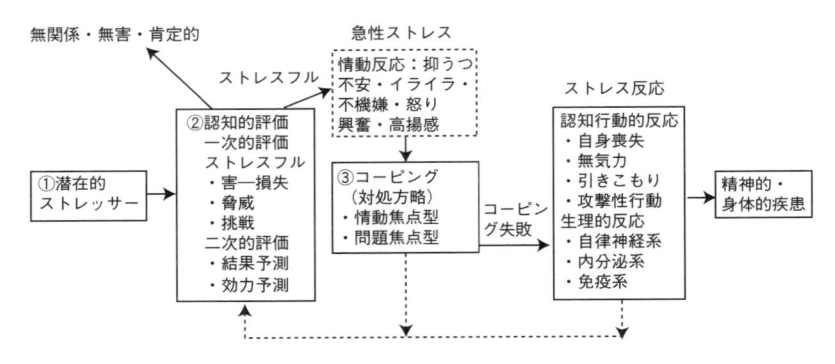

図10-15　心理的ストレスモデルの概要（Lazarus & Folkman, 1984より一部改変）

果が重要である。ところで，「資源」というのは，個々人がもっている体力，能力，知能，技能，経済力，性格などのすべてを指している。

　心理的ストレスモデルの概要を図10-15に示した。まず，「潜在的ストレッサー」は，心理的ストレスとなり得る外界からの要求（刺激）を表わしている。この潜在的ストレッサーには，日常生活に変化を引き起こすようなさまざまな出来事や要求，期待していた変化が生じなかった状況，および環境からの種々の刺激や圧力などが含まれている。しかし，これらは心理的ストレスの「候補者」にすぎず，次の「認知的評価」の過程で，「候補者」からの要求が個人の資源を上回ると評価された場合に，はじめて心理的ストレスとなるのである。ラザルスら(Lazarus & Folkman, 1984)によると，「コーピングとは，能力や技能を使い果たしてしまうと判断され自分の力だけではどうすることもできないとみなされるような，特定の環境からの強制と自分自身の内部からの強制の双方を，あるいはいずれか一方を，適切に処理し統制していこうとしてなされる，絶えず変化していく認知的努力と行動による努力」であるとした。このコーピングに成功し，刺激や情動が適切に処理できれば，健康上の問題は生じないか，生じてもその影響は少なくてすむことになる。したがって，心理的ストレスモデルでは，潜在的ストレッサーによる健康への影響が，認知的評価とコーピングによって左右される，と考えるのである。

(2) 認知的評価

　認知的評価について，ラザルスとフォルクマンは，一次的評価と二次的評価の2つの次元に分けている。

1) 一次的評価

　この評価には，「無関係」「無害－肯定的」「ストレスフル」の3種類に区別される。このうち「無関係」は日常生活に変化を引き起こすようなさまざまな出来事や要求が自分

にとって何の意味ももたない場合になされる評価である。「無害 − 肯定的」は，ものごととの出会いの結果が肯定的であると解釈されるときに，すなわち，良好な状態を維持し，強化するものであると思うことによって生じる評価である。これらの評価は，喜び，愛，幸福，陽気，平和などの快の情動によって特徴づけられる。「ストレスフル」は，出来事や要求によって自分自身の価値・目標・信念が「危うくなっている」「脅かされている」と判断された場合になされる評価である。この評価には，さらに「害 − 喪失」「脅威」「挑戦」の3種類に区分されている。

このうち，「害 − 喪失」は，すでに自己評価や社会的評価に対して何らかの損害を受けているものである。何よりも最も大きな喪失を与える事態は，コミットメントを失うような人生での出来事であろう。

「脅威」は，まだ実際には「害 − 喪失」を被ってはいないが，将来「害 − 喪失」を被る可能性がある場合になされる評価である。「害 − 喪失」は将来に対する否定的な意味を含んでいる場合が多いので，つねに脅威は恐怖，不安・怒りなどの否定的な情動がつきまとう。しかし，「脅威」が「害 − 喪失」と違うのは予想的対処ができることである。将来を予想できるならば，それに対して計画を立て，前もって少しでも困難に対処できるように心がけておくことができる。

「挑戦」は，対処努力を必要とする点では「脅威」と多くの共通点をもっている。そのおもな相違は，挑戦という評価では，出会った事態に特有の利益や成長の可能性などに焦点が当てられ，熱意，興奮，陽気という快の情動を伴うことが多い点である。たとえば，仕事での昇進は，知識や技術上の責任，経済的報酬などで利益を得る可能性をもつが，同時に，新たなる要請や期待に応えられないこと等において押しつぶされてしまう危険性をもつ場合もある。

2）二次的評価

この評価は，環境との，かかわりにおいて「害 − 損失」「脅威」「挑戦」と評価した場合，その状況を処理したり，切り抜けたりするために何をなすべきかを検討する過程である。過去の経験や個人の資源に基づいて，「行動する必要があるのか」「いつ行動すべきか」「どのような行動が最善か」「その方略の遂行は可能か」「その方略の短所と長所は何か」「その方略に伴うコストはどのくらいか」「行動しなかった場合の結果はどうか」などが検討される。つまり二次的評価は，一時的評価でストレスフルと評価された状況で，「ある方略を選択した場合，どんな結果が起こるのか」（結果予測），「その結果を導くための行動をうまく遂行できるのか」（効力予測）という見通しを立てた上で，いかなる対処方略の選択が可能かを評価する段階といえる。

(3) コーピング

コーピングは脅威や挑戦と評価された出来事に直面し，イライラ，怒り，不安を感じた

ときに，その情動を鎮めるための過程であり，心理的ストレスモデルを構成する主要な概念の1つである。ラザルス（Lazarus, 1999）の定義では，「コーピングとは，個人の資源に負荷を与えたり，その資源を超えると評価された外的ないしは内的要請を処理するために行なう認知的・行動的努力であり，その努力は常に変化するものである」としている。コーピングには，問題を解決しようと努力することもあれば，問題について考えることを避けようとしたり，他のことで気晴らしをしようとすることもある。コーピングとしての認知的・行動的努力には研究者によってさまざまな分類が試みられている。

　ラザルスらは，問題焦点型と情動焦点型の2つに分類している。問題焦点型コーピングとは，問題の所在を明らかにしていくことに向けられたり，いくつかの解決策を当てはめたり，そのような解決策を用いることによってもたらされる利益や損失を天秤にかけてみたり，それらの解決策の中からいくつかのものを選び出して実際に試みたりして，状況を直接的に変化させようとする努力である。一方，情動焦点型コーピングとは，喚起された情動を低減するような努力であり，直面する問題について考えるのをやめたり，事態を深刻に考えないようにするなどが，これに含まれている。

　一般に，状況がコントロール可能であると評価された場合には問題焦点型コーピングの頻度が高まり，それが不可能であると評価された場合には情動焦点型コーピングの頻度が高まるとされている。しかし，この2つのコーピング方略は絶えず固定されたものでなく，ストレスフルの状況に応じて柔軟に使い分けられている。

(4) 環境と人間の相互作用

　ラザルスらの提唱した心理的ストレスモデルでは，環境と人間との双方的な影響過程を重視していることに特徴がある。ストレスフルと評価した環境は，抑うつ・不安・イライラ・怒り・攻撃・興奮・高揚感，失望感などの情動的反応が喚起されるが，それらを低減するためにコーピングが行なわれる。実行されたコーピングによって，もとの環境と環境に対する認知評価も変容することになるが，その変容した環境に対して，また認知評価がなされ，情動的反応やコーピングの質や量にも影響を及ぼすことになる。こうした一連のプロセスは，もはや環境が「無害」なものと評価されるまでくり返されることになる。このように，環境と人間とが，双方的に影響しあうことをトランスアクションといい，このプロセスが活動している状態がストレス状態なのである。

　コーピングが効果的に機能して環境からの要求がもはや「害−損失」「脅威」「挑戦」として評価されなくなれば，このプロセスは停止して，ストレス状態は解消されていく。しかし，認知評価した潜在的ストレッサーが個人のコーピング能力を超えてしまうほど大きく，コーピングに失敗した場合には，ストレス状態は慢性的に持続することになる。このような場合には，ストレス反応は一時的な情動的反応から，いっそう慢性的な認知・行動的反応（自信喪失，無気力，引きこもり，攻撃性行動など）あるいは生理的反応（自律神経系，内分泌系，免疫系）に移行して，精神的疾患や身体的疾患への可能性を高めていく

ことになる。たとえば胃・十二指腸潰瘍，高血圧，心臓病，慢性的な睡眠障害，認知症などの疾患を引き起こす場合があり得る。また，免疫系を阻害し，侵入してくる細菌やウイルスに抵抗する能力を低下させて各種の感染症への罹患を高めていくことや，癌細胞の増殖を抑制することができなくなることなどの多面的な影響が出てくる可能性をもっている。

6 ── ストレス反応のプロセスと心身症
(1) ストレス反応のプロセス

ストレス反応には，2つの経路があることが知られている（図10-16）。心理的ストレッサーに暴露され，大脳皮質でストレスフルな事態と認知評価した場合には，辺縁系や視床下部にその情報が伝えられる。そうすると交感神経系が刺激され，副腎髄質から大量の神経伝達ホルモン，すなわち，アドレナリンとノルアドレナリンが血液中に分泌され，つい

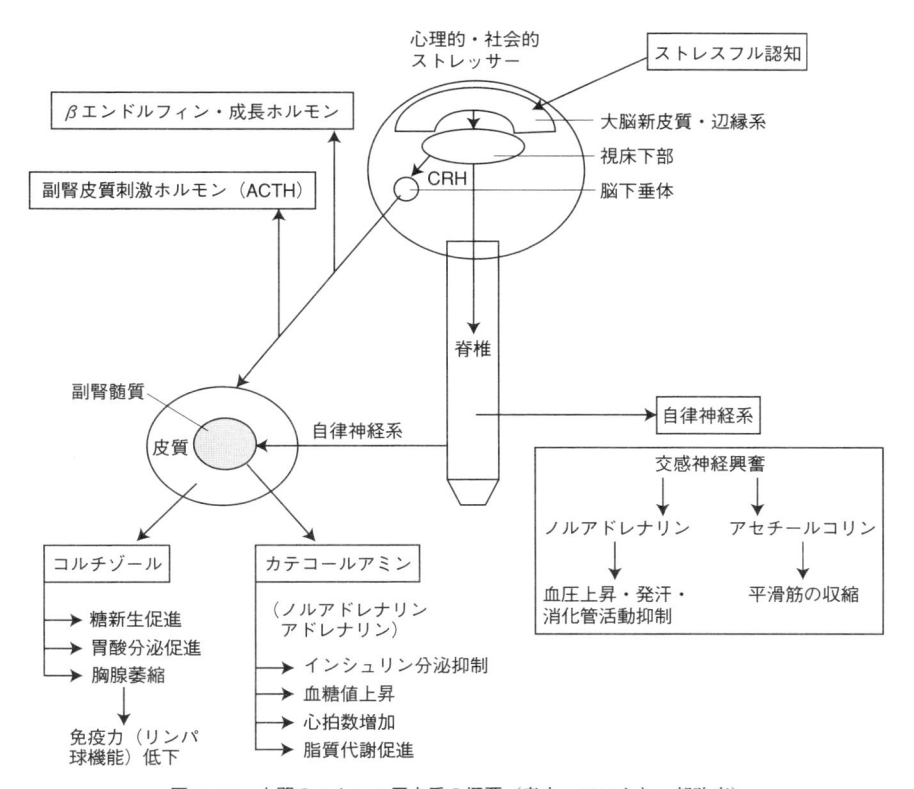

図10-16 人間のストレス反応系の概要（森本，1997より一部改変）

でターゲットとなる器官に興奮が伝達・拡大，持続されていく。その結果，血圧・心拍数の上昇，消化管活動抑制，血糖値上昇，脂質代謝促進，インシュリン分泌抑制などのストレス反応が喚起される。

いま1つの経路は，視床下部－下垂体－副腎皮質の軸である。大脳皮質の活動は視床下部に感知されたストレッサーはコルチコトロピン放出ホルモン（CRT）を通して脳下垂体へと信号が伝達される。脳下垂体が刺激を受けると，多くのホルモンを分泌するが，その1つに副腎皮質刺激ホルモン（ACTH）がある。ACTHは副腎皮質を刺激し，コルチコステロイドを分泌する。コルチコステロイドにはグルココルチコイドと，ミネラルコルチコイドの2つがあり，前者は血中のグルコース水準のコントロールを助け，後者はミネラル物質の利用を促進し，血中の電解質を制御している。人間では，グルココルチコイド分泌の大部分はコルチゾールである。このコルチゾールは，炭水化物の新陳代謝の促進，また損傷を受けた組織の炎症を抑制する。健康にとってさらに重要なことは，コルチゾールがストレスに伴って発生することであり，胸腺萎縮などによって免疫機能を低下させることである。

(2) 心身症

ストレス反応が長期に及ぶ場合には，循環器や消化器を初めとする身体諸器官に心身症とよばれるさまざまな疾患を発症させる。心身症は，「疾患の発症に心理的な要因が関係し，しかもその疾患の治療には医学的な治療と共に心理的立場からの治療が必要とする種類の疾患の総称である」（野村，1999）とされている。特に，ストレスとの関係が強い疾患は「ストレス関連疾患」とよばれている。それらは表10-2に示す疾患がある。

(3) ストレスと免疫

行動医学ないしは心理学における比較的新しい研究分野に「心理神経免疫学」といわれるものがある。これは，免疫系の働きがストレスや他の心理学的要因にどのような影響が

表10-2 ストレス関連疾患 （梅沢，1986）

1. 胃・十二指腸潰瘍	11. 偏頭痛	21. メニエル症候群
2. 潰瘍性大腸炎	12. 筋緊張性頭痛	22. 更年期障害
3. 過敏性腸症候群	13. 書痙	23. 心臓神経症
4. 神経性嘔吐	14. 痙性斜頸	24. 胃腸神経症
5. 本態性高血圧症	15. 腰痛症	25. 膀胱神経症
6. 神経性狭心症	16. 関節リウマチ	26. 神経症
7. 過呼吸症候群	17. 頸肩腕症候群	27. 不眠症
8. 気管支炎	18. 原発性緑内障	28. 自律神経失調症
9. 甲状腺機能亢進症	19. 円形脱毛症	29. 神経症的抑うつ状態
10. 神経性食欲不振症	20. インポテンツ	30. 反応性うつ病

及ぼすかを研究する分野である。
　たとえば、図10-13に示したような実験条件下で、ラットのT細胞（thymus、すなわち胸腺の頭文字をとり命名された）の変化を調べてみると、電撃ショックを制御することのできるラットのT細胞は、ストレスをまったく受けないラットのT細胞と同じように速やかに増加するのに対して、制御できないでショックを与えられたラットのT細胞は、ほんのわずかしか増加しなかったことが報告されている。つまりショックが免疫反応を妨害するのは、ストレスを制御することのできないラットであった。また別居や離婚が免疫機能にどのような影響を与えるのかを検討した研究では、別居を自ら言いだした人は、別居を告げられた人よりも、あまり悩まず、免疫系もよく機能していたという。
　また、喫煙・飲酒の常習者や短時間睡眠者のNK細胞の活性度は、これらの習慣をもたない者に比べて有意に低下すること、ストレス・レベルの高得点者は低得点者に比べて、NK細胞の活性度が低いことなどが明らかにされている。
　さらに、森本（1997）は、阪神淡路大震災を体験した者を震度別に分けて心的外傷後ストレス障害（PTSD）の発生数を調べた結果、震度が上昇するしたがってPTSD得点が増加すること、また、PTSD得点の低得点者のNK細胞活性度が高得点者より有意に高いことを明らかにしている。これらの結果からみても、不健康な生活習慣やストレスの自覚、強烈な心的外傷体験は、心理的側面だけでなく、NK細胞の活性度を低下させ、各種感染症の罹患率を増加し、癌への抵抗力を損なうことにもなる。

7──ストレス緩和策とストレス・マネージメント
(1) 対人関係とその支援
　対人関係に起因するストレスの多くは、他者に対する感情や要求の伝達に失敗した事態で発生する。また、他者から送られた感情や要求を的確に受け取れない事態でも、対人関係におけるストレスの発生原因となる。したがって、自己と他者との間で展開される相互作用を適切かつ効果的に行なうことが対人ストレスの有効な予防策となる。
　対人関係を基礎にして、そこから得られるさまざまな社会的支援の有無もストレスに影響を及ぼす要因の1つである。つまり、自分がまわりの人たちから関心がもたれ、尊重されていると感じ、互いに心を通じ合い、支えあうような人間関係をもっていると感じるかどうかが、ストレッサーの影響の現われ方を左右する要因になる。他者から受けるこれらの社会的支援は、ストレッサーにさらされているときだけに有効に発揮されるのか、あるいはどのようなときにも、そのような機能をもつのかが検討されている。これには、2つの基本的な考え方が提案されている。その1つは直接効果といわれるもので、社会的支援はストレッサーの量とは無関係につねにストレス反応を低減する効果をもつというものである。いま1つは緩衝効果とよばれるもので、社会的支援のストレス反応の低減効果は、ストレッサーが多い条件のときのみに現われるというものである。
　日常生活における対人関係の改善や自己啓発を変える上で有用な方法として交流分析な

どがある。自分と他人との交流パターンを分析することによって，自分自身の心のしくみやありさまを考えていく方法である。

(2) ストレス・マネージメントとは

ストレスを体験したときに社会的支援を探すだけでなく，自分の体と心に与えるストレスの否定的な影響を軽減させる手法を学ぶこともできる。また，不要なストレスは減らさなければならないが，適度なストレスは人のパフォーマンスを向上させる。ストレスを個人にとって適度なものにするための方法をストレス・マネージメントという。つまりストレスのマイナス部分を弱め，ストレスを緩和して，個人のストレスに対する耐性を高めることがストレス・マネージメントの目標となる。これには行動的技法と認知的技法，適切な生活習慣の実施などがある。

1）行動的技法

ストレス状況を体験したときに生起する生理学的反応を制御するのを助けるために用いられる行動的技法にはバイオフィードバック，リラクセーション，そして身体運動などがある。

①バイオフィードバック

筋電図や皮膚温，脳波をメータ表示や音の変化として，実験参加者にフィードバックすることによって皮膚温の上昇や筋肉の弛緩・アルファ（α）波の反応を得ようとする方法である。これらの反応を具体的な数値等で示すことができるため，治療意欲を持続しやすく，生体反応をコントロールできることの達成感や自己評価を向上させることができる方法として知られている。4週間から8週間の訓練を行なうと計測器からのフィードバックがなくとも筋肉の弛緩や皮膚温が上昇し始めるのを認識できるようになり，緊張状態をほぐすことも学習できる。

②リラクセーション

リラクセーション法にはジェイコブソン（Jacobson, E.）の漸進的弛緩法，ベンソン（Benson, H.）の弛緩反応法，自律訓練法などがある。

ジェイコブソンの漸進的弛緩法は，筋肉に力を入れたときの感覚と，筋肉を弛緩させ重力にまかせたときの感覚を感じることによって四肢からはじまり，全身の筋肉の弛緩を得ようとするものである。

ベンソンの弛緩反応法は，全身の筋肉の弛緩と呼吸法を組み合わせた方法で，全身の力を抜いた状態で，呼吸に注意を向け，息を吐き出すたびに「1つ」と心の中で唱え続ける，呼吸を用いたリラクセーション法である。

一方，自律訓練法は，ドイツのシュルツ（Schultz, J. H.）によって開発されたもので，不安や緊張に由来する身体症状の治療法として知られている。リラクセーション法としては，その治療体系の中から標準練習の部分を取り出して行なわれることが多い（表10-3）。

表10-3 自律訓練法の標準練習手順（坪井，2001）

公式0（背景公式）	気持ちがとても落ち着いている
公式1（四肢重感公式）	両手両足がとても重たい
公式2（四肢の温感公式）	両手両足がとても温かい
公式3（心臓調整公式）	心臓が静かに規則正しく打っている
公式4（呼吸調整公式）	楽に呼吸している
公式5（腹部温感公式）	おなかがとても温かい
公式6（額部冷感公式）	額が気持ちよく涼しい

なかでも重感練習と温感練習は，簡単な弛緩訓練として利用されることが多い。
　③身体活動
　身体的機能を調整・増進するための運動は重要な要素であることはいうまでもないが，その他に，運動によるリラクセーション効果やリクレーション効果も期待できる。また，運動による自己達成感や自己効力感などの心理的，認知的側面への効果もストレスに対して有用であるとされている。

2）認知的技法
　ストレス状況に対する個人の認知的反応を変容させることに焦点を当てた方法がストレス・マネージメントに加えられている。これは認知療法とよばれるもので，身体的・情緒的症状を生起させるようなストレス状況の種類を認知できるように手助けし，このような状況に対処する方法を修正させることを目的としている。これには，ストレス免疫訓練法やセルフコントロール脱感作法などがある。これらの訓練法に共通することは，①ストレスに対する理解，②自己の行動分析，認知のあり方を再検討し立て直すこと（認知的再体制化），③問題解決とリラクセーション，④イメージリハーサルと行動リハーサル，⑤自己監視，⑥自己教示と自己強化，⑦環境を変える努力，などからなる。

3）生活習慣
　生活習慣の乱れは生産性を妨害し，自己への評価を下げる結果となり，またストレスに対する抵抗力を低下させるだけでなく，自らストレスをつくり出す結果ともなるので，ストレスへの抵抗力を考える上で生活習慣に対する配慮も重要である。
　現代の社会ではストレスが多く，適度な運動や休息，十分な睡眠をとることができなく，かつ規則的な生活をすること自体が困難な状況に置かれることも少なくない。この結果として起こる疲労や不規則な生活は，睡眠，食欲，排便，性欲などの基本的な生命活動に影響を与え，これらの乱れはストレスへの抵抗力を低下させる。日頃から自分の生活習慣に気をつけ，それらの乱れに注意を払い，適度な運動と休養に心がけ，自分にあった生活リズムを保つことが必要である。
　また，食事についても，1日3食を規則正しくとることはいうまでもなく，その他によ

く咀嚼し，ゆったりとした気分で，食事に時間をかけてリフレッシュできることに心がけること，さらには良質な蛋白質，ミネラル，ビタミン，緑黄色野菜などを欠かさず摂取する工夫が必要であろう。

第11章
運動・スポーツの心理学

1節 ◆ 運動・スポーツの効用

1────現代社会における身体運動の必要性

　わが国の平均寿命は，男性78.36歳，女性85.33歳（厚生労働省，2005）であり，世界最高の水準を誇る超高齢化社会とよぶにふさわしいものである。この平均寿命は，その国の健康度を示す指標の1つとされていることから考えると，わが国は高度に健康的な社会であるといえそうである。しかしながら，わが国における平均寿命の延長は「福祉より薬が生んだ長寿国」ということばからも読み取れるように，必ずしも国民が高い健康状態にあるとはいえない側面を有している。

　機械化，省力化，高度情報化などに代表される現代社会においては，高度の緊張・集中を保持しながら仕事に従事することが要求される。さらに最近では，個々人の仕事内容を評価するという制度が定着しつつある。その結果，数十年前に比べ労働時間は短縮しているものの，労働者が感じる疲労やストレス，特に精神的なそれは拡大傾向にあるといえよう。

　また，現代人の特徴として指摘される内容の1つに，体力・運動能力の低下があげられる。さまざまな機械の開発による便利さを手に入れる一方で，われわれは動くことを最小限にとどめようとしてきた。このことが体力・運動能力の低下を招き，身体的および精神的ストレスに対する抵抗力としての体力，健康で自立した生活を送るために必要な，心肺持久力・筋力／筋持久力・柔軟性・身体組成といった健康関連体力さえも不足するという事態に自らいたらしめていると思われる。

　このような現状を危惧し，またヒトが本来もっている運動欲求を満たすべく，さらには運動不足が原因となり得る心臓疾患，高血圧，肥満などの生活習慣病の予防のために，多くの人々が運動・スポーツ実施の必要性を認識している。しかしながら，労働時間の短縮に伴う余暇時間の増加，スポーツジムや体育館などのスポーツ関連施設の整備のような運動・スポーツ実施に必要な物理的環境が整いつつあるにもかかわらず，運動習慣を有する者は多いとはいえない状況にある。運動習慣の保持を推進してきたこれまでの背景は，健康の維持・増進や生活習慣病の予防のように，疾病への対策を中心とした身体的側面に重きを置いたものであったといえる。一方で，われわれが運動・スポーツを行なう理由は，楽しみや気晴らしとしてであったり，友人・仲間との交流としてであったりというように，心理的な側面のストレス発散のためであることが多い。このことからも読み取れるように，

運動・スポーツの実施にあたっては，その身体的効果に加え心理的効果を認識することが重要であり，そのような認識が運動・スポーツの実施へと人々を強く駆り立てることになるといえよう。

2——心と身体の関連性

十分な準備あるいは練習をしてテストや試合に臨む場合には自信に満ちた表情やしぐさがみられるが，体調がすぐれないときなどには不安げな表情や行動が見受けられるというように，心と身体の間には密接な関連がある。「心身相関」ということばで表わされる両者の関連性について中込（2000）は，「一方的なものではなく，身体のあり様が心のあり様を変化させていることも認められる」としている。また徳永（2005）は，「人間の心身の機能は相互に関連し合い，感情の変化は筋肉の緊張を伴い，過度になると種々の心身症へ進展する」ことを指摘し，心身の健康状態を良好に保つために適度な運動を行なうことの必要性を強調している。

適度な運動・スポーツを行なった後に，心地よい疲労感やリラックス感とともに爽快感が得られることをわれわれは経験的に知っているが，実施する運動・スポーツの種類・強度・期間等と得られる心理的効果との関連性については，明確な知見は得られていない。このようななか，橋本ら（1996）は，運動後のポジティブな感情の獲得，そして運動の継続化を意図して，「快適自己ペース」という運動実施者の主観的・自己選択的な運動強度を提示し，その有効性を検討している。運動種目にランニングを選択した実験の結果をみると（図11-1），運動開始から数分で快感情およびリラックス感の増加とともに不安感の低下が認められる。さらに，運動後の回復期においても，しばらくの間は運動中に得たポジティブな感情を保持していたり，さらに増加させたりしている。この結果を受けて橋本（2005）は，「運動後のポジティブな感情の増加がネガティブな感情を抑制し，適度な運動はメンタルヘルスの改善や向上に寄与している」と述べている。また，国際スポーツ心理学会（International Society of Sport Psychology: ISSP, 1992）は，身体活動がもたらす心理的恩恵を表11-1のようにまとめている。これらの報告が示しているように，運動実施者にとって適度な運動・スポーツの実施は，身体のみならず心にも好影響を及ぼすと考えられる。このことは，

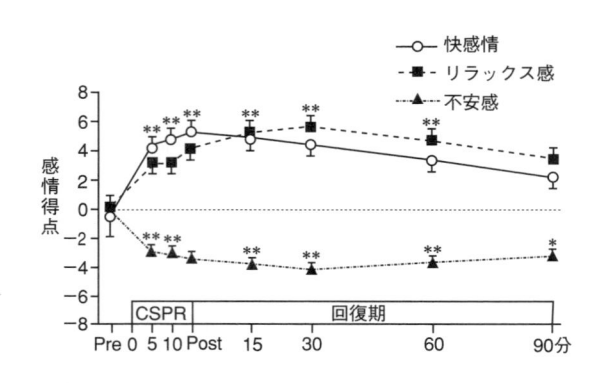

図11-1 快適自己ペース走に伴う感情（快感情，リラックス感，不安感）の変化過程（橋本ら，1996）

表11-1 身体活動がもたらす心理学的恩恵（ISSP, 1992）
・運動は状態不安の減少をもたらす
・運動は軽度－中程度の抑うつレベルの減少をもたらす
・長期間の運動は神経症的傾向および不安の減少をもたらす
・運動は重度の抑うつの専門的な治療に追加されるかもしれない
・運動はさまざまな種類のストレスの減少をもたらす
・運動はすべての年代と両方の性に有益な情動的効果をもつ

身体活動には精神活動が伴うこと，すなわち心と身体の関連の強さを表わしているといえよう。

3 ── 運動・スポーツの心理的効果

上述してきたように，運動・スポーツ実施によりさまざまな心理的効果が得られるが，ここではその中からストレス低減効果，感情への影響，セルフ・エスティームへの影響を取り上げる。

(1) ストレス低減効果

われわれは日々の生活の中で多くのストレスにさらされているが，過剰なストレスがメンタルヘルスに悪影響を及ぼすことはいうまでもない。このメンタルヘルスの指標としては，不安，抑うつ，日常生活におけるストレス（ライフストレス）がよく取り上げられる。これらを低減させる手段の1つとして運動・スポーツが行なわれており，多くの研究結果がその有効性を示唆している。

ストレスの低減を目的とする場合，どのような運動・スポーツを，どの程度行なえばよいかについてバーガーとオーウェン（Berger & Owen, 1988）は，有酸素性の，他者および自己に対して非競争的な運動で，自己ペース，リズミカルな反復などの要素をもっており，規則的な頻度，中程度の運動強度，1回あたり20〜30分以上の継続を要するとしている。これと関連して，運動・スポーツが不安に与える影響について，荒井（2004）によって整理された従来の研究から得られた知見をみると，有酸素運動，ストレングス・トレーニング，柔軟性のトレーニングのそれぞれにおいて不安の低減に効果が認められたことが示されている。抑うつについても荒井（2004）は同様にまとめており，有酸素運動，ストレングス・エクササイズ，柔軟性トレーニングというずれの運動様式においても，また多様な運動強度，実施頻度，継続時間が抑うつの低減に効果があるという知見が得られていることを紹介している。またブラウン（Brown, 1991）は，ライフストレス，運動・スポーツによって獲得した体力，1年間の通院回数の3変数の関係について検討している。その結果，ライフストレスが低い場合には病気に対する体力レベルの影響は小さいが，ライフストレスが高い場合には，体力の低い者は体力の高い者に比べ病気になりやすいことを見いだしている。

以上の内容，そして竹中（2002）が示しているように，運動・スポーツの実施はストレスの低減に有効であるものの，実施する運動の種類，頻度，持続時間，強度，期間などのような運動そのものにかかわる内容やパーソナリティなどの運動実践者の特徴と得られる効果との関連性について，より明確にしていくことが必要であろう。

(2) 感情への影響

運動・スポーツを行なう目的は，健康のため，体力づくりのため，気晴らしのため，楽しみとしてというようにさまざまであるが，身体を動かすことは感情や気分に対しても好影響を及ぼすことをわれわれは経験的に知っている。この感情面に対する効果として徳永（2005）は，運動・スポーツによるリラクセーションと感情の安定・活性化の関係を図11-2のように示し，運動による身体的リラクセーションにより心的緊張が低減されること，運動に夢中になることにより気分転換が図れること，運動欲求を充足し満足感・達成感を獲得できることを指摘している。

また，運動・スポーツを行なうことにより「快」感情を経験することは，その後の継続的な実施に繋がると考えられる。「ランナーズ・ハイ」のような気持ちのよい状態を経験することや成功体験をもつことにより，運動・スポーツに対する意欲や自信が高められ，継続化していくということはよく耳にする内容である。

このように，運動・スポーツの実施と感情とは密接な関係をもっており，一過性の運動であっても快感情を経験することは可能であり，このような快感情の度重なる経験が運動・スポーツに対する好意的態度や内発的動機づけを高め，継続的実施を促進させるといえよう。

(3) セルフ・エスティームへの影響

これまで，運動やスポーツの場での成功・失敗の体験，達成経験，競争による勝敗の経

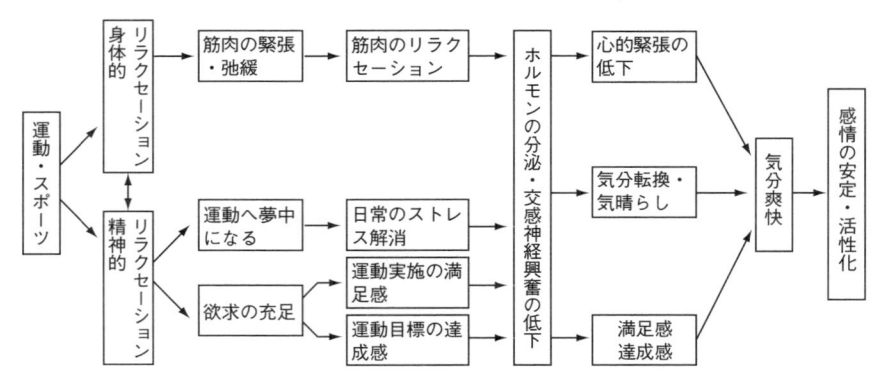

図11-2　運動・スポーツと感情安定・活性化の関係（徳永，2005）

験などが，自身をどう認知し意識しているかにおける概念的な認知を意味する自己概念（self-concept）の形成にかなりの影響を及ぼすことが示されてきた。しかしながら最近では，一般的な自己認知を示す自己概念よりも高い精度で現実場面での行動を予測するために，セルフ・エスティーム（self-esteem：自尊感情）という尺度を用いて，運動・スポーツ実施による影響が検討されている。

　セルフ・エスティームとは，人がもつ自尊心や自己受容などを含めた自分自身に対する感じ方のことであり，どれだけ自分を肯定的にみるかの自己評価を示したものである。サンストロームとモーガン（Sonstroem & Morgan, 1989）は，身体的セルフ・エフィカシー（physical self-efficacy），身体的有能感（physical competence），身体的受容（physical acceptance）という3つの介在要因を配した，運動によるセルフ・エスティームの変化を示すモデルを提示している（図11-3）。このモデルにおいて，身体的セルフ・エフィカシーは特定の運動課題を首尾よく遂行できる期待の程度を，身体的有能感は全般的な身体的能力の自己評価（自信の程度）を，身体的受容は身体的能力への自信の程度とは別に，自分の身体面の受容の程度を，それぞれ意味している。そしてこのモデルでは，運動またはスポーツにおけるスキル習熟における能力の高さを評価する知覚の変化によって，セルフ・エスティームは影響を受けると仮定している。

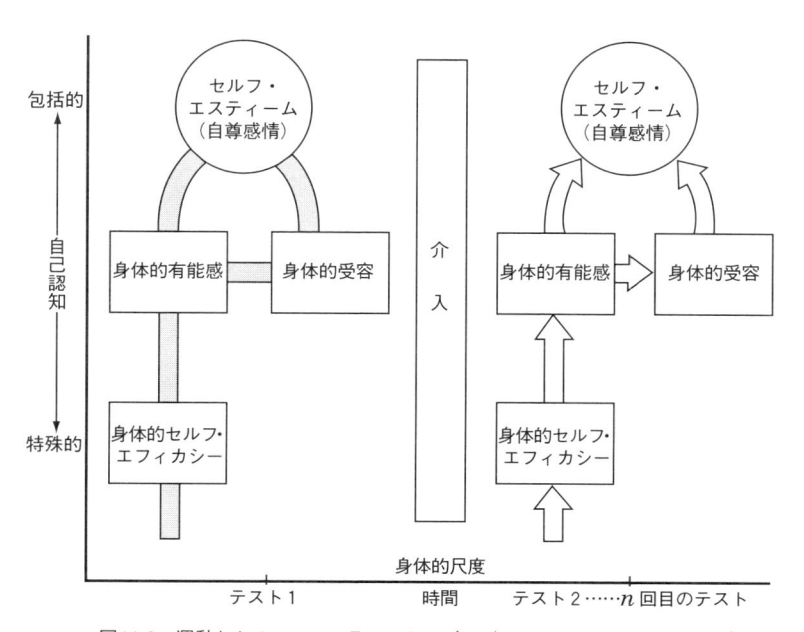

図11-3　運動とセルフ・エスティームモデル（Sonstroem & Morgan, 1989）

このモデルについての検討を含めた運動・スポーツがセルフ・エスティームに及ぼす影響に関する研究結果を、サンストローム（Sonstroem, 1997）は次のようにまとめている。すなわち、身体活動に伴うセルフ・エスティームの向上は、身体のフィットネスの向上によるものではなく、フィットネス向上に伴う知覚の変化によるものである。また、セルフ・エスティームの向上については、運動前のセルフ・エスティーム、フィットネスレベル、個人が高めたいと望む、あるいは重要であると思う身体のフィットネスの構成要素がより低い者ほど、セルフ・エスティームを高める可能性が高い。さらに、運動プログラム終了後においても、高められたセルフ・エスティームは持続する。一方で、社会的望ましさ、期待感、プラシーボ効果などの要因がセルフ・エスティームの向上に及ぼす影響に留意すべきであることも指摘している。

2節 ◆ 合理的な練習方法によるスキルの獲得

1 ── スキル学習の理論

　スポーツでの練習や体育授業での学習活動の中核を成すものが運動学習である。この運動学習を杉原（2003）は、知覚を手がかりとして運動を目的に合うようにコントロールする能力である運動技能（スキル）が向上していく過程であるとしている。

　運動・スポーツ分野における学習に関しては、連合説や認知説といった人間の一般的な学習行動の理論による説明がなされてきた。しかしながらこれらの理論では、学習者の認知や思考といった中枢のプロセスがほとんど無視されており、運動学習の中核である「できる」ことをうまく説明できないという問題点が指摘されている。これらの問題点を打開すべく、情報処理モデルを取り入れ、一般的な学習理論ではなく運動学習を説明するための理論が構築された。その代表的なものが、アダムズ（Adams, J. A.）の閉回路理論とシュミット（Schmidt, R. A.）のスキーマ理論である。

　アダムズによる運動学習の閉回路理論（closed loop theory; Adams, 1971）は、フィードバックされた情報と比較して誤差を検出するための内的基準（internal reference）である知覚痕跡（perceptual trace）と、運動を開始する働きをもつ記憶痕跡（memory trace）という2つの運動記憶によって構成されている。知覚痕跡とは、過去の運動経験によって残された記憶であり、フィードバック刺激と比較することにより運動を再認するという働きをもつ。これに対し記憶痕跡は、フィードバックが生起する以前にそれなしで作用し、運動の選択を開始する限定的な運動プログラムである。

　この閉回路理論は、運動学習現象に特化したはじめての理論であったという点で大きなインパクトを与えるものであったが、問題点も指摘されている。その主要なものは、記憶への貯蔵と新奇性の問題である。閉回路理論では、目標とする運動とフィードバックによって実行された運動を評価する知覚痕跡と記憶痕跡の間に1対1の対応が仮定されているが、そうであるならば、われわれは無限といってよいほどの多くの痕跡を貯蔵しなくては

ならなくなる。また貯蔵の限界に関連して指摘される新奇性の問題に関しては，これまでにまったく行なったことのない運動をうまく行なえるということを説明することはできない。さらに，運動制御の中心をフィードバックにおいている閉回路理論は，すばやい瞬時的な運動に適用することができないことも指摘されている。

これらの閉回路理論の問題点を修正し，すばやい瞬時的な運動へも適用できるように考えられたのがスキーマ理論（schema theory; Schmidt, 1975）である。シュミットは記憶への貯蔵と新奇性の問題を解決するために，知覚痕跡と記憶痕跡に代えて，同様の働きをする再認スキーマ（recognition schema）と再生スキーマ（recall schema）という2つの運動反応スキーマを想定している。すなわち，内面化される基準や運動の実行を指令する運動プログラムが，実際に行なわれる個々の運動と1対1の対応で結びついているのではなく，それらが抽象化された一種のルールとして形成され，その結果行なったことのない運動であっても実行することが可能であるとされている。

これら2つの運動反応スキーマは，われわれが運動をするときに生じる以下の4種の情報の関係がルールとして貯えられることによって形成されると考えられている。

①初期条件（initial conditions）：運動を開始する直前の身体および環境の状態についての情報
②反応明細（response specifications）：一般的な運動プログラムをどのように実行するかを決定するスピードや力の強さや動きの大きさなどの要素
③感覚経過（sensory consequences）：運動を実行することによって生じる感覚性情報・フィードバック
④反応結果（response outcome）：結果の知識（knowledge of result：KR）やその他のフィードバック源から得られる目標と実際になされた運動との差

これら4つの情報源と再認スキーマ・再生スキーマとの関係を杉原（2003）は図11-4の

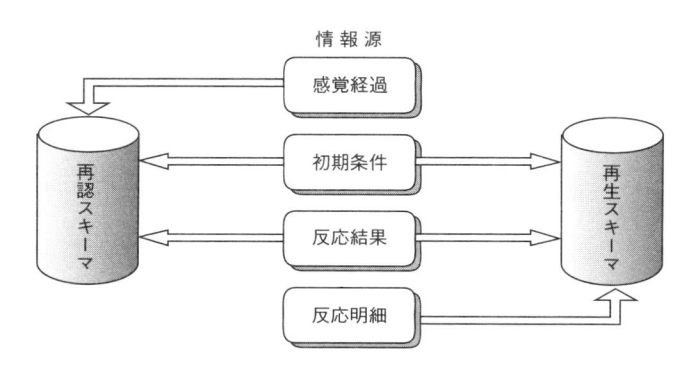

図11-4　再認スキーマと再生スキーマを形成する情報源（杉原，2003）

ようにまとめている。この図から読み取れるように，再認スキーマは初期条件と感覚経過と反応結果の関係が一般化・抽象化されたものであり，運動を開始し遂行する働きをする。これに対し再生スキーマは，初期条件と反応明細と反応結果の関係が一般化・抽象化されたものであり，遂行された運動を目標に照らして修正する働きをすると想定されている。

これら2つの理論は，共通点と相違点をもちあわせているが，閉回路理論の問題点を修正し適用範囲を広げる形でスキーマ理論が提出されたように，運動学習理論の発展に寄与したことはまちがいないであろう。

2 ── 練習計画立案時の留意点

運動・スポーツスキルの習得において，学習効果を高め，より効果的な指導を行なうために留意すべき内容のいくつかについて，以下に，指導の面から概説する。

(1) 対象とするスキル

運動・スポーツスキルの分類にはいくつかあるが，指導方法と関連づけた応用的な分類方法の中で，身体の動きと環境との関係に着目したクローズドスキル（closed skill）とオープンスキル（open skill）という分類がよく知られている。

ポールトン（Poulton, 1957）は，運動遂行中に環境を予測し得る程度に着目し，変化が少なく安定し予測が可能な環境で遂行されるスキルをクローズドスキル，絶えず変化し不安定で予測不可能な環境で遂行されるスキルをオープンスキルとよんだ。クローズドスキルには体操，水泳，陸上競技，ゴルフ，アーチェリー，空手などが該当し，オープンスキルには野球，バレーボール，バスケットボールなどの球技種目，フェンシング，レスリングなどが該当する。しかしながら，バスケットボールにおけるフリースローのように1つの種目が必ずしもクローズドスキルあるいはオープンスキルのいずれかに位置づけられるとは限らないことから，これら2種類のスキルを両極にもつ連続体上に個々のスキルを位置づけることができると考えられる。

このような両スキルの指導上のポイントとして和田（1987）は，クローズドスキルでは同じ運動を習慣的にくり返すことにより，その運動を固定化・習慣化させることを，オープンスキルでは時々刻々と変化する事態で先を見越した反応を選択し，さらにその状況に適した動きができるようにすることをあげている。

(2) 個人差・熟練度

運動・スポーツスキルの学習においては，学習者の性別，年齢，保持している体力水準，運動能力などの個人差に応じた練習計画を立案しなくてはならない。これに加え，学習者の熟練度についても配慮する必要がある。この熟練度について杉原（1984）は，初心者と上級者を対比させながら，以下のような指導上配慮すべきポイントを指摘している。

①初心者ほどスポーツのおもしろさ，仲間との交流の楽しさ，努力することによって上達することの意義など動機づけを高めるための十分な配慮が必要である。
②初心者はスキルレベルに個人差が大きく，レベルに応じた指導が必要である。上級者には個性や競技スタイルの個人差が顕著であり，個性や競技スタイルに応じた指導が必要である。
③初心者ほど学習に対する配慮が必要であり，上級者は実力を発揮するためのコンディショニングづくりなどへの指導が必要である。
④初心者には運動をコントロールするための身体内外からの情報について，何に注意をすればよいのかを教える必要がある。
⑤初心者ほどフィードバックを明確な形で与えることが大切である。
⑥言語教示は初心者ほど具体的かつ簡単にすべきである。
⑦メンタルプラクティスの効果は初心者より中・上級者に大である。

(3) 練習時間

　運動・スポーツスキルを習得する際の練習の量と時間に関する問題としては，集中法と分散法があげられる。集中法または集中的練習法（massed practice method）とは，練習の間に休憩をほとんど入れずに連続的に練習する方法であり，分散法または分散的練習法（distributed practice method）とは，練習の間に休憩を適当に入れて練習する方法である。一般に，運動学習や練習においては，スキルレベルが比較的低い段階では分散法によって多くの休憩を与え，高い熟練を要する段階では集中法によってある程度まとまった技術を練習する方法が効果的であるとされている。このような集中法と分散法の効果について藤善（1987）は，以下のようにまとめている。

①分散練習は，課題が困難なとき，身体的な疲労が残るようなとき，同じ反応をくり返すような興味の持続が保てないようなとき有効である。しかし，課題への動機づけが高い場合には，集中練習のほうが効果的である。
②集中練習では，一般に反応への固定化が現われやすい。特に学習過程に生じた誤りが固定する場合もあり，分散練習では，その正しくない反応を解消したり，修正したりすることができる。
③集中練習では，忘却の機会がほとんどもてない。忘却は具体的な練習効果を明示し，次の課題を判断させるのに役立つ。また，保持効果においても分散練習が支持されている。しかし，あまり長い休憩は，保持効果をなくし，完全な忘却となって，次の試行をまったく新しいものとさせるだろう。
④分散，集中練習とも，レミニッセンス効果が認められる。特に，分散練習では，反応に対する禁止傾向としての反応性禁止を防ぐことができる。

(4) 課題の分割

　運動技能の学習において，より効果的に技術を習得することを目指して運動課題を分割することがよくみられる。このような課題の分割に関する事柄は，全習法と分習法として扱われてきている。

　全習法（whole method）とは，学習しようとする課題全体をひとまとめにし，それをくり返し練習する方法である。これに対し分習法（part method）とは，課題全体をいくつかの部分に分けて，部分ごとに練習を積み重ねて，最終的に全体としてまとめる方法である。この分習法は，課題全体と各部分との関係から，以下のように分けられている（図11-5）。

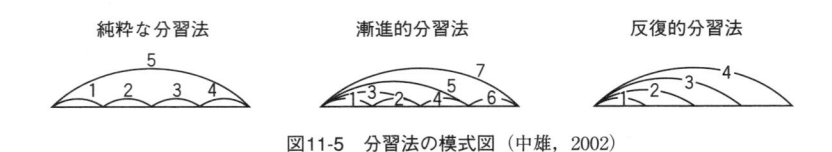

図11-5　分習法の模式図（中雄，2002）

①純粋な分習法（pure part method）：分割した課題の各部分を一定の水準に達するまで練習し，その後各部分を全体としてまとめる学習方法。
②漸進的分習法（progressive part method）：分割した課題の各部分を順次まとめながら学習する方法。すなわち，部分1と部分2を別々に学習し，一定水準に達した後に2つの部分をいっしょに学習する（部分3）。次に部分4を学習し，一定水準に達するとこれまでに学習した部分といっしょに学習していき，最終的に全体を学習する方法。
③反復的分習法（repetitive part method）：学習した部分に新しい部分を加えて学習していく方法。すなわち，まず部分1を学習し，次に部分2，さらに部分3というように加えていき，最終的に全体を学習する方法。

　このような全習法と分習法による学習効果については，学習課題の性質や学習方法の組み合わせ方などの要因が関与しているため，どちらの方法が効果的であるかを単純に比較することはできない。このことに配慮しながら松田（1987）は，全習-分習効果に関与するおもな要因や条件とその一般的傾向を次のようにまとめている。

①学習課題の性質
　　課題の困難度が高く，組織度（部分と全体との相互関連の強さ）が低い場合には分習法が効果的であり，その逆の場合には全習法がよい。
②学習者の特性
　　課題の最適な大きさや複雑さは，学習者の能力によって異なる。一般に，年長であるほど，あるいは，知能や用いられる課題で要求される能力の高い者ほど全習法のほ

うが効果的である。
③学習の段階
　方法の有利さは，学習の段階によって異なってくる。学習の初期では，分習法が効果的であるが，学習が進むにつれて全習法が効果的になってくる。これは，学習が進むにつれて，学習者が扱うことができる課題の単位がしだいに大きくなってくることや，課題全体の構造を理解し，見通しをもちながら学習することが可能になってくるためである。また，学習が進むにつれて，より高度の課題を達成しようとする傾向が現われてくることも関係すると考えられる。
④動機づけ
　一般に，分習法では学習する単位が小さいので，学習効果が現われやすく，達成感や成功感などの喜びを味わいながら学習することができる。しかし，全習法では，学習の初期に多くの時間や努力が必要とされることが多いので，学習への動機づけが低下し，そのために学習効果があがらないこともある。

(5) 練習スケジュール

　運動・スポーツスキルの習得において，どのような練習をどういう順序で行なうのが効果的であるかは，学習者そして指導者にとって大きな関心事である。上述したスキーマ理論によると，ある運動スキルの一般的な動作命令である汎用プログラム（generalized motor program）に正しい動きを行なうためのパラメータを何回も入力し同じ運動をくり返す（恒常練習）よりも，失敗を含んだ多様な運動を行なう（変動練習）ことにより，運動スキーマは洗練される。このことは，練習量の少ない運動，さらには練習時に経験していない運動についてのテストにおいて，変動練習を経験した学習者のほうが優れていたことを報告している研究結果からも導き出される。

　練習の順序に関しては，1つのスキルを連続して練習した後に次の練習に移る場合（ブロック練習）と，1回ごとに練習するスキルがランダムに変わる場合（ランダム練習）がある。両者を比較すると，ランダム練習はブロック練習に比べ練習中のパフォーマンスは劣るが，保持テストおよび転移テストでは逆にランダム練習が優れたパフォーマンスを示すという文脈干渉効果（contextual interference effects）が，運動・スポーツスキルを用いた研究において示されている。

　以上の内容が示すように，「決まりきった動きの反復による目先のパフォーマンスの高さよりも，多くの失敗をともなった多様な運動経験こそが，結果的にはスキル獲得の近道であるということをわれわれは認識すべきである」（工藤，2000）といえよう。

3 ── フィードバックの利用

　運動・スポーツスキルの学習において，フィードバックは学習を生起させる最も重要な要因として位置づけられている。このフィードバックはさまざまに分類されるが，代表的なものとしてホールディング（Holding, 1967）による分類があげられる（図11-6）。

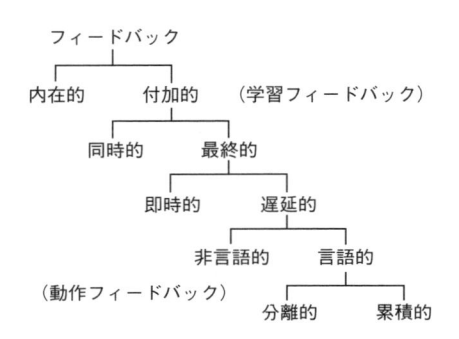

```
                    フィードバック
                   ┌──────┴──────┐
                 内在的        付加的    （学習フィードバック）
                          ┌──────┴──────┐
                        同時的        最終的
                                  ┌──────┴──────┐
                                即時的        遅延的
                                          ┌──────┴──────┐
                                        非言語的      言語的
                    （動作フィードバック）         ┌──────┴──────┐
                                                分離的        累積的
```

図11-6　フィードバックの分類 (Holding, 1967)

　ホールディングはまず，フィードバックの源がどこにあるかという観点から，実行した運動そのものに備わっている内在的フィードバックと，運動それ自体に本質的に備わっているものではない付加的フィードバックに分けている（内在的フィードバックも付加的フィードバックと同様に分類されるが，図中では省略されている）。次に，フィードバックが与えられる時間的関係から，運動遂行中に与えられる同時的フィードバックと，運動終了後に利用可能な最終的フィードバックに分類している。これ以降は，運動終了直後に利用できる即時的フィードバックと運動終了後時間が経ってから利用できる遅延的フィードバック，ことばで与えられる言語的フィードバックとビデオ等のことば以外で与えられる非言語的フィードバック，毎回の運動ごとに与えられる分離的フィードバックと何回かの運動についてまとめて与えられる累積的フィードバックに分類している。
　また荒木（1987）は，フィードバックが有する3つの機能を示している。すなわち，反応（運動）結果についてのエラー情報を伝える情報機能，次に行なおうとする反応（運動）に対する動機づけ機能，正しい反応（運動）をくり返し生起させる強化機能，である。これらの機能は単独で個々のフィードバックに対応しているのではなく，複数の機能が1つのフィードバックに含まれていると考えられる。したがって，フィードバックを与えられる学習者に必要と思われる内容に応じて，それぞれの機能の配分を決定すべきである。
　このようなフィードバックを適切に用いることで，効率よく運動・スポーツスキルの学習が行なわれる。しかしながら，運動課題の特殊性や学習者のレベルなどの問題が，適切な質と量のフィードバックを与えることを困難にしている。これまでの研究から得られた効果的なフィードバックの与え方についての一般的原則を，関矢（1998）を参考に次のようにまとめた。

　①フィードバックは簡潔に
　　　多すぎる，もしくは複雑すぎる情報をフィードバックした場合，学習者の注意の容量をオーバーし，学習者を混乱させ，結果として何も改善されないことになる。し

がって，学習者の年齢や理解力を考慮し，要点をまとめた簡潔でわかりやすい情報を与える必要がある。
②動作直後に与えない
　フィードバック情報を迅速に与えすぎることにより学習が阻害される場合もある。動作遂行後，数秒間の時間間隔をおいてから与えたり，数試行ごとにまとめて与えたりした場合のほうが，練習した技能の運動記憶の保持が促進される。
③頻繁に与えすぎない
　頻繁に与えすぎたり，迅速に与えすぎたりすると，学習者が外部から与えられるフィードバック情報への依存性を高め，自己のパフォーマンスを主観的に評価することを妨害するため，フィードバックを毎回与えるよりも，数試行に1回の割合のように頻度を減らして与えたほうが，運動記憶の保持は促進される。

4── 有用な指導方法
(1) 言語による指導
　運動・スポーツスキルの習得過程において，言語の果たす役割は非常に大きい。一方で，言語を用いた指導が容易で簡便に行なえることから，学習者にマイナスの影響を及ぼすことも少なくない。
　言語による指導は，それを与える時期と機能によって，運動実施前に与えられる言語による運動技術の説明である言語教示と，運動実行後に学習者が実行した運動と目標とする運動についての誤差を指摘する言語的フィードバックに大別することができる。言語教示（instruction）は，運動の効果的な実施方法を客観的にできるだけ正確にことばで表現して学習者に伝えることであるが，一般的に考えられているほど有効ではない（杉原，2003）。これには，指導者の教えすぎという弊害が関与していると考えられる。したがって，運動技術の説明としての言語教示は，できるだけ短く簡潔かつ最小限にすることが必要であり，さらに学習者の過去の経験によって形成されているイメージから教示内容が直感的・感覚的にわかるよう工夫する必要がある。
　これに対し言語的フィードバックは，上述した付加的フィードバックの1つとして位置づけられる。この言語的フィードバックには，学習者が実行した運動と目標とする運動についての誤差を指摘する誤差情報（修正情報とよばれることもある）と，目標としている動きが正しくできていることを伝える正情報がある。正情報は特に，学習者の動機づけを高める働きが強く，この意味でも適切な頻度で与えることが重要である。
　これらのほかに，自分が行なっている運動をことばで表現する運動の言語化や，行なうべき動きを自分で自分に言い聞かせる自己教示も，有効な言語的指導である。

(2) 視覚的指導
　運動の内容を学習者に伝えようとする際，ことばだけでは説明できない部分が多く，こ

のようなときに用いられるのが視覚情報を利用した指導である。この視覚情報を利用した指導，すなわち視覚的指導には，モデル提示機能，フィードバック機能，動機づけ機能の3つの機能が含まれる（工藤，1987）が，視覚情報を与える時期に着目すると，示範またはデモンストレーションと視覚的フィードバックに分けることができよう。

　示範は，これから行なう運動課題についての視覚情報を与える，言い換えれば学習目標を提示するという機能を有する。この示範の内容は学習段階に応じて変化していくが，示範を行なう際に留意すべき内容として，杉原（2003）は以下の事柄をあげている。

　①どこを見るかをはっきり指摘する
　②よく見える位置から見せる
　③速い動きはゆっくりやってみせる
　④見にくい動きは誇張して見せる
　⑤よくない動きと対比して見せる
　⑥身近なモデルを見せる
　⑦1回ではなく何回か見せる

　示範の主たる機能はモデル提示機能および動機づけ機能であると考えられるが，この点を加味しながらこれらの留意点を考慮した示範を行なうことが必要である。

　示範が主として運動実施前に行なわれるのに対して，視覚的フィードバックは学習者が運動を行なった後に，その動きを視覚的に提示し，目標とする動きとの誤差を検出・修正させるために利用される。視覚的フィードバックの与え方としては，指導者が学習者の動きをまねる，鏡を見ながら練習させる等の方法があるが，近年の視聴覚機器の発達に伴い，また動作の再現性および即時性の高さという点からも，ビデオを利用する方法が主要な位置を占めるようになった。ビデオを用いることにより，学習者の行なった動きが目標とする動きとどのように異なるのかを明確に認識させることが可能となる。ビデオを利用した視覚的フィードバックを与える際には，どこを見るかを指摘すること，継続的に使用すること，動機づけ効果を利用することにより効果的な指導が可能となる（杉原，2003）。

(3) 筋運動感覚的指導

　運動・スポーツスキル習得の初期段階では視覚的な情報が重要であるが，上達に伴って筋運動感覚的な情報によるフィードバックの重要性が高まる。手足などの身体部位の位置関係，運動の速さや方向，力の入れ具合など自分の動きを感じ取る感覚である筋運動感覚からの情報を利用して，目標とする動きを実際に行なわせてどのような感覚がするかを体験させたり，筋運動感覚に注意を向けさせて自分が実行する動きの感覚を敏感に感じ取れるようにしたりする指導法を筋運動感覚的指導という（杉原，2003）。この筋運動感覚的指導には，反応強制法，身体拘束法，補助，目隠し法などがある。

　反応強制法は手引き指導ともいわれ，指導者が学習者の身体や手足を持って動かして指

導する方法である。この方法は，学習者の動きが受動的なものになってしまうことから，あまり有効ではないとされている。これに対し身体拘束法は，物理的制限法ともよばれ，学習者に不適切な動きをさせないよう運動の方向や範囲を物理的に制限する方法である。この方法では身体が拘束されるものの，反応強制法と異なり学習者は自分で力を出して運動を行なうことから，かなり効果があるとされている。指導者や仲間または補助具を利用した補助については，ケガの防止という目的もあるが，反応強制法と身体拘束法を合わせた指導としての効果をもつことが多い。いずれの指導法も学習の進行とともにできるだけ早く取り去る必要がある。

目隠し法は，運動実施中に目隠しをすることにより視覚情報を遮断し，学習者の意識を筋運動感覚情報に向けさせる方法である。一般に，人間の感覚は視覚が優位に働いており，このことがスキル向上に必要な筋運動感覚情報へ注意を向けることを妨げている。そこで，強制的に視覚情報を遮断し筋運動感覚を強調する目隠し法が行なわれており，その有効性が認められている。

（4）メンタルプラクティス

メンタルプラクティス（mental practice）とは，観察可能な身体的練習をすることなく，課題遂行のイメージを想起して練習する方法である（岡村，1987）。主として運動に伴う視覚的，筋運動感覚的なイメージを想起して行なうこの方法は，実際に身体を動かして行なう練習の補助として行なうことにより，運動・スポーツスキルの学習をいっそう効果的なものとする。

メンタルプラクティスを行なう際に想起するイメージの内容について岡村（1998）は，適用するスキルとの関連から次のようにまとめている。すなわち，技能そのものの獲得，習得，保持が中心的な課題となるクローズドスキルのイメージは，過去の正しい反応の経験に基づく筋運動感覚的イメージが大きく寄与し，示範やビデオなどからの視覚的映像だけでなく，音や力の入れ具合などを含めたイメージを描くことが大切である。これに対し，個人と他者が獲得した技能を組み合わせてより効率の高いパフォーマンスを獲得することが主要な課題となるオープンスキルでは，視覚的イメージの寄与が相対的に大きくなる。また練習段階に関しては，初期段階では運動を理解するという意味でビデオなどの視覚的イメージが大切であるが，自分なりの内的な基準ができはじめると視覚的イメージに加えて力の入れ具合などを含めたイメージが効果を高める。さらに習熟段階が進むと，知覚的なイメージで運動化が可能になるので，どのような視覚像をもとにイメージ想起するかが結果を規定することになるとしている。

このようなメンタルプラクティスの効果的な実施法として，西田（1984）は以下の6点を示している。

①できるだけ現実感（運動共感）を伴うようにして練習すること。そのためには，他人

が運動しているのを見ているイメージではなく，自己が積極的に遂行しているイメージを描くこと。
②実際の身体的練習と組み合わせて交互に行なうこと。
③学習課題についてのイメージを引き出す言語やこれによく似た過去の経験を利用して練習すること。
④外界からの妨害刺激を少なくし，集中してイメージが想起できる状態で行なうこと。
⑤精神的疲労を考慮して，1回の練習時間は短時間（5分間ぐらい）で行なうこと。
⑥ふだんからイメージを想起させる練習を行ない，イメージを鮮明に描いたり意図した方向に変換させられる能力を高めておくこと。

3節 ◆ ミスプレイの心理

1 ── どうしてミスを犯すのか ─ゲーム場面の特性との関連から─

　運動学習の過程ではミスを犯しながら上達していくという側面もみられるが，誰もが自ら望んでミスを犯しているわけではない。運動・スポーツスキルの習得において自分の思うように上達しない理由としては，再現性の低さと時間的余裕のなさがあげられよう。外見上同様に見える場面であっても，ゲーム状況のどこに注意を向けるか，どのような情報を利用するか，現在の状況において必要なプレイについてのプログラミングを行ない，それを動作として出力するということを考えると，同一の場面は存在せず，その意味で再現性は非常に低いといえる。また，投手が投げたボールをバッターがゆとりをもって見ることができないように，運動実施場面における時間的余裕は少ないことが多く，このことも学習者の上達を困難にしており，同時にミスを誘発する要因にもなっている。

　これらの事柄は，パフォーマンスの優劣や勝敗を争う競技スポーツにおいては特に顕著に現われる。ゲーム場面では，環境や対戦相手の違いなどのように練習において想定することが困難な状況が多く，選手は不安な心持ちで試合に臨むことになる。また，多くの選手は「勝ちたい」「いい記録を出したい」と思って試合に臨むものである。さらに，1つのミスプレイが試合の勝敗を決することが少なくないことを選手はよく知っている。このようにゲーム場面の特性とそれに影響された選手の精神状態の変化が適切な情報処理を妨げ，練習を通して獲得した実力を発揮できず，その結果ミスプレイを犯してしまうと考えられる。

2 ── 覚醒水準とパフォーマンス

　緊張や不安などのような心の状態は，大脳皮質における興奮の強さである覚醒水準という形でとらえられる。この覚醒水準とパフォーマンスの間には逆U字型の関係，すなわち覚醒水準が高すぎても低すぎてもパフォーマンスは低下し，中程度の覚醒水準のときに最も高いパフォーマンスを示すことが明らかにされている。杉原（2003）は，パフォーマン

スの低下を招く覚醒水準の高い状態と低い状態を区別し，前者を「あがり」，後者を「さがり」としている。そして，両者の兆候を，逆U字型理論における覚醒水準とパフォーマンスの関係とあわせて，図11-7のように示している。

　高いパフォーマンスを発揮するためには中程度の覚醒水準を保つことが必要であるが，その水準は課題の性質や選手の性格などによって異なる。課題の性質と最適覚醒水準の関係としては，複雑で困難な課題は比較的低い水準で，簡単で容易な課題は比較的高い水準で，最高のパフォーマンスが得られるというヤーキーズ=ドッドソンの法則（Yerkes-Dodson's Law）が知られている（図11-8）。また選手の性格との関係について杉原（2003）は，競技不安の高低および向性（内向性と外向性）から図11-9のようにまとめ，不安傾向が高く内向的な選手と不安傾向が低く外向的な選手とでは最適覚醒水準が異なり，前者は

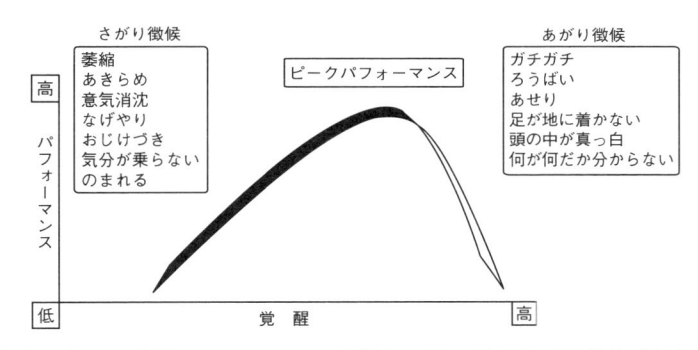

図11-7　逆U字理論による覚醒とパフォーマンスの関係と，それに対応する精神状態（杉原，2003）

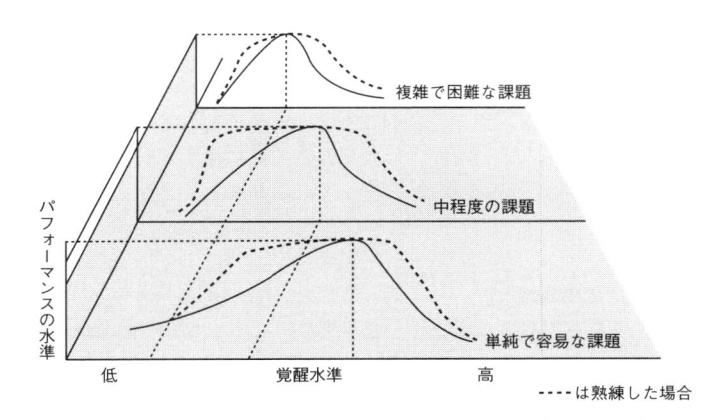

図11-8　課題の性質と最適の覚醒水準との関係の模式図（杉原，1987）

図11-9 最適覚醒水準の個人差（杉原，2003）

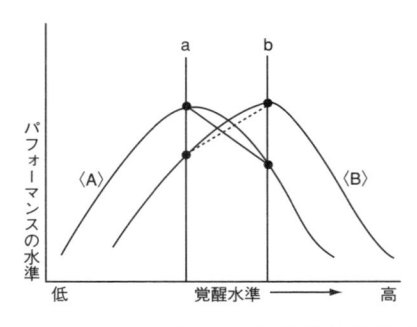

たとえば，覚醒水準"a"はふだんの練習，"b"は大試合だと仮定する。高い不安をもつ〈A〉は，試合"b"になると覚醒が高くなりすぎてパフォーマンスが低下する。不安傾向の低い〈B〉は，ふだんは覚醒が低く力が十分発揮されないが，大試合"b"になると覚醒が高まって最高の力を出す。

後者より高いパフォーマンスを得られる覚醒水準が低く，大きな試合などではあがりやすいとしている。

3 ── ミスプレイを説明する2つの理論

人間の運動をコントロールするシステムは，状況を判断しながら意識的に運動をコントロールする意識的制御と何も意識しなくても自動的に運動をコントロールする無意識的制御に大別できる。ここでは，この2つのシステムにかかわってミスプレイを説明する理論を概説する。

(1) 処理資源不足理論

スポーツの試合中には，観客のようすや次の対戦相手が気になるなど，当該場面で必要のない情報に気を取られてパフォーマンスの低下を招き，ミスプレイにつながることが少なくない。このような運動の意識的制御が機能しなくなるメカニズムは，処理資源不足理論とよばれている。この理論では，意識や注意は情報処理を行なうために必要な資源（処理資源）と考えられ，運動をコントロールするための処理資源が不足することによりミスが起こると想定されている。また，あがりやすい性格をもつ人は心配事に処理資源を奪われることを示す報告もある。一方で，自動化した運動に関しては，この理論により試合場面でのパフォーマンス低下を説明することは困難であることが指摘されている（樋口，2000）。

(2) 過剰な意識的制御理論

次の得点を取られると試合に負けてしまうというような場面では，通常無意識にコントロールできる運動でも失敗をしないように意識的に制御して精度を高めようとする。このように必要以上に意識的にコントロールしてしまう過剰な意識的制御によってパフォーマンスが低下，さらにはミスプレイを犯すのは，すでに自動化している運動の制御様式が意

識的制御中心のスタイルに逆戻り（脱自動化）するためであると説明される。つまり，ゲーム場面の重要性などによる過緊張から，限りある資源を，大きな資源を必要としない動作遂行に割り当てたために，練習を通して獲得した運動の自動化を崩壊させ，その結果ミスプレイにつながったと考えられる。

4——ミスプレイを減らすために

　上述してきたようにミスプレイを説明するいくつかの考え方があるが，これらは運動実施者の熟練度とのかかわりが深い。運動スキルの習熟が不十分な未熟練者においては，運動スキルの実行に多くの処理資源を割かなくてはならない上に，試合という不慣れな環境に置かれることによる緊張感の高まりなどが加わってミスプレイにいたると考えられる。これに対し熟練者では，多くの運動スキルが自動化していることから，ミスプレイの原因と成り得るのは過剰な意識的制御および不適切な覚醒水準によるところが大きいと思われる。未熟練者・熟練者のいずれにとっても，ミスプレイを少なくするための方策の1つは多種多様な相手・状況の下で試合を積み重ねることであるが，その意図する内容は熟練度により異なる。未熟練者にとっては「慣れる」ことにより試合であがらないようにすることが主要な目的となるが，熟練者においてはより広範な経験を積むことで幅広い場面に対応できることが目的となる。

　また，試合前や試合中の指導者からのアドバイスが逆にミスプレイを誘発するケースもある。試合前に選手の不安感をあおるようなコメントは必要以上に覚醒水準を高め処理資源不足を助長するであろうし，あがってしまっている選手に多くの技術的なチェックポイントを与えることは過剰な意識的制御に陥る危険性を高くするであろう。どのようなアドバイスが適切かについては，ゲーム状況，競技種目の特性，選手の性格などが関係するため簡単には決定できないが，これらの事柄を考慮した適切なアドバイスをする能力が指導者に求められる。

　ミスプレイはさまざまな要因が複雑に絡み合って発生するが，その減少に努めるにあたっては選手と指導者がミスプレイ発生のメカニズムを理解し，選手個々人に応じた対策を講じていくことが必要になる。

4節 ◆ 実力発揮のための心理サポート

1——メンタルトレーニングとは

　競技スポーツにおいては，「心・技・体」のいずれもが最適水準にあるときに，最高のパフォーマンスを発揮すると考えられている。技術や体力のトレーニングは日常的な練習の中で行なわれているが，「試合で実力が出せない」「プレッシャーに弱い」「あがってしまう」というように選手たちが訴えていることからも伺えるように，心理面のトレーニングが行なわれるケースは少なく，実力を発揮し試合に勝つためにメンタルトレーニングの

必要性を感じている選手は少なくない。

このような実力発揮・競技力向上，競技場面で生じる心理的問題への対処や予防を主たる目的とするメンタルトレーニングは，「スポーツ選手や指導者が競技力向上のために必要な心理的スキルを獲得し，実際に活用できるようになることを目的とする，心理学やスポーツ心理学の理論と技法に基づく計画的で教育的な活動」（吉川，2005）と定義される。このメンタルトレーニングにおいて指導の対象となる心理的スキルとしては，①競技能力を最大限に引き出すことのできる理想的な心理状態を実現するスキル，②目標設定，技術向上意欲，競技に関する価値観，コーチやチームメイトとの対人関係など，ゲームだけでなく，練習を効果的に行ない，競技生活を充実させるために必要な心理的スキル，そして③自主性・自発性，責任感，自己コントロール，自己認識など，前述の２つのスキルに共通して必要とされる自己に関する心理的スキルがあげられる（吉川，2005）。

選手の競技レベルは千差万別であるが，どのようなレベルにある選手であっても心理的スキルを身につけることによりパフォーマンスの向上が望める。しかしながら，図11-10のように，競技レベルによってパフォーマンスに寄与する「心・技・体」の比重は異なる。競技レベルが低いほど技術と体力の寄与が大きく，競技レベルが高くなるほど心理的スキルのパフォーマンスや競技結果への寄与が大きくなる。すなわち，競技レベルに見合った心理的スキルを身につけることが実力の発揮につながるといえ，適切なメンタルトレーニングの実施が選手のパフォーマンスを高めることになる。

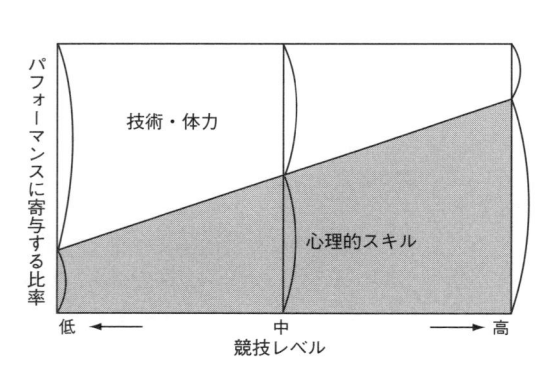

図11-10　技術・体力要因と心理的スキル要因がパフォーマンスに寄与する比率の競技レベルによる違い
（吉川，2005）

2 ── メンタルトレーニング技法

メンタルトレーニングに用いられる技法は，評価技法と心理技法に大別することができるであろう。ここでは，それぞれの技法のうち代表的なものに簡単にふれることとする。

（1）評価技法

メンタルトレーニングにおける評価技法としては，アセスメントとしての心理テストがあげられる。アセスメントには観察や面接なども行なわれるが，選手のパーソナリティ，行動傾向，心理的課題などの理解のために心理テストがよく用いられる。この心理テスト

には，選手の心理的特性を測定・評価するものと試合前や試合中の心理状態を測定・評価するものがある。

　心理的特性を測定・評価する検査でよく用いられるものとしては，以下の4つがあげられよう。

　①体協競技意欲検査（TSMI）：146の質問項目，17尺度から構成されるこの検査は，選手の競技意欲を全般的に評価・把握できる。
　②心理的競技能力診断検査（DIPCA）：52の質問項目，5因子（12尺度）から構成され，選手に必要な心理的スキルの検出やモニタリングが効果的・効率的に行なえる。
　③スポーツ競技不安テスト（SCAT）：15の質問項目から成り，スポーツ競技に特有な特性不安を評価する検査。
　④特性不安テスト（TAI）：状態・特性不安テスト（STAI）のうち，比較的一貫して体験される不安の程度を示す，20の質問項目から成る検査。

　また，心理状態を測定・評価する検査では，以下の5つがよく用いられると思われる。

　①心理的コンディション診断テスト（PCI）：59の質問項目から構成され，試合前の心理状態で重要な7つの側面を測定・評価する。
　②試合中の心理状態診断検査（DIPS-D.2）：試合直後のできるだけ早い時期に10の質問項目に回答させ，試合中に望ましい心理状態でプレイできたか否かを評価する。
　③気分プロフィール検査（POMS）：65の質問項目から成り，緊張－不安，抑うつ－落ち込み，怒り－敵意，活気，疲労，混乱の6の気分状態を測定・評価する。
　④競技状態不安検査（CSAI-2）：27の質問項目から構成されており，試合前，試合中の不安状態（認知的不安，身体的不安，自信）を評価する検査。
　⑤状態不安テスト（SAI）：状態・特性不安テスト（STAI）のうち，ある特定の場面や状況で体験される不安を測定・評価する，20の質問項目から成る検査。

　これらのテストは，選手理解のためのほかに，メンタルトレーニングの効果や実施中のプログラムの内容についての評価に用いられることもある。

（2）心理技法

1）目標設定技法

　適切な目標設定は，選手の不安を軽減したり自信をもたせたりする上に，選手の行動を内発的な動機づけに変更する。目標設定を行なう上での原理・原則として，石井（1997）は以下の6点をあげている。

　①一般的な目標ではなく，詳しくて具体的な目標を設定する
　②現実的で挑戦的な目標を設定する

③長期目標も大切であるが短期目標を重視する
④チーム目標よりも個人目標を重視する
⑤勝敗目標よりもプレイ目標を重視する
⑥目標に対してその上達度が具体的かつ客観的に評価されるよう工夫する

2）リラクセーション技法

　過度な緊張によるパフォーマンス低下というような事態に陥ることを避けるためにも，自らが心身両面の緊張をコントロールできるようになるリラクセーション技法を身につける必要がある。メンタルトレーニングにおいて多用されるリラクセーション技法としては，呼吸法（腹式呼吸），漸進的筋弛緩法，自律訓練法，バイオフィードバック法などがある。

3）注意集中技法

　競技場面では，ボールや相手方などの外的な刺激と自身の内面に向ける注意を状況の変化に応じて切り換え，かつ持続できることが「集中力」ということになり，高いパフォーマンス発揮につながる。集中力を高めるために実施される技法としては，グリッドエクササイズ，ゆっくりとしたバランス運動，シュブリルの振り子運動のような基礎的な技法のほかに，ルーティン（おきまりの手順）を確立する，フォーカルポイント（視線の焦点を合わせる点）を見つめる，などのように競技中に行なえるものもある。

4）イメージ技法

　イメージトレーニングとは，視覚や筋感覚などの感覚を動員して，心の中で運動遂行のようすを想像して行なう練習である。その活用範囲としては，新しい技術や動作パターンの習得，フォームの矯正・改善，競技遂行に先立つリハーサル，試合で実力を発揮させたり自信ややる気を喚起したりするといった選手の心理面の改善・対策などがあげられる。実施にあたっては，技術練習と併用すること，時間は短く（1回あたり3分以内）回数は多くすること，イメージする内容は簡単で動きの少ないものから始め，徐々に動きのある複雑なもの，そして感情や筋感覚が感じられるもの（内的イメージ）へと進めることなどに留意する必要がある。

5）暗示技法

　自分自身に暗示をかける自己暗示の考え方やことばを利用することにより，高いパフォーマンスの発揮につながる心身の状態をつくり出すことを目的とする。代表的な技法として，セルフトーク，キューワード法，ポジティブシンキング（積極的思考）があげられる。

3 ── メンタルトレーニング指導の流れ

　メンタルトレーニング指導においては，あらかじめ決められたプログラムがあるわけではなく，どのような課題・問題をもっているのか，何を期待しているのかというような選手やチームの状況をもとに指導内容が決定される。したがって，一般的な指導プログラムは存在しないといえるが，多くのプログラムにおいてアセスメント，リラクセーション技法，イメージ技法がこの順序で導入され，必要に応じてその他の技法も実施されている。
　このようなメンタルトレーニング・プログラム作成について，中込（2005）は次のようなガイドラインを示している。

(1) トレーニングの諸側面
1）水準
　水準とは，選手のどのような心理的側面に働きかけるのかを示し，認知・知識トレーニング，情動・動機トレーニング，人格変容・成長（カウンセリング）に分けられる。

2）時期
　メンタルトレーニング指導を行なう時期は，長期（日常的に継続され，各心理的競技能力の全般的な向上を目的とする），競技期・調整期（選手の競技会出場を考慮しながら進められる），競技開始直前・競技中（競技会で予想される心理的側面に的をしぼり，必要な心理技法を指導する）に分けられる。

3）目的
　メンタルトレーニングは実施目的に応じて，問題対処型，試合前コンディショニング型，日常継続型に分けられ，指導する心理スキルもトレーニング課題に応じて設定される。

(2) プログラム作成の中で配慮すべき観点
1）トレーニングを希望した背景
　選手がどのような経緯でメンタルトレーニングを希望したかは，その後の指導に影響する重要なポイントであることから，この点について把握しておく必要がある。さらに，選手のメンタルトレーニングに対する期待，イメージ，過去の心理面でのトレーニングヒストリーについての情報も得ておく必要がある。

2）トレーニングへの動機づけの工夫
　選手のメンタルトレーニングへのモチベーションの高低が，トレーニング効果に影響を及ぼす。したがって，選手に課題・問題意識をもたせたり，トレーニング効果を部分的にでも実感できるようにしたりして，動機づけを高めるよう工夫することが必要である。

3）トレーニングの継続

選手の競技スケジュールと指導する側のスケジュールを合わせることは困難であろうが，トレーニング継続のためには次回のアポイントメントを確実に取っておくことが重要である。

4）技術・体力トレーニングとの共同歩調

メンタルトレーニングの効果は，技術・体力面との協働歩調があってはじめてパフォーマンスに現われる。

4——メンタルトレーニング指導実施上の留意点

メンタルトレーニング指導においては，選手とメンタルトレーニングを指導する者のほかに，現場で体力・技術・戦術についての指導を行なうコーチが存在する（図11-11）。この三者は，選手の競技力向上という共通の目標に異なる立場からアプローチしているといえる。このような三者の関連から，メンタルトレーニングを指導する者は，選手だけではなくコーチ，あるいは両者の関係に介入することもある。メンタルトレーニング指導を行なう者の基本的な立場は，選手およびコーチとの良好なラポール（信頼と信愛の絆）をベースとしながら，直接の指導対象者である選手との関係を中心とすべきであり，選手にとって不利となるような情報を他者に開示することがあってはならない。このことは，メンタルトレーニング指導を行なう者の専門性にもつながる。

一方で，メンタルトレーニング指導を行なう者は，仮に指導対象である選手が過去に自分が行なっていた種目に携わっているとしても，選手への体力・技術・戦術面のコーチングは控えなくてはならない。指導対象者が行なっている種目についての知識は必要であるが，上述の三者関係の保持，そして自身の専門性維持という意味においても，コーチと同様の指導を行なうべきではない。

最後に，土屋（2005）も述べているように，メンタルトレーニング指導終了後には，実

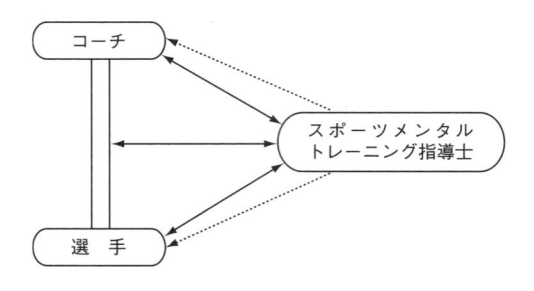

図11-11　選手，コーチ，メンタルトレーニング指導士の関係（中込，2005）

施したプログラムや指導関係について，多次元的な振り返り・評価を行なう必要がある。振り返り・評価を行なう主体としては，メンタルトレーニング指導を行なった者，選手，コーチ，さらには第三者が考えられるが，実力発揮にどのように役立ったかなどの視点から振り返り・評価を行なうことで，より洗練されたプログラムの開発に役立つとともに，メンタルトレーニング指導を行なう者の資質向上にも重要な役割を果たすであろう。

第12章
人の「心」や人生とかかわる

1節 ◆ 「人の心や人生とかかわる」ということ

1——生きることの悩み

　人は生まれながらに悩みや苦しみを抱えている存在といえる。母親の子宮から切り離された瞬間から、子は環境の激変にさらされ、さまざまな不快な刺激にさらされ、空腹や孤独や不安を体験する。長ずるに従って、さらにさまざまな不安や恐怖、思い通りにならない体験などを重ねながら感情は分化し、それらへの対処や他者とのかかわりを通して、自己と他者、その共通性と個別性に気づいてゆく。また人生の終盤に臨んでは、人はいやおうなしに「老い」や「死」と向き合い、人生を終える準備をしなければならない。別の言い方をすれば、将来襲ってくるかもしれない脅威に震えたり、自分自身や自分と他者との関係や、病や死の不安、あるいは自分の存在そのものについて思索し、悩んだり苦しんだりするのが人間である、という人間の定義も可能だろう。したがって人間は遥か古代から「自己」として存在するがゆえの悩みや苦しみ、それによる生きる上での障害、さらには悩み苦しみの主体である「心」に深い関心を寄せてきた。悩む人や心の病に苦しむ人に専門的にかかわる人々も古来存在した。彼らは呪術師であったり、祈祷師であったり、神父、牧師、僧侶などの宗教家であったり、あるいは医師であったり、あるいは一般市井の世話役であったりしたかもしれない。その立場や方法は異なっても、おそらく、悩む人に親身に臨み、その悩み苦しみを共感的に理解してさまざまな方法で援助するという基本的なかかわり方は、現代の心理臨床に共通するものであったに違いない。

2——心理臨床行為と臨床心理学
(1) 心理臨床行為とは

　上述のように、心の病や、生きる上での何らかの障害にぶつかって悩み苦しむ人に親身に臨んで、障害の除去や問題の解決を支援し、より豊かに自分らしく生きる方法をともに模索していく専門的行為を心理臨床行為といい、その専門家を心理臨床家、その実践を通しての、人間をより深く理解し、よりよく支援するための理論の構築や援助の技術・方法の開発を含めた心の科学を臨床心理学という。先に述べたように、心理臨床行為は、古来さまざまな立場の人々によって行なわれてきたが、その基礎となる「心」をめぐる理論や心理的支援のための技法開発を含めた心の科学としての臨床心理学は、心理学の他の領域に比べてもまだまだ若い開発途上の学問領域である。特にわが国では、臨床心理学が科学

として自らの同一性を確立すべく懸命の努力を始めたのはここ数十年のことである。なぜ，有史以前からの人間たちの最大の関心事である「心」と「心の癒し」のための科学の進展がこのように遅れてやってきたのだろうか。

(2) 科学と臨床心理学

　その理由の1つは，近代心理学がたいへんな努力をして科学の俎上に載せようとした心の現象の中でも，悩み苦しみ病み，葛藤する心の現象と，それにかかわる人とかかわられる人との関係が，とりわけ「科学」する対象にしがたいことがあげられる。というのは，科学的態度とは，できる限り主観を排して対象を観察することであるのに対して，心理臨床的態度の中核は，自らの主観を道具として対象に迫る姿勢だからである。つまり，援助者は，相手（援助される人）から投げかけられた感情によって引き起こされた自らの心の動きを手がかりに，相手を理解し，その人が生きている世界に想像をめぐらしていく。したがって，主観を排しての観察では心理臨床行為は成り立たない。そのため，一般科学の基本的方法に臨床心理学独自の方法を組み合わせた，新しい心の科学の開発が求められているのである（p.226参照）。理由の2つ目は，さまざまな心に関する理論や治療技法を統合する試みがなされてこなかったことである。悩み苦しみ葛藤する心に関して，これまでさまざまな理論が打ち立てられ，それに基づく治療技法が編み出されてきた。精神分析，分析心理学，行動主義，人間性心理学などはその代表である。それぞれの学派は，自らの理論や技法の深化には努めても，互いの共通性や相違点を明確にした上で，統合された心の科学としての臨床心理学を協働して打ち立てようとする試みをしてこなかった。したがって，臨床心理学は，厳正な科学の方法と臨床心理学独自の方法を方法論としてあわせもつ新しい心の科学を目指して，まだまだ開発途上なのである。

3 ── 心理臨床の専門家と活躍の場

　21世紀に入り，現代社会，特にわが国のような高度産業社会はますます多様性を増し複雑化してきている。1人ひとりが自分の生き方を選ぶ際にも，選択肢が豊富になり，少なくとも建前上は，自分の意思に基づいて自由に選ぶことが可能になった。しかし，自由に選んでよいといわれると人は戸惑うものである。自分が本当は何を望んでいるのかわからなくなることがある。社会に出る直前の青年たちのかなり多数がこのことで悩んでいる。また，わずか1世紀半ほどの間に最高度の産業・情報社会へと駆け上っていったわが国は，さまざまな面でそのひずみが顕在化しはじめた。その結果，人々はすべての世代にわたって，さまざまな問題を抱え，深刻な心の障害や病となって発現したり，衝撃的な事件の発生となったりして，人々を震撼させることがふえてきた。青少年の引きこもり，学級崩壊，異常な犯罪，いわゆるニートの増加，中高年の自殺の多発などはその一端である。そのため，心に絡んで起こる問題の周辺で働く心の専門家「心理臨床家」がさまざまな場で求められるようになってきた。現在，日本で最も多数を占めるのは「臨床心理士」という資格

をもつ心理臨床家で，現在，約20,000人がいろいろな場で活躍している。従来，心理臨床家が活動する場は医療機関（病院，診療所など），教育機関（児童相談所，教育センター，学校の相談室など），福祉施設（療育施設，老人施設など），司法・矯正機関（家庭裁判所，警察，少年鑑別所，少年院など）が主であった。今もそれは変わっていないが，医療機関では，神経科・精神科だけでなく心療内科，内科，小児科，産婦人科，臓器移植や遺伝子治療など最先端の医療現場，終末医療などに活動の場は広がってきており，職場でのストレスや人事・労務管理にかかわる心の専門家として産業領域にも進出してきている。さらに，スクールカウンセラーとして外部から学校という組織に介入し，教師たちと協働して児童・生徒の心のケアにあたっている。また，大きな災害や事件など人々の心を揺さぶり不安にする出来事が起きた際には，速やかにその地域に入り，心に傷を負った人々のケアに当たるとともに，再発予防に向けて自治体の担当者などとともに企画づくりにも参画している。このように心理臨床家の活動の範囲が広がるのに伴って，仕事の内容や責任の範囲の明確化が求められるようになり，倫理綱領も整備されてきた。次に心理臨床家の仕事の中身についてみてみよう。

4 ── 心理臨床家の仕事

臨床心理士の資格を与える，日本臨床心理士資格認定協会は臨床心理士の仕事として次の4つを定めている。

(1) 臨床心理査定

臨床心理査定とは，心の支援を必要とする個人や集団（家族など）についてデータを収集し，それに基づいてその個人や集団の現在抱えている問題を整理し，問題発生の背景を探り，その問題の今後の推移を予測した上で効果的な支援の方法を，短期的・長期的視点から決める指針を得るための営みである。見立て，あるいはアセスメントともいう。医療における「診断」とも共通しているが，診断が問題（あるいは障害や異常）に焦点を当てて，その識別や重症度に関心を向けるのに対して，「査定」は問題をその一部に抱えた人間そのものに焦点を当てて，その人を取り巻く環境をも含めてトータルな理解を目指している。心理臨床家の専門性として歴史的にも最も古いものである。データ収集のための方法には，面接，行動観察，心理検査などがあるが，詳しくは，本章3節で述べる。

(2) 臨床心理学的面接

心理療法，カウンセリング，コンサルテーション，スーパーヴィジョンなどがこれにあたる。心理療法とは，それぞれの治療理論に基づく技法的介入によって，行動や認知の変容，ひいてはパーソナリティの変容と成長を目指す治療者と治療される人とのかかわりであり，カウンセリングとは，人に生来備わっている心理的成長に向かう力を何よりも尊重しながら，受容と共感をベースにこの力を活性化し，問題の解決と人間としての成長の過

程につき添うことばを介してのかかわりである。臨床心理学的コンサルテーションは，他種専門家の問題解決のための心理臨床専門家としての援助と解されることが多い。たとえば，不登校児をめぐってなされる担任教師へのスクールカウンセラーの援助・助言がこれにあたる。

　スーパーヴィジョンは，心理臨床家どうしの，主として臨床事例をめぐってなされる治療経過についての検討，指導援助，助言などを含み，スーパーヴァイザーは，その事例に関しては事例担当者（スーパーヴァイジー）と連帯して責任を負う。

　以上，臨床心理学的面接にはどのようなものがあるかを述べたが，では，臨床心理学的面接に共通する特徴は何だろうか。

　それは，一定の枠組み（面接構造）をもっていることである。具体的にいえば，面接場所，面接日時，面接頻度（週に1回など），面接時間（毎回50分など），面接の終結の仕方，キャンセルの際の取り決め，料金などが面接者と被面接者（クライエント）の間の話し合いで決められ，契約として取り交わされる。また，決められた面接場所以外では会わないこと，面接室で話されたことを面接者は特別な事情がない限り他者に漏らさないことなども，面接者とクライエントの間で了解される。緊急時などを除いて，この枠組みが崩されないよう努力がなされる。このような枠が設けられるのは何のためであろうか。枠はどのように機能するのだろうか。

　第1に，枠は面接場面を日常生活から隔てる壁として機能する。この壁があるからこそ，クライエントは日常生活の中では言えないことも話すことができる。面接者は面接室以外でクライエントと関係をもたないから，クライエントは安心して心を開けるのである。また，面接時間が決められているのも，その時間は確実にクライエントだけのための時間であるから，安心してその時間を使いきることができる。

　第2に，枠はクライエントの自己制御力を支える機能を果たす。枠がなければ，クライエントがとめどなく自己の深みに降りていき，日常に戻れなくなるという危険も生じるし，面接者への依存が強くなりすぎて，本来もっているはずの成長への力を損なうことも生じるかもしれない。面接の枠組みは，クライエントと面接者の双方を守り，よりよい終結へ導くために必須の防護壁である。

(3) 臨床心理学的地域援助

　これは，心理臨床家に求められるようになった比較的新しい仕事である。現代の心理臨床家は自分のもち場の中でだけ仕事をするのでなく，必要に応じて本拠とする職場を離れ，地域の中に飛び込んでゆく。心をめぐる問題も身体の病気と同様に，発生してから対処するよりも発生する前に予防することが大切である。すなわち，どんなトラブルにも適切な対処のできる健康な心づくりや，健康な心を育てる環境づくり，公衆衛生学でいう一次予防である。このため，心理臨床の立場から自治体が行なう心の健康のためのプログラムづくりなどに参加することがある。また，大きな災害や事件などで心の傷を負った人々が多

数出たときも，速やかにその現場に駆けつけて，トラウマによる障害が出そうな人の発見や（公衆衛生では二次予防），すでに障害の発生している人のケアや再発予防にあたる（公衆衛生では三次予防）。コンサルテーション，危機介入といった臨床心理学的およびコミュニティ心理学的手法がこのような際に活躍する。このような，突発的な事態へのかかわりばかりでなく，長期的な視点に立った地域援助もある。学校へのスクールカウンセラー派遣もその1つであるが，他にも，慢性的難病を抱える人やその家族への援助，感染症（HIV感染症など）予防のための心理臨床的かかわり，子育て支援，DV（家庭内暴力）やハラスメント被害者のエンパワーメント（Column⑤参照）への支援などである。しかし地域支援においては直接的支援も大切であるが，地域の中の一般の人々の，つまり非専門家による援助力を掘り起こし開発することが，より重要な心理臨床家の任務となる。

(4) 臨床心理学的調査・研究

上に述べた3つの心理臨床の仕事の有効性をさらに高めていくためには基礎となる調査・研究や理論の深化が欠かせない。Aという治療技法がどのような症例にどのような効果をあげているか，逆に問題点は何か，Bという心理検査の査定における有効性は，信頼性や妥当性はいかなるものか，Cという地域の青少年が抱える心理的問題の中核は何か，いかなる心理臨床的介入が有効か，などの問題を解決していくためには，厳正な科学的手法に則った調査・研究が不可欠である。したがって，心理臨床家は実践家であると同時に科学者でなければならない（心理臨床家の科学者－実践家モデル）。とりわけ現代は，治療効果にエヴィデンス（証拠）を求める時代である。心理臨床家も，心理療法やカウンセリングあるいは地域介入の際に，その見通しと効果について正確に説明できる科学的態度を身につける必要がある。

臨床心理学研究には，一般的な実験や調査の際に必要とされる方法論やデータの量的分析法のほかに，以下のような方法論や技術が用いられる。

①データ収集のための面接法，行動観察法，検査法（3節参照）
②実践を通しての記述的研究（事例研究法）：新しい治療技法や理論の提示，困難事例・特異事例の治療報告，現行学説への反論などを目的とした実践事例の記述に基づく研究。臨床心理学研究の中心となる方法である。事例研究の宿命である，研究者の主観的理解の域を出られないという批判を越えて共通理解と客観性を獲得するために，さまざまな質的データ分析の方法が開発されている（KJ法，PAC分析，グラウンデッドセオリー・アプローチなど）。
③評価的研究法：治療技法などの効果比較のための研究法。メタ分析，プログラム評価研究など

Column⑤　エンパワーメント

　エンパワーメントということばを最近聞く機会が多いと思う。
この語には種々の理解や定義がされているが、一般的には、「さまざまな差別や搾取、抑圧を受けて自己決定や自立を妨げられている人々、いわゆる"社会的弱者"が、本来もっている自分の力に気づき、それを活性化させ、自己決定・自己選択の力を取り戻して自立していくこと」という意味で用いられている。
　現代日本では、憲法により基本的人権が保障され、性別や出自、職業などによっていかなる差別もされない平等社会が謳われている。男女雇用機会均等法の制定や男女共同参画社会基本法の公布もされた。しかし現実には、性や職業、身分によって差別され、いわれのない圧力をかけられ、極端な場合は暴力を振るわれたり、性的嫌がらせをされたりして、自尊心を傷つけられ自己決定や自己選択の力、広い意味での自立の力を奪われた多くの人々がいる。職場で出自や性による差別を受ける人々、犯罪被害者、家庭内暴力（DV）被害者、セクシャル・ハラスメントやアカデミック・ハラスメント被害者などがその例である。このような人々が内なる力を回復して自立と自己実現に向かって歩みだすプロセス、すなわちエンパワーメントの支援をする専門家（心理臨床家、弁護士、ソーシャルワーカーなど）は、多くは自治体の男女共同参画推進センター、女性センター、婦人相談所（以上、名称はさまざま）、大学や職場のハラスメント相談室、各種NPOなどで活躍している。支援をうけて力を回復した被害者たちがその経験を生かして、次には他の被害者の支援に加わる例も多い。

2節　心のダイナミズム

　現在、悩み病む心についてはずいぶん解明が進み、特に大脳生理学や神経生理学からの心への接近が盛んに試みられている。いずれは心の全貌が脳や神経系の生理学的・生化学的研究成果から説明される日がくるかもしれない。しかし、心の専門家を含め大方の人々は依然として、デカルト以来の二元論、すなわち心と身体は相互に関係しあってはいても、別々のものと考える立場をとっている。心の現象がすべて、脳や神経の生理学的・生化学的機能に帰着されることは頭では理解できても心では理解できず、精神と身体は別次元であると考えている。頭では理解できても心では理解できないという言い方そのものが二元論的考え方である。心は、近代の心の理論家たちによってどのように理解されてきたのだろうか。心はむろん、取り出して解剖してみることはできない。したがって、これまで打ち立てられてきた心の理論は、仮説の域を出ることはない。しかし、その代表的な心の理論のうち、以下に述べるフロイトおよびユングの理論などが、人間を理解するための非常

に優れた道案内になっていることは事実である。このように理論は，その実証可能性の有無にかかわらず，ものごとの理解や説明に優れた機能を果たしているならば，その価値が揺らぐことはない。

1──フロイトの力動的理論

近代心理学の祖，ヴント（Wundt, W.）は心を意識の集合と考え，構成単位となる意識がどのように心を構成しているかを解明し，一般法則を打ち立てようと考えたが，これに真っ向から異を唱えたのが，フロイト（Freud, S. 1856-1939）である。フロイトは，「意識」は心のごく一部にすぎず，意識の水面下に「無意識」が広く深く存在していると想定した。そして，「無意識」は意識よりも遥かに強く人の行動や思考に影響を与え，人と人との違い，すなわち個人差を生むと考えた。「無意識」自体はフロイトが発見したものではなく，フロイト以前にも無意識の存在を考えた人々はいた。しかし，意識と無意識の間に力動的関係を想定し，壮大な理論体系にまとめあげたのがフロイトであった。彼の理論は後継者たちによっていくつかの学派に分化して脈々とした流れとなり現在にいたっている（第13章2節参照）。

フロイトはまず，心は活動のための装置（心的装置）をもつと考え，その装置に意識，前意識，無意識の3領域を想定した（局所論）。意識とは，自覚された知覚，感情，欲求，願望，記憶，思考などであり，前意識はふだんは自覚できないが，努力すれば自覚可能なそれらである。無意識は通常の努力では自覚不能なそれらである。フロイトは，これだけでは心の活動を十分説明できないと考え，その後，イド（id）またはエス（es），自我（ego），超自我（super ego）の3つの心的装置を想定した（構造論）。イドは本能的欲求，特に性的欲求（リビドー）の貯蔵庫であり，欲求充足を求めて緊張を生じる。自我はイドと現実の間の調整役として認知機能と適応機能という重要な役割を担っている。この自我の，調整役としての働きを監視するのが超自我である。このように，フロイトは心を，意識と無意識の，またイド，自我，超自我の間のエネルギーに満ちた，力と力のせめぎあいと理解した。さらに，このせめぎあいの中で，無意識の中に抑え込まれた感情や欲求のエネルギーが転換して神経症症状が形成されたり，夢や失策行為や不適応行動として出現したりすると考えた（経済論）。さらに，自我が内的衝動に揺さぶられて不安が生じたとき，自我はさまざまな適応機制（Column⑥参照）を働かせて防衛する。リビドー発達に固着（ある発達段階で発達が停止すること）が生じることもある。フロイトは，適応機制の活動様態と，どの発達段階に固着したかによって，それぞれ異なるパーソナリティが形成されると考えた（発生論）。また，リビドー発達のある時点で子どもが異性の親に向ける性愛感情と同性の親への両価的感情，そしてそれらへの防衛が絡み合って生じるエディプス・コンプレックスの概念を生み出すなど，フロイトの理論は，臨床心理学のみならず，哲学や芸術にも大きな影響を及ぼした。

Column⑥ 自我と防衛

　本文で述べたように，自我は，情動や表象が作動して緊張や葛藤を生じたとき，それらを現実にあわせて調停して自らを防衛する。欲求や願望が生じたときも同じである。欲求や願望がいつでも現実に受け入れられ，かなえられるわけではなく，願望が充足されないときの激しい情動から自らを守るためである。うまく調停をするためには，現実を正確に認知する必要があり，また適切な調停手段を用いる必要がある。この調停手段を，適応機制（防衛機制）という。正確に現実を認知でき，適切な適応機制を繰り出せる自我が健康な自我であり，またこれが健康な心なのである。防衛の概念はフロイトが発見し，娘のアンナ・フロイト（Freud, A.）によって発展させられた。適応機制には次のようなものがある。

①抑圧（repression）：発現したら激しい不安や破局をもたらすような衝動や表象を意識から閉め出すこと。最も基本的な適応機制である。
②退行（regression）：現在の状態より以前の状態へ，またはより未発達な段階へ逆戻りすること。
　　例：弟や妹が生まれた幼児が，その新しい状況に対処できず赤ちゃん返りする。
③反動形成（reaction formation）：抑圧された衝動と反対の態度や感情を相手に向けること。
　　例：憎んでいる相手に対し，逆に親切に振舞う。
④隔離（isolation）：体験や行為，思考などから感情を切り離すこと。大切な人を喪った葬儀の席で，淡々と対応できるのは悲しみの感情が切り離されているからである。
⑤打ち消し（undoing）：行為の結果，葛藤が生じたとき，その行為と反対の行為をすることによって前の行為をなかったことにする。
　　例：相手を非難した直後に愛想よくふるまう。
⑥取り入れ（introjection）：相手の特性を自分のものにすることで，自分の役割を受動から能動に変えて不安を処理する。
　　例：お化けに怯える子どもがお化けの格好をすること（お化けと同一視する）で恐怖に打ち勝つ。
⑦投射（projection）：葛藤をひきおこす感情や衝動を相手に投げかけ，相手がその感情や欲求を抱いていると認知すること。
　　例：相手への憎しみを抑圧して相手が自分を憎んでいると認知する。自分の感情や衝動を相手に投げ入れた上で自分と相手を同一視することを投影同一視（projective identification）という。
⑧置き換え（displacement）：衝動や感情を，本来向けるべき相手に向けると不安を生じるため，相手を連想させる別の対象に，その衝動や感情を向けること。
　　例：父親への憎しみを，父親に似た人物や動物に振り向ける。
⑨合理化（rationalization）：自分の行為，思考，態度などについて，自分なりに筋の通る理由づけをして不安や葛藤を処理すること。
　　例：紛失した大切な物の価値を引き下げて，落胆感情に対処する。

2──ユングの分析心理学

ユング (Jung, C. G. 1875-1961) はフロイトの愛弟子であったが，フロイトの性的欲動を心の葛藤や神経症症状の根源として強調する考え方に違和感を生じ，袂を分かった。フロイトと決別してからも，ユングは人の興味や関心・態度の類型としての内向－外向論，共通の感情で結ばれた心的内容の集合体としてのコンプレックスなど，独自の理論を発展させ意識層から無意識層へと思考を深めていった。ユングとフロイトの最も異なる点は，無意識についての考え方である。フロイトは無意識を，さまざまな本能的欲求や，過去に意識から締め出された（抑圧された）願望や感情の貯蔵庫と考え，そのエネルギーが自我を脅かしてさまざまな不適応や神経症症状を生じると考えた（因果論的理解）。一方ユングは，心の葛藤は過去から現在にいたる自分の人生を見つめ直すための無意識からのメッセージであり，無意識を可能性に満ちた豊饒な海のような存在と考え，人をその人本来の姿に立ち返らせ成長させる源であると考えた（目的論的理解）。すなわち，フロイトが無意識をうまくコントロールされねばならない対象と考えたのに対して，ユングは無意識こそ人間を豊かに開発するものと考えたのである。ユングの考える無意識は，二重構造となっている。1つは，個人の意識化されない欲求，願望，感情，記憶などでフロイトの考える無意識とほぼ同じものである。これは個人的無意識と名づけられている。その下方に遥かに深く存在するのが集合的無意識と名づけられたものである。ユングはこの無意識を，民族や人種を通じて普遍であり共通のものであると考えた。つまり，個人のものでありながら個人のものでない，個人を超えたものと考えたのである。地球上のさまざまな民族，またさまざまな地域に神話や民話があるが，地域や民族を超えて，非常に類似したものが多数ある。これこそ，人類に共通普遍の集合的無意識から発するイメージがつくり出したもの，とユングは考えた。そして，集合的無意識の中の，類似したイメージを発する共通の素因を元型（archetype）と名づけた。代表的な元型には，ペルソナ，影，アニマ，アニムスなどがある。ペルソナは対社会的パーソナリティ，いわば外向けの顔の元型であり，アニマ，アニムスはそれぞれ男性の内的世界に隠された女性像，女性の内的世界に隠された男性像としてペルソナに対し相補的に作用する。影は人の中の闇に覆われた部分，いわば生かされていない部分である。人は夢の中などで元型からのイメージに出会うことがある。たとえば影は夢の中では同性の人物として現われ，アニマ，アニムスはそれぞれ女性，男性の形をとって現われる。非常に生き生きとして印象的な夢は，元型イメージに関連していることが多いという。ユングによれば，夢もまた，人にさまざまな指針やメッセージを伝える，人類普遍の魂の深みからの使者なのである。

3──心の悩み，心の傷つき，心の病

最初に述べたように，人は悩む存在である。人々は悩みながらも，大方の場合は日常の生活を続けていく。しかし，個人の本質にかかわる悩みが未解決のままもち越されていたり，大切な何かを喪ったり，深い挫折を体験したときなど，人は心のバランスを失って日

常生活もままならなくなることがある。これら重大な心の傷つきと心の病を，心の障害とよんでおこう。

(1) 心の障害の分類

　心理臨床の対象となる心の障害は，これまでさまざまな分類の仕方をされてきた。古くから使い習わされてきたのは，クレペリン（Kraepelin, E. 1856-1926）の疾病分類を参考にした，器質性（外因性）精神障害，内因性精神障害，心因性精神障害の3分類法である。器質性精神障害とは，事故や脳卒中，薬物中毒，感染症や代謝性疾患などによる脳神経系の器質的障害から生じた心の障害である。内因性精神障害は，原因がまだよくわかっていない身体的・生理的原因による心の障害で，旧名で精神分裂病（現在は統合失調症），躁うつ病がこの代表である。心因性精神障害とは，心的外傷やストレス，広い意味での心の葛藤が原因とされる心の障害で，神経症（neurosis）とよばれているものがこれにあたる。しかし，神経症と分類されていた障害の中に，身体的・生理的素因と無関係でないものもかなり存在することがわかってきて，アメリカ精神医学会（American Psychiatric Association）による「精神障害の診断・統計マニュアル第Ⅲ版（DSM-Ⅲ）」において，「神経症」の呼び名は廃止され今日にいたっている。「精神障害の診断・統計マニュアル（Diagnostic and Statistical Manual of Mental Disorders: DSM）」は，アメリカ精神医学会が1952年に第1版（DSM-Ⅰ）を作成して以来，精神障害の診断や分類に国際的に用いられるようになり，改訂を重ねて，現在第4版（DSM-Ⅳ）にいたっている。しかし，DSMからは消えたけれども「神経症」の語は，心因による心の障害を表わす語として呼び習わされており，特に病態水準（障害の重さのレベル）を表わす語として，「正常レベル」「神経症レベル」「境界レベル」「精神病レベル」というように専門家の間で使用されている。

　心の障害は，社会の変化や文化と深い関連がある。それぞれの時代に，その時代を象徴する心の障害があった。たとえば，19世紀末のヨーロッパにおける進行麻痺（梅毒による器質性精神障害）は，多くの著名な芸術家や文化人を侵したが同時に独特の光を放つ創作を生み，現在に遺されている。より現代に目を向ければ，ベトナム戦争後やイラク戦争後のアメリカにおける戦争神経症やPTSD（心的外傷後ストレス障害）があるだろう。現代日本を最も象徴する心の障害は，母子分離や自立と関連して顕在化する若者たちの人格発達障害や摂食障害であろうか。

(2) さまざまな心の障害

　以下に，DSM-Ⅳの分類に基づいて，心の障害のいくつかをごく簡単に述べる。

1）幼児期・小児期・青年期に初めて診断される障害

　成人にいたるまでに発現し，診断される心の障害のうち，ここでは学習障害，注意欠陥／多動性障害，広汎性発達障害について述べる。これらはいずれも，いまだ原因のつか

めていない中枢神経系の障害といわれており，家庭・学校・社会生活における適応を促進するために，医療，心理臨床，教育者などさまざまな専門家による協働的かかわりが必要とされる。

　①学習障害

　読字，算数，書字表出において，個別に施行された標準検査の成績が，年齢や知的水準から期待されるより明らかに低い場合に診断される。明らかに低いというのは，成績とIQの間の差が2標準偏差以上ある場合を指す。この障害は，情報の入力，処理，出力のどこかの過程で生じており，情報の与え方の工夫などでの改善が可能である。

　②注意欠陥／多動性障害

　学業や仕事，遊びなどで注意や集中を持続できない，指示に従えず仕事を最後までやり遂げられない，外からの刺激によって注意をそらされやすい，などの顕著な不注意傾向，または，身体各部を絶えず動かす，座っていることを要求される状況でしばしば席を離れる，質問が終わる前に答え始めてしまう，順番を待つことの困難，他人の妨害や邪魔，などの多動性・衝動性傾向のどちらか，あるいは両方をもつ。

　③広汎性発達障害

　発達のいくつかの面における重症で広汎な障害によって特徴づけられる。特に相互的対人関係技能やコミュニケーション能力の障害，常同的な行為や興味のいちじるしいかたよりなどがみられる。通常，生後1歳までに明らかになり，知的障害を伴うことが多いが，伴わないこともある。さらにいくつかの障害に細分されているが，そのうちの，自閉性障害，アスペルガー障害について簡単にふれる。

　　・自閉性障害：　目と目で見つめたり，表情，身振りなど，言語によらない対人的反応の顕著な障害，年齢相応の仲間づくりや，楽しみや興味を他者と分かち合うことの欠如，ことばの発達の遅れあるいは独特の言語の使用，きわめて限定された興味への熱中，反復的・常同的行為，などで特徴づけられる。
　　・アスペルガー障害：　上記自閉性障害と同様に，対人的相互反応の障害と限定された興味への熱中，常同的・反復的行為を特徴とするが，言語能力や自己管理能力，認知発達には顕著な遅れがない。

　上記の児童の障害のうち，学習障害，注意欠陥/多動性障害，言語発達に遅れのない自閉症（高機能自閉症），アスペルガー障害をまとめて軽度発達障害（障害の程度が軽度という意味ではない）とし，学校における特別支援教育の対象とされることになった。

2）不安障害

　不安や恐怖は，もともとは生き物が危険を予期してそれを回避するための反応であり，適応的な意味をもっている。心の障害となるのは，不安や恐怖が過剰に生じて生活に支障をきたしたり，不適切な場面で生じたりする場合である。

①広場恐怖
　逃げるに逃げられない場所や状況（エレベーターや乗り物，雑踏の中など），または次に述べるパニック発作が起きたとき助けが得られないかもしれない場所や状況に対していちじるしい不安や恐怖が生じ，これらの場面を回避する。
②パニック障害
　予期しないパニック発作（動悸，発汗，ふるえ，息苦しさ，胸部不快感などを伴う強い不安や恐怖感が突然始まること）を反復し，またそれが起こるのではないかと持続的に心配することを特徴とする。広場恐怖を伴う場合と伴わない場合がある。
③恐怖症
　特定の恐怖対象（特定の動物，高所，尖ったものなど）にさらされたとき，いちじるしい不安や恐怖が生じ，その対象や状況を持続的に回避する。
④社会恐怖
　ある種の社会状況（集団の中で発言する，上司の前で報告するなど）で強い不安が生じ，その状況を持続的に回避する。
⑤強迫性障害
　ある考えが不可避的に生じ（強迫観念），それが不安や苦痛を伴うため，不安を中和するための行為を行なわざるを得なくなる（強迫行為）。手を洗わずにはいられない（洗浄強迫），戸締りなど何度も確認せずにはいられない（確認強迫）など。
⑥外傷後ストレス障害
　命にかかわるような出来事を自分で体験したり，目撃したりした後に生じる強い恐怖感や無力感。その出来事が思考や夢や知覚の形でくり返し再体験され，睡眠障害や怒りの爆発，集中困難などを伴う。

3）身体表現性障害

　身体表現性障害とは，一般的な身体疾患を思わせる症状がありながら，その症状が身体医学的所見では説明できず，薬物などの乱用や他の精神疾患でも説明できない場合に診断される。「心の葛藤が身体で表現される」という意味である。
①身体化障害
　多数の身体的訴え（身体各部の痛み，胃腸症状，性機能障害など）が数年にわたって持続して，職業や学業に障害をきたしている。しかし身体の診察や臨床検査では所見が発見されない。いわゆる"仮病"とは異なる。
②転換性障害
　強い葛藤やストレスに伴って生じる運動機能の障害（立てない，歩けない，飲み込めないなど）や感覚機能の障害（視力や聴覚の障害など）。
③心気症
　自分の身体症状を誤って解釈して，重篤な病気にかかっているという観念にとらわれて

生活に支障をきたす。医師が否定しても思い込みが持続する。

　4）解離性障害
　解離性障害の特徴は，意識や知覚，記憶，自分が何者であるか，などについて通常は統合されている機能が破綻することである。一過性のことも慢性のこともある。
　①解離性健忘
　重要な個人情報（年齢や職業，家族の有無，住所など）が想起できなかったり，強い葛藤やストレスを生じるような事柄の想起が不可能となり，それが非常に広範囲にわたるので通常の物忘れでは説明できない。
　②解離性同一性障害
　2つまたはそれ以上の，はっきりと区別できる人格状態が存在し，それらがくり返し現われてその人の行動をコントロールする。重要な個人情報の想起不能を伴っていることが特徴である。

　5）摂食障害
　摂食障害は重篤な食行動の障害であり，神経性無食欲症と神経性大食症に分類される。ともに自分の容姿や体重に関する認知に歪みを生じ（身体像の障害），自己に対する評価は体重や体型に過剰に影響されている。有病率は女性が男性の約10倍であるが，最近は男性における増加もみられる。
　①神経性無食欲症
　体重の増加を強く恐れ，正常体重の最低限（通常，身長から期待される体重の85％）を維持することを拒否して摂食量を極端に制限する。初潮後の女性の場合は無月経になる。重症例の死亡率は5～20％ともいわれている（食欲が低下するわけではないので，この神経性無食欲症の名は誤解を生じやすい）。
　②神経性大食症
　むちゃ食いをくり返し，食べることを制御できない感覚を生じる。むちゃ食いによる体重増加を防ぐために，自己誘発嘔吐，下剤の乱用などを頻繁に行なうことが多い。

　6）人格障害
　人格障害とは，人格傾向に柔軟性がなく，非適応的で，いちじるしい機能障害や主観的苦痛が引き起こされている状態である。内的体験や行動傾向のかたよりは持続的であり，認知，感情，対人関係，衝動の制御などの領域に現われて社会生活に支障をきたしている。その始まりは青年期前期であることが多い。DSM-IVでは，10のタイプに分類されているが，ここではジゾイドパーソナリティ障害，境界性人格障害，回避性人格障害について述べる。
　①ジゾイドパーソナリティ障害

他者と親密な関係をもとうとせず，孤立した行動をとる。他者と喜びを分かち合うことがなく，賞賛や批判にも無関心で，感情的には平板でよそよそしい，などの特徴をもつ。
②境界性人格障害
対人関係や自己像，感情などのいちじるしい不安定さが特徴である。他者との関係は理想化と価値引き下げの間を揺れ動き，自己像が不安定で慢性的な空虚感がある。自傷行為や物質乱用，浪費などの行動化もよくみられる。
③回避性人格障害
他者からの批判や拒絶などへの極端な恐怖のため，対人接触や職業的活動を避け，その結果社会生活から引きこもってしまう。失敗を恐れて新しいことにとりかかれず，非常に引っ込み思案である。好かれているという確信がないと，他者と関係をもてず，親密な関係の中でも遠慮がちである。

7）気分障害
気分のいちじるしい高揚（躁状態）といちじるしい低下（うつ状態）で特徴づけられる障害で，その諸症状はDSM-Ⅳでは第1部の気分エピソードとしてまとめられている。気分障害，特にうつ状態は，ストレスや対象喪失（大切なものを失う体験），環境変化，さまざまな心の葛藤など心因によって生じるもの（従来のことばでは神経症性うつ）と，身体的素因に基づく内因性のものがある。内因性のものは心因性に比べ高年齢で発症する傾向があり，心因性のものは年齢と関係なく発症するなど相違はみられるが，症状のみからの区別は困難である。
①大うつ病エピソード
ほとんど一日中，ほとんど毎日の悲しみや空虚感などの抑うつ気分，ほとんどすべての活動への興味や喜びの減退，体重の変動，不眠または睡眠過多，疲労感，罪責感，決断の困難さ，死についての反復思考などが2週間以上存続する。これらの障害がいちじるしい苦痛と機能障害を生じている。
②躁病エピソード
気分が持続的に高揚し，開放的または易怒的（怒りっぽい）な，いつもとは異なった気分の期間が少なくとも1週間持続する。自尊心の肥大，睡眠欲求の減少，多弁，注意散漫，転導性の亢進（考えが次々と浮かんで飛び移っていく），制御のきかない活動欲求などがみられる。

8）統合失調症（旧名 精神分裂病）
統合失調症は，広範囲の認知や感情の障害が含まれ，それらは知覚，論理的思考，意思の疎通，行動の統制，思考や会話の流暢さ，楽しむ能力，注意力などに及ぶ。発症年齢の最頻値は，男性では18歳〜25歳，女性では25歳〜30代半ばといわれている。大多数はさまざまな前駆症状（引きこもり，意欲の低下，衛生観念の低下など）をもって始まり，し

だいに統合失調症特有の症状（陽性症状）が現われてくる。それらは，関係妄想（身のまわりに起こることがすべて自分と関係があり，自分に向けられているように感じる），被害妄想（皆に悪口をいわれている，追跡されている，見張られている，嘲笑される，などの誤った確信），妄想知覚（世界に何かただならぬことが起こっているような感覚），幻聴，思考奪取（考えが勝手に抜き取られる），作為体験（人に操られて行動させられている）などがある。有病率は一般人口の0.5%〜1.5%といわれており，けっして稀な疾患ではない。昔も今も，統合失調症の治療と適応支援は精神保健施策上の最重要課題の1つであるが，向精神病薬の進歩や社会状況の変化によって疾患自体は軽症化する傾向にある。そこで治療も従来の入院中心の治療から，地域の中で家族や仲間と暮らしながら通院による服薬と，カウンセリング，リハビリテーションを中心とした治療へと変化している。

3節 ◆ 心を探る

1——心理アセスメント（臨床心理査定）とは

アセスメント（assessment）には，「評価」ないしは「査定」という訳語があてられている。心理アセスメント（臨床心理査定）とは，心理学的な援助をクライエントに対して行なうにあたり，クライエント自身やクライエントの抱える問題を仮説的に理解し，援助や介入の方針を立てていくための資料を得る作業である。心理アセスメントはクライエントの福利のために行なわれるものであって，クライエントが異常かどうかを判別したり，クライエントの内面を興味本位で安易に知ろうとしたりするものではない。心理アセスメントはクライエントのパーソナリティや，クライエントをとりまく環境，重要な人々との関係など，適応の妨げとなっている問題をさまざまな観点から心理学的に理解するだけでなく，健康な側面や成長の可能性を探る作業でもある。医療領域では医師が診断や治療方針を探るための補助として用いられており，また保健，福祉，教育，産業，司法など，他の領域でもそれぞれの目的に応じて活用されている。

心理アセスメントは，面接や観察によって行なう方法と，心理検査を用いて行なう方法とに大別される。心理検査は，知能やパーソナリティ特性の測定など，特定の目的にかなうように作成されているので，面接よりも比較的短時間に，また集中的に，クライエントの心理的な状況や問題の程度を把握することができる。結果をクライエントにフィードバックすることは，クライエント自身の自己理解をうながす機会にもなる。治療や援助の効果，クライエントの成長度を確かめることもできるだろう。ただし，実際の現場では，アセスメントを心理検査のみですませることはほとんどない。受理面接や行動観察などと並行して，必要があると判断されたときに心理検査が実施され，それらの情報を総合するという一連の流れをアセスメントとよぶのが一般的である。

2 ── 心理検査の種類と理論
(1) 心理検査の種類
　心理検査は，検査が測定しようとしている心理的な特性によって，知能検査，発達検査，人格検査などのカテゴリーに分類することができる。また，人格検査は，検査課題や検査状況の構造によって，質問紙法，投影法，作業検査法などに分類することができる。おもな心理検査を表12-1にあげているが，他にもさまざまな検査があるので，詳しくは他書を参照していただきたい（たとえば，山中・山下，1998；岡堂，1993；上里，2002など）。

(2) 心理検査の理論的背景
　各種の心理検査がもつ理論的な背景は，学問としての心理学が発展してきた過程と関連が大きい。ここでは岡堂（1998）の示した4つの理論モデルのうち，歴史的に重視されてきた2つのモデルを紹介する。

表12-1　わが国で用いられているおもな心理検査

検査の分類	心理検査名
知能検査	（ビネー式）田中ビネー式知能検査V，鈴木びねー式知能検査 （ウェクスラー式）WPPSI（就学前児用） 　　　　　　　　　WISC-Ⅲ（児童用；2010年にWISC-Ⅳ発行予定） 　　　　　　　　　WAIS-Ⅲ （その他）コース立方体組み合わせテスト
発達検査	津守・稲毛乳幼児発達検査 遠城寺式乳幼児分析的診断法 K-ABC ITPA 新版K式発達検査 フロスティッグ視知覚発達検査 ベンダー・ゲシュタルト・テスト（BGT）
人格検査（質問紙法）	矢田部－ギルフォード性格検査（Y-G性格検査） ミネソタ多面人格目録（MMPI） 東大式エゴグラム 第2版（TEG-Ⅱ） コーネル・メディカル・インデックス（CMI）
（投影法）	ロールシャッハ・テスト 主題統覚検査（TAT） 絵画－欲求不満検査（P-Fスタディ） 文章完成法（SCT） 描画法（バウム・テスト，人物画テスト，統合型HTP法，風景構成法 など）
（作業検査法）	内田－クレペリン精神作業検査
その他	標準失語症検査（SLTA），長谷川式認知症スケール（HDS-R）など

1）心理測定論モデル

　心理測定論とは，客観的・数量的なデータによって心理的な特性を測定しようとする立場のことを指す。知能検査や発達検査，人格検査のうちの質問紙法や作業検査法などがこのモデルに依拠している。心理測定論は，19世紀末からの実験心理学的な手法の影響を受けており，検査が作成される際には，まず検査（質問）項目を選定し，予備調査を行ない，信頼性や妥当性を検討し，多くのサンプルを集めて尺度を構成する，といった厳密な手続きがとられる。このように標準化することで，ある個人のデータを母集団の平均と比較したり，結果の出方に特徴のある集団を類型化したりすることができる。

2）精神力動論モデル

　精神力動論とは，精神分析学的な理論に基づいており，心の内面にみられる欲求や感情，葛藤やその解決の仕方，対人関係上のパターンなど，心の力動性を重点的に理解しようとする立場である。人格検査のうちの投影法（ロールシャッハ・テスト，TATなど）がこのモデルに依拠している。検査は臨床的な経験に基づいて考案されたものが多いが，検査を行なった後の臨床実践の中で妥当性が確かめられていく。心理測定論と比較して客観性や数量的な実証性に欠けるという批判はあるが，クライエントを力動的に理解することができ，援助の方針を考える上で重要な資料となる点が評価されている。

(3) 心理検査の科学性

　心理学が科学であろうと努力してきたことと同じように，心理検査にも科学的な根拠が求められている。すぐれた心理検査は，下記の3つの特徴をかねそなえるといわれる。

①妥当性：その検査は，測定しようとする特性を適切に測定できているか（検査項目の内容の適切性，他の検査や面接の結果との一貫性などが含まれる）。
②客観性：同じ検査者が同じ結果を何度採点・評定しても，また検査者が異なっても，つねに同じ結果や評価が得られるか。
③信頼性：同じ被検査者に複数回同じ検査をくり返した場合，同じ状況ならば同じ結果が得られるか（再検査法，折半法などの手続きで確かめる）。

(4) 心理検査の歴史

　実験心理学的な測定や個人差を研究するために用いられていた手法が心理検査として利用されるようになったのは，1905年にビネー（Binet, A.）らが知能検査を考案したことに始まる。当時のフランスでは，知的障害児の教育環境を整えることが社会的な課題となっており，児童のスクリーニングに検査が用いられた（詳しくは，サトウ・高砂，2003；藤崎，1991参照）。ビネーらの検査はアメリカでも訳され，ターマン（Terman, L. M.）はスタンフォード・ビネー検査を考案し，シュテルン（Stern, W.）の提唱した知能指数

(intelligence quotient: IQ) の概念を取り入れた。その後，第一次世界大戦においては兵士の能力を効率的に測定する目的で集団式知能検査が開発され，多数のデータを効率的に処理する統計的な手法との発展とも相まって，さまざまな能力や適性，パーソナリティ特性を測定する検査が研究・開発されていった。

一方，精神力動論的なモデルを背景にした心理検査としては，1921年にスイスのロールシャッハ（Rorschach, H.）がロールシャッハ・テストを，1935年にはマレー（Murray, H. A.）がTATを，1949年にはコッホ（Koch, C.）がバウム・テストを，それぞれ発表しており，今日のわが国でも用いられている。

3 ── さまざまな心理検査

(1) 知能検査

知能という概念のとらえ方については，研究者によって「抽象的な思考能力」「過去の経験を生かし新しい経験から学習する能力」「環境への適応能力」などと違いがあるが，こうしたさまざまな側面をもつ複合的・包括的な能力であると現在は考えられている。

ビネーらの開発した知能検査では，検査課題がそれぞれ特定の年齢と対応しており，「年齢級」という表現を用いる。各年齢級の問題は，その年齢に属する者の合格率が50%〜70%であるような問題が選ばれている。ビネー式知能検査における知能指数（IQ）は，検査課題の成績から得られる精神年齢（mental age: MA）を実際の年齢である生活年齢（chronological age: CA）で割り，100をかけて算出する。すなわち，知能が生活年齢相応に発達しているときのIQを100と考えるのである。しかし，知的能力は青年期や成人期になると量的な増加から質的な変容へと移行すると考えられているので，ビネー式のIQでは成人期以降の知能を適切に評価しづらい。

一方，ウェクスラー（Wechsler, D.）の開発した知能検査は，知能を言語性の能力（一般的知識や概念的思考能力など）と動作性の能力（空間認知，操作など）とに分けて考えており，それぞれの能力を個別に測る複数の下位検査から構成されている。また，検査成績が同一の年齢集団の平均値にあるものをIQ100とし，1標準偏差分の差をIQ15として算出する，いわゆる偏差値の考え方を取り入れることでビネー式のIQがもつ問題点を解決しようとしている。また，下位検査の成績をプロフィールにして分析することは，知的障害のアセスメントだけでなく，軽度発達障害などのアセスメントにも役立っている（たとえば，上野ら，2005など）。

(2) 発達検査

発達早期の子どもの場合には，心理的な発達は身体の発達や養育者との人間関係と密接に関連しながら進んでいくので，特定の領域に限らない全般的な発達の状況をとらえる検査が必要とされる。発達検査は，知覚，運動機能（粗大運動・微細運動），社会性，基本的生活習慣，言語（発語，言語理解）などの幅広い側面を，月齢や年齢を尺度にして測定

する。子どもは検査や課題という状況を理解できない場合もあるので，養育者に子どものようすを報告してもらう方法をとる検査（津守・稲毛式乳幼児精神発達検査など）と，検査者が直接子どもの行動を観察したり，課題を与える方法をとる検査（新版K式発達検査など）とがある。

発達検査は，おもに発達の遅れが気になる子どもを対象として，障害の早期発見やアセスメントに役立てられている。1人ひとりの子どもに適した養育的・教育的働きかけを考える上で，発達の過程を詳細に観察することの必要性や，またそれを実際にプロフィールとして示すことができるという意味で，発達検査が果たしている役割は大きい。

(3) 人格検査
1) 質問紙法

質問紙法（questionnaire technique）とは，パーソナリティや行動の特徴に関するいくつかの質問項目に対して「はい」「いいえ」「どちらでもない」などといった自己評定を行なってもらい，クライエントのパーソナリティを把握しようとするものである。質問紙法は実施や結果の処理が容易であり，また分析や解釈も客観的な手続きによってなされるものが多いので，検査者の主観に影響されにくい点が長所といえる。一方，質問項目の意図が明確であることは，クライエントが回答を意図的に操作することにもつながる。しかし，このことは視点を変えれば，質問紙法で得られるデータがクライエントの自己像や自己評価（特に他者に示したい自己像）をよく示しているということでもある（馬場，1997）。代表的な質問紙法検査を以下に紹介する。

①矢田部－ギルフォード性格検査（Y-G性格検査）

ギルフォード（Guilford, J. P.）の特性論に基づく検査が日本で標準化されたものであり，「抑うつ性」「劣等感」「愛想のよさ」「社会的外向性」など，内的傾向から対外的行動まで広範にわたる12の性格特性が尺度化されている。

②東大式エゴグラム（TEG）

精神分析の理論をデュセイ（Dusay, M.）が簡略化した交流分析の理論を背景としており，5つの自我状態（CP, NP, A, FC, AC）について把握することができる。日本では，表題の通り東京大学の心療内科によって標準化されたものが広く用いられ，改訂を重ねている。

③ミネソタ多面人格目録（MMPI）

ハザウェイ（Hathaway, S. R.）とマッキンレー（McKinley, J. C.）によって開発された。精神医学的診断の妥当性に基づいて項目が構成され，回答の妥当性をチェックする尺度も導入されている。項目数が多く，実施が長時間になりやすいのが難点である。項目の一部を選択して組み合わせたものが別の検査としても活用されている（顕在性不安尺度：MASなど）。

④コーネル・メディカル・インデックス（CMI）

自覚症状を心身両面にわたって把握することができ，スクリーニングテストとして用いられる。

2）投影法

投影法（projective technique）とは，比較的曖昧（多義的）な刺激を提示したり，いわゆる「正解」がなく自由な反応を求めるなど，検査状況の構造度をゆるく設定して，クライエントがそれらの刺激をどう知覚したり，意味づけたりするか，また検査状況の中でどう行動するか，といった側面からパーソナリティを理解しようとするものである。構造度がゆるいということは，検査目的が具体的ではなく，クライエントが反応を意図的に操作することもむずかしくなるということを意味する。また，理解しようとする内面の深さの水準も検査の種類によって異なる（図12-1）。質問紙法のように標準化されていたり，実施や分析，解釈の手続きが客観的に示されているとは限らないので，有効に利用できるようになるまでに比較的熟練を要する。

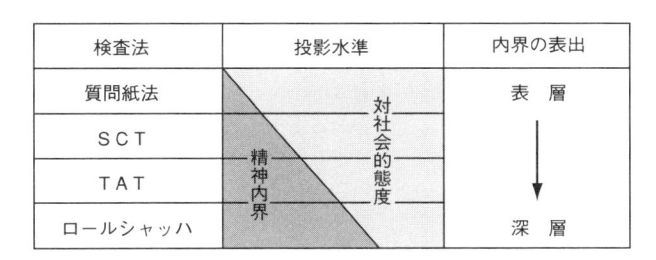

検査法	投影水準	内界の表出
質問紙法	対社会的態度	表層
SCT		↓
TAT	精神内界	
ロールシャッハ		深層

図12-1　心理検査法と投影水準（馬場，2003）

①文章完成法（SCT）

書きかけの文章を提示し，続きを書いてもらう検査である。内面だけでなく対人関係や社会的な態度など，幅広い側面が理解できる。

②絵画-欲求不満検査（P-Fスタディ）

ローゼンツァイク（Rosenzweig, S.）によって考案された。欲求不満の状況におかれた人物の絵を提示し，葛藤状況での反応や解決の仕方を理解しようとする検査である。

③ロールシャッハ・テスト

左右対称なインクのしみが描かれたカードを提示し，何に見えるかを答えてもらう検査である。クライエントの反応はその内容（何が見えたか）だけでなく，反応領域や反応決定因，形態水準などの側面（どのように見えたか）から記号化され，量的・質的な分析がなされる。ロールシャッハは当初，この検査が想像力や才能の豊かさを示すものと考えていたが，後に多くの研究がなされ，パーソナリティの理解に役立てられている。

④主題統覚検査（TAT）

絵の描かれたカードを提示し，物語をつくってもらう検査である。物語の登場人物の特徴や出来事，展開や結末，文体といった側面からクライエントの欲求や感情，対人関係における葛藤を理解しようとする。

⑤描画法

人物画，樹木画（バウム・テスト），統合型HTP法，家族画，風景構成法など，多くの種類がある。「何を描くか（あるいは何を描かずにおくか）」「どのように描くか」といった視点で分析がなされ，意識的・無意識的なイメージの世界を理解する手段として用いるほか，クライエントの自己表現という検査状況自体の特質を利用して，心理療法的な意図をもって行なわれることもある。

(4) その他の検査

作業検査法の代表的なものは内田－クレペリン検査である。連続加算作業を通して注意の集中と維持，疲労，慣れといったパーソナリティの意志的側面が理解でき，職場適性の評価など，産業領域でおもに用いられている。

また，おもに高齢者の領域で用いられているものに，認知症の簡便なスクリーニングテストとして作成された長谷川式認知症スケール（HDS-R）があげられる。リハビリテーションの領域では，ウェクスラー式の知能検査のほか，ミニ・メンタル・ステート（MMS）や標準失語症検査（SLTA），ベンダー・ゲシュタルト・テスト（BGT）など，認知機能のアセスメントを目的とした検査が用いられている（石合，2003）。

4 ── 心理検査の倫理と実施上の留意点

心理検査は，クライエントの異常性や病理性をえぐり出したり，そうした人々にラベリングを行なって，あたかも人間的な価値がないかのように差別するための道具ではないか，という批判がなされることがある。こうした批判は，心理検査に対する表面的・一面的な理解（誤解）からも生じるが，検査者が決められた検査手続きを守ることのみに専心してクライエントの不安に関心が向けられなかったり，また検査結果のみでクライエントを理解したつもりになりやすいといった，検査者側の問題も批判の対象となる。検査やその結果の使い方を誤るとクライエントを傷つける危険すらあることを留意しておかなければならない。

(1) 検査を受けることの負担

心理検査は，クライエントに特定の刺激や課題を提示し，それに対する反応や，検査状況に対する反応をみて，その人らしさを理解しようとするものであるといえる。これは身体的な検査と同様に，クライエントに負担をかけることでもある。特に投影法は，クライエントの内面を力動的に理解しようとするために無意識的な感情や欲求に踏み込んでいく性質をもっている。検査で内面を表出しすぎて不安になってしまったり，意識せずにおこ

うとした心の傷や痛みを刺激されてしまう場合もある。精神病など重い水準の問題を抱えた人はもちろんのことだが、健康な人でもこのような体験は不快で辛いものである。一般的に、クライエントの状況が不安定なときには実施を見送る判断も必要とされる。

(2) 実施の流れ

心理検査を実施する際のおおまかな流れと留意点を表12-2に示した。事前の準備としては、場所や時間を設定し、検査器具を準備するといった直接的・物理的な準備だけでなく、実施手続きや検査の背景となる理論に習熟しておくことといった準備も必要である。また、心理療法を行なっている（あるいはこれから行なおうとしている）クライエントを対象とする場合、面接者との関係が検査状況に及ぼす影響をできるだけ小さくするため、面接者と検査者を別々に設定することが望ましい。

検査を実施する目的を説明し、クライエントの了解を得る際には、検査に対する不安や警戒心への心づかいが求められる。もちろん、同意が得られないのに検査を強制することがあってはならない。

表12-2　心理検査の実施の流れと留意点（名島，2000をもとに作成）

実施の流れ	留意すべき点
①事前の準備	検査場所、机や椅子の配置、照明が適切かどうかなどに注意する。テストバッテリーは最小限にし、やみくもに多くの検査を行なわない。検査のための時間を十分に確保する。
②検査目的や情報管理について説明する	検査の内容や目的、結果がどのように利用されるのかをクライエントが納得するまで説明する。
③主な問題、家族構成、これまでの経過などを大まかに聞く	医療機関などで、別の機会に情報をすでに聞いていればそれを確認する。
④体調や検査を受けることに対する気持ちを聞く	特にクライエントに薬物療法が行なわれている場合には、副作用としての眠気や集中力の低下しやすい状態でないかどうか確認する。以前に同じ検査を受けた経験があるか、検査に対する期待や不安などがあるか聞く。
⑤検査実施の同意を得る	②で説明したことを確認し、検査の実施はクライエントに決定権があることを保証する。
⑥検査を実施する	決められた検査の手順を守って行なうが、クライエントの疲労度に注意して休憩を考慮する。
⑦感想を聞き、質問があれば受ける	検査を実施する前の気持ちと比較して聞いてみてもよい。
⑧結果をまとめ、フィードバックする	専門用語を多用しない。情報を羅列せず、クライエントにとってどのような意味があるのかという点をふまえてまとめる。クライエントの了解なしに結果を第三者へ伝えない。

(3) 検査の選択 ―テスト・バッテリー―

臨床現場では，単一の心理検査の結果のみでアセスメントを行なうことは少なく，複数種類の心理検査を組み合わせてアセスメントを行なっている。このように組み合わせられた一連の心理検査のことをテスト・バッテリーとよんでいる。テスト・バッテリーを構成することの意義は，それぞれの心理検査がもつ長所と短所を補いあい，クライエントの総合的・複眼的な理解に役立てることができるという点である。実際には，各種の心理検査の特徴をふまえ，アセスメントの目的やクライエントの問題の性質，年齢，実施にかかる時間など，状況に応じてバッテリーを構成する。たとえば，クライエントのパーソナリティを意識的な水準から無意識的な水準まで理解するために，質問紙法と投影法とを組み合わせることが広く行なわれている。

(4) 結果のまとめとフィードバック

心理検査の結果は，クライエントとの面接や行動観察，関係者からの情報とあわせ，まとめられることになる。その際，次のような視点が重視される（米倉, 2001）。

①クライエントの問題や症状の背景に推測される心理力動，環境要因
②本人の問題意識，改善に対する意欲の程度
③クライエントのパーソナリティ（自我の強さや対人関係のパターンなど）
④心理学的援助（心理療法）の適否，または他職種・他機関での援助の必要性

バッテリーを構成した諸検査の解釈をただ単につなぎあわせるだけでなく，統合的なまとめを行なうためには，検査者が精神障害や発達障害，パーソナリティ発達やその障害に関して理解していることが前提となる。まとめられた所見は，クライエント本人やアセスメントの依頼者（医師などの関係者が多い）にフィードバックされる。本人以外に所見を伝える場合はその必要性を本人に説明し，同意を得る必要がある。また，所見を誰に伝える場合でも，心理療法的な配慮が求められる（馬場, 2003）。すなわち，クライエント本人に伝えるのであれば，自己理解が深まり自分自身の課題へ取り組む動機づけが高まるようにすることが求められ，関係者に伝えるのであれば，本人の状況をよく理解し，適切に対応してもらうことで本人の利益となるように，伝える内容と伝え方を事前によく準備しなければならない。専門用語をできるだけ使わず，また客観的なデータとそこから推測される仮説とを明確に区別して伝える必要があるし，検査結果のみがひとり歩きしないよう，検査で明らかにできる部分とできない部分との区別をよく理解しておくことも重要である。

(5) 心理検査の学習・研修

どのような検査であっても，まずは自分自身が検査を受けてみて，その結果と自分自身の認識とを照らしあわせてみる作業が大切である。このことは，ここまでに述べてきたよ

うな心理検査の効用や限界，クライエントの味わう負担感や抵抗感などを体験的に理解する意味でも役に立つ（名島，2000）。

　また，専門家の指導を受けながら学んでいくことも大切である。実施や結果の整理手続きが明確な質問紙法や知能検査であっても，得られたデータをクライエントの自己理解や援助に生かしていくためには，相当の経験や研修を必要とする。

第13章
心理的支援の実践に向けて

　心理的支援とはいったいどのようなことをするのだろうか。専門家がする心理的支援は，友人や家族がするものとどのように違うのだろうか。悩んでいる人や困っている人を支援したいとき，何か効果的なせりふがあるのだろうか，実際にはどんなことをするのだろうか，催眠術のようなものだろうか。心理臨床を学びはじめる者にとっては，それが目に見えない心の中の出来事だけに，さまざまな疑問が生じてくるであろう。
　そこで本章では，心理的支援の実践ができるようになることを目標に，そのための土台づくり，基礎づくりを学んでいこう。まず1節で「専門的な心理支援とは何か」を考える。その前に，心理的支援をおもな仕事としている人の名称であるが，現状では心理臨床家とか心理療法士，臨床心理技術者，カウンセラー，CPなどさまざまである。教育や医療，矯正領域や福祉領域など，働いている領域や職場によって名称が異なるからである。ここではすべてを含むものとして，心理臨床，またはその領域でよく使われている名称を用いたい。
　それぞれの名称によって定義が異なってくるだろうが，ここでは最も普及している臨床心理士の定義をみてみよう。日本臨床心理士会による定義では「臨床心理士は，臨床心理学など心理学の知識や諸技法を生かして，心の問題にかかわる専門家である」（日本臨床心理士会ホームページ，2005）となっている。
　次に，臨床心理士の仕事内容をみてみよう。日本臨床心理士会があげている「臨床心理学による援助方法」としての4本柱は，臨床心理面接，臨床心理アセスメント，臨床心理的地域援助，臨床心理学的研究である（詳細は前章1節4を参照のこと）。臨床心理士になるためには，心理学や臨床心理学の知識を学ぶだけではなく，実践ができるようにならなければならない。そのためには専門的訓練が必要である。たとえば，臨床心理士の仕事の1つである臨床心理面接で考えると，臨床心理面接の理論や技法を学び，そして臨床心理面接の実践，つまりカウンセリングや心理療法ができるようになるためには，訓練が必要なのである。その臨床心理面接の理論や技法は，数百種あるといわれているが，おもなもので知られているのは，精神分析や催眠療法やカウンセリングであろうか。音楽療法やアニマルセラピィもよく耳にするかもしれない。また絵画テストや知能検査などは，テレビで擬似的なものが番組となっているのですでになじみであろう。
　しかし，専門的に学びはじめると，テレビなどで知っていた心理検査やカウンセリングが実際とはだいぶ異なっていることや，自分が知っていたことは，ほんの一部にしかすぎず，それこそ氷山の一角であるということがわかってくるのである。そうして，少しずつ

臨床心理面接の理論や技法を学んでいくわけであるが，その前に専門的な仕事をするための土台とは何かを考え，身につけていってほしい。この部分は，木にたとえると根っこであり，家にたとえると基礎工事の部分である。

　心理臨床における根っこや土台は何かというと，あまりにあたりまえすぎて見過ごされがちであるが，3つある。1つ目は「支援をする相手との信頼関係」を築くことである。2つ目は「専門的な人間関係とふつうの人間関係」の違いを意識して，専門性とは何かを考えていくことである。3つ目は「専門家としての倫理感覚」をはぐくんでいくことである。この3点目は，専門家として成長し，自分なりの職業アイデンティティを形づくっていくには重要なことである。

　また，これらの基礎や土台を学ぶことは，大学を卒業して心の専門家への道に進まなかった場合でも役にたつと思われる。心の支援は，支援する相手との人間関係の上に成り立つものである。人間関係というのは，専門的関係なので特別なところもあるが，人と人との関係である以上，ふつうの人とのかかわり，親子関係・兄弟姉妹関係，友人，知人，職場での人間関係，地域の人々との関係と同じところもある。日常の人間関係で学んだことを生かしていくことができるのである。また，心理臨床家は，心の問題にかかわる専門家であるが，心の問題というのは，今まで一度も感じたことがないとか問題にぶつかったことはないという人はいないだろう。つまり生きていく上で，当然生じてくるものだからである。たとえば自分が仕事でうまくいかず，悩みが解決できなくなったとき，子育てで悩み，専門家に相談する立場になったときなどである。そのようなときに心理臨床の基礎を学んでおくと，自分と相性があってしかも高い能力のある専門家を見分けるのに役に立つかもしれない。

　1節でふつうの人間関係や専門的仕事の土台にもあたることを学んだあと，2節では，具体的に臨床心理面接の実際を学んでいきたい。といっても，それはほんの始まりにしかすぎない。心理臨床の仕事を続けていく限り，生涯にわたる学習が必要なのである。時代によって新しく生じてきた心理臨床的支援，たとえば最近では，犯罪被害者支援や高齢者支援，児童虐待の問題や軽度発達障害への支援などがあるが，そのことにも対応できるようになる必要があるからである。

　ここでは，臨床心理面接をかなり大胆に絞って3つだけを取り上げる。カウンセリング，イメージを用いる臨床心理面接，精神分析的心理療法の3つである。心理療法の技法に関していえばその数は何百もあるといわれているが，まずは第一歩として，以上の3つからおおよその雰囲気をつかんでほしい。

　用語の使い方であるが，急にカウンセリング，臨床心理面接，心理療法などのことばが出てきて混乱するかもしれない。じつはこの用語の使い方は統一されておらず，曖昧に使われていることが多い。筆者はカウンセリングも心理療法も含めて臨床心理面接として使うが，カウンセリングと心理療法という用語自体は区別して使っている。平木（2003）の定義と同じ使い方をしているのでここで紹介する。「カウンセリングは比較的健康な方を

対象としたもので心の成長を目指し，心理療法は医療領域で実施されていて，症状の軽減やパーソナリティ変容などを目的としたものである」。

さて用語の定義をしたところで，簡単に2節の内容を紹介する。カウンセリングに関しては，アイビィ（Ivey, 1983）のマイクロカウンセリングを取り上げる。マイクロカウンセリングは産業・教育・医療などあらゆる領域で実践されており，効果があるとされている技法である。日常の人間関係の中で実践してみようと思えば，すぐにでも実践でき，しかも効果を感じやすい方法である。

次に，「イメージ」という側面から臨床心理面接をとらえ，イメージを用いているものを学ぶ。これは田嶌（2003）が提示した視点である。このイメージという漠然とした目に見えない世界に，どれほど興味を深め理解できるだろうか，他者のイメージをどのように共有できるだろうか，それが学びのポイントである。

最後に，心理療法の代表格として，歴史と伝統のある精神分析を取り上げたい。じつは，ほとんどの心理臨床家は精神分析そのものではなくて，現代人が利用しやすい週1回の間隔で，治療者とクライエントは対面して座るという精神分析的心理療法を実践している。精神分析的心理療法に対しては，技法としてはすでに古い方法だとか，即効性がないとか，いたずらに時間とお金がかかるとかの批判もある。けれど，精神分析の創始者であるフロイトは20世紀が生んだ3大思想家の1人ともいわれているくらいで，精神分析の考え方や理論，人間観などは心理臨床家だけでなく広く世界の文化にも影響を及ぼしてきたのである。心理臨床家の土台づくりには欠かすことのできない理論であろう。

1節 ◆ 専門的な心理的支援とは何か，そのために必要な基礎を学ぶ

1 ——相手との信頼関係をはぐくむ
(1) 専門的な心理支援とふつうの人間関係はどのように違うのか

まず，ある女子大生と女友だちとの人間関係を例にあげてみよう。これは筆者が創作したものである。大学1年生の早苗さんが失恋のショックから，授業に出てこなくなって，1人暮らしのマンションに引きこもったとしよう。早苗さんには，同級生で同じ専攻の絵美さんという友だちがいて，彼とのつきあいの一部始終を相談していた。絵美さんは早苗さんの話を聞きながら，何もしてあげられない自分を情けないと思い，けれどどうすることもできないでいた。何と声をかけていいのかもわからなかった。時にはいっしょに涙したり，元カレの冷淡さに絵美さんのほうが当の早苗さんより怒ったりすることもあった。時には，いつまでもそのことを引きずっている早苗さんにイライラしたりすることもあった。けれど何とか元気づけて元の生活ができるようになってほしいと願った。早苗さんに授業の課題を教えてあげたり，「今からでも出ておいでよ」と授業前にメールしたりして登校させる努力もした。こうして，結局引きこもりといっても3週間程度ですみ，授業の出席日数は何とか足りて試験を受けられそうである。これは心温まる友人関係である。絵

美さんが早苗さんを信頼していて，早苗さんもずっと自分を気にかけ側にいてくれた絵美さんの存在に気がついて，改めて感謝するようになり立ち直った例である。

ここで，絵美さんがどんなにがんばっても，早苗さんが「食べる気がしない」といって食事もほとんどとらず，十分な睡眠もとっていない状態になったとしよう。絵美さんは心配でたまらず，学生相談室に自分が相談に行くことにした。どんなカウンセラーかわからず，ちょっと敷居も高かったけれど，「友だちの相談でもいいですか」と断って，友だちの名前は言わずに今までのことや心配でたまらないことを話した。そしてその回に出た結論は，どうにか早苗さんを説得して，学生相談室に連れてくるということだった。

学生相談室のカウンセラーが会ってみると，早苗さんは心身ともに参っていて，自分自身を嫌悪し将来に絶望しか感じることができず，死にたいとまで口にするようになっていた。カウンセラーは，早苗さんのぽつりぽつりの話に懸命に耳を傾ける。彼女の絶望感や自己嫌悪などもひしひしと伝わってきた。自殺を実行する可能性や危険性など緊急性はないが，医療機関との連携が必要と判断した。早苗さんにそのことを説明し，早苗さんが納得してくれたので精神科医に紹介することとなった。そして早苗さんの了解を得た上で，精神科医と連絡をとり，今後の方針として，投薬治療は精神科医が実施し，心理的な支援は学生相談室でカウンセラーが続けることとなった。

この例を考えると，友人の絵美さんが失恋の話を聴いてあげたことや学生相談室に同伴したことなどは，ふつうの人間関係である。一方，学生相談室のカウンセラーが，絵美さんから早苗さんについての相談を受け，その後早苗さんとカウンセリングを実施し，そして医療機関を紹介し，さらに医師の診察と同時並行で相談室でのカウンセリングを継続したこと，これは専門的な心理支援である。

ここでの専門的心理支援とは，友人の絵美さんからの相談を受けたこと，早苗さんとの面接，医療機関に紹介するかどうかの判断と医療機関への紹介，医療機関と連携しながら，カウンセリングを続けることである。しかし，そういった専門的な心理支援を早苗さんと続けていくことができるために，いちばん大切なことを見落としてはいけない。それは，心理臨床家と早苗さんとの信頼関係である。

早苗さんの立場になって想像してみよう。カウンセラーに出会ったときに，何をカウンセラーに求め，何を期待しただろうか。それはカウンセラーがどのような人か，信頼できそうな人か，自分にどれだけ手助けになるだろうかということではなかろうか。

専門的な心の支援とは，相談する人が心理臨床家に対して「信頼できそう」という感じをもたなかったら，何も始まらないことなのである。

では，その「信頼関係」とは何だろうか，「信頼できそうな感じ」とはどのような感じなのだろうか。それを「感じる」ため，まず自分自身が相談を受ける立場を体験してみることが早道である。けれどたいていの人は「それほど大きい悩みがないので話すことがない」とか，「自分には相談する人は何人かいるので，わざわざ知らない人に会いに行くほどでない」ということになる。また，学生相談室のカウンセラーは予約がいっぱいで忙し

いこともあって，クライエント体験をするためにカウンセリングを受けるというのは現実的にはなかなかむずかしいだろう。そこで，似たような体験ができるためのワークを後で紹介することにする

(2) 自分自身の五感を用いる

　信頼関係とはどのような関係かと問われると，それぞれ自分が信頼している誰か，親や友だちや恋人を思い浮かべるであろう。「自分を大事に思ってくれている関係」とか，「自分が困ったときに必ず助けてくれる関係」とか，それぞれ答えるだろう。ここでは「お互いが相手を大事に思い，お互いが成長していくような関係」としておこう。

　じつはこの信頼という概念は心理臨床の心理発達理論では重要な概念なのである。相手が自分に心身ともに危害を加えないというだけでなく，自分を尊重してくれる，ひいてはそのような人がいることで，この世界をも信頼できるという感覚である。つまりエリクソン（Erikson, 1950）の8つの発達段階理論の最初の乳児期段階で，しかもその後の人生で最も重要な段階である。そこで得られていくものが「基本的信頼」の感覚である。ちなみに，エリソクンは正常な発達として信頼100パーセントという考えはしていない。「基本的信頼対不信」という用語を用いているのである。つまり信頼感と不信感とがせめぎあって，そして信頼感が不信感を上回ればよいと考えているのである。このあたり誤解がないようにしないと，最初から相手を100パーセント信頼し，信頼されなければならないという大きな勘違いをしてしまうからである。信頼関係を築くというのは，クライエントによってはそのこと自体が臨床心理面接の最終目標になったりすることもあるくらい骨の折れる地道でたいへんな心理的作業なのである。

　さて，実習に入ろう。実習で自分の実感や気づきを大事にしながら，信頼関係に関する臨床心理学な理解や学習を深めていってほしい。

(3) 自分自身のパーソナリティを道具として用いる

　相手との信頼関係をはぐくむためには，自分自身のパーソナリティが道具であるという自覚が必要である。そのためには，道具として自分自身の五感を研ぎ澄ます必要がある。五感とは，視覚・聴覚・触覚・臭覚・味覚である。五感を用いて相手を理解する。たとえば，今から実習の方法として述べるブラインド・ウォーク（図13-1）の場合でみてみよう。自分が相手の手をひいたとしよう。相手の手がうっすらと汗をかいてこわばっているとしよう。それは自分の触覚から得られた情報である。さらに相手の足元を見ると半歩ずつ足を擦るようにして歩いている。これは視覚から得られた情報である。そして自分自身の気持ちは，何となく相手をちゃんとリードできるかという不安を感じている。これらを総合すると，相手は不安や緊張を感じていて，自律神経が亢進して手に汗をかき，足も大きく踏み出せないでいる。そして自分も何となく緊張し不安を感じている上に，相手の緊張感が確実に自分に伝わってきて，自分自身もさらに緊張しはじめていると気づくのである。

図13-1　ブラインド・ウォークに出発する（前半）　　図13-2　触覚も楽しむふたり（後半）

　このように視覚や触覚（図13-2），自分の感情を手がかりに相手を理解していく。そして相手の緊張をほぐすためには，自分がやさしく相手の手を握り，自分自身をおちつかせて，相手と歩調を合わせ，呼吸を合わせ相手が安心感を抱くように努めるのである。このような営みの中から信頼関係がつくられていく。

【実　習】
　先に専門的な心理支援とは，心理臨床家との人間関係を通してなされること，そしてその土台には信頼関係が重要であると述べた。自分の五感を自覚し，それを手がかりに相手を理解し相手を支援していくことで，信頼される人間関係を結んでいく方法を学ぶ「ブラインド・ウォーク」を実施してみよう。
　「ブラインド・ウォーク」は，レモッカーとストーチ（Remocker & Storch, 1992）の方法で実施する。このワークは，作業療法やレクリエーション，看護や介護，教育など，心理臨床領域以外の現場でも実施されているものである。臨床心理学分野で実施するときには，実施する内容は同じでも，臨床心理学的視点に基づいた目的がある。この点を明確にしておかないと，単なるレクリエーションだとか，目の不自由な人の歩行を手助けする方法を学ぶためのものと誤解する恐れがある。以下に目的と方法について述べる。
①目　的
　まず自分が人に支援してもらう体験や相手を支援する体験をすることが目的である。その中で，相手との信頼関係を築いていく。そのためには，自分の五感やパーソナリティを用いて相手から信頼され得るように努めることである。
　そのために体験学習という方法をとる。体験学習とは，自分が主体性をもち「今・ここで」の現実に心を開き，相手と協力しながら，あらたな体験を試みることである。このような「今・ここで」という体験を深めていくことも目的の1つである。
②方　法
　簡単に方法を述べる。2人でペアになり，一方が目隠しをし，一方が安全に十分に留意

しながら目隠しをした相手を連れて歩くのである。実施中に気をつけることや意識する点について述べる。自分が目隠しをされた場合は以下の点である。見えないという状況で歩くときの自分の体験に注意を向けていること，自分自身の五感に敏感になること。さらにリードする相手に対して自分はどのような気持ちを抱くだろうか，不安・心配があるだろうか，安心しきった感じだろうかと自分の感情についても注意深く気づいていくことである。次に，自分が相手をリードするときに気をつけ意識する点は，第1に相手の物理的・現実的安全を守ること，第2に心理的安全感を抱いてもらうようにすることである。そのためには相手の歩くペース・相手の調子に敏感に注意を向け察知し，相手に合わせることである。最後に，自分が相手をリードする場合と，自分が相手からリードされる場合では，自分はどちらを好むだろうか，その好みは日常の人間関係でも同じだろうかという点も考えてみてほしい。

③体験の共有

実習中は，互いが自分自身の体験に目を向けるため，安全に必要なこと以外は，おしゃべりをせずに沈黙を守る。実習後は，ことばによるコミュニケーションに切り替わる。互いの体験を共有し分かち合うために，自分が初めて気づいたことや発見したこと，驚いたことなど体験の新鮮さを相手に伝える。そして，さらに自分が心の支援をしていくために重要となるのがフィードバックである。相手が自分のリードに対してどう感じたかを率直に教えてもらう。また，逆に相手のリードに対して，自分がどのように感じたかを相手に伝えることである。

その際，互いにとって効果的なフィードバックとなるためのポイントがあるので留意してほしい。津村(1992)も述べているが，おもに以下の2点である。「わたしは……」のメッセージであること。伝える必要性があると感じられることを伝えること。なるべく具体的なことばで伝え，相手が行動を変化させることができるようなことばで伝えること。たとえば，「乱暴だった」と言うのでなく「あなたが手を引っ張るときに，少し強く引っ張ったので，わたしは不安に感じた。わたしの場合，少し力を入れるくらいでゆっくり引っ張ってもらうくらいがいい」というように

表13-1 ブラインド・ウォーク，ふりかえりシート

実施		名前	
実施所用時間		相手の名前	
質問事項			
全般的	1. この体験（リードした時，された時）を通して，自分の五感について印象に残ったこと，気づいたことを具体的に書いて下さい。 2. この体験から，自分の感じ方の特徴やくせで気づいた事がありますか。		
リードした時	3. 相手からフィードバックされたことは，どのようなことですか。		
その他	4. 自分はリードする役割とリードされた時と，どちらが好きですか。その理由は何でしょうか。それは自分の日常の人間関係のあり方と関連がありますか。		

具体的に例をいくつか入れるのである。
　終了後に,「ブラインド・ウォーク,ふりかえりシート」(表13-1)に記入をする。

2 ── 専門家としての倫理感覚をはぐくむ

　倫理というと,「〜しなければいけない」という義務や規則,「人間としていかに生きるべきか」と説教されているイメージが浮かんできて,気分的に避けたくなるかもしれない。
　しかし,そのように感じるとしたら,倫理に関する問題を「こうあらねばならない」絶対的な規範としてしか理解していないことになる。理解不足といえよう。倫理に関する問題に取り組むときには,○や×があるとか正解があるからそれを覚えようと思わずに,まず自分で考えて答えを出してみるとよい。その後,他の人の答えと照らしあわせると興味深いことが起きる。1人ひとりの答えが違うのである。同じ答えだったとしてもその理由が微妙に異なっていたりする。何問か続けて答えあわせをしてみると,その人の答えにその人のパーソナリティや人間性,人生に対する見方,考え方まで映し出されていると気づく経験をするだろう。話し合えば話し合うほど,次々と疑問が生じてくるという体験もするかもしれない。正解が1つ以上出てくるというのは,おちつかない割り切れない思いがするかもしれないが,そのような疑問をもち続けることが,心理臨床家として成長していく土台となる大切なことである。それこそが専門性の源であるといってもよい。
　さて具体的な学びの方法であるが,以下の方法をとる。これは金沢(1998)や氏が講師をされたワークショップに筆者が参加し,そのときの体験を参考にしている。

【演　習】

　次の例題を読んで,まず,自分で考え回答してみてください。その後,グループで討議し,その討議内容を代表者がまとめて全体の場で発表します。そして,全員での意見交換をします。最後に,教員が倫理に関する問題に必要な専門知識を提示し,資料を用いながら重要なポイントを説明していきます。自分で,自分の回答の問題点や不足な点を明らかにしてください。例題は2例とも臨床心理査定の場面で設定しています。いずれも質問1「自分ならどうするか」,質問2「それはなぜか,理由を述べてください」という2問です。例題については,筆者が創作したものです。

　　例題1.　精神科の病院に臨床心理実習で行きました。A病院では,実習中に実習指導者の立ち会いのもとで,バウムテストを実施することになりました。30代の男性は見るからに緊張して動作もぎこちなく入室してきました。実習生は,心理テストの目的を説明し,場の雰囲気を和らげ男性にリラックスしてもらうように気配りをしながら,心理テスト実施への合意を得ようとします。男性はうなずいて同意したかに見えます。けれど,いざはじめると鉛筆を手にしたまま動きがとまってしまいました。この後あなたはどうしますか?　一度声かけをして,さ

らに3分しても手がとまったままの場合どうしますか？

　例題2．あなたは小学校のスクールカウンセラーだとします。ある日1年生の担任の先生が6月ごろ相談に来られました。A君がどうしても集中力がなくて，先生の話を聞けずに，すぐ席を立って動き回るそうです。他の子は入学以来だいぶ慣れてきたのに，どうも知的な能力に遅れがみられるのではないか，何か簡単にわかる方法はないだろうかといわれます。あなたは，スクールカウンセラーとして，この問題をどのように考え，どのように担任の先生に話し，どのような行動を起こしますか？

　以上の2問題は，臨床心理学を学びはじめたばかりの学生はむずかしいと感じるかもしれない。特に「正解がある」「正しい答えが1つしかない」と考えると，ますます答えられなくなるだろう。しかし，専門家として働きはじめるとすぐにでもこのような場面に遭遇するのであるから，十分に考える時間があるときにじっくり考えてみてほしい。そして，いくつもやり方を想像してみてほしい。小説を読むようにかなり自分勝手な想像を思いめぐらせてもかまわない。むしろそのほうがよい。相手の性格や状況もいろいろ変えてみて，それに応じた自分の対応も考えてみてほしい。自分ならどうするかという主体性をもって考えてみてほしい。主体性をもつその姿勢が大切なのである。
　このような場面で押さえておく必要のある点は，単に心理臨床家と臨床心理査定を受ける人との合意という二者関係の問題だけではない。相手の心理状態を正確に受けとめることのできる感受性や共感性をもつことが大事であろう。さらに，相手の抱えている問題に対する専門知識が必要なことはいうまでもない。また自分の行為が専門団体の規範から照らすとどうなるかという倫理基準との照らし合わせも必要である。ちなみに現在は，日本心理臨床学会の倫理基準（2001），日本臨床心理士資格認定協会（2001）の臨床心理士倫理要綱が参考になるだろう。さらに自分が実習生という立場であることや，自分が実習させてもらっている実習先の施設，病院，学校など施設独自の経営方針や倫理感覚なども絡んでくる。また法律の視点から考える必要もあるだろう。このように，倫理に関する問題は，かなり複合的総合的視点から理解することが重要である。
　この演習によって，単にテストの解答あわせのように○×という思考方法は役にたたないことがわかる。つねに倫理的な問題に対する自分の感受性を高め，危険や問題を発見する能力を高めていくことこそが大切であることを理解してほしい。そういう意味で倫理に関する問題を考えることは，心理臨床家としての出発点なのである。
　そして，他の学生の意見を聞いたり教員の話を聞いた後「なるほど」と感じたり，「よけいわからなくなった」「考え込んでしまう」「また迷いはじめた」という体験をしてほしい。

2節 ◆ 心理的支援方法の実際 ――臨床心理面接技法――

1 ―― カウンセリング
（1）心理臨床家の人間性か技法か

1節で心理的支援を行なう土台として，相手との信頼関係をはぐくむことが重要である，そのためには自分自身の五感を活用しながら，相手を理解し相手に安心感を伝えていくことが大切であると述べた。

ただ，そのように相手との信頼関係を築いていけるようになるには，自分自身の人間性が問われるし，相手への信頼だけではなくて，自分への信頼も必要である。

「じゃあ，心理臨床家が人間性を深めていけば専門的な心理的支援ができるのか」というとそうではないと思う。人間性と同時に技法も必要である。人によっては，技法というと何かしら意図的で不純なものを感じ，人間を相手にする仕事なのに技法とは何事か，そのような技法で人の悩みに向き合い相手を変えようとするのは人間性に欠けるとの批判もあるだろう。けれど，発想を変えてみてほしい。あれかこれかではなくて，人間性という土台の上に技法という効果的な方法を使って，相手の役に立てるようにするのが技法なのである。自分の人間性だけで相手に役に立っているはずというのは，自分勝手な思いあがりである。なかには優れた感受性と人間性という資質だけで，専門家以上のりっぱなカウンセリングの効果をあげる人もいる。けれど誰でもその資質に恵まれているわけではない。資質の有無にかかわらず，ふつうの人間がそれなりの効果をあげて相手の役に立とうとすると，技法・技法は不可欠であると思う。

（2）マイクロカウンセリングとは

ここで，その技法を学ぶ上で効果がある方法として，マイクロカウンセリングを学ぼう。創始者のアイビィ（Ivey, 1983, 1997）に基づき説明する。マイクロカウンセリングの特徴は，第1に徹底した実習学習であるということである。自分が学び，実践し，それを他の人に教える，この一連の実践をくり返していくことが，学びなのである。「実践ができるためには，実践に向けての訓練が必要である。カウンセリングや心理療法の理論を学び研究しただけで，実践ができるわけではない」というのは，あまりにあたりまえで当然のことのように思われるが，意外にもあまり実践されていない気もする。

次に第2の特徴であるが，訓練にあたって，技法の階層表を作成し，いちばん下の段の技法から順次学んでいくという積み上げ方式であることである。第3に習得した一連の技法は，カウンセリング場面だけでなく，教育・福祉・医療・ビジネスなどさまざまな場面で活用が可能なことである。

(3) マイクロカウンセリング，その授業の実際

1) 授業目標
授業目標として，以下の4点がある。
① 援助専門としての態度を学ぶ。
② マイクロカウンセリングの基本部分である「基本的傾聴技法」を習得する。
③ 自分に対する「気づき」や他者に対する理解を深める。
④ カウンセリングが実践に基づく学問であることを理解し，今後の訓練方法や学習方法を学ぶ。

2) 実施方法
技法ごとにくり返していくが，一連の方法としては，同じである。実施する技法の積極技法は実施せずに，傾聴技法のみを実施する。傾聴技法の各項目は，かかわり行動，開かれた質問・閉ざされた質問，励まし・言い換え，要約，感情の反映，の5項目である。1つの技法についての学ぶ順番は以下の通りである。
① 技法の説明として，技法の定義や実施方法を学ぶ。
② 事前学習として，テキストの逐語録を検討し，ビデオによる観察学習をする。アイビィ氏が実演しているビデオや先輩が過去に実施したビデオを観る。
③ 観察学習になるが，実演を見学する。教員がカウンセラー役で学生がクライエント役となる。
④ グループに分かれて実施する。学生はそれぞれ役割分担する。カウンセラー役，クライエント役，観察者役，タイムキーパー役，ビデオ操作または録音機器操作役である。その後5分間実演をし，一組が終わると全員でその後の話し合いをする。
⑤ 逐語録の作成と考察を記入したレポートを提出する。
⑥ 教員から自分のレポートのコメントを得る。
⑦ 次回の週にグループの代表者1人が逐語録を公表し，それに基づき全体での話し合いをし，教員からのフィードバックを得る。その公表にあたっては，クライエント役をした学生の同意が必要である。代表者も希望者を選ぶ。自発的でない場合に公表するということは，学生によってはさせられ体験や傷つき体験になることもあるので，注意する必要がある。もちろん全員での話し合いの場でも配慮する必要はある。

(4) 授業目標がどれだけ達成できたか

はじめてカウンセラー役をするのはひどく緊張するものである。最初に何と言えばいいのか，「傾聴技法の段階では，アドバイスをしたらいけない」と教えられていてもついしてしまう。自分自身が沈黙に耐えきれない。自分が次に何と言おうかとばかり考えて，相手が話したことが頭に入らない。事実関係を詳しく知りたくなって，クライエント役に質問を浴びせ続けてしまう。たった5分間だが，時間がとても長く感じる。そのような学生

も訓練が進むにつれて，余裕をもって相手の話を聞いていくことができるようになる。

また，自分がカウンセラー役をしたときの逐語録をとり，それをもとに考察をしてレポートを提出する作業を通じて，自分に対する「気づき」も深めていく。逐語録をとることは，時間がかかるだけでなく自分の言動を振り返り，自分がうまくできなかった事実にも直面せざるを得ない苦しい作業である。けれどこの次はこんなことに気をつけようとか，自分が技法を習得しつつあると実感できて充実感も得られるようである。

さらに，役割演技でクライエント役をすることで，擬似的なクライエント体験をする。他の人に自分の気持ちを話すときの緊張や不安，戸惑いや喜び，自分の気持ちをわかってもらったときのうれしさやわかってもらえない哀しさ，話し終えたときの心が晴れる気分も実感できる。

このように，実践型の学びというのは，時間や労力がかかりたいへんであるが，得るものも大きい（図13-3）。

授業の最終回に授業目標が達成できたかというアンケート調査を実施したので，その質問項目と回答の一端を紹介したい。

図13-3　真剣にロールプレイ実施中

A. マイクロカウンセリングの基本部分である「基本的傾聴技法」を習得できましたか
No.1: いちばん初めの逐語録と比べると，質問は減ったしクライエントの発言はふえたと思います。ただやればやるほど自分が何を言っているのかわからなくなってきたし，相手の気持ちを汲みとることに関しては，あまり進歩がなかったような気がします。
No.2: いちばん初めのカウンセリングのときに，自分ではどうしてあんなにあたふたとしていたのだろうかと今では思えます。先生ははじめから沈黙も大事だと，相手の話を聴けばいいんだと言っていたのに。やっぱり自分で体験してみないとわからないんだなあと思いました。
No.3: 最初は質問ばかりでリードしていたけれど，回数を重ねていくうちにだんだんクライエントの話が聞けるようになったと思う。マイクロカウンセリングは日常でも使えるので何かあったらやってみたいと思う。

B. 自分に対する「気づき」や他者に対する理解を深めることができましたか
No.1: クライエント役になることによって真剣に話して，すっきりした気分・気持ちになったりしてこの体験も重要だったと思いました。
No.2: 逐語録のフィードバックを行なったので，ここではどう言うべきか，どうしたらよいのかを理解することができたと思う。みんなの意見をもとに自分で考えることができたと思う。
No.3: 毎回逐語録や意見を聞くことによって，自分がカウンセラー役として話す内容や表情や

動作すべてにおいて，クライエントが話しやすい影響や心を広げる場所づくりが大事だと感じました。

No.4: 自分の逐語録にも少しずつ変化があった。「このときはこの技法でよかった」と思えたときは正直うれしかったです。自分は心理学を学んでいるんだと思えたときでもありました。最初は四苦八苦して書いた考察にも，これからどうすべきかとか別の見方とか書けるようになったことは視野が広がったことだと思いました。

No.5: 最後までカウンセラー役は緊張しました。いろいろな技法を最初は意識しすぎて，いちばん聞かないといけないクライエントの話が聞けていませんでした。でも後半では，クライエントの話すことにすごく興味がもてて，すごく聞けるようになったと思います。

No.6: カウンセラー役はもちろんむずかしいとは思っていたのですが，クライエントもこんなにたいへんなんだ，自分のことを話すってこんなにたいへんなんだと気づきました。

C. カウンセリングが実践に基づく学問であることを理解し，今後の訓練方法や学習方法を学ぶことができましたか

No.1: 逐語録をおこして，「あ，ここでこう言ったのはまずかったな」「ここでこう言えばよかったんだな」と考えられるようになったのは，人のを見せてもらうことで，自分の力になっていったんだと思った。

全員で1つの逐語録を見て，グループごとで意見を出すとき，はじめのころは何を言っていいかわからなくて，違ったことを言ったら恥ずかしいと思ってたけど，そんなことはまったく恥ずかしいことじゃないんだと気づきました。

No.2: さまざまな人の逐語録を聞いていて，私だったらこのカウンセラー役は話しやすそうという人とそうでない人がいたので，カウンセラー役の性格・対応・テンポはとても重要で，クライエント側が自分に合ったカウンセラー役を見つけること，出会えることが大切だと思いました。

No.3: 人と接するとき，前と比べてもっと相手をちゃんと理解しようと思うようになったので，少し変化したと思います。

No.4: 授業でのフイードバックのときは，それぞれ着目する点も考える点も違ったので，私自身の意見を言うのが楽しみでした。

No.5: この授業を受けて，他人のことを知るって本当にむずかしいと実感しました。まずは自分から知っていかないと，他人を知ろうとすることにつながらないと思いました。自分があって，他人があるわけですから……。まずは自分を大切にしなくちゃと感じました。

No.6: いろんな角度からものごとをみれる人になりたいと改めて感じました。

No.7: 人の話に対してあいづちが多くなった。人の目を見て話を聞くようになった。他者を理解するのはすごくむずかしいことだが，努力するようになったと思う。

No.8: 今回の技法を学んで，つねに会話しているときに，今相手はどう思っているのか，何を話したいのかを考えて返事をすることばを選ぶようになりました。そっけない返事をしたときは「あーこれだから会話が途切れたんだ」と考え，少しタイミングはズレていますが，返事をしなおして話せるようにしています。

No.9: 自分に対する気づきとして，「私は意外と思い込みが激しいんだなあ」と気づきました。レポートを書くときに，考察した内容を先生に指摘されたときに気づいたので，自分自

　　　　身の発見にもつながったと思います。
　　　　それに他の人の悩み・葛藤・不安を聞く機会がこのカウンセリングで大幅にふえ，他の人も自分と同じような悩みごとを抱えているんだなと今さらながらに気づきました
No.10: 私自身まだまだなおすべきところとかたくさんあるので，機会があったらやりたい。全体を通してすごいやりがいがあったし，進展していくのが目に見えた。レポートとかたいへんで苦しかったけど，すごく充実感がある。
No.11: いちばん目立った変化だと思いました。ふだんあまり自分に対する気づきなど意識して行なっているものではなかったので，すごく大事だと感じたし，自分を知り自分を向上させるためのよい方法であったと思います。

　　付記：アンケート調査は最終回の授業終了時に実施したものです。レポートを匿名で掲載することに同意してくれた学生に心より感謝申しあげます。

2 ── イメージを用いる臨床心理面接

(1) イメージを用いる臨床心理面接の種類

　マイクロカウンセリングの実習で，ことばによるやりとりを中心としたカウンセリングの実際を学んだ。もちろん「かかわり行動」技法で学んだように，身体言語・視線の合わせ方・声の調子といったことば以外の非言語的コミュニケーションの重要性もよく理解できたのではないかと思う。

　次に，「ことば」ではなく「イメージ」を用いる臨床心理面接を学ぶ。臨床心理面接の分類の仕方はいくつかあるが，ここでは，「イメージ」を中心に据え，イメージをキーワードにしている臨床心理面接を学んでいく。このようなキーワードをもとに心理療法の分類を提示したのは，田嶌（2003）である。そのイメージを用いている臨床心理面接の種類を具体的にみていくと，遊戯療法，箱庭療法，芸術療法，臨床動作法，イメージ面接である。これだけだと数は少ないように思うかもしれないが，その中の１つの芸術療法をさらに詳しくみていくと，その中に絵画療法，心理劇，俳句療法・音楽療法，ダンス療法，園芸療法などがある。さらにその１つの絵画療法を詳しくみていくと，自由画，なぐり描き法，九分割統合絵画法，家族描画法，コラージュ療法などがある。こうして考えるとその数の多さに驚くかもしれない。専門的知識を深めていくということは，自分が知っている知識はまだまだ少ないのだと自覚することから一歩がはじめるということである。

(2) イメージとは何か

　イメージとは何か。たとえば「小学生時代は何をして遊んでいたの？」と聞かれた場合，頭の中に自宅近くの公園とブランコなどの遊具，そのときの友だちの顔が浮かんだとする。それは視覚的イメージである。そしてそのときの楽しいうきうきしたような気分や気持ちが甦るのを気づきつつ，「そういえば，ブランコの立ちこぎが好きだったなあ，公園で缶けりもよくしたよ」と答えたとしよう。このようにことばにする以前の体験がイメージと

いえる。そしてこの例でもわかるように、イメージのもつ力というのは、視覚的イメージが写真のようにそこにあるのではなく、そのイメージに伴いその人が過去に体験したうきうきした気分を現在に甦らせるほどの強い力をもっているのである。

　河合（2002）は心理療法におけるイメージの重要性を強調し、そのイメージの特性として、①自律性、②具象性、③多義性、④直接性、⑤象徴性、⑥創造性、⑦心的エネルギーの運搬性、の7つをあげている。先ほどの例だと、小学生時代の近所の公園と友だちというイメージは、自然に自律的に沸き起こってきたものであり、うきうきという気分も湧いてきた、つまり心的エネルギーを生じさせたのである。

　ここで、体験的にイメージの世界を実感してみよう。そのための授業を紹介する。

(3) 授業の目標
　①イメージとは何かを体験学習を含めて、理解していくこと。
　②ワークを体験するなかで、自分への「気づき」を深める。
　③心理臨床家になるためには、生涯にわたる研修が必要であることを理解し、その学びの方法を学ぶ。
　④卒業論文作成に向けて、自分が興味をもっていることや関心のある領域を探す。

【実　習】誘導イメージ

　臨床心理学関連の授業で体験学習をするとき、その体験から得られるものも大きいけれど、じつは危険性も潜んでいる。たとえば、学生が体験学習をしているなかで、過去の嫌な思い出が甦り、気持ちが動揺する。授業が終わった後でも、なかなかそのことが頭から離れずに気分が回復しない場合などである。教員の立場からいうと、実施するときには細心の注意が必要である。詳細については、小早川（2005）を参照してほしい。

　ここでは、国谷（1980）がすでに実際に教育領域で実施しており、比較的活用しやすくて心理的に安全性が高いとされているワークを実施しよう。

①実施するワーク
　題：「海底の宝物」
　ねらいは、人間誰でも心の奥底に、すばらしい可能性をもっていることに気づいてもらうのを助けることである。比喩を用いるので、比較的抵抗が少ないワークである。

②実　施
　実施の前には十分なリラックスが必要である。筆者は筋弛緩訓練の一部と自律訓練の準備公式を取り入れている。さらに十分に以下のことを理解し、過度の不安感を抱かせないことが大切である。
・イメージは出にくい人と出やすい人がいる。それぞれの個性なので問題ではない。
・自分で不快に感じたらいつでも止めてよい。眼をあけること。その判断ができて途中で中止できるようになることも大切なことである。

・イメージが浮かばなかった人，否定的なイメージが浮かんだ人は，気にしなくてよい。そのことも大切なことであり，後日意味がわかることもあり得る。すぐに解答を求め判断してしまわない態度が大切である。

③レポート内容で記入する項目

海底の宝物では，次の項目を記入してみよう。

※自分で見つけ出した宝物はどのようなものでしたか？

※宝物のイメージを描きながら「私は，隠れた心の片隅にこんなにすばらしいものをもっている……」と自分に言い聞かせながら，宝物のイメージを自由に展開させました。その途中の体験や結果について記入してください。

※このワークから得られた気づきはどんなことがありましたか？

④レポートの紹介

ここで，学生のレポートを紹介する。1人ひとりがそれぞれに異なり新鮮な体験をしていることがわかるであろう。

No.1：リラックスしすぎると寝るなあと思いましたが，案の定，海に入るあたりから，たぶん寝ていました。よく覚えていません。でもとても気持ちよかったです。

No.2：月の照らされた海岸には，実際には行ったことないのに，すごく鮮明にイメージが出てきて，そのイメージの中の色がとてもきれいだったので驚いた。

No.3：暗い海の底に降りていったのですが，途中で真っ白になってしまい，想像できなくなりました。「今フタを開けたら大変なことになる。開けるべきときではない」と自分が判断したんだと思いました。

No.4：イメージは，自分の好きなもの身近なものが真っ先にでてくるものだとばかり思っていましたので，今回本当に力が抜けて，変な世界に入った気がして，イメージも私が普段考えているものとは違って驚きました。

No.5：自分が手にした宝物の意味，なぜそれだったかなどはわかりませんでしたが，妙に納得できて，不思議でした。終わった後はすごくすがすがしい気持ちになりました。

No.6：いろいろイメージすることは，好ましくないと思って生活していたけど，あまり現実に縛られずに心を自由にするのもいいもんだ，温泉効果ありと思えた。

No.7：人の意識の中には，気づかなくてもちゃんと本当の自分の気持ちがあるんだと実感した。

付記：アンケート調査は最終回の授業終了時に実施したものです。レポートを匿名で掲載することに同意してくれた学生に心より感謝申しあげます。

3 ── 精神分析的心理療法

精神分析的心理療法はフロイト（Freud, S.）が創始した精神分析に基づいた心理療法である。精神分析とは週に3〜5回の寝椅子をもちいた横臥法，あるいは背面法による自由連想法による面接をいう。一方，精神分析的心理療法とは週に1〜3回の対面法あるいは90度法を用いた心理療法を指す。自由な連想という点は同じであるが，あまり退行をうな

がさず，日々の生活状況や対人関係など実際起こった状況へのアドバイスを含めた話し合いを通して自己変容をはかる。また，精神分析は神経症のみが対象とされているが，後者は境界例や統合失調症などの病理の重いクライエントも対象可能である。面接頻度が少ないこととクライエントへの支持的態度や現実への対処の必要性もあり，わが国では精神分析的心理療法が一般的に用いられている。

フロイトが精神分析を創始して100年以上たった現在，その源流から表13-2のように，①欲動論，②自我論，③対象関係論，④対人関係論，⑤自己心理学，という学派や理論，概念が生まれてきている。なお，これはパイン（Pine, 1990; 川畑, 2003）に対人関係論を加えて作表したものである。この表から，学派によって人間の精神内界への理解の仕方や着眼点の違いが理解されるであろう。つまり，クライエントの問題の見立てや，クライエントの面接中の発言や態度，雰囲気に対して，セラピストがどの点に注目して介入し，解釈や対応をするかはその理論によって違いが出てくるものと思われる。しかし，ここでは精神分析的心理療法の基本的方法を取り上げていく。

表13-2　精神分析理論での5つの学派（Pine, 1990; 川畑, 2003をもとに作成）

①欲動論 フロイト（Freud, S.）	無意識にあるリビドー(性的エネルギー)や攻撃性が満たされない場合，無意識にその心的葛藤が抑圧され，各発達段階の性感帯の部位に固着することで症状が形成されるとした。幼児期のエディプス葛藤の解消が重要であるが，その後，成人期にそれらの欲動の統合や統制が完成されると考えられている。
②自我論 アンナ・フロイト（Freud, A.） ハルトマン（Hartmann, H.）	自我が超自我やエスからは自律し「平均的に期待しうる環境へ適応」（ハルトマン）するという考えである。環境との相互作用による学習や葛藤の解決などによって自我が様々な自我防衛を獲得し，環境に働きかけたり，現実感や現実吟味力をもつなどして適応の中核的機能をはたす。
③対象関係論 クライン（Klein, M.） ウィニコット（Winnicott, D. W.）	乳児が部分対象や全対象に対して行う空想や攻撃性，破壊衝動，羨望，憎悪などの投影と取り入れや統合により，妄想分裂態勢から抑うつ態勢といった精神内界が形成されていく。内界，空想を中心にした考えと実際の母親の乳児への関わりといった環境（外界）と内界との繋がりやその中間領域の意義を重視する考えがある。
④対人関係論 ホーナイ（Horney, K.） サリバン（Sullivan, H. S.） フロム（Fromm, E.） ライヒマン（Reichmann, F.）	心理性的解釈を否定し，サリバンは精神医学を対人関係の科学とし，パーソナリティは人の現実あるいは幻想の関係の中で，また他人との接触と交換の媒介によって機能し，理解しうるとし，発達段階における重要な対人関係の特徴を記述した。また，性格や症状形成に対する社会文化的要因や歴史的要因を重視した。
⑤自己心理学 コフート（Kohut, H）	フロイトは自己愛というのは性的エネルギーが自分に向いて，その後，それが別の対象に備給し対象愛になっていくと考えた。しかし，コフートは自己愛と対象愛は別のラインで発達していくと考えた。親による共感不全が自己愛の傷つきや障害をうむとし，治療者の共感的態度を重視し，自己対象としての転移関係を考えた。

(1) 概念的特徴

　第12章2節にフロイトの基礎理論が述べられているが，精神分析では，第一に，問題の見立てや理解に幼少期の発達が重要視されることである。乳児・幼児期は生まれ落ちた家庭環境やそこで出会った両親からの愛情や世話の受け方，その関係性がその人格形成に影響を与えると考えられている。よって，受理面接では過去の生育史，家族関係をよく聞き，問題や症状形成との関係を考えることになる。

　次に，「無意識の存在」を発見し，日の目にもたらしたのはフロイトであることはいうまでもないが，フロイトは，人は本能のあるその無意識に過去からの記憶，体験，さまざまな情動など，社会的に容認され得ない願望や欲求などを抑圧すると考えた。また，人はその本能や願望をストレートに表現することが成長とともに困難になっていく。よって，人は家族や学校，社会，そして，そこでのしつけ，教育，生活文化様式，期待や理想に適応するために自我防衛の方法を身につけて，そのような本能や願望を統制し自己の安定をはかろうとする。しかし，覚醒している意識は氷山の一角にしかすぎず，水面下の無意識のエリアは意識よりも広く，激しいエネルギーを蓄えている。そしてもし，発達途上，特に乳幼児期において欲求不満状態が続いたり，対象関係の不安定さが顕著であると，無意識の本能衝動や願望を統制できず，精神症状や問題行動をきたしたり，病的な性格特徴をもつようになる。このような無意識にある満たされない願望や欲求，外傷体験や幼少時の記憶を情動体験ともに言語化（ときに行動化）し，それを面接者が支持し，意識の中に統合していくことで，自己変容や自己実現をはかろうとするのが精神分析である。

(2) 精神分析的心理療法のプロセス

　それでは，実際のプロセスはどのように進んでいくのであろうか？
　前田（1985）による精神分析的心理療法の各段階を表13-3に示した。以下に，この各段階での重要な点を解説する。

1）治療構造の設定

　心理療法を行なう際にクライエントと会う条件である時間，場所，料金をまず設定する。時間は1回30〜50分で，その問題の内容や病理，現実状況に応じて話し合ってきめる。場所は面接室であり，それ以外の場所で会うことや身体接触は禁じられている。料金は公的機関か医療保険の対象であるか個人開業かなど療法が行なわれる組織や場所によって有料，あるいは無料となっている。このようにクライエントとの面接契約を厳守し構造化していくのは，クライエントが社会制約や常識的な世界から離れ，自由に連想や体験を語ることで意識から前意識，無意識的な葛藤へとたどる過程を扱うためである。さらに，精神的にも情緒的にも深く強いつながりになっていくセラピストとクライエントという2人の関係において，職業上の非日常的な治療関係を守るという重要な枠をつくるためでもある。

表13-3　精神分析心理療法の各段階（前田，1985）

	方　　法	留意点
[1] 導入期	治療的関係づけ (1) 面接への動機づけ＝治療契約 　　悩み・症状・問題の明確化と目標の設定 　　治療者のねらい ｝を認めさせる 　　自分の立場・役割 （面接の意義の認知） (2) 話題＝自由連想的な話し合い 　　切実な問題，生活条項，対人関係など (3) 面接への参加の促進—ラポール形成	・悩み，不安のポイントをつかむ 　（不適応の中心問題は何か） ・信頼とラポールづけ ・両者が同じ方向（目標）を向いているか ・言外にあるものへの注目 ・感情表現の促進
[2] 深化期	不適応の原因と力動の明確化 (1) 不適応の原因，そのメカニズムの探究 　　自由な自己表現 　　その考え方，態度，行動，症状の背後にある感情や欲求の理解 (2) 自己の客観化，ラポールの深まり (3) 支持されている体験 (4) 感情表現の促進	・抑圧されている感情の解放 ・行動化の受容（または禁止） ・一般には転移はとりあつかわないで，陽性感情を保つようにする ・必要に応じて，面接場面での態度や反応，治療への反応，治療者への感情や欲求をとりあげることもある
[3] 解釈・洞察期	直面と明確化を進め，解釈も加える (1) 適当に，治療者がリードする（再教育的） 　　自分で洞察するのを待つ 　　（抑圧を初め，各種の防衛規制の指摘） (2) 相互で理解されたことの確認 (3) 行動へ移すことの援助 　　（再適応を妨害する要因の処理を加えることもある）	・［2］期と［3］期は交互に深まってゆく ・洞察の内容 　①過去の生活態度，対人関係ひいては性格の偏りと歪み 　②自己と環境との関係 　③症状の力動とその意味 　④人格形成の背後にある幼児期体験の意味 　（自己像・父親像・母親像の歪み）
[4] 終結期	依存性の処理＝自律と独立への援助 (1) 分離不安の処理 (2) 社会適応への援助 (3) 生活目標の明確化→今後の見直し	・問題が生じたら，再び相談に応じることの保証 ・面接回数と時間の操作 ・多分に再教育的な支持

2）導入期

　おもな訴えをクライエントが語りはじめるが，面接初期にはクライエントの性格や対人関係の特徴を乳幼児期からの生育史や発達状況，家族関係を詳しく聞いて心理力動的理解をし，いくつかの仮説として面接方針をたてる。また，セラピストは中立的な態度でもって聴くことが要求される。しかし，それは丸田（1986）も述べているように，冷たいというのではなく，1つの価値観にかたよることなく，内界に拮抗するいろいろな力に対して「平等に漂う注意」をもって聴くことが大切になる。また，この時期はラポールという信頼関係を築き，治療同盟を形成していく。つまり，クライエントの問題に対等で共同作業

を行ない，解決に向けて動いていくという2人の認識を形成していく時期となる。

3）深化期

　クライエントがセラピストを信頼し，さまざまなことを話し，感情を表出浄化したり，考えや欲求を表現することで，自分の問題や症状をより深くみつめ考える時期である。徐々に自我の防衛機制がゆるんで退行も生じてくるときでもあり，忘れていた過去の記憶が甦ったり，かえって症状がひどくなることもある。「話す」は「放す」「離す」とも通じるように，クライエントがこれまで抱えていた問題や葛藤，不安を話し，セラピストがその事実状況と感情を共有することで，クライエントはそれらから距離をおいて眺める姿勢がとれるようになる。

　また，この時期，セラピストとクライエントの関係において，転移・逆転移関係が生じてくる。セラピストはクライエントに自分の素性をあかしていないし，その場でしか会わない非日常的な関係であるが，そのセラピストに秘密を語るために2人は親密な関係となっていく。そこで，クライエントはセラピストに対してさまざまな思いや空想が働く。転移とは，心理療法の際に，クライエントの過去の重要な人物（おもに両親）との間において形成された感情や態度，行動，欲求，空想といったイメージが面接者へと重なり，くり返し起こってくることである。セラピストがこの転移を起こさせて，それを解釈することにより，クライエントは自分の不安や葛藤を意識化し問題を洞察し，変化していくと考えられる。転移をどの程度扱うのか，セラピストとクライエントの二者関係に限定するのか，それとも面接外の実際的な対人関係と関連させて考えていくのかなどが学派によって違いがある。また，転移感情にもセラピストへの好意や信頼，理想化といった陽性感情と嫌悪や侮蔑，価値下げ，憎しみといった陰性感情がある。

　一方，生身の存在であるセラピストもクライエントと会っているときに，さまざまな感情や感覚，思い，考えが沸き起こってくる。これが逆転移である。この逆転移には，面接中，クライエントから投影されることで起こってくるものと，セラピスト自身の個人的体験や，欲求から起こってくるものとがある。

4）解釈・洞察期

　クライエントが話す内容には事実のみではなく，空想や幻想，欲求も含まれるし，記憶も不確かな面がある。しかし，フロイトが心的現実とよんだように，クライエントにとっての語りはクライエントにとっては真実であるし，内界と何らかの必然的なつながりがある。そのような，クライエント独自の症状形成や親子関係，性格との関連について，面接者が指摘し直面化（問題や葛藤の特定の事象にクライエントの注意を向け意識化させるために，そのことを指摘すること）させる。これにより，クライエントは真正面からその問題に取り組み，考えを進めていかなければならなくなる。しかし，人は長年抑圧していたものに容易に立ち向かえるものではない。精神的問題は深く苦しく両価的な感情を伴うも

のであるために，無意識の欲求を表現する際には不安，恥や罪悪感などから強い抵抗が生じる。このような抵抗とは，クライエントが面接の進展を妨げるような形で，セラピストや面接，治療構造に対して否定感や拒否感を抱き，面接意欲を失うことである。この抵抗はやはり無意識的なものなので，それを扱えるようになるまで待つか，その抵抗の背景にある不安や葛藤を表現できるように支持し介入していくといった対応が望まれる。また，明確化という技法は，面接の進行にとって大切な場面や状況，感情や思考，行動などといったことについて，より具体的に筋や文脈を両者がより明瞭にイメージできるように，クライエントに質問し聞いていったり，ポイントを焦点化しまとめていくことである。クライエントからみたら盲点であったところが質問に答えていく過程で明らかになり，事実関係のみならずそこでの情動体験や独自の対人パターンや行動のパターンなどが2人の間で共有されることもある。

　このような過程を経て，解釈や徹底操作がなされていく。解釈とは，クライエントの現実的問題や症状が，これまでの対象関係や対人関係，無意識的な願望や欲求と関係していることを言語的介入でセラピストが指摘し，クライエントがそれらに気づいて意識化し自己理解や洞察を深めていくことである。洞察とは「情動的体験を伴うものであり，自己の内面を深く理解し新しい視点がひろがること」（前田，1985）である。また，解釈については，クライエントの理解度や情緒的な受入態勢がどの程度整っているかを適切にみはかって行なわなければならない。そのタイミングがうまくいかないと，治療者への理想化や症状の知性化のままで終わる危険性がある。

　もちろん，このような治療的介入は一度でよくなるものではなく，治療関係において何度も直面化や解釈を行ない，セラピストが情動面を支え容器となりつづけることで，クライエントが変化していく。これを徹底操作という。

5）終結期

　洞察が進み，自己変容を遂げていくと症状は消失したり，気にならない程度に改善していく。主訴が解決し，クライエントの社会への適応状況がどの程度であるかについて検討して見通しを立て，面接がなくても独り立ちしてやっていくだけの自我や自己が確立されているか否かを吟味していく。面接では，これまでの面接過程を振り返ることで，まとめの作業やセラピストとの別れの作業を行なう。このことにより，クライエントが自分自身の変化を認識でき，自分の成長や変化により自信をもつことが可能となる。また，もし，今後，クライエントが必要であれば再来談することを勧めておく。

引用文献

【第1章】
Anderson, J. R. 1980 *Cognitive psychology and its implications*. San Francisco: Freeman.
Bridgeman, P. W. 1928 *The logic of modern physics*. New York: Macmillan. 今田　恵・石橋　栄（訳）　1941　現代物理学の論理　創元社
Brigogine, I. & Stengers, I. 1984 *Order out of chaos: Man's new dialogue with nature*. New York: Bantam Books. 伏見康治・伏見　譲・松枝秀明（訳）　1987　混沌からの秩序　みすず書房
Bruner, J. S., Goodnow, J. J., & Austin, G. A. 1956 *A study of thinking*. New York: John Wiley.
Chomsky, N. 1959 Review of Skinner's Verbal Behavior. *Language*, 35, 26-58.
Everitt, B. S. 1998 *The Cambridge dictionary of statistics*. Cambridge: Cambridge University Press. 清水良一（訳）　2002　統計科学辞典　朝倉書店
Hearnshaw, L. S. 1987 *The shaping of modern psychology: An historical introduction*. London: Routledge.
Hempel, C. G. 1965 *Aspects of scientific explanation*. New York: Free Press. 長坂源一郎（訳）　1973　科学的説明の諸問題　岩波書店
Kukla, A. 2001 *Methods of theoretical psychology*. Cambridge, Massachusetts: MIT Press. 羽生義正（編訳）　2005　理論心理学の方法―論理・哲学的アプローチ―　北大路書房
Miller, G. A. 1956 The magical number seven plus minus two: Some limits on our capacity for processing information. *Psychological Review*, 63, 81-97.
中西信男・道又　爾・三河俊樹（編著）　1998　現代心理学―その歴史と展望―　ナカニシヤ出版
岡本春一（著）　1987　フランシス・ゴールトンの研究　大羽　蓁・笹野完二・澤田丞司（編）　ナカニシヤ出版
大澤真幸　1998　自己組織化　哲学・思想事典　岩波書店　Pp.625-626.
Papini, M. R. 2002 *Comparative psychology: Evolution and development of behavior*. 比較心理学研究会（訳）　2005　パピーニの比較心理学―行動の進化と発達―　北大路書房
杉若弘子　1981　欲求階層説　新版心理学事典　平凡社
丹治信春　1998　説明　哲学・思想事典　岩波書店　p.945.
Uexküll, J. von & Kriszat, G. 1970 *Streifzüge durch die Umwelten von Tieren und Menschen: Bedeutungslehre*. Frankfurt am Main: S. Fischer Verlag. 日高敏隆・野田保之（訳）　1973　生物から見た世界　思索社
Workman, L. & Reader, W. 2004 *Evolutionary psychology: An introduction*. Cambridge: Cambridge University Press.

【第2章】
Bower, G. H. & Hilgard, E. R. 1981 *Theories of learning*. 5th ed. Englewood Cliffs, N.J.: Prentice-Hall.
Chomsky, N. 1959 Review of Skinner's Verbal Behavior. *Language*, 35, 26-58.
Gardner, H. 1985 *The mind's new science: A history of the cognitive revolution*. New York: Basic Books. 佐伯　胖・海保博之（訳）　1987　認知革命―知の科学の誕生と展開―　産業図書
Hearnshaw, L. S. 1987 *The shaping of modern psychology: An historical introduction*. London: Routledge.
小倉貞秀　1986　ブレンターノの哲学　以文社
Skinner, B. F. 1957 *Verbal behavior*. Englewood Cliffs, N.J.: Prentice-Hall.
津本忠治　1986　脳と発達―環境と脳の可塑性―　朝倉書店
Watson, J. B. 1930 *Behaviorism*. New York: Norton. 安田一郎（訳）　1980　行動主義の心理学　河出書房新社
Weber, B. H. & Depew, D. J. (Eds.) 2003 *Evolution and learning*. Cambridge, Massachusetts: MIT Press.

【第3章】
Findlay, B. 1993 *How to write a psychology laboratory report*. Prentice Hall of Australia. 細江達郎・細越久美子（訳）　1996　心理学実験・研究レポートの書き方―学生のための初歩から卒論まで―　北大路書房
市川伸一　2001　心理学の研究とは何か　南風原朝和・市川伸一・下山晴彦（編）　心理学研究法入門　東京大学出版会　p.4.
Latane, B. & Darley, J. M. 1970 *The unresponsive bystander: Why doesn't he help?*　竹村研一・杉崎和子（共訳）　1977　冷淡な傍観者　ブレーン出版
Milgram, S. 1974 *Obedience to authority: An experimental view*. 岸田　秀（訳）　1980　服従の心理―アイヒマン実験―　河出書房新社
日本教育心理学会（編）　2003　教育心理学ハンドブック　有斐閣
サール，A．／宮本聡介・渡邊真由美（訳）　2005　心理学研究法入門　新曜社
高野陽太郎　2004　科学と実証　高野陽太郎・岡　隆（編）　心理学研究法　有斐閣　Pp.16-17.

【第4章】
池谷裕二　2005　進化しすぎた脳　朝日出版社
伊藤正男（監修）2003　脳神経科学　三輪書店
貴邑富久子・根来英雄　1990　シンプル生理学　南江堂　Pp.35-79.
宮田　洋（監修）新生理心理学　1998　北大路書房
内田一成（監訳）2002　ヒルガードの心理学　ブレーン出版
山本健一　2000　意識と脳　サイエンス社　p.8.
山本敏行・鈴木泰三・田崎京二　1987　新しい解剖生理学　南江堂　Pp.101-142.

【第5章】
Ehrenstein, W. 1930 Untersuchungen über Figure-Grund-fragen. *Zeitschrift für Psychologie*, 117, 339-412.
Field, T. M., Schanberg, S. M., Scafidi, F., Bauer, C. R., Vega-Lahr, N., Garcia, R., Nystrom, J., & Kuhn, C. M. 1986 Tactile/kinesthetic stimulation effects on preterm neonates. *Pediatrics*, 77, 654-658.
Gibson, J. J. 1979 *The ecological approach to visual perception*. Boston: Houghton Mifflin.
Goldstein, E. B. 1996 *Sensation and Perception*. 4th ed. Pacific Grove, CA: Brooks/Cole.
Harlow, H. F. 1958 The nature of love. *American Psychologist*, 13, 673-685.
Huttenlocher, P. R. 1990 Morphometric study of human cerebral cortex development. *Neuropsychologia*, 28, 517-527.
Johansson, G. 1975 Visual motion perception. *Scientific American*, 232, 76-89.
柿崎祐一・牧野達郎（編）1976　知覚・認知　有斐閣
Morinaga, S. 1941 Beobachtung über Grunglagen und Wirkungen anschaulich gleichmässiger Breite. *Archives of Psychology*, 110, 309-348.
Müller, J. 1842 *Elements of physiology*. (W. Baly, Trans.) London: Taylor & Walton.
Proffitt, D. R., Cutting, J. E., & Stier, D. M. 1979 Perception of wheel-generated motions. *Journal of Experimental Psychlogy. Human Perception and Performance*, 5, 289-302.
Rubin, E. 1921 *Visuell wahrgenommene Figuren*. Copenhagen: Glydendalske.
Weintraub, D. J. & Walker, E. L. 1966 *Perception*. Belmont, CA: Brooks/Cole.
Wiesel, T. N. & Hubel, D. H. 1963 Single-cell responses in striate cortex of kittens deprived of vision in one eye. *Journal of Neurophysiology*, 26, 1003-1017.

【第6章】
Ames, C. & Archer, J. 1988 Achievement goals in the classroom students' learning strategies and motivation processes. *Journal of Educational Psychology*, 80, 260-267.
Arnold, M. B. 1970 *Feeling and emotions*. New York: Academic Press.
Arronson, E. & Linder, D. 1965 Gain and loss of esteem as determinants of interpersonal attractiveness. *Journal of Experimental Social Psychology*, 1, 156-171.
Atkinson, J. W. 1964 *An introduction to motivation*. Princeton, NJ: Van Nostrand.
Averill, J. R. 1980 A constructive view of emotion. In R.Plutchik & H.Kellerman (Eds.), *Emotion: Theory, research and experience: Vol.I. Theories of emotion*. New York: Academic Press. Pp.305-339.
Berscheid, E. & Walster, E. A. 1974 A little bit about love. In T. L. Huston (Ed.), *Foundations of interpersonal attraction*. New York: Academic Press. Pp.355-381.
Brickman, P., Redfield, J., Harrison, A. A., & Crandall, R. 1972 Drive and predisposition as factors in the attitudinal effects of mere exposure. *Journal of Personality and Social Psychology*, 8, 31-44.
Buck, R. 1988 *Human motivation and emotion*. New York: John Wiley & Sons. 畑山俊輝（監訳）2002 感情の社会生理心理学　金子書房
Byrne, D. & Nelson, D. 1965 Attraction as a linear function of positive reinforcement. *Journal of Personality and Social Psychology*, 1, 659-663.
Carver, C. S. & Scheier, M. F. 1998 *On the self-regulation of behavior*. Cambridge, UK: Cambridge University Press.
Deci, E. L. & Ryan, R. M. 2002 *Handbook of self-determination research*. Rochester, NY: The University of Rochester Press.
Driscoll, R., Davis, K., & Lipetz, M. 1972 Parental interference and romantic love: The Romeo and Juliet effect. *Journal of Personality and Social Psychology*, 24, 1-10.
Dutton, D. G. & Aron, A. P. 1974 Some evidence for heightened sexual attraction under conditions of high anxiety. *Journal of Personality and Social Psychology*, 30, 510-517.
Ekman, P. 1972 Universals and cultural differences in facial expressions of emotions. In J.Cole (Ed.), *Nebraska Symposium on Motivation*. Vol.19. Lincoln, NE: University of Nebraska Press. Pp.207-283.
Ekman, P. 1992 An argument for basic emotions. *Cognition and Emotions*, 6, 169-200.

Ekman, P., Levenson, R. W., & Friesen, W.V. 1983 Automatic nervous system activity distinguishes among emotions. *Science*, **221**, 1208-1210.
Festinger, L., Schachter, S., & Back, K. 1950 *Social pressures in formal group: A study of a housing community*. Harper.
濱 治世・鈴木直人・濱 保久 2001 感情心理学への招待―感情・情緒へのアプローチ― サイエンス社
Hardy, L. & Parfitt, G. 1991 A catastrophe model of anxiety and performance. *British Journal of Psychology*, **82**, 163-178.
速水敏彦 1995 外発と内発の間に位置する達成動機づけ 心理学評論, **38**, 171-193.
池上知子 1998 感情 池上知子・遠藤由美 (著) グラフィック社会心理学 サイエンス社 Pp.77-96.
鹿毛雅治 2004 「動機づけ研究」へのいざない 上淵 寿 (編) 動機づけ研究の最前線 北大路書房 Pp.1-28.
加藤和生 1998 認知と情動のからみ―「認知が先」か「情動が先」か ―丸野俊一 (編著) 心理学のなかの論争 (1) 認知心理学における論争 ナカニシヤ出版 Pp.55-82.
Lazarus, R. S. 1991 *Emotion and adaptation*. New York: Oxford University Press.
Lee, J. A. 1977 A typology of styles of loving. *Personality and Social Psychology Bulletin*, **3**, 173-182.
Lewis, M. 1993 The emergence of human emotions. In M, Lewis & J. M. Haviland (Eds.), *Handbook of emotions*. New York: The Guilford Press. Pp.223-235.
Maslow, A. H. 1943 A theory of human motivation. *Psychological Review*, **50**, 370-396.
Maslow, A. H. 1967 Self-actualization and beyond. In J. F. T. Bugental (Ed.), *Challenges of humanistic psychology*. New York: McGraw-Hill.
松井 豊 1993 恋ごころの科学 サイエンス社
Nakamura, J. & Csikszentmihalyi, M. 2002 The concept of flow. In C. R. Snyder & S. J. Lopez (Eds.), *Handbook of positive psychology*. New York : Oxford University Press.
太田恵子・小島弥生 2004 職場での評価をどう意識するか 菅原健介 (編) 人の目に映る自己―「印象管理」の心理学入門― 金子書房 Pp.153-180.
Plutchik, R. 1980 *Emotions: A psychoevolutionary synthesis*. New York: Harper & Row.
Rubin, Z. 1970 Measurement of romantic love. *Journal of Personality and Social Psychology*, **16**, 265-273.
Ryan, R. M., Connell, J. P., & Deci, E. L. 1985 A motivational analysis of self-determination and self-regulation in education. In C. Ames & R. E. Ames (Eds.), *Research on motivation in education. Vol.2: The classroom milieu*. New York: Academic Press. Pp.13-50.
佐々木 淳・菅原健介・丹野義彦 2001 対人不安に置ける自己呈示欲求について―賞賛獲得欲求と拒否回避欲求の比較から― 性格心理学研究, **9**, 142-143.
Schachter, S. & Singer, J. E. 1962 Cognitive, social, and physiological determinants of emotional state. In L. Berkowitz (Ed.), *Advances in experimental social psychology*. Vol.1. New York: Academic Press. Pp.49-80.
Seligman, M. E. P. & Maier, S. F. 1967 Failure to escape traumatic shock. *Journal of Experimental Psychology*, **74**, 1-9.
Seyfried, B. A. & Hendrick, C. 1973 When do opposites attract? When they are opposite in sex and sex-role attitudes. *Journal of Personality and Social Psychology*, **25**, 15-20.
Sigall, H. & Aronson, E. 1969 Liking for an evaluator as a function of her physical attractiveness and nature of the evaluation. *Journal of Experimental Social Psychology*, **5**, 93-100.
Sternberg, R. J. 1986 A triangular theory of love. *Psychological Review*, **93**, 119-135.
菅原健介 1986 賞賛されたい欲求と否認されたくない欲求 ―公的自己意識の強い人に見られる2つの欲求について― 心理学研究, **57**, 134-140.
菅原健介 2000 恋愛における「告白」行動の抑制と促進に関わる要因 ―異性不安の心理的メカニズムに関する一考察― 日本社会心理学会第41回大会発表論文集 Pp.230-231.
高野清純 1975 欲求・動機の発達 高野清純・林 邦夫 (編) 図説児童心理学事典 学苑社
Valins, S. 1966 Cognitive effects of false heart-rate feedback. *Journal of Personality and Social Psychology*, **4**, 100-108.
Walster, E. 1965 The effect of self-esteem on romantic liking. *Journal of Experimental Social Psychology*, **1**, 184-197.
Walster, E., Arronson, V., brahams, D., & Rottman, L. 1966 Importance of physical attractiveness in dating behavior. *Journal of Personality and Social Psychology*, **4**, 508-516.
Weiner, B. 1985 Attributional theory of achievement motivation and emotion. *Psychological Review*, **92**, 548-573.
Wigfield, A. & Eccles, J. S. 2000 Expectancy-value theory of achievement motivation. *Contemporary Educational Psychology*, **25**, 68-81.
Zajonc, R. B. 1965 Social facilitation. *Science*, **149**, 269-274.
Zajonc, R. B. 1968 Attitudinal effects of mere exposure. *Journal of Personality and Social Psychology, Monograph Supplement*, **9**, 1-27.
Zajonc, R. B. 1980 Thinking and feeling: Preferences need no inferences. *American Psychologist*, **35**, 151-175.
Zajonc, R. B. 1984 On the primacy of affect. *American Psychologist*, **39**, 117-123.

【第7章】
Anderson, J. R. 1980 *Cognitive psychology and its implications*. San Francisco: W.H.Freeman and Company.
Atkinson, R. & Shiffrin, R. M. 1968 Human memory: A proposed system and its control processes. In K. W. Spence & J. T. Spence (Eds.), *The psychology of learning and motivation*. Vol.2. New York: Academic Press. Pp.89-195.
Baddeley, A. D. 1990 *Human memory: Theory and practice*. Boston: Allyn and Bacon.
Baddeley, A. D. & Hitch, G. 1974 Working memory. In G.H.Bower (Ed.), *The Psychology of learning and motivation*. Vol.8. New York: Academic Press.
Bousfield, W. A. 1953 The occurrence clustering in the recall of randomly arranged associates. *Journal of General Psychology*, 49, 229-240.
Craik, F. I. M. & Lockhart, R. S. 1972 Levels of processing: A framework for memory research. *Journal of Verbal Learning and Verbal Behavior*, 11, 671-684.
Craik, F. I. M. & Watkins, M. J. 1973 The role of rehearsal in short-term memory. *Journal of Verbal Learning and Verbal Behavior*, 12, 598-607.
Ebbinghaus, H. 1885 *Über das Gedächtnis: Untersuchungen zur experimentellen Psychologie*. Leipzig: Duncker und Humboldt. 宇津木　保（訳）1978　記憶について―実験心理学への貢献―　誠信書房
Garcia, J. & Koelling, R. A. 1966 Relation of cue to consequence in avoidance learning. *Psychonomic Science*, 4, 123-124.
Godden, D. R. & Baddeley, A. D. 1975 Context-dependent memory in two natural environments: On land and under water. *British Journal of Psychology*, 66, 325-331.
James, W. 1890 *The Principles of psychology*. New York: Henry Holt & Co.
桐木建始　1995　記憶　石田　潤・岡　直樹・桐木建始・富永大介・道田泰司（著）　ダイアグラム心理学　北大路書房　Pp.21-33.
Miller, G. A. 1956 The magical number seven, plus or minus two: Some limits on our capacity for processing information. *Psychological Review*, 63, 81-97.
Peterson, L. R. & Peterson, M. J. 1959 Short-term retention of individual verbal items. *Journal of Experimental Psychology*, 58, 193-198.
Razran, G. 1939 A quantitative study of meaning by a conditioned salivary technique (semantic conditioning). *Science*, 90, 89-91.
Rundus, D. 1971 Analysis of rehearsal processes in free-recall. *Journal of Experimental Psychology*, 89, 63-77.
Tulving, E. 1962 Subjective organization in free recall of "unrelated" words. *Psychological Review*, 69, 344-354.
Tulving, E. 1972 Episodic and semantic memory. In E. Tulving & W. Donaldson (Eds.), *Organization of memory*. New York: Academic Press. Pp.381-403.
Tulving, E. 1983 *Elements of episodic memory*. New York: Oxford University Press. 太田信夫（訳）1985　タルヴィングの記憶理論―エピソード記憶の要素―　教育出版
Tulving, E. 1995 Organization of memory: Quovadis? In M. S. Gazzaniga (Ed.), *The cognitive neurosciences*. Cambridge, Mass.: MIT Press.
Tulving, E. & Thomson, D. M. 1973 Encoding specificity and retrieval processes in episodic memory. *Psychological Review*, 80, 352-373.
Woodward, A. E., Bjork, R. A., & Jongeward, R. H. 1973 Recall and recognition as a function of primary rehearsal. *Journal of Verbal Learning and Verbal Behavior*, 12, 608-617.

【第8章】
Bandura, A. 1971 *Psychological modeling: Conflicting theories*. Chicago: Aldine-Atherton Press. 原野広太郎・福島脩美（訳）1975　モデリングの心理学―観察学習の理論と方法―　金子書房
Bem, S. L. 1993 *The lenses of gender: Transforming the debate on sexual inequality*. New Haven, CT: Yale University Press. 福富　護（訳）1999　ジェンダーのレンズ―性の不平等と人間性発達―　川島書店
Bowlby, J. 1980 *Attachment and loss, Vol.3: Loss, sadness and depression*. New York: Basic Books. 黒田実郎・大羽蓁・岡田洋子・黒田聖一（訳）1991　母子関係の理論　岩崎学術出版社
Diamond, M. C. 1988 *Enriching heredity: The impact of the environment on the anatomy of the brain*. New York: The Free Press. 井上昌次郎・河野栄子　1990　環境が脳を変える　どうぶつ社
Erikson, E. H. 1959 *Identity and the life cycle*. Psychological Issues. Vol.1. New York: International Universities Press. 小此木啓吾（訳）1973　自我同一性　誠信書房
Harlow, H. F. 1973 *Learning to love*. New York: Ballantine. 浜田寿美男（訳）1978　愛のなりたち　ミネルヴァ書房
Kohlberg, L. 1969 Stage and Sequence: The Cognitive-Developmental Approach to Socialization. In D. A. Goslin(Ed.), *Handbook of Socialization: Theory in Research*. Boston: Houghton-Mifflin. 永野重史（監訳）1987　道徳性の形成―認知発達的アプローチ―　新曜社
Lorenz, K. 1983 *The King Solomon's ring*. 日高敏隆（訳）1998　ソロモンの指環―動物行動学入門―　早川書房

Piaget, J. 1964 *Six études de psychologie*. Paris: Denoël. 滝沢武久（訳） 1999 思考の心理学―発達心理学の6研究― みすず書房
Singh, J. A. L 1942 *The wolf-children of Midnapore*. Harper & Brothers. 中野善達・清水知子（訳） 1977 狼に育てられた子 福村出版
鑪 幹八郎 1990 アイデンティティの心理学 講談社
Vygotsky, L. S. 1934 *Thought and language*. New York: Wiley. 柴田義松（訳） 1967 思考と言語 明治図書

【第9章】
相川 充 1989 援助行動 大坊郁夫・安藤清志・池田謙一（編） 社会心理学パースペクティブ1 誠信書房 Pp.291-311.
相川 充・津村俊充（編） 1996 社会的スキルと対人関係 ―自己表現を援助する― 誠信書房
Altman, I. 1973 Reciprocity and interpersonal exchange. *Journal for the Theory of Social Behavior*, 3, 249-261.
安藤清志 1998 協同と競争 末永俊郎・安藤清志（編） 現代社会心理学 東京大学出版会 Pp.153-164.
蘭 千壽 1992 セルフ・エスティームの変容と教育指導 遠藤辰雄・井上祥治・蘭 千壽（編） セルフ・エスティームの心理学 ―自己価値の探求― ナカニシヤ出版 Pp.200-226.
Asch, S. E. 1951 Effects of group pressure upon the modification and distortion of judgements. In H.Guetzkow (Ed.), *Groups, leadership, and men*. Pittsburgh: Carnegie Press. Pp.177-190.
Baron, R. A. & Byrne, D. 1987 *Social psychology: Understanding human interaction*. 5th ed. Newton Mass: Allyn & Bacon.
Bass, B. M. 1985 *Leadership and performance beyond expectation*. New York: Free Press.
Bass, B. M. & Avolio, B. J. 1989 Potential biases in leadership measures. *Educational and Psychological Measurement*, 49, 509-527.
Bass, B. & Avolio, B. J. 1994 *Improving organizational effectiveness through transformational leadership*. California: SAGE Publications.
Birdwistell, R. L. 1970 *Kinetics and context: Essays on body motion communication*. Philadelphia: University of Pennsylvania Press.
Brehm, S. S. & Brehm, J. W. 1981 *Psychological reactance: A theory of freedom and control*. New York: Academic Press.
Brewer, M. B. & Miller, N. 1984 Beyond the contact hypothesis: Theoretical perspectives on desegregation. In N. Miller & M. B. Brewer (Eds.), *Groups in contact*: *The psychology of desegregation*. Orlando: Academic Press. Pp.281-302.
Brophy, J. E. & Good, T. L. 1974 *Teacher-student relationships: Causes and consequence*. New York: Holt, Rinehart, & Winston. 浜名外喜男・蘭 千壽・天根哲治（訳） 1985 教師と生徒の人間関係 ―新しい教育指導の原点― 北大路書房
Brown, J. D. 1993 Self-esteem and self evaluation: Feeling is believing. In J. Suls (Ed.), *Psychological perspectives on the self*. Vol.4. Mahwah, NJ: Lawrence Erlbaum Associates. Pp.27-58.
Bruner, J. S. & Tagiuri, R. 1954 The perception of people. In G. Lindzey (Ed.), *Handbook of social psychology*. Cambridge,M.A.: Addison-Wesley.
Dawes, R. M. 1980 Social dilemmas. *Annual Review of Psychology*, 31, 169-193.
Deutsch, M. & Gerard, H. B. 1955 A study of normative and informational social influence upon individual judgement. *Journal of Abnormal and Social Psychology*, 51, 629-636.
遠藤辰雄 1992 セルフ・エスティーム研究の視座 遠藤辰雄・井上祥治・蘭 千壽（編） セルフ・エスティームの心理学 ―自己価値の探求― ナカニシヤ出版 Pp.8-25.
遠藤由美 1998 自己評価 池上知子・遠藤由美（著） グラフィック社会心理学 サイエンス社 Pp.117-134.
Festinger, L. 1954 A theory of social comparison processes. *Human Relations*, 7, 117-140.
Festinger, L. 1957 *A theory of cognitive dissonance*. Evanston,Il: Row-Peterson. 末永俊郎（監訳） 1965 認知的不協和の理論 誠信書房
Fiedler, F. E. 1967 *A theory of leadership effectiveness*. New York: McGraw-Hill. 山田雄一（監訳） 1970 新しい管理者像の探究 産能大学出版部
渕上克義 2002 リーダーシップの社会心理学 ナカニシヤ出版
深田博己 1998 インターパーソナル・コミュニケーション ―対人コミュニケーションの心理学― 北大路書房
古川久敬 1990 構造こわし ―組織変革の心理学― 誠信書房
古川久敬 1998 基軸づくり ―創造と変革のリーダーシップ― 富士通ブックス
Hardin, G. 1968 The tragedy of commons. *Science*, 162, 1243-1248.
Harter, S. 1993 Causes and consequences of low self-esteem in children and adolescents. In R. F. Baumeister (Ed.), *Self-esteem: The puzzle of low self-regard*. New York: Plenum Press.
林 文俊 1978 対人認知構造の基本次元についての一考察 名古屋大学教育学部紀要（教育心理学科）, 25, 233-247.
林 文俊 1979 対人認知構造における個人差の測定（4） ―INDSCALモデルによる多次元解析的アプローチ― 心理

学研究, **50**, 211-218.
林 文俊 1982 対人認知構造における個人差の測定 (8) —認知者の自己概念および欲求との関連について— 実験社会心理学研究, **22**, 1-9.
Heider, F. 1958 *The psychology of interpersonal relations.* New York: Wiley. 大橋正夫（訳）1978 対人関係の心理学 誠信書房
Higgins, T. E. 1987 Self-discrepancy: A theory relating self and affect. *Psychological Review*, **94**, 319-340.
Homans, G. C. 1974 *Social behavior: Its elementary forms.* New York: Harcourt Brace Jovanovich. 橋本 茂（訳）1978 社会行動—その基本的形態— 誠信書房
House, R. J. 1977 Theory of charismatic leadership. In J. G. Hunt & L. L. Larson (Eds.), *Leaderships: The cutting edge.* Illinois: Southern Illinois University Press. Pp.189-204.
池上知子・遠藤由美 1998 グラフィック社会心理学 サイエンス社
池田謙一 1998 同調と逸脱 末永俊郎・安藤清志（編）現代社会心理学 東京大学出版会 Pp.137-152.
磯崎三喜年・高橋 超 1988 友人選択と学業成績における自己評価維持機制 心理学研究, **59**, 113-119.
Jones, E. E. & Pittman, T. S. 1982 Toward a general theory of strategic self-presentation. In J. Suls (Ed.), *Psychological perspectives on the self.* Vol.1. Mahwah, NJ: Lawrence Erlbaum Associates.
Knapp, M. L. 1978 *Nonverbal communication in human interaction.* 2nd ed. New York: Holt.
古城和敬 1994 社会的影響過程 藤原武弘・高橋 超（編）チャートで知る社会心理学 福村出版 Pp.99-110.
Latané, B. & Darley, J. M. 1968 Group inhibition of bystander intervention. *Journal of Personality and Social Psychology*, **10**, 215-221.
Mehrabian, A. & Wiener, M. 1967 Decoding of inconsistent communications. *Journal of Personality and Social Psychology*, **6**, 109-114.
Meindl, J. R. 1990 On leadership: An alternative to the conventional wisdom. In B. M. Staw & L. L. Cummings (Eds.), *Research in organizational behavior.* Vol.12. Connecticut: JAI Press. Pp.159-203.
三隅二不二 1978 リーダーシップ行動の科学 有斐閣
諸井克英 1996 親密な関係における衡平性 大坊郁夫・奥田秀宇（編）親密な対人関係の科学 誠信書房 Pp.59-85.
宗方比佐子 1996 社会の中の〈私〉—自己— 宗方比佐子・佐野幸子・金井篤子（編）女性が学ぶ社会心理学 福村出版 Pp.25-38.
村井潤一郎 2005 発言内容の欺瞞性認知を規定する諸要因 北大路書房
大坪靖直 1994 対人認知 藤原武弘・高橋 超（編）チャートで知る社会心理学 福村出版 Pp.33-44.
Petty, R. E. & Cacioppo, J. T. 1981 *Attitudes and persuasion: Classic and contemporary approach.* Dubuque, IA: Wm. C. Brown.
Pillai, R. 1996 Crisis and the emergency of charismatic leadership in groups: An experimental investigation. *Journal of Applied Social Psychology*, **26**, 543-562.
坂田桐子 1996 人が人を導くとき —リーダーシップと社会的勢力— 宗方比佐子・佐野幸子・金井篤子（編）女性が学ぶ社会心理学 福村出版 Pp.109-122.
Schneider, D. J., Hastorf, A. H., & Ellsworth, P. C. 1979 *Person Perception.* 2nd ed. Cambridge, M A: Addison-Wesley.
Shavelson, R. J., Hubner, J. J., & Stanton, G. C. 1976 Validation of construct interpretations. *Review of Educational Research*, **46**, 407-441.
Sheriff, M. & Sheriff, C. W. 1969 *Social psychology.* New York: Harper & Row.
Tajfel, H., Billig, M. G., Bundy, P. R., & Flament, C. 1971 Social categorization and intergroup behavior. *European Journal of Social Psychology*, **1**, 149-178.
Taylor, S. E., Peplau, L. A., & Sears, D. O. 1997 *Social psychology.* 8th ed. New Jersey: Prentice-Hall.
Tesser, A. 1988 Toward a self-evaluation maintenance model of social behavior. In L. Berkowitz (Ed.), *Advances in experimental social psychology.* Vol.21. New York: Academic Press.
上野徳美 1994 態度形成と変容 藤原武弘・高橋 超（編）チャートで知る社会心理学 福村出版 Pp.85-98.
Walster, E., Berscheid, E., & Walster, G. W. 1976 New directions in equity research. In L. Berkowitz & E. Walster (Eds.), *Advances in experimental social psychology.* Oxford: Pergamon Press. Pp.1-42.
Weiner, B. 1979 A theory of motivation for some classroom experiences. *Journal of Educational Psychology*, **71**, 3-25.
山岸俊男 1990 社会的ジレンマのしくみ —「自分1人ぐらいの心理」の招くもの— サイエンス社
山口裕幸 1994 集団過程 藤原武弘・高橋 超（編）チャートで知る社会心理学 福村出版 Pp.111-124.

【第10章】

Aschoff, J. 1965 Circadian rhythm in man. *Science*, **148**, 1427-1432.
阿住一雄 1982 成人の正常睡眠とその随伴現象 上田英雄・島薗安雄・武内重五郎・豊倉康夫（編）睡眠障害 南

江堂　Pp.1-41.
Bernard, C. 1865 *Introduction á l'étude de la médicine experimentale*. 三浦岱栄（訳）1938 実験医学序説　岩波書店
千葉喜彦・高橋清久（編）1997 時間生物学ハンドブック　朝倉書店
Frankenhaeuser, M. 1986 A psychobiological framework for research on human stress and coping. In M. H. Appley & R. Trumbull (Eds.), *Dynamics of stress*. New York : Plenum Press.
本間研一・本間さと・広重　力　1989 生体リズムの研究　北海道大学図書刊行会
井深信男　1990 行動の時間生物学　朝倉書店　Pp.12-64.
小杉正太郎（編）2002 ストレス心理学 —個人差のプロセスとコーピング—　川島書店
久保千春（編）2004 心身医学標準テキスト　第2版　医学書院
Lavie, P. 1985 Ultradian rhythm: Gates of sleep and wakefulness. In H. Schultz & P. Lavie (Eds.), *Ultradian rhythms in physiology and behavior*. Berlin: Springer-Verlag. Pp.148-154.
Lazarus, R. S. 1988 *Measuring stress to predict health outcome*. 林　峻一郎（編訳）1990 ストレスとコーピング —ラザルス理論への招待—　星和書店
Lazarus, R. S. 1999 *Stress and emotion*. New York: Springer.
Lazarus, R. S. & Folkman, S. 1984 *Stress, appraisal, and coping*. New York: Springer Publishing Company. 本明　寛・春木　豊・織田正美（監訳）1991 ストレスの心理学—認知的評価と対処の研究—　実務教育出版
Lazarus, R. S. & Opton, E. M. Jr. 1966 The study of psychological stress: A summary of theoretical formulations and experimental findings. In C. D. Spielberger (Ed.), *Anxiety and stress*. New York and Toronto: Academic Press. Pp.230-231.
三国雅彦・高橋清久（編）1997 生体リズムと精神疾患　学会出版センター
Minors, D. S. & Waterhouse, J. M. 1981 *Circadian rhythms and the human*. Bristol: Wright PSG.
Minors, D. S., Waterhouse, J. M., & Wirz-Justice, A. 1991 A human phase response curve to light. *Neuroscience Letter*, **133**, 36-40.
Montplaisir, J. & Godbout, R. (Eds.) 1990 *Sleep and biological rhythms*. New York: Oxford University Press.
森本兼曩　1997 ストレス危機の予防医学　NHKブック
日本睡眠学会（編）1994 睡眠学ハンドブック　朝倉書店
野村　忍　1999 ストレス性健康障害の治療　河野友信・山崎昌之（編）ストレスの臨床　至文堂　Pp.39-49.
大川匡子　1996 睡眠障害の診断・治療および疫学に関する研究　厚生省精神・神経疾患研究委託費　平成7年度研究報告書
大川匡子　2005 睡眠障害の診断・治療ガイドライン作成とその実証的研究班　厚生省精神・神経疾患研究委託費／平成17年度研究報告書
大川匡子・内山　真　1998 病的な眠り —現代病としての睡眠障害—　井上昌次郎（監）眠りのバイオロジー　われわれはなぜ眠るのか　メディカル・サイエンス・インターナショナル　p.69.
Selyé, H . 1976 *The stress of life*. New York: McGraw-Hill. 杉　靖三郎・田多井吉之助・藤井尚治・竹宮　隆（訳）1988 現代社会とストレス　法政大学出版局　p.115.
白川修一郎・田中秀樹・山本由華吏　1999 高齢者の眠りの調節　鳥居鎮夫（編）睡眠環境　朝倉書店　Pp.94-109.
Spieger. I. R. 1981 *Sleep and sleeplessness in advanced age*. New York: Spectrum Publications. Pp.1-22.
高橋清久（編）2005 睡眠学　じほう
鳥居鎮夫（編）1999 睡眠環境学　朝倉書店
坪井康次　2001 ストレス・マネージメント　白倉克之・高田　昂・筒井末春（編）職場のメンタルヘルスケア　南山堂　Pp.117-131.
内山　真　1994 睡眠障害の対応と治療ガイドライン　じほう
梅沢　勉　1986 ストレス小委員会報告について　ストレスと人間科学, 1, 66-69.
Weiss, J. M. 1972 Psychological factors in stress and disease. *Scientific American*, **206**, 104-113.
Zulley, J., Wever, R., & Aschoff, J. 1981 The dependence of onset and duration of sleep on the circadian rhythm of rectal temperature. *Pflugers Arch*., **391**, 314-318.
専門雑誌（1節）として，*Chronobiology International, Journal of Biological Rhythms, Biological Rhythm Research*.など
専門雑誌（2節）として，*Sleep, Journal of Sleep Research, Sleep and Biological Rhythms*.など

【第11章】

Adams, J. A. 1971 A closed loop theory of motor learning. *Journal of Motor Behavior*, **3**, 111-150.
荒井弘和　2004 メンタルヘルスに果たす身体活動・運動の役割　日本スポーツ心理学会（編）最新スポーツ心理学 —その軌跡と展望—　大修館書店　Pp.89-98.
荒木雅信　1987 フィードバックの種類とその活用　松田岩男・杉原　隆（編著）新版 運動心理学入門　大修館書店　Pp.165-172.
Berger, B. G. & Owen, D. R. 1988 Stress reduction and mood enhancement in four exercise modes: Swimming,body

conditioning, hatha yoga and fencing. *Research Quarterly for Exercise and Sport,* **59**, 148-159.
Brown, J. D. 1991 Staying fit and staying well: Physical fitness as a moderator of life stress. *Journal of Personality and Social Psychology,* **60**, 553-561.
藤善尚憲　1987　練習時間の配分（集中・分散法）　松田岩男・杉原　隆（編著）新版　運動心理学入門　大修館書店　Pp.172-177.
橋本公雄・斉藤篤司・徳永幹雄・花村茂美・磯貝浩久　1996　快適自己ペース走に伴う運動中・回復期の感情の変化過程　九州体育学研究, **10**, 31-40.
橋本公雄　2005　健康スポーツの心理学とは　徳永幹雄（編）教養としてのスポーツ心理学　大修館書店　Pp.108-116.
樋口貴広　2000　試合場面でのパフォーマンスの低下 ─ハイブリッドシステムが崩れるとき─　杉原　隆・船越正康・工藤孝幾・中込四郎（編著）スポーツ心理学の世界　福村出版　Pp.40-51.
ホールディング, D. H.／徳田安俊・菊地章夫（訳）1967　訓練の心理学 ─その理論と実際─　産業行動研究所
International Society of Sport Psychology 1992 Physical activity and psychological benefits: A position statement. *The Sport Psychologist,* **6**, 199-203.
石井源信　1997　目標設定技術　猪俣公宏（編）選手とコーチのためのメンタルマネジメント・マニュアル　大修館書店　Pp.95-111.
吉川政夫　2005　トレーニング可能な心理的スキル　日本スポーツ心理学会（編）スポーツメンタルトレーニング教本　改訂増補版　大修館書店　Pp.15-19.
厚生労働省　2005　厚生労働白書　ぎょうせい
工藤孝幾　1987　視覚的指導　松田岩男・杉原　隆（編著）新版 運動心理学入門　大修館書店　Pp.186-190.
工藤孝幾　2000　合理的な練習をめざして ─反復練習の工夫─　杉原　隆・船越正康・工藤孝幾・中込四郎（編著）スポーツ心理学の世界　福村出版　Pp.27-39.
松田泰定　1987　課題の分割　松田岩男・杉原　隆（編著）新版 運動心理学入門　大修館書店　Pp.177-181.
中込四郎　2000　運動とこころの健康 ─「身体」から「こころ」へ─　杉原　隆・船越正康・工藤孝幾・中込四郎（編著）スポーツ心理学の世界　福村出版　Pp.184-199.
中込四郎　2005　メンタルトレーニング・プログラム作成の原則　日本スポーツ心理学会（編）スポーツメンタルトレーニング教本　改訂増補版　大修館書店　Pp.41-45.
中雄　勇　2002　スポーツ技能の学習　メディカル・フィットネス協会（監修）スポーツ心理学　やさしいスチューデントトレーナーシリーズ 2　嵯峨野書院　Pp.28-48.
西田　保　1984　"メンタルプラクティス""イメージトレーニング""イメージリハーサル"とはどのようなことかそれらはスポーツ場面でどのように活用されているか　日本スポーツ心理学会（編）スポーツ心理学Q＆A　不昧堂書店　Pp.60-61.
岡村豊太郎　1987　メンタルプラクティス　松田岩男・杉原　隆（編著）新版 運動心理学入門　大修館書店　Pp.195-201.
岡村豊太郎　1998　メンタルプラクティスの効果的な行い方を教えてください　日本スポーツ心理学会（編）コーチングの心理Q＆A　不昧堂出版　Pp.42-43.
Poulton, E. C. 1957 On prediction in skilled movements. *Psychological Bulletin,* **54**, 467-478.
Schmidt, R. A. 1975 A schema theory of discrete motor skill learning. *Psychological Review,* **84**, 225-260.
関矢寛史　1998　フィードバック情報はどのように与えたら有効ですか　日本スポーツ心理学会（編）コーチングの心理Q＆A　不昧堂出版　Pp.56-57.
Sonstroem, R. J. 1997 *Physical activity and mental health.* Washington, D.C.: Taylor & Francis. モーガン, W. P.（編）／竹中晃二・征矢秀昭（監訳）1999　身体活動とメンタルヘルス　大修館書店　Pp.169-191.
Sonstroem, R. J. & Morgan, W. P. 1989 Exercise and self-esteem: Rationale and model. *Medicine and Science in Sports and Exercise,* **21**, 329-337.
杉原　隆　1984　技能習熟のレベルに応じて指導のしかたをどのように変えるべきか　日本スポーツ心理学会（編）スポーツ心理学Q＆A　不昧堂出版　Pp.82-83.
杉原　隆　1987　動機づけと運動パフォーマンス　松田岩男・杉原　隆（編著）新版 運動心理学入門　大修館書店　Pp.64-68.
杉原　隆　2003　運動指導の心理学　大修館書店
竹中晃二　2002　運動・スポーツのストレス低減効果　竹中晃二（編）健康スポーツの心理学　大修館書店　Pp.10-17.
徳永幹雄　2005　運動・スポーツで心の健康は高められるか　徳永幹雄（編）教養としてのスポーツ心理学　大修館書店　Pp.117-124.
土屋裕睦　2005　メンタルトレーニング実施後の振り返り　日本スポーツ心理学会（編）スポーツメンタルトレーニング教本　改訂増補版　大修館書店　Pp.51-55.
和田　尚　1987　運動技能の種類と指導　松田岩男・杉原　隆（編著）新版 運動心理学入門　大修館書店　Pp.151-155.

【第12章】

上里一郎（監修） 2002 心理アセスメントハンドブック 第2版 西村書店
American Psychiatric Association (Ed.) 2002 *Diagnostic and statistical manual of mental disorders. Fourth edition, Text revision.* 高橋三郎・大野 裕・染矢俊幸（訳） 2002 DSM-Ⅳ-TR精神疾患の診断・統計マニュアル 医学書院
馬場禮子 1997 心理療法と心理検査 日本評論社
馬場禮子 2003 改訂版 臨床心理学概説 放送大学教育振興会
藤崎春代 1991 ビネーの知能検査 ―個人差測定の展開― 市川伸一（編著） 心理測定法への招待 サイエンス社 Pp.32-41.
石合純夫 2003 高次脳機能障害学 医歯薬出版
神谷治美・島田洋子・石田きぬ子・吉中康子 2005 女性の自立とエンパワーメント ミネルヴァ書房
河合隼雄 2002 ユング心理学入門 培風館
森正義彦（編） 2004 科学としての心理学 培風館
新田義弘・丸山圭次郎・子安宣邦・三島憲一・丸山高司・佐々木 力・村田純一・野家啓一（編） 1998 無意識の発見 岩波講座・現代思想 第3巻 岩波書店
名島潤慈 2000 心理アセスメント 鑢 幹八郎・名島潤慈（編著） 新版 心理臨床家の手引き 誠信書房 Pp.31-67.
岡堂哲雄（編） 1993 心理検査学 垣内出版
岡堂哲雄（編） 1998 心理査定プラクティス 現代のエスプリ別冊 至文堂
サトウタツヤ・高砂美樹 2003 流れを読む心理学史 有斐閣
下山晴彦（編） 2000 臨床心理学研究の技法 福村出版
下山晴彦・丹野義彦（編） 2001 臨床心理学とは何か 講座臨床心理学 1 東京大学出版会
下山晴彦（編） 2003 よくわかる臨床心理学 ミネルヴァ書房
上野一彦・海津亜希子・服部美佳子（編） 2005 軽度発達障害の心理アセスメント―WISC-Ⅲの上手な利用と事例― 日本文化科学社
氏原 寛・田嶌誠一（編） 2003 臨床心理行為 創元社
ユング, C. G.／林 道義（訳） 1999 元型論 紀伊国屋書店
山中康裕・山下一夫（編） 1998 臨床心理テスト入門 第2版 東山書房
米倉五郎 2001 臨床心理学的アセスメント 溝口純二・箕口雅博（編） 医療・看護臨床心理学損害福祉のための臨床心理学 培風館 Pp.2-30.

【第13章】

Erikson, E. H. 1950 *Childhood and society.* New York: W.W. Norton. 仁科弥生（訳） 1985 幼児期と社会 みすず書房
平木典子 2003 新版 カウンセリングの話 朝日新聞
Ivey, A. E. 1983 *Introduction to microcounseling.* California: Brooks/Cole Publishing Company. 福原真知子ほか（編訳） 1985 マイクロカウンセリング ―"学ぶ-使う-教える"技法の統合：その理論と実際― 川島書店
Ivey, A. E., Gluckstern, N. B., & Ivey, M. B. 1997 *Basic attending skills.* Framingham, Mass.: Microtraining Associates. 福原真知子（訳） 1999 マイクロカウンセリング 基本的かかわり技法 丸善
金沢吉展 1998 カウンセラー ―専門家としての条件― 誠信書房
河合隼雄 2002 心理療法入門 岩波書店
小早川久美子 2005 臨床心理学の授業における体験学習としての描画法―その教育効果と危険性― 広島文教女子大学心理教育相談センター年報, **12**, 39-50.
国谷誠朗 1980 誘導イメージ ―ゲシュタルト・セラピィ入門 その2― 立教大学キリスト教育研究所 Pp.31-33.
前田重治 1985 図説 臨床精神分析学 誠信書房
丸田俊彦 1986 サイコセラピー練習帳 岩崎学術出版社
日本臨床心理士会 規約集 平成17年2月
日本臨床心理士会ホームページ http://www.jsccp.jp/ 2005年11月7日取得
日本臨床心理士資格認定協会 2001 臨床心理士倫理要綱
日本心理臨床学会倫理委員会 2001 会員のための倫理の手引 心理臨床学研究, **19**（特別号）, 68-78.
Pine, F. 1990 *Drive, ego, object & self.* New York: Basic Book. 川畑直人（監訳） 2003 欲動, 自我, 対象, 自己 創元社
Remocker, A. R. & Storch, E. T. 1992 *Action speaks louder.* 5th ed. England: Longman. 篠田峰子（訳） 1994 身ぶりで語ろう 協同医書出版社
Reichmann, F. F. 1959 *Psychoanalysis and psychotherapy.* The University of Chicago Press. 早坂泰次郎（訳） 1963 人間関係の病理学 誠信書房
田嶌誠一 2003 はじめに 田嶌誠一（編） 臨床心理面接技法 2 臨床心理学全書第9巻 誠信書房 Pp.9-10.
津村俊充 1992 成長のためのフィードバック 津村俊充・山口真人（編） 人間関係トレーニング ナカニシヤ出版

◆◆ 人名索引 ◆◆

●A
Adams, J. A.　202
Adler, A.　16
相川　充　150, 142
Ames, C.　99
荒井弘和　208, 199
蘭　千壽　132
Archer, J.　100
Arnold, M. B.　84
Aron, A. P.　90
Aronson, E.　88, 90
Asch, S. E.　155
Aschoff, J.　167
Atkinson, J. W.　99
Atkinson, R.　116
Averill, J. R.　85
Avolio, B. J.　161

●B
Baddeley, A. D.　112, 119
Bain, A.　17, 106
Baldwin, J. M.　11, 20
Bandura, A.　129
Bass, B. M.　161
Bem, S. L.　129
Benson, H.　194
Berger, B. G.　199
Berger, H.　18
Bertalanffy, L. v.　12
Binet, A.　238
Bousfield, W. A.　119
Bowlby, J.　127
Brehm, J. W.　150
Brehm, S. S.　150
Brentano, F.　23
Brewer, M. B.　157
Bridgeman, P. W.　6
Broadbent, D.　15
Brown, J. D.　199
Bruner, J. S.　13, 15
Byrne, D.　87

●C
Cacioppo, J. T.　149
Carver, C. S.　200

Cattell, J. M.　21
Chomsky, N.　13-15, 24
Craik, F. I. M.　116, 117

●D
Darley, J. M.　37, 141
Darwin, C.　9 , 20
Dawes, R. M.　162
Deutsch, M.　155
Diamond, M. C.　124
Dusay, M.　241
Dutton, D. G.　90

●E
Ebbinghaus, H.　19, 115
Eccles, J. S.　99
Ehrenfels, C. v.　23
Ekman, P.　81
遠藤由美　131
Erikson, E. H.　16, 128, 250
Estes, W. K.　5

●F
Fechner, G. T.　16, 17
Festinger, L.　15, 86, 132, 147
Fiedler, F. E.　159
Field, T. M.　78
Findlay, B.　42
Frankenhaeuser, M.　186
Freud, A.　262
Freud, S.　16, 129, 228, 229, 261, 262
Frisch, K. v.　12
Fromm, E.　262
渕上克義　160
藤善尚憲　205
深田博己　145

●G
Galton, F.　10
Garcia, J.　106
Gerard, H. B.　155
Gibson, J. J.　74
Godden, D. R.　119
Guilford, J. P.　240
Guthrie, E. R.　22, 106

索引　277

●H
Hardin, G.　162
Harlow, H. F.　12, 109, 127
Hartmann, H.　262
橋本公雄　198
Hathaway, S. R.　241
速水敏彦　97
林　文俊　136
Hebb, D. O.　4
Heider, F.　147
Helmholtz, H.　17
Hempel, C. G.　5，4
Hendrick, C.　88
Higgins, T. E.　133
平木典子　247
Hitch, G.　112
Holding, D. H.　207
Homans, G. C.　144
Horney, K.　262
House, R. J.　161
Hull, C. L.　5，6，22
Husserl, E.　23

●I
市川伸一　27
池田謙一　164
石井源信　217
磯崎三喜年　133
Ivey, A. E.　248, 255

●J
Jacobson, E.　194
James, W.　20, 109
Jung, C. G.　16

●K
Köhler, W.　12, 24, 109
金沢吉展　253
加藤和生　85
河合隼雄　260
Klein, M.　262
Kleitman, N.　177
Knapp, M. L.　146
小早川久美子　260
Koch, C.　239
Koelling, R. A.　106
Kohlberg, L.　122

Kohut, H.　262
古城和敬　155
Kraepelin, E.　231
国谷誠朗　260

●L
Lakatos, I.　29
Lamarck, C.　9
Lashley, K. S.　24
Latane, B.　37, 141
Lazarus, R. S.　84, 187, 190
Le Doux, J.E.　83
Lee, J. A.　91
Lewin, K.　24
Linder, D.　90
Lockhart, R. S.　116, 117
Lorenz, K.　12, 124

●M
Müller, G. E.　19
前田重治　263
Maier, S.F.　97
丸田俊彦　264
Maslow, A. H.　25, 94, 130
松田泰定　206
McKinley, J. C.　241
Mehrabian, A.　146
Meindl, J. R.　161
Milgram, S.　38
Miller, G. A.　15, 112
Miller, N.　157
三隅二不二　159
Morgan, C. L.　9
Morgan, W. P.　201
森本兼曩　193
諸井克英　144

●N
中込四郎　198, 219
Nelson, D.　87
西田　保　211

●O
岡堂哲雄　237
岡村豊太郎　211
Owen, D. R.　199

●P

Pavlov, I. P.　18, 21, 104
Pearson, K.　11
Peirce, C. S.　3
Penfield, W. G.　18
Peterson, L. R.　111
Peterson, M. J.　111
Petty, R. E.　149
Piaget, J.　5, 11, 122, 125
Pillai, R.　161
Pine, F.　262
Plutchik, R.　81
Popper, K.　26
Poulton, E. C.　204

●R

Razran, G.　107
Reichmann, F.　262
Remocker, A. R.　251
Rescorla, R. A.　5
Rogers, C. R.　25
Rorschach, H.　239
Rosenzweig, S.　242
Rubin, Z.　91
Rundus, D.　116
Ryan, R.M.　96

●S

Schachter, S.　84
Scheier, M. F.　100
Schmidt, R. A.　202
Schultz, J. H.　194
関矢寛史　208
Seligman, M. E. P.　97
Selyé, H.　184
Seyfried, B. A.　88
Sheriff, C. W.　157
Sheriff, M.　157
Shiffrin, R. M.　116
Sigall, H.　88
Skinner, B. F.　13, 22, 24, 105
Sonstroem, R. J.　201
Stern, W.　238
Sternberg, R. J.　91
Storch, E. T.　251
Stumpf, C.　23
杉原　隆　203, 204, 210, 212

Sullivan, H. S.　262

●T

Tajfel, H.　156
田嶌誠一　248, 259
高橋　超　133
高野陽太郎　29
竹中晃二　200
丹治信春　4
Terman, L.M.　238
Tesser, A.　132
Thomson, D. M.　118
Thorndike, E. L.　4, 21, 105
Tinbergen, N.　12
Titchener, E. B.　19
徳永幹雄　198, 200
Tolman, E. C.　13, 22, 106, 108
土屋裕睦　220
津村俊充　150, 252
Tulving, E.　113, 114, 118, 120

●U

Uexkuell, J. v.　12

●V

Vygotsky, L. S.　126

●W

和田　尚　204
Wagner, A.R.　5
Wallace, A.R.　9
Walster, E.　88, 89, 144
Watkins, M. J.　117
Watson, J.B.　13, 21, 22
Weber, M.　18
Wechsler, D.　239
Weiner, B.　97, 133
Weiss, J. M.　185
Wertheimer, M.　24, 76
Wiener, M.　146
Wigfield, A.　99
Winnicott, D. W.　262
Woodward, A. E.　118
Woodworth, R. S.　6, 13, 20
Wundt, W.　19, 228

●Y
山岸俊男　163
山口裕幸　153
Yung, C. G.　230

●Z
Zajonc, R. B.　84, 86, 97

◆◆ 事項索引 ◆◆

●あ
愛着　78, 127
アスペルガー障害　232
アナロジー（類比，類推）　5
アフォーダンス（affordance）　76
アブダクション　3
暗示技法　218
アンダーマイニング効果　96
暗黙裡のパーソナリティ理論　137, 138

●い
ERG理論　101
意識水準　48
維持リハーサル　117
移調　23
イド　16, 228
意味記憶　113, 115
意味条件づけ　107
意味般化　107
イメージトレーニング　218
イメージを用いる臨床心理面接　259-261
因果関係　30, 31
因子分析　41
インフォームド・コンセント　38

●う
ウェーバーの法則　18
内田－クレペリン検査　242
運動学習　47
運動感覚（筋感覚）　67
運動・スポーツスキルの習得・指導　204-212
運動・スポーツの心理的効果　199
運動説（思考の）　21
運動知覚　76, 77
運動野　50

●え
栄光浴過程　132
エス　228
エピソード記憶　49, 113, 115
演繹的推論　3, 4, 7, 14
援助行動　140-142
エントレインメント　127
エンパワーメント　226, 227

●お
横断的研究　35
応用行動分析学　13, 22
奥行き手がかり　73, 74

●か
快・苦の原理　108
外言　126
外的妥当性　34
概日リズム睡眠障害　171-173
概念学習　15
外発的動機づけ　96, 97
解離性障害　234
カウンセラー　246, 249
カウンセリング　246-250, 255-258
カウンセリング心理学　7
カウンターバランス（相殺手続き）　35
学習　103-109
学習障害　231, 232
学習性無力感　97
学習の定義　103, 104
覚醒　48
覚醒水準とパフォーマンス　212
仮現運動　76
仮説　3, 28
仮説生成　3
仮説的構成体　6
家族画　242
カタストロフィモデル　98
学校心理学　7
葛藤　95
活動電位　53, 54
カテゴリー群化効果　120
ガルシア効果　106
感覚記憶　110, 111
感覚モダリティ（感覚様相）　59
眼球の構造　61
環境心理学　7

環境世界　8
観察学習　129
観察的研究法　33
感情　79
感情障害　175
感情の位相　79, 80
感情の2経路説　83
感情の2要因説　84
感情の認知的アプローチ　84
間脳　48

●き
記憶　109-120
記憶痕跡　202
記憶の階層的発達モデル　114
記憶の体制化　119
記憶の文脈依存性　118, 119
幾何学的錯視　70
記述的行動主義　22
記述統計　39
基準（従属）変数　33, 41
期待　22
期待－価値モデル　99, 100
期待効果　138, 139
機能（主義）心理学　20
帰納的推論　3, 13
気分障害　235
帰無仮説　29
記銘　109
偽薬効果（プラシーボ効果）　33
逆U字型理論　213
キャノン=バード説　83
嗅覚　66
共変　31
共変変数　33
筋運動感覚的フィードバック　210
筋運動感覚的なイメージ　211, 212

●く
クッキング　36, 37
クライエント（来談者）中心療法　25
群集　153

●け
経営心理学　7
経験主義　13, 17
経験論　17

系列位置曲線　111
ゲシタルト（形態）質　23
ゲシタルト心理学　23, 109
結果の知識（KR）　203
原因帰属　164
原因帰属の歪み（従属バイアス）　137, 138
原因帰属理論　133-135
嫌悪条件づけ　105
研究における倫理　36
元型　230
健康心理学　7
言語教示　209
言語野　50, 51
現象学　23
検定力　40

●こ
好意　86, 91
好意の返報性　89
効果の法則　4, 21, 105, 108
攻撃行動　49, 140-143
攻撃行動の機能　144
攻撃行動の原因理論　143
向性　16
構成概念　6, 13
行動形成（シェイピング）　13, 108
行動主義　12, 13, 21, 24
行動の潜在力　103, 104
行動変容（行動修正）技法　13, 23
衡平モデル　144, 145
心と身体の関連性　198
心の障害の分類　231
個人的無意識　230
個性記述的アプローチ　3
古典的条件づけ　104
コホート研究法　36
コホート効果　35

●さ
再現可能性　27
再検査信頼性　34
裁判心理学　7
作業（実働）記憶　6, 14
作業記憶　112
錯視　58, 70, 72
錯覚　70
作用心理学　23

産業心理学　7

●し

ジェームズ=ランゲ説　83
ジェンダー・スキーマ理論　129
自我　228
視覚　60-63
視覚的フィードバック　210
視覚野　50
自我同一性　16
時間見本法　33
刺激－生活体－反応（S-O-R）の図式　13, 22
刺激般化　104
刺激－反応結合　4, 21
試行錯誤学習　105
試行錯誤説　24
志向性　23
自己開示　138-140
自己開示の返報性　139
自己概念　130, 131
自己強化　108
自己決定理論　101
自己組織性　8
自己中心語　126
自己呈示　138-140
自己評価　131-133
自己評価維持（SEM）モデル　132, 133
視床下部　48
自然観察法　33
自然的観察　2
自尊感情　130-135
実験参加者間デザイン　35
実験参加者内デザイン　35
実験的観察　2
実験的観察法　33
実験的研究法　32
実験的行動分析学　13, 22
実証主義　17
実証性　27
質的データ　30
質的データ分析　226
質問紙法　33, 240
自動運動　77
自動制御機構　8
シナプス　18, 52-54, 59
自発的微笑（生理的微笑）　127
示範（デモンストレーション）　210

自閉症障害　232
社会構成主義　85
社会心理学　7
社会的アイデンティティ　156
社会的アイデンティティ理論　156, 157
社会的学習理論　129
社会的規範　153, 154
社会的交換理論　143, 144
社会的ジレンマ　162-164
社会的スキル　142, 150-152
社会的スキル訓練　150
社会的促進理論　97
社会の欲求　92, 93
尺度の水準　30
重回帰分析　41
習慣強度　6
集合的無意識　230
自由再生法　111
従属変数　2, 32
集団　153-156
集団圧力　154, 155
集団規範　157
縦断的研究　35
集団力学　7
集中法（集中的練習法）　205
主観的体制化　120
主題統覚検査（TAT）　238, 239, 241, 242
順序効果　35
順序尺度　40
障害児心理学　7
消去抵抗　105
条件刺激　104-107
情緒（情動）　79
情動行動　48
承認欲求　93
小脳　47
情報処理アプローチ　15
情報処理モデル　5
剰余変数　32
初頭効果　111, 117
自律神経系　51, 52
事例研究法　226
人格検査　240
人格障害　234
人格心理学　7
進化論的心理学　10
親近性効果　111

索引　281

神経系　46
神経細胞（ニューロン）　52-54, 59
神経伝達物質　54
神経文化説　81, 82
人工知能　6, 14
新行動主義　13, 22
心身症　192
身体表現性障害　233
心的エネルギー　6
心的外傷後ストレス障害（PTSD）　193, 231, 233
人物画　242
信頼性　27, 34
心理アセスメント（臨床心理査定）　236
心理検査　237-245
心理検査の客観性　238
心理検査の種類　237-242
心理検査の信頼性　238
心理検査の妥当性　238
心理検査の理論　237, 238
心理検査の倫理　242
心理社会的発達理論　128
心理進化説　81-83
心理神経免疫学　55, 192
心理的支援　246, 248-253
心理的ストレス　185
心理的ストレスモデル　187
心理的リアクタンス理論　150
心理統計法　10
心理臨床家の科学者－実践家モデル　226
心理臨床行為　222-227
親和欲求　157

●す
髄鞘化　123
推測統計　39
睡眠衛生　182
睡眠障害　171-173, 179-183
睡眠と健康　173
睡眠の発達と老化　177-179
睡眠のメカニズム　176
スーパーエゴ　16
数理モデル　5
スキーマ理論　202-204
スキル学習の理論　202
ステレオグラム　74
図と地　68
ストレス　183-196

ストレス学説　184
ストレスと健康　183
ストレスと免疫　192
ストレス反応　191
ストレスへのコーピング　189, 190
ストレス・マネージメント　193-196
スペンサー＝ベインの原理　20, 106
スポーツ心理学　7
刷り込み　124

●せ
生活空間　6
生活年齢（CA）　239
精査可能性（ELM）モデル　149
成熟　122
精神障害の診断・統計マニュアル（DSM）　231
精神年齢（MA）　239
精神物理学　6, 17
精神分析学派　262
精神分析的心理療法　248, 261-266
精神分析理論　129
生態学的妥当性　28
生態学的知覚論　74
生体時計　166-168, 170
生体リズム　166-173, 175
精緻化リハーサル　117
成長　121
性的欲求（リビドー）　228
生物学的運動　77
生物学的制約　107
性役割の発達　129
生理心理学　7, 17
生理的覚醒　90
生理的指標　19
生理的ストレス　185
生理的早産　123
生理的欲求　92
脊髄　46, 47
接近説　106
摂食障害　234
説得的コミュニケーション　146-150
折半信頼性　34
セルフ・エスティーム（自尊感情）　200-202
セルフ・ディスクレパンシー理論　133, 134
前意識　228
宣言的知識　115
前後論法　31

索　引　　283

全習法　　206

●そ
相関関係　　30, 31
想起　　109
操作主義　　6
操作的定義　　6, 13
双生児研究　　11
相補性　　88

●た
対人行動　　140-144
対人コミュニケーション　　144-153
対人認知　　136-138
対人魅力　　86-92
体性感覚野　　50
体性神経系　　51
態度変容　　146-150
大脳新皮質　　49-51
代理ストレス研究　　187
代理母親　　78, 127
多義図形　　68
達成動機づけ理論　　99
達成欲求　　93
妥当性　　34
多変量解析　　40
短期記憶　　15, 109-113
短期貯蔵庫　　14
単純目隠し法　　33

●ち
知覚心理学　　6
知覚的群化　　69
知覚の体制化　　67
知能検査　　239
知能指数（IQ）　　238, 239
知能偏差値　　239
チャンク　　112
注意集中技法　　218
中枢神経系　　46-52
聴覚　　63-65
聴覚野　　50
長期記憶　　49, 109-111, 113
長期貯蔵庫　　14
調査法　　33
超自我　　228
調節　　8, 11

●て
TOTE単位　　15
ディセプション（騙し）　　37
適応機制（防衛規制）　　228, 229
テスト妥当性　　34
手続き的知識　　115
デブリーフィング　　38

●と
同一視　　129
動因　　96
投影法　　241
同化　　8, 11
等価信頼性　　34
動機　　92
動機づけ　　96-102, 207
動機づけの理論　　98-102
道具的条件づけ　　105, 106
統計ソフト　　41
統計的検定　　29
統合失調症　　235
洞察　　24
洞察説　　24
同調　　154-156
同調因子　　166-169
道徳性発達理論　　122
逃避行動　　49
動物行動学　　12
特殊神経エネルギー説　　60
独立変数　　2, 32
トリミング　　36, 37

●な
内言　　126
内向－外向論　　230
内省報告　　30
内臓感覚（有機感覚）　　67
内的妥当性　　34
内発的動機づけ　　96, 97
内分泌系　　52
ナルコレプシー（居眠り病）　　181

●に
二重貯蔵モデル　　116
二重目隠し法　　34
ニュールック心理学　　13
人間主義（人間性）心理学　　25

人間中心のアプローチ　25
認知心理学　13
認知地図　6, 22, 108
認知的斉合性　147
認知的バランス理論　147
認知的不協和　148
認知的不協和理論　15, 147
認知発達の4段階　11
認知発達理論　122, 125, 129
認知論的行動主義　22

●ね
捏造（ねつぞう）　36

●の
脳幹　47
脳幹網様体　48
脳の機能地図　18
脳の社会指向性　75
脳波　18
ノン・パラメトリック検定　40
ノンレム睡眠　170, 174-178

●は
バイオフィードバック　194
媒介変数　13, 22
バウム・テスト樹木画　239-242
発生的認識論　11
発達　121
発達課題　128
発達検査　239
発達心理学　7
発達の遺伝要因　122-124
発達の環境要因　122-124
発達の最近接領域　126
場面見本法　33
パラメトリック検定　40
犯罪心理学　7
反証主義　26, 29
反転図形　68

●ひ
比較行動学　12
非言語的コミュニケーション　146
非指示的カウンセリング　25
皮膚感覚　66
ヒューマンエラー　31

剽窃（ひょうせつ）　36, 37

●ふ
不安障害　232, 233
フィードバック　207-209
ブーメラン効果　150
フォロワー　159
複眼的思考　28
符号化特定性原理　119
ブラインド・ウォーク　250-253
フラストレーション　95
フラストレーション攻撃説　143
プルキンエ現象　61
プレグナンツの法則　70
フロー　101
フロー理論　100, 101
プログラム学習　23, 108
分化条件づけ　104
文化心理学　7
分凝　67
分散法（分散的練習法）　205
分習法　206
分析心理学　230
文脈干渉効果　207

●へ
閉回路理論　202, 203
平衡感覚　67
辺縁系　48
返報性　164

●ほ
傍観者効果　141
忘却曲線　115, 116
法則定立的アプローチ　3
ボールドウィン効果　20
保持　109
保存課題　125
ホメオスタシス　92

●ま
マイクロカウンセリング　248, 255-257
マザリング　128
末梢神経系　46, 51-52

●み
味覚　65

ミスプレイの心理　212
ミスプレイ理論の説明　214

●む
無意識　16, 228
無意味綴り　115, 116
無条件刺激　104-107

●め
名義尺度　40
メタファー（隠喩）　5
メモリー・スパン　112, 113
免疫　55-57
免疫系　55-57
面接法　33
メンタルトレーニング　215-221
メンタルトレーニング技法　216
メンタルプラクティス　211, 212

●も
盲点　62
モーガンの公準　9
目的変数　33

●や
ヤーキーズ=ドッドソンの法則　97, 98, 213
野生児の研究　124

●ゆ
誘因　96
有機体的全体論（ホーリズム）　11
誘導運動　77

●よ
要素主義　13
用不用説　9
予測変数（説明変数）　33
予測（独立）変数　41
欲求　92-96
欲求階層説　25, 94, 101, 130

●ら
ラポール（信頼と信愛の絆）　220

●り
理性論　14
リーダーシップ　158-161
リーダーシップのPM理論　159
リーダーシップ理論　159
利得行列　164
量作用説　24
量的データ　30
リラクセーション　194
リラクセーション技法　218
理論構成　5, 7
理論心理学　7
臨床心理学　222-227
臨床心理学的地域援助　225
臨床心理学的調査・研究　226
臨床心理学面接　224
臨床心理査定　224
臨床心理士　223, 246
臨床心理面接技法　255
倫理感覚（心理臨床専門家としての）　253, 254
倫理規定（論文投稿の）　43

●れ
レヒトシャッフェンとケールスの基準（睡眠分類の）　174
レポート・論文の書き方　42
レム睡眠　174, 175, 177-179
恋愛感情　91
恋愛感情の三角理論　91
恋愛感情の色彩理論　91
連合主義　13
連合（連想）心理学　17, 19
連合野　51
練習スケジュール　207
連想テスト　11

●ろ
ロールシャッハ・テスト　238, 239, 241
ロミオとジュリエット効果　90

■ 監修者紹介

羽生義正（はぶ・よしまさ）
　　1935年　台湾に生まれる
　　1964年　広島大学大学院教育学研究科博士課程単位取得満了
　　現　在　広島文教女子大学大学院人間科学研究科教授（文学博士）
　　主著・論文　心理学と情報理論（共訳）　ラテイス社　1968年
　　　　　　　　数理心理学序説（共訳）　新曜社　1974年
　　　　　　　　ブレイクダウン ―ある心理学者の入院体験―（共編訳）　北大路書房　1981年
　　　　　　　　現代学習心理学要説（編著）　北大路書房　1988年
　　　　　　　　理論心理学の方法 ―論理・哲学的アプローチ―（編訳）　北大路書房　2005年

■ 編者紹介

中丸澄子（なかまる・すみこ）
　　1945年　千葉県に生まれる
　　1972年　広島大学大学院教育学研究科博士課程中退
　　現　在　広島文教女子大学人間科学部心理学科教授（文学修士）
　　主著・論文　大学と環境　総合保健科学　第10巻, 7-26　1996年
　　　　　　　　青年期の心理（共著）　中央法規出版　1980年
　　　　　　　　地域に生きる心理臨床（共編著）　北大路書房　2003年

松本一弥（まつもと・かずや）
　　1943年　旧満州に生まれる
　　1967年　東京理科大学卒業
　　現　在　広島文教女子大学人間科学部教授（医学博士・学術博士）
　　主著・論文　不眠症（分担執筆）　有斐閣　1981年
　　　　　　　　睡眠の科学（分担執筆）　朝倉書店　1984年
　　　　　　　　現代労働衛生ハンドブック（分担執筆）　労働科学研究所出版部　1988年
　　　　　　　　健康と生体の機能（単著）　高文堂出版　1990年
　　　　　　　　睡眠学ハンドブック（分担執筆）　朝倉書店　1995年
　　　　　　　　快適職場づくりガイドブック（共編著）　中央労働災害防止協会　1999年
　　　　　　　　ILO産業安全保健エンサイクロペディア（共訳）　労働調査会　2002年

小早川久美子（こばやかわ・くみこ）
　　1952年　鹿児島県に生まれる
　　1977年　広島大学大学院教育学研究科博士課程前期修了
　　現　在　広島文教女子大学人間科学部心理学科教授（文学修士）
　　主著・論文　認知療法の有効的利用に関する一考察 ―主訴の軽減からパーソナリティ変容への技法
　　　　　　　　　的展開　心理臨床学研究,第17巻,第 4 号, 349-389.　1999年
　　　　　　　　心理臨床家の手引き（分担執筆）　誠信書房　2000年
　　　　　　　　ひきこもる青少年の心（分担執筆）　北大路書房　2002年
　　　　　　　　地域に生きる心理臨床（共編著）　北大路書房　2003年

有馬比呂志（ありま・ひろし）
　　　1957年　　愛媛県に生まれる
　　　1989年　　広島大学大学院教育学研究科博士課程後期単位取得満了
　　　現　在　　広島文教女子大学人間科学部教授（文学修士）
　　　主著・論文　教育・保育双書6　発達心理学（共著）　北大路書房　1994年
　　　　　　　　　心理学からみた教育の世界（共著）　北大路書房　1994年
　　　　　　　　　発達心理学の基礎Ⅱ ―機能の発達―（共著）　ミネルヴァ書房　1994年
　　　　　　　　　あなたのこころを科学するVer.2（共著）　北大路書房　1997年
　　　　　　　　　心をはぐくむ幼児教育（共編著）　渓水社　1998年

■ 執筆者一覧（執筆順）

羽生　義正	監修者	第1，2，7章
中丸　澄子	編者	第1，12章
有馬　比呂志	編者	第3章
松本　一弥	編者	第4，10章
吉田　弘司	比治山大学	第5章
坪田　雄二	県立広島大学	第6章
岡　直樹	広島大学	第7章
山口　修司	鈴峯女子短期大学	第8章
植田　智	広島文教女子大学	第9章
田村　進	広島文教女子大学	第11章
福田　雄一	広島文教女子大学	第12章
小早川　久美子	編者	第13章
浴野　雅子	広島文教女子大学	第13章

心理学への扉
――心の専門家へのファーストステップ――

| 2006年5月20日 | 初版第1刷発行 | 定価はカバーに表示 |
| 2011年1月20日 | 初版第3刷発行 | してあります。 |

監　修　者　　羽　生　義　正
編　集　者　　中　丸　澄　子
　　　　　　　松　本　一　弥
　　　　　　　小早川　久美子
　　　　　　　有　馬　比呂志
発　行　所　　㈱北大路書房
　　　〒603-8303　京都市北区紫野十二坊町12-8
　　　電　話　(075) 431-0361㈹
　　　ＦＡＸ　(075) 431-9393
　　　振　替　01050-4-2083

Ⓒ2006　　制作／見聞社　印刷・製本／シナノ書籍印刷㈱
検印省略　落丁・乱丁本はお取り替えいたします。

ISBN978-4-7628-2504-0　　Printed in Japan